National Competency Standards

인터넷 뱅킹과 결재 플랫폼

남상엽 · 강민구 · 민경식 · 이규대 · 안병구 공저

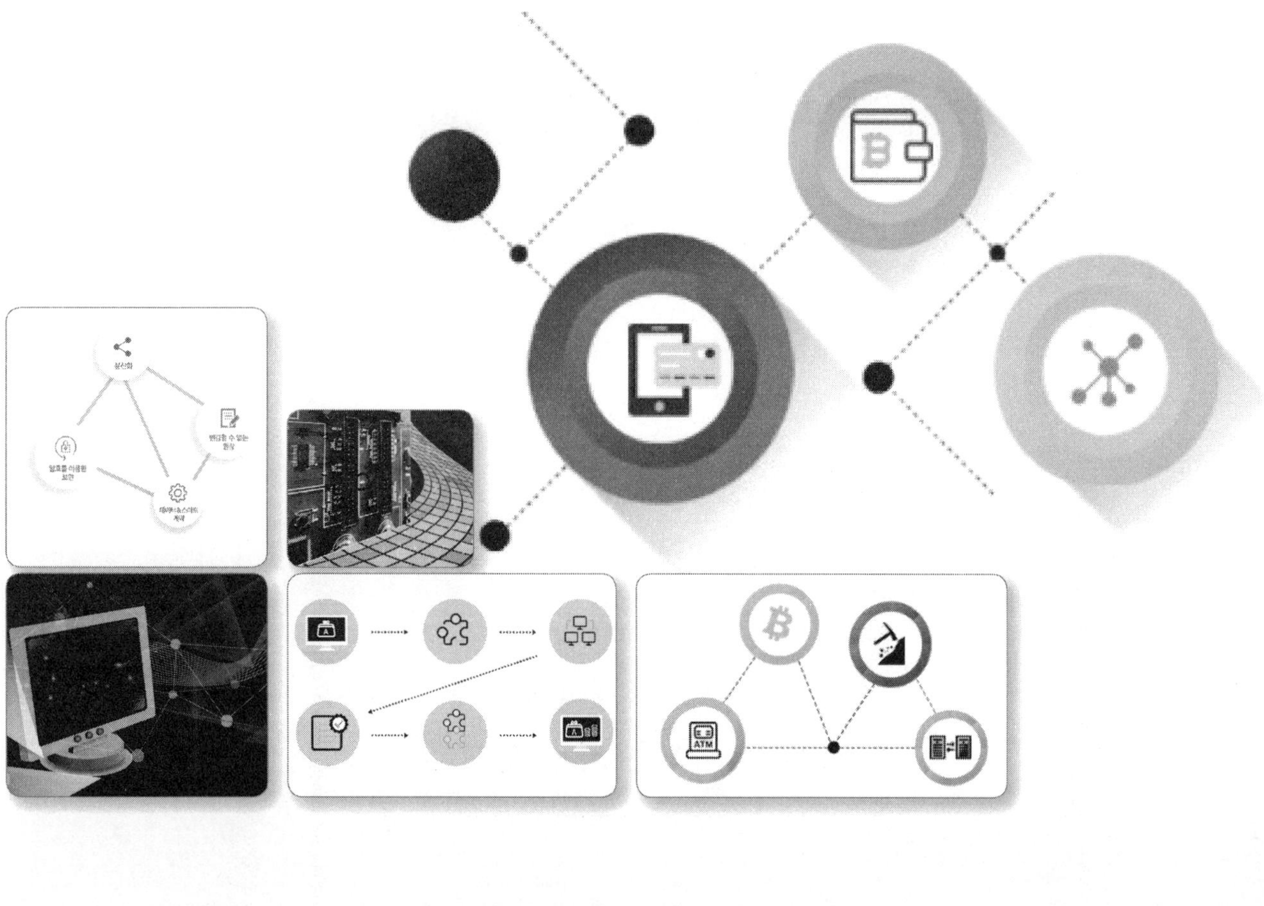

도서출판 상학당

欲爲大者 當爲人役

크고자 하거든 남을 섬기라

학습 모듈코드	2001010803_17v1

대분류	중분류	소분류	세분류	능력단위
정보통신/20	정보기술/01	정보기술전략. 기획/01	핀테크 기술기획/08	핀테크 기술분석/03

인터넷 뱅킹과 결제 플랫폼

머리말

IT기기의 발달 및 증가, 다양한 핀테크 사업 확대, 사물인터넷(IoT, Internet of things)의 등장은 사람과 사물이 서로 긴밀하게 연결되어 소통하는 경계없는 네트워크 세상을 만들고, 만물인터넷(IoE, Internet of Everything)이 기반이 되어 우리를 둘러싼 만물이 서로 통신을 통해 교감하는 초연결시대가 다가오고 있다.

인터넷 환경이 PC에서 모바일로 확장되고, 인터넷뱅킹, 간편결재 서비스 사용 증가와 다양한 핀테크(Fintech)의 등장으로 기존인식기술에서 생체인식의 인식기술 전환 및 새로운 결재 플랫폼의 필요성이 부각되고 있다.

다양한 거래방식의 핀테크와 글로벌 결재 플랫폼들의 출현으로 지급결재 서비스의 편리성으로 인하여 빠르게 확산되면서 건전한 지급결재 생태계 조성과 소비자 보호 및 위험관리를 위하여 결재 서비스의 기술적 요인과 유형에 대하여 분석할 필요성도 증대되고 있다.

스마트폰을 이용해 교통비용을 지불하고 물건을 구매하고 모바일 뱅킹을 통해 송금도 하는 금융서비스는 금융기관의 인증이 필요하다. 하지만 모바일 시대로 변하면서 금융권이든 비금융권이든 페이(Pay)라는 금융서비스가 제공되고 있다. 특히 모바일 환경에서 이용하는 주요 서비스 중 하나인 간편결재 서비스 '페이'는 공간과 시간의 제약이 없는 핀테크 기술이 적용된 대표적인 서비스로 최근 스마트폰 사용자의 상당수가 사용 중일 정도로 무섭게 서비스 이용률이 상승하고 있다.

스마트물류는 IT 서비스와의 접목을 통해 물류의 모든 제반 활동을 실시간으로 제어하고 관리·운영하기 위한 지능형 국제 통합 물류 체계로 정의할 수 있다. 특히 우리나라는 현재 세계 최고 수준의 제조 인프라와 IT 인프라를 갖고 있으므로 IoT와 물류를 결합한 스마트 물류를 통해 제조업의 경쟁력도 강화할 수 있을 것이라는 전망이다.

스마트 계약은 신뢰할만한 제3자의 역할을 프로그램이 대신한다. 특히 블록체인은 중앙집권화된 기관이 없이도 블록체인 참여자를 통해 계약의 신뢰성을 확보하고 거래를 진행한다. 비트코인 거래 자체도 스마트 계약의 사례라고 할 수 있다.

인터넷전문은행(Direct Bank)은 영업점 없이 인터넷과 ATM, 콜센터 등으로 금융 서비스를 제공하는 은행으로써 현재에는 K뱅크와 카카오뱅크가 있다.

가상화폐는 화폐 발행에 따른 생산비용이 전혀 들지 않고 이체비용 등 거래비용을 대폭 절감할 수 있다. 또 컴퓨터 하드디스크 등에 저장되기 때문에 보관비용이 들지 않고, 도난·분실의 우려가 없기 때문에 가치저장수단으로서의 기능도 뛰어나다는 장점을 가지고 있다.

그러나 거래의 비밀성이 보장되기 때문에 마약 거래나 도박, 비자금 조성을 위한 돈세탁에 악용될 수 있고, 과세에 어려움이 생겨 탈세수단이 될 수도 있어 문제가 될 수도 있다.

핀테크 분야 중 최근에 가장 핫한 분야 중 하나가 블록체인이다. 증권사들은 이미 컨소시움을 이루어 블록체인을 도입하기로 하였고 금융보안원에서는 블록체인 기술을 집중 투자 육성하고 있다.

미래 핀테크 서비스에서 4차 산업혁명의 핵심 키워드인 인공지능(AI)기술에 대한 활용에 대한 관심을 보였다. 인공지능 기술이 발전하면서 이와 접목한 핀테크 서비스 중 하나인 챗봇 기술을 활용하면서 새로운 핀테크 서비스가 탄생하게 되었다.

글로벌 투자자문사인 골드만삭스는 최근 '고객 재무포트폴리오를 분석하는 프로그램'을 위한 소프트웨어 개발자 구인광고에서 '자동화된 디지털 자문 플랫폼(Automated Digital Advice Platform) 이라는 로보어드바이저를 사용 계획을 발표했다. 즉, 알고리즘이 투자의 중심인 로봇 기반 인공지능 투자 플랫폼이다. 과거, 이미 많은 증권사와 펀드 운용사에서는 트레이딩에 컴퓨터 기반 알고리즘을 사용해 왔지만, 최근 딥러닝(Deep Learning)의 사용이 대세이다.

빅데이터와 인공지능 등 신기술의 발달과 기술간 융합으로 세계 보험업계에서 '인슈어테크' 바람이 불고 있다. 시장이 커지고 플레이어의 진입이 활발해지자 전문 투자 기관뿐만 아니라 구글 등 글로벌 ICT업체, 거대 보험사의 투자 자회사들이 가능성을 보고 인슈어테크 스타트업에 앞 다투어 투자하고 있다. ICT에 이어 보험회사들의 인슈어테크의 제휴도 적극화되고 있다.

정보기술(IT)과 금융을 결합한 핀테크 시대에 접어들며 생체인식이 안정성이 높은 보안수단으로 부상하였으며 스마트워치 등 웨어러블 디바이스의 증가로 인해 생체인식 기술에 대한 이목 집중되고 있다.

이 교재는 컴퓨터, 정보통신, 콘텐츠, 핀테크 엔지니어링, 빅데이터 등 핀테크 관련 공학 분야의 입문자를 대상으로 인터넷 뱅킹과 결재 플랫폼에 대한 기본적인 지식이 없어도 단계별 필요지식 및 수행과정을 꾸준히 따라오면 인터넷 뱅킹과 핀테크 결재 플랫폼 관련 지식을 얻어 이해하는 단계로 발전하여 능력향상이라는 숲을 볼 수 있도록 눈높이를 맞추는데 1차적인 목표를 두었다.

이 교재의 주요 구성은 다음과 같다.

학습 1. 새로운 핀테크의 결재 플랫폼 등장, 학습 2. 핀테크의 결재 플랫폼 서비스, 학습 3. 핀테크의 글로벌 결재 플랫폼 서비스, 학습 4. 스마트 물류의 진화, 학습 5. 스마트 계약, 학습 6. 인터넷전문은행의 도입, 학습 7. 가상화폐, 학습 8. 핀테크의 블록체인 활용, 학습 9. 오프라인 결재 플랫폼, 학습 10. 온라인 결재 플랫폼, 학습 11. 인공지능과 핀테크 서비스, 학습 12. 인공지능과 핀테크 시스템 혁신, 학습 13. 빅데이터와 인공지능을 탑재한 핀테크 탄생, 학습 14. 차세대 인증으로 생체인식기술을 탑재한 핀테크로 구성되어 있다.

특히 각 장에서는 수행 순서에 따른 실습을 통하여 창의적인 프로그램을 작성하고 동작을 확인할 수 있다.

이 교재가 출간되기까지 가장 많은 지원과 아낌없는 격려를 보내주신 도서출판 상학당 남승우 사장님 및 출판 관련 여러분에게 감사를 전한다.

또한, 인터넷 뱅킹과 핀테크 결재 플랫폼 관련 자문 및 자료제공을 해주신 참고문헌에 제시한 관련 기업 및 단체에 대하여 지면을 빌려 깊은 감사의 말씀을 전하고, 특히 관련 자료를 인터넷 블로그 및 관련 연구소 자료집에 올려주신 저자들 등 관련 관계자 여러분에게 감사의 마음을 전한다.

이 책에서 부족했던 점이나 기타 문의사항과 관련한 자료 제공 및 지원은 상학당을 통해 지속적으로 지원할 계획이며, 수행에 필요한 자료 등, 기타 보충자료 또한 지속적으로 업데이트할 예정이므로 독자 여러분의 따뜻한 질책과 조언을 부탁드린다.

저자 씀

차 례

제4부 핀테크의 미래

인터넷 뱅킹과 핀테크 결재 플랫폼 학습 모듈의 위치

대분류	20. 정보통신
중분류	01. 정보기술
소분류	01. 정보기술전략기획

세분류	능력단위
08. 핀테크 기술기획	01. 핀테크 환경분석
	02. 핀테크 데이터 분석
	03. 핀테크 기술 분석
	04. 핀테크 서비스 기획
	05. 핀테크 플랫폼 기획
	06. 핀테크 보안 관리 계획
	07. 핀테크 시스템 구축 계획
	08. 핀테크 마케팅 계획
	09. 핀테크 기술 전략 수립

인터넷 뱅킹과 핀테크 결제 플랫폼 학습 모듈의 개요

1. 학습 모듈의 목표

핀테크 기술기획은 초연결 사회의 고객중심 금융서비스 구현을 위하여 핀테크 환경과 데이터 산업을 분석하고 선정한 후 이를 바탕으로 핀테크 서비스를 기획하고, 핀테크 시스템 개발계획과 핀테크 기술 전력을 수립하는 능력을 습득하는 데 목표를 두고 있다.

2. 선행 학습

핀테크 시장 동향에 대한 지식, 핀테크 연관한 금융시장분석 지식, 금융관련 법령, 규칙 가이드라인, 국내외 핀테크 산업현황 추세에 관한 지식, 고객 분석 이론, 금융 수요자의 특성에 관한 지식, 스마트 금융 관련 지식, 핀테크 기술에 대한 기본원리, 4차산업혁명 관련 기술지식, 오픈 API 지식, 국가 및 국제 기술표준규격서, 핀테크 관련 지적재산권 DB, 빅데이터 분석기법

3. 핵심 용어

핀테크, O2O, 클라우드 펀딩법, UI/UX, VOC, 빅데이터, 인공지능, 생체인식, 핀테크 플랫폼, 결재 플랫폼, 스마트물류, 가상화폐, 인터넷전문은행, 큐브체인, 오프라인 결재 플랫폼, 온라인 결재 플랫폼, 핀테크 서비스, 핀테크 시스템 혁신

4. 교육과정 학점 및 이수시간

학 습	교육과정 학점 및 이수시간	
	학점	이수시간
1. 새로운 핀테크의 결재 플랫폼 등장	3	3
2. 핀테크의 결재 플랫폼 서비스	3	3
3. 핀테크의 글로벌 결재 플랫폼 서비스	3	3
4. 스마트 물류의 진화	3	3
5. 스마트 계약	3	3
6. 인터넷전문은행의 도입	3	3
7. 가상화폐	3	3
8. 핀테크의 블록체인 활용	3	3
9. 오픈라인 결재 플랫폼	3	3
10. 온라인 결재 플랫폼	3	3
11. 인공지능과 핀테크 서비스	3	3
12. 인공지능과 핀테크 시스템 혁신	3	3
13. 빅테이터와 인공지능을 탑재한 핀테크 탄생	3	3
14. 차세대 인증으로 생체인식기술을 탑재한 핀테크	3	3

인터넷 뱅킹과 핀테크 결재 플랫폼 학습 모듈의 명세서

학습명	학습내용명
1. 새로운 핀테크의 결재 플랫폼 등장	1-1 IT 비즈니스 플랫폼의 등장 1-2 핀테크의 글로벌 결재 플랫폼의 등장
2. 핀테크의 결재 플랫폼 서비스	2-1 결재 플랫폼 서비스의 개요 2-2 간편결재 서비스의 등장 2-3 송금서비스의 등장
3. 핀테크의 글로벌 결재 플랫폼 서비스	3-1 글로벌 결재 플랫폼 서비스의 개요 3-2 글로벌 결재 플랫폼의 현황
4. 스마트 물류의 진화	4-1 스마트 물류(samrt Logistics)의 개요 4-2 스마트 물류 기술
5. 스마트 계약	5-1 스마트 계약의 탄생 5-2 스마트 계약의 개념
6. 인터넷전문은행의 도입	6-1 인터넷전문은행의 등장 6-2 인터넷전문은행의 특징 6-3 인터넷전문은행의 현황
7. 가상화폐	7-1 가상화폐의 개요 7-2 가상화폐의 종류
8. 핀테크의 블록체인 활용	8-1 핀테크 서비스에 탑재한 블록체인 8-2 핀테크 서비스에서 블록체인 활용 8-3 큐브체인
9. 오프라인 결재 플랫폼	9-1 오프라인 결재와 부가가치통신망 9-2 오프라인 결재 플랫폼의 결재기기
10. 온라인 결재 플랫폼	10-1 온라인 결재 플랫폼의 개요 및 특징 10-2 온라인 결재 플랫폼
11. 인공지능과 핀테크 서비스	11-1 인공지능을 활용한 핀테크 서비스 탄생 11-2 핀테크 서비스의 활용
12. 인공지능과 핀테크 시스템 혁신	12-1 인공지능과 융합한 자신관리 혁신 "로봇어드바이저" 12-2 인공지능과 융합한 신용평가 시스템(CSS)의 만남
13. 빅테이터와 인공지능을 탑재한 핀테크 탄생	13-1 빅데이터와 인공지능을 탑재한 인슈어테크 13-2 인공지능을 탐재한 불법금융거래 차단
14. 차세대 인증으로 생체인식 기술을 탑재한 핀테크	14-1 차세대 생체인증기술의 필요성 14-2 핀테크에 적용되는 생체인식 기술 14-3 생체인식 기술의 정의 및 특징

제1부 글로벌 결재 플랫폼	학습 1	새로운 핀테크의 결재 플랫폼 등장
	학습 2	핀테크의 결재 플랫폼 서비스
	학습 3	핀테크의 글로벌 결재 플랫폼 서비스
제2부 글로벌 결재의 발전	학습 4	스마트 물류의 진화
	학습 5	스마트 계약
	학습 6	인터넷전문은행의 도입
	학습 7	가상화폐
	학습 8	핀테크의 블록체인 활용
제3부 결재 플랫폼의 활용	학습 9	오프라인 결재 플랫폼
	학습 10	온라인 결재 플랫폼
제4부 핀테크의 미래	학습 11	인공지능과 핀테크 서비스
	학습 12	인공지능과 핀테크 시스템 혁신
	학습 13	빅데이터와 인공지능을 탑재한 핀테크 탄생
	학습 14	차세대 인증으로 생체인식기술을 탑재한 핀테크

학습 목표

1. IT 비즈니스 플랫폼과 핀테크의 글로벌 결재 플랫폼을 이해할 수 있다.

1-1 IT 비즈니스 플랫폼의 등장

다양한 상품을 생산하거나 판매하기 위해 공통적으로 사용하는 기본구조로서 비즈니스 플랫폼을 요구하고 있다. 비즈니스 플랫폼은 서로 다른 두 이용자 집단이 공통적으로 합의된 표준에 따라 경제적 가치를 창출하는 기반 시스템이다. 비즈니스 플랫폼은 비즈니스 모델의 목적이 구현되는 토대로써 비즈니스 모델이란 기업이 수익을 창출하는 방법으로, 제품이나 서비스를 소비자에게 어떻게 제공하여 이윤을 달성할 것인지에 대한 구체적인 계획이다.

[그림 1-1]처럼 백화점에서 입점매장이 소비자에게 물건을 판매하여 이윤을 달성하는 방법은 비즈니스 모델이고 다양한 매장이 입점하여 비즈니스 모델을 실현할 수 있는 토대인 백화점은 플랫폼에 해당된다. 백화점의 가치는 입점매장수와 이용객 수가 많을수록 증가하고 참여자가 늘어날수록 플랫폼의 가치 및 이용자의 혜택이 증가

하는 선순환 구조로 되어 있다.

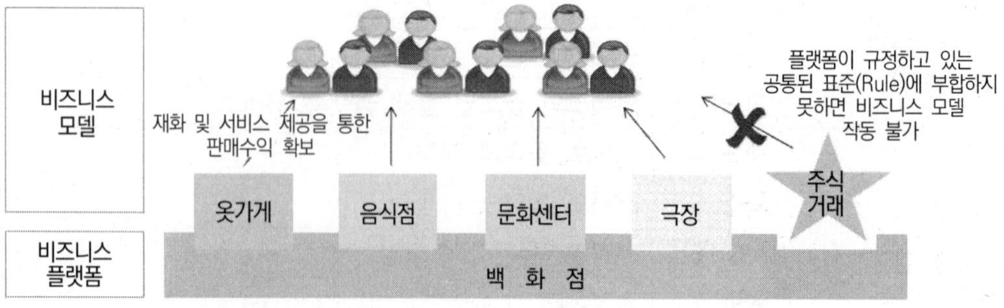

[그림 1-1] 비즈니스 모델과 비즈니스 플랫폼의 관계

휴대폰에 운영체제가 탑재된 스마트폰 보급확대 및 고급 사양화로 '손안의 PC'시대 본격화되면서 모바일 기기의 다양한 플랫폼의 탑재되고 있다.

모바일화의 진전에 따른 새로운 비즈니스 모델의 출현으로 다양한 IT 비즈니스 플랫폼이 등장하게 되었다. 애플의 'AppStore'는 모바일 사용환경에 최적화된 애플리케이션 거래 비즈니스 플랫폼이다. 온라인상에서 필요한 기능을 구현하는 소프트웨어를 사용자가 골라 구매하는 시스템으로서 스마트폰 열풍을 주도한 비즈니스 모델의 토대이다. 통신회사가 제공하는 서비스를 수동적으로 소비하던 소비자가 필요한 서비스를 능동적으로 선택하는 소비자로 전환된 결정적 계기가 되었다.

최근에는 SNS(Social Network Service)나 IM(Instant Messenger) 등의 서비스를 위한 플랫폼도 등장하였다. 페이스북, 트위터, 핀터 레스트 등은 대표적인 SNS 사례이고 카카오톡, 네이버의 '라인' 등은 대표적 IM 사례에 해당된다.

다양한 IT 비즈니스 플랫폼들은 유선 인터넷의 포털 기능을 겸비하면서 플랫폼으로서의 경쟁력이 강화되고 있다.

SNS, IM 등의 서비스 플랫폼은 인터넷 포털처럼 검색, 쇼핑, 게임, 미디어 감상 등을 가능하게 하는 토대로 역할을 확장되고 있다

1-2 핀테크의 글로벌 결재 플랫폼의 등장

최근 들어 정보통신기술의 발달과 다양한 거래방식의 핀테크(Fintech)와 글로벌 결재 플랫폼들의 출현으로 지급결재 서비스의 편리성으로 인하여 빠르게 확산되면서 건전한 지급결재 생태계 조성과 소비자 보호 및 위험관리를 위하여 결재서비스의 기술적 요인과 유

형을 대하여 분석할 필요성도 증대되고 있다.

〈표 1-1〉 핀테크의 글로벌 결제 플랫폼 등장

분야별	국내현황	해외 현황
지급결재	-카드사 및 PG(Payment Gateway) 등의 간편 결재서비스 출현	글로벌 결재 플랫폼의 등장 Alipay(중국), Paypal(미국) 등
송금	-금융회사를 통하지 않고 비금융회사의 플랫폼을 활용한 온라인 송금 서비스 출현	Venmo(미국), Safaricom(케냐) 등
예금/대출	-인터넷 전문은행 도입	찰스슈왑(미국), Japan Net(일본) 등
투자자 모집	-투자형 클라우드 펀딩	미국, 영국, 일본 등도 추진
자산관리	-온라인 투자자문 등에 대한 제도적 제약 없음 -온라인 펀드 슈퍼마켓 도입	Netmeg(영국), Wealth front(미국) 등
보험	-개별 보험회사 홈페이지를 통한 온라인 보험가입 -온라인 보험 슈퍼마켓 도입	Aggregator(미국, 영국, 호주)
기타	-빅데이터 : 빅데이터 가이드 라인 마련 및 통합 신용정보집중기관 설립 -보안/인증 : 핀테크 보안업체 및 금융회사간 제휴확대, 스마트 OTP출시, 금융보안원설립	

핀테크의 결재 플랫폼 기술은 크게 2개 분야로 구분한다. 첫 번째는 결재 플랫폼의 전자거래 등에 필요한 요소기술 분야이고, 두 번째는 결재 플랫폼의 보안기술 분야이다.

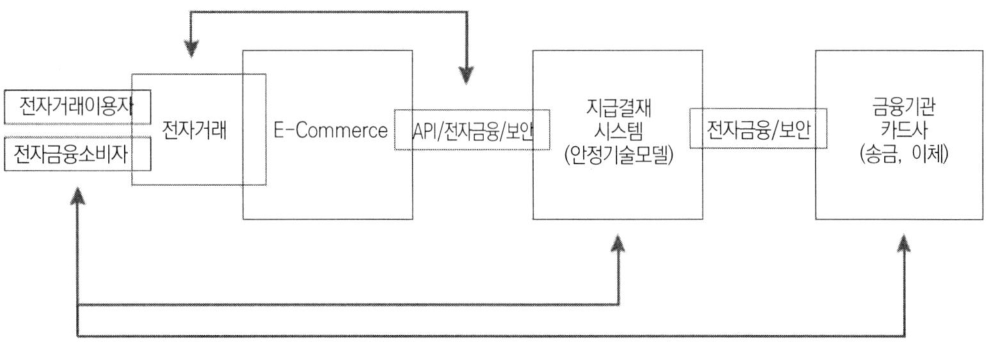

[그림 1-2] 핀테크의 결재 플랫폼 기술분야 참조 : NIPA SW공학센터 웹진

수행 내용

재료 · 자료

• IT 비즈니스 플랫폼 및 핀테크의 글로벌 결재 플랫폼 관련 자료

기기(장비 · 공구)

• 컴퓨터, 프린터

안전 · 유의사항

• 컴퓨터 및 주변기기의 전원을 관리한다.

수행 순서

01 IT 비즈니스 플랫폼에 대하여 분석하라.

[그림 1-3]처럼 IT 비즈니스 플랫폼은 디지털 영역 플랫폼을 포괄한다. 최근 주목받는 디지털 플랫폼인 '안드로이드' 등 OS(운영체제)는 콘텐츠와 소프트웨어를 구동시키는 플랫폼이고 '앱 스토어'는 디지털 콘텐츠를 유통시키는 플랫폼이다.

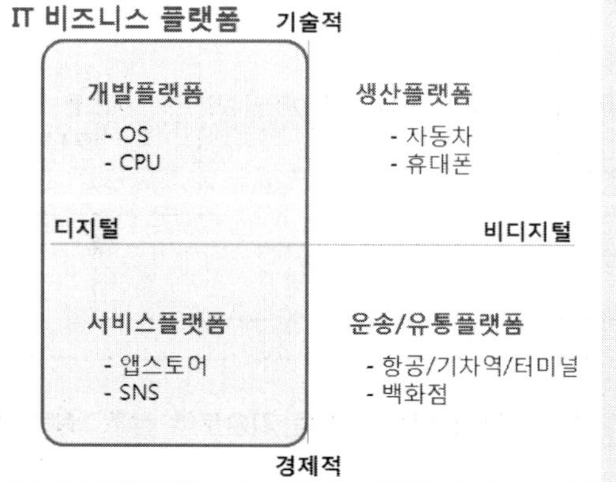

[그림 1-3] 비즈니스 플랫폼의 구분

'스마트 자동차'와 같이 IT와 이종산업의 융복합에 따라 디지털과 비디지털 영역간 융합이 확산되고 있다. 융합을 가능하게 하는 토대로서 자동차, 선박 등에 채택되는 새로운 운영체제나 CPU 등 IT 플랫폼 중요도 강화되고 있는 전망이다.

02 플랫폼 제공 업체 중시의 IT 생태계 재편 구도를 분석하라.

IT 비즈니스 플랫폼의 확산으로 통신사와 제조사 중심에서 소프트 파워에 기반한 플랫폼 업체로 산업주도권이 이동하고 있다. 기존에는 이동통신사들이 휴대폰을 통한 콘텐츠와 서비스 유통을 장악했으나, 앱 스토어나 페이스북 등 서비스 플랫폼 업체들로 기득권이 이동 중이다.

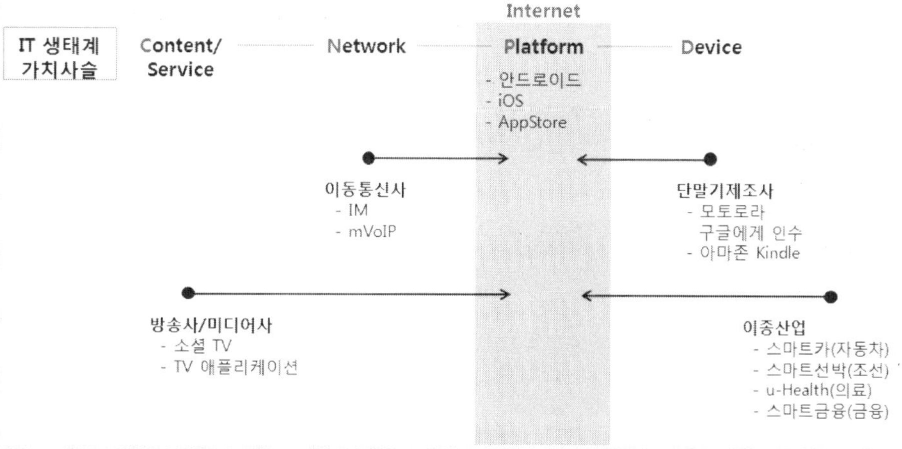

[그림 1-4] IT 생태계 가치사슬

IT 산업이 '제조' 중심에서 'S/W'와 '서비스' 중심으로 변화하고 있다. 서비스 플랫폼 확산에 따라 산업간 통합이 용이해지고 본격화되고 있다.

다양한 미디어 콘텐츠 및 방송사들은 모바일 인터넷을 통해 VOD 서비스를 쉽게 제공하는데 플랫폼을 활용하고 있다. 주요 방송사들은 스마트폰 애플리케이션을 통해 실시간 방송 및 VOD 콘텐츠 유통으로 신수익모델 창출하고 있고 IM에 이은 mVoIP 서비스 등장은 통신산업도 인터넷에 기반한 서비스 플랫폼으로 융합됨을 의미한다.

mVoIP는 휴대폰으로 인터넷 전화를 이용하는 서비스로 통신망이 아닌 인터넷망을 이용하고 있다. 스마트 금융, 스마트 자동차 등을 통해 이종산업까지도 서비스 플랫폼의 영향력 하에 놓일 전망이다.

03 플랫폼의 사업확장 단계를 분석하라.

플랫폼 사업은 1단계에서 3단계로 구분한다. 1단계는 차별화된 기술과 서비스를 제공하고 2단계는 유의미한 이용자수의 확보하고 3단계는 수익모델을 발굴 및 확장하고 벨류체인을 확장하는 단계로 구분할 수 있다. 대표적인 플랫폼 기업인 구글, 페이스북, 아마존, 카카오의 단계적으로 사업확장 단계를 분석하였다.

	1단계	2단계	3단계	
	차별화 기술/서비스 제공	유의미한 이용자수 확보	수익모델 발굴 및 확장	밸류체인 확장
Google	• 정확도 높은 검색서비스	• 세계 1위 검색서비스	• 광고 수익 확보 • 모바일 플랫폼으로 확장	• 모토로라 인수로 단말기 영역 진출
Facebook	• 소셜네트워크 서비스 제공	• 9억 5천만명 가입자 확보	• 광고 수익 확보 • 게임, 쇼핑 플랫폼으로 확장	• 자체 스마트폰 제조 추진 중
Amazon	• 세계최초 온라인 서점 • 방대한 품목판매	• 세계 1위 인터넷 유통업체	• 콘텐츠 판매 수익 • 모바일 플랫폼으로 확장	• 전자책 리더기 제조
KAKAO	• 무료 IM 서비스 • 전화번호만으로 간편한 친구등록	• 국내 스마트폰 보급대수 수준의 가입자 확보	• 이모티콘, 선물, 광고 수익 확보 • 게임으로 확장	• 보이스톡을 통해 음성통신영역으로 확장

[그림 1-5] 플랫폼 사업 확장 단계

04 대표적인 주요 플랫폼 제공업체의 가치사슬 영역으로 구분하여 분석하라.

〈표 1-2〉 주요 플랫폼 업체 가치사슬 영역

구분	구글	페이스북	아마존	카카오
가치사슬영역	C-N-P-D	C-N-P-(D)	C-N-P-D	C-N-P-D
제공 플랫폼	-OS -앱스토어 -광고플랫폼	-OS -앱스토어 -광고플랫폼	-OS -앱스토어 -광고플랫폼	-광고플랫폼 -게임플랫폼
주요수익모델	-광고 -앱스토어 수수료 -전자결재 수수료	-광고 -앱스토어 수수료	-단말기 판매 -콘텐츠 판매 -광고	-이모티콘 선물하기 -광고
등록앱수	50만개 이상	600개 이상	3만개 이상	10개 이상
가입자수	2억5천만명 이상	9억5천만명 이상	1억8천만명 이상	1억명 이상

C(Content), N(Network), P(Platform), D(Device)

05 IT 비즈니스 플랫폼 서비스 전개방향 전망을 분석하라.

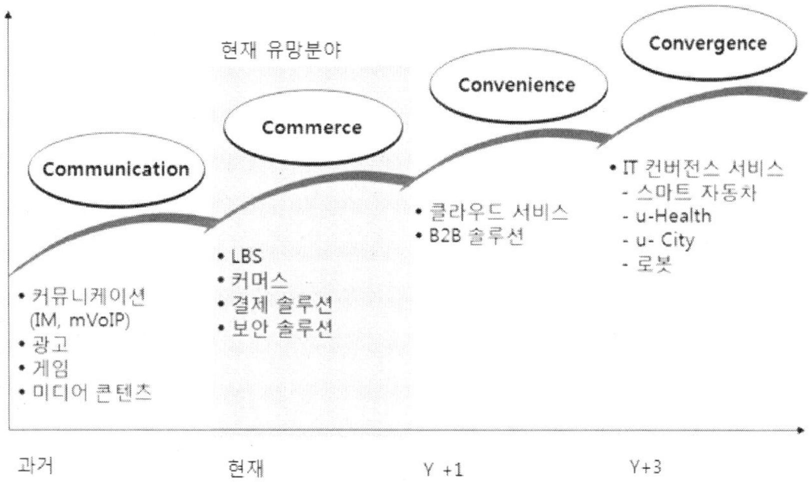

[그림 1-6] IT 비즈니스 플랫폼 전개방향

과거의 IT 비즈니스 플랫폼사업은 커뮤니케이션, 광고, 게임, 미디어 콘텐츠라면 현재는 LBS, 커머스, 결재솔루션, 보안솔루션이고 미래 2~3년에는 클라우드 서비스, B2B솔루션, IT컨버전스 서비스로 빠르게 플랫폼 서비스가 전개된 것으로 본다. 물론 현재도 일부기업에서 클라우드 서비스 및 IT 컨버전스 서비스를 하고는 있다.

06 핀테크의 정의를 분석하라.

핀테크는 금융(Financial)과 기술(Technology)의 합성어로 모바일, SNS, 빅데이타, 인공지능 등 새로운 정보기술(IT)을 기반으로 하는 글로벌 ICT 기업이 폭넓은 사용자 기반을 바탕으로 송금, 결제, 대출, 자산관리 등 각종 금융서비스를 결합하여 제공하는 새로운 유형의 금융서비스를 말한다.

[그림 1-7] 핀테크의 합성어

〈표 1-3〉 핀테크의 종류별 특징

구분	종류	특징
송금	전자화폐, 모바일 및 이메일 송금	온라인으로 거래 가능한 가상 화폐
결제	전자결제 서비스 (전자화폐, 간편결제)	은행계좌, 신용카드 외 다양한 결제기술로 간편한 지급결제 서비스 제공 가상계좌, 신용카드, 실물계좌로 결제 가능
자산관리	온라인펀드, 인터넷은행/보험/증권	온라인 전용으로 주식, 채권, 선불투자 플랫폼 제공 인터넷만을 통해 가입하는 보험
투자	금융투자플랫폼 (소셜트레이딩, 크라우드펀딩)	대출/창업자금 지원 등 투자 관련 금융을 서비스하는 온라인 플랫폼
보안 및 데이터 분석	정보보안, 결제보안	새로운 금융 서비스를 보다 편리하게 사용하기 위해 고도화된 금융보안기술이 필요
	금융 빅데이터 분석 및 금융 소프트웨어	소비패턴의 인식을 통한 소비활동 증진 대규모 데이터를 활용한 정교한 대출금리 산정

핀테크 서비스는 금융과 IT를 결합한 기존 금융 IT 서비스에서 금융소비자의 이용편의성, 활용성을 고려한 진화된 형태의 '금융 IT 서비스'로 볼 수 있다. 간편성, 편리성 등으로 무장한 핀테크 서비스는 모든 금융 서비스의 온라인 모바일화를 주도하고 있다.

또한 핀테크 서비스에 빅데이터 분석기술을 결합하여 새로운 가치를 창출하는 융합형 서비스가 탄생할 것으로 기대되고 있다. 국내는 정부규제로 시장진입이 어려우나 전 세계적 비금융업의 금융업진출이 화두이고 판테크 관심도 상승하고 있다.

핀테크의 5가지 금융 서비스 영역을 살펴보면 위의 표와 같다.

07 전통적인 핀테크와 신규 핀테크를 비교 분석하라.

〈표 1-4〉 전통적 핀테크와 신규 핀테크 비교

항목	전통적인 핀테크(전자금융)	신규 핀테크
정의	전자적 채널을 통하여 금융 상품 및 서비스를 제공하는 것(BIS)	기술을 핵심 요소로 하는 금융서비스 혁신
Positioning	기존 금융서비스의 효율성 개선 지원(Facilitator 역할)	기존 금융서비스의 전달 체계를 파괴하거나 새로운 방식으로 제공(Disruptor 역할)
주요 역할	금융 인프라 지원	기존 인프라 우회 또는 대체하여 직접 금융서비스 제공
주요 관련 기업	IBM(IT 솔루션) Infosys(IT 하드웨어) SunGard(금융소프트웨어) Symantec(정보보안)	Alipay(지급결제) Transferwise(외화송금) Lending Club(P2P 대출) FidorBank(인터넷은행) CoinBase(비트코인)
수익 모델	– 고객 접점(채널)은 금융회사가 주도 – IT가 금융거래의 후선에서 지원 – 금융거래 처리 효율성 향상	– 고객 접점(채널)을 비금융회사가 주도 – 금융회사가 금융거래의 후선에서 지원 – 고객 경험 개선
개념도	자금공급자(대출자) – 금융회사(+금융망) – 자금수요자(차입자)	자금공급자(대출자) – 플랫폼(+인터넷) – 자금수요자(차입자)
비고	PC 기반, 금융회사/대형IT회사 중심	모바일 기반, 스타트업 중심

출처 자료 : Ernst & Young, Landscaping UK Fintech(2014.8)/박재석외 핀테크의 발전배경과 주요동향

08 핀테크의 주요 결재 플랫폼 기업사례를 분석하라.

핀테크를 선도하고 있는 대표적인 결재 플랫폼 기업으로 애플, 페이팔, 알리바바 등을 들 수 있다. 애플은 5억 명 이상의 아이튠즈 가입자를 보유하고, 전세계 750여개의 금융기관 및 비자/마스터/아멕스 등 3대 메이져 카드사와 제휴, NFC(근거리무선통신) 기반의 결제기술을 바탕으로 편리함을 무기로 플랫폼에 기반한 결재 금융서비스를 제공하고 있다.

페이팔은 1억 5천만 명이상의 가입자를 보유하고 있으며, 페이팔 히어(Paypal Here)라 불리는 스마트폰 기반 결제서비스를 제공하여 가맹점은 POS 단말기 설치 없이 결제가 가능하다. 중국의 알리바바는 핀테크 생태계를 가장 잘 구축한 기업 중 하나다. 알리바바그룹은 알리바바닷컴(B2B), 알리익스 프레스(타오바오, B2C), 알리페이(결제서비스, O2O), 마이뱅크(은행)를 운영하고 있다. 알리페이는 가입자 8억 명, 모바일 사용자 2억 명으로 중국 모바일 결제 플랫폼 시장의 70%를 차지하고 있는 세계 최대 결제시스템이다. 알리페이의 경쟁력은 사용자 수나 결제 규모뿐만 아니라 알리페이에 충전된 금액을 위어바오 펀드(MMF)상품과 연계하여 운영함으로써 은행 보다 1~2% 높은 금리를 지급함으로써 1년만에 100조 원을 끌어 모았다. 알리바바그룹은 전자상거래에서 금융서비스에 이르기까지 모든 서비스를 자체적으로 제공할 수 있는 생태계를 구축하고 있다.

09 핀테크 서비스 중 전자상거래의 결재 환경변화를 분석하라.

핀테크 서비스 영역 중 전자상거래의 결재환경은 1988년부터 1998년까지는 카드사와 오프라인 가맹점, VAN사를 중심으로 하여 결재 서비스가 활성화 되었다. 1999년부터 2010년까지는 전자결재대행(PG)를 통한 온라인 결제를 거쳐 2010년부터 현재까지는 모바일 환경에서 결재를 지원하는 핀터크 서비스의 '페이'까지 발전하게 되었다. '페이'는 '결재'에 속하는 기술로, 편리함을 무기로 2013년부터 사용자들의 전폭적인 지지를 받으며 현재에는 수많은 페이 서비스들이 생겨났다.

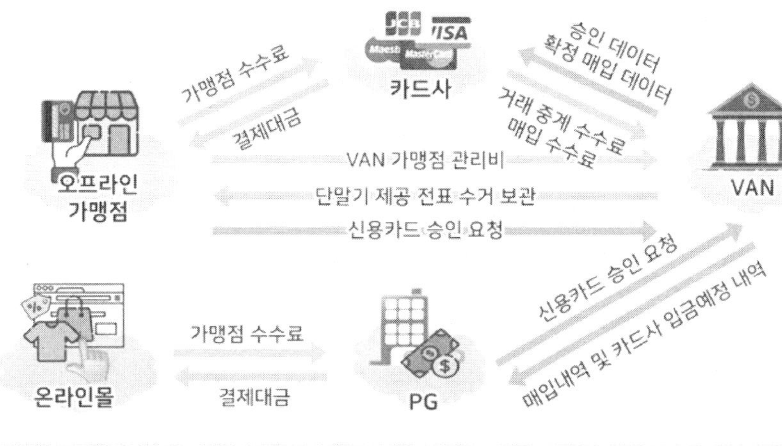

[그림 1-8] 전자결재대행(PG)를 통한 온라인 결제(1999~2010)

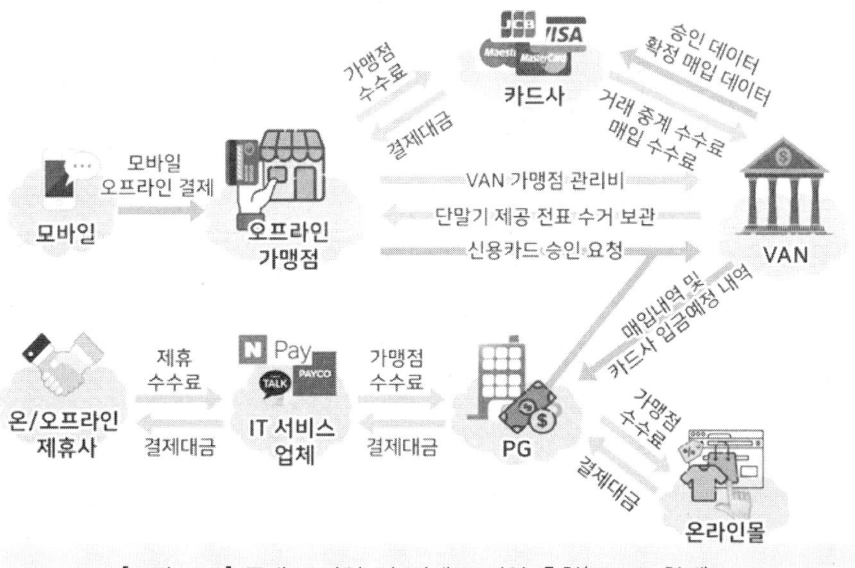

[그림 1-9] 국내 모바일 및 핀테크 기업 출현(2010~현재)

10 금융기능별 금융회사 및 주요 핀테크 기업사례를 분석하라.

〈표 1-5〉 금융기능별 핀테크 기업사례

분야	기 능	기존금융회사	주요 핀테크 기업
지급 결제	경제주체들이 지급수단을 이용하여 거래상대방에게 화폐적 가치를 이전하는 행위 : 현금, 신용카드, 계좌이체, 해외송금, 외환	은행, 여신전문회사(카드사 등)	Venmo(지급) TransferWise(해외송금) Coinbase(비트코인)
자금 중개	자금잉여부문의 여유자금을 흡수하여 자금부족부문에 공급하는 금융서비스 : 예금, 대출, 유가증권중개 매매, 자산운용	은행, 금융투자회사 (자산운용사), 여신전문회사, 신탁회사	Kickstarter(크라우드펀딩) Lending Club(P2P 대출) Wealthfront(자산운용) FidorBank(인터넷은행)
위험 관리	경제주체가 부담하게 될 각종 위험을 감축, 분산 또는 구조변경시켜 주는 기능 : 보험, 파생금융업무	보험, 금융투자회사(파생금융)	Bought By Many (보험중개)
정보 관리	금융거래와 관련된 정보의 수집, 분석, 평가 등을 통해서 정보 비대칭성을 해소하는 기능 : 리서치, 신용정보업무	은행, 금융투자회사 (리서치, 컨설팅), 신용정보회사	TrustCloud(신용평가) CREDScore(신용평가) Mint(개인자산관리)

자료 : LG경제연구원, LG Business Insight(2015.6.17)

11 국내의 주요 핀테크 사업분야별의 대표 핀테크 기업사례를 분석하라.

〈표 1-6〉 국내 핀테크 사업분야별 핀테크 기업사례

사업구분	내 용	대표 핀테크 기업
증권	주식투자에 소셜 기능을 더한 것이 가장 큰 특징이면 주가 및 관련 정보를 실시간으로 제공하고 모바일을 통해 매매가 가능하다.	증권플러스 for Kakao, 프리캡, 스넥 등
자산관리	투자자문사 온라인 통합 플랫폼을 통해 소액 투자자 유치, 최소 가입액 500만원으로 설정해 자산관리의 대중화를 이룰 것으로 전망하고 있다.	두나무투자일임, KB국민은행 로보어드바이저
대출(P2P)	빅데이터 기반 신용평가를 통해 돈을 빌리고자 하는 개인대출자에게 돈을 투자하고자 하는 개인투자자가 투자형식으로 돈을 빌려주는 금융서비스이다.	–신용담보 : 어니스트펀드, 8퍼센트, 렌딧, 펀다, 빌리, 머니옥션 –동산 및 부동산 담보 : 테라펀딩, 팝펀딩, 키핑펀딩
인터넷 전문은행	–오프라인 점포없이 온라인 통해 금융거래를 하는 온라인 은행 –온라인을 통해 대출, 적금, 신규상품신청 및 가입가능 –24시간 이용가능	카카오뱅크(카카오), K뱅크(KT)
결재	IT 기술을 활용해 휴대전화 속에 결제수단 기능 칩을 넣어 휴대전화를 마치 신용카드처럼 사용할 수 있는 결재방식	삼성페이, 카카오페이, 네이버페이, 페이코, 페이팔, 한국 NFC
송금	공인인증서 비밀번호나 보안카드 번호, 상대방 계좌번호를 입력하지 않아도 애플리케이션을 통해 송금가능(돈을 받는 사람, 금액, 비밀번호만 입력)	트랜스퍼 와이즈, 토스, 뱅크월렛카카오

12 핀테크의 결제 플랫폼에 필요한 요소기술은 모바일 결제, 온라인 결제 및 인터넷 뱅킹, 그리고 빅데이터를 활용한 신용관리 등이다. 이중 모바일 결제 플랫폼 관련기술을 분석하라.

〈표 1-7〉 모바일 결제 플랫폼 관련 기술

구 분	구 동 내 용
NFC+ TouchID	–10cm 내의 근거리에서 단말기 간에 데이터 전송이 가능한 NFC(근거리이동통신) 기술과 지문인식으로 결제하는 방식 –대표적으로 애플(Apple Inc.)에서 개발한 애플 페이에 도입
ID / PW+ Escrow+ FDS	–신용카드와 스마트폰 등 결제수단을 등록해 PC나 모바일에서 ID / PW만을 입력하여 결제하는 방식 – ID / PW의 약화된 보안을 위해 부정행위를 탐지하는 Fraud Detection System(FDS)를 도입하거나 가상계좌를 활용하는 에스크로(Escrow) 방식을 적용 –대표적으로 페이팔 페이과 알리페이에서 도입
Barcode / QR 코드	–카드정보를 등록하고 결제 시 바코드나 QR 코드를 읽어 결제가 진행되는 방식 –최근 우리나라에서 많이 늘어나고 있는 형태
Beacon	–비콘을 통해 확보된 사용자의 위치를 이용하여 핸드폰을 꺼내지 않고 구입의사를 표현 –페이팔은 비콘을 이용해 고객이 매장을 방문했을 때 자동으로 고객정보를 확인하고 비용을 청구하도록 서비스
모바일 신용카드	–모바일 기기에 저장되거나 카드사에 접속하여 결제서비스 –USIM형 방식과 APP형 방식이 존재

자료 : 국내외 핀테크 관련 기술 및 정책연구분석, 인터넷진흥원, 2016.2

13 국내 핀테크 산업의 육성방안을 분석하라.

국내은행들은 글로벌 및 내부 IT 업체의 국내 금융업 진출확대로 인해 향후 종전 방식에서 벗어나 고객들의 일상생활을 하나로 통합하고 새로운 연계서비스를 제공하기 위한 변화 모색에 나설 전망이다.

정부의 핀테크 산업육성 지원책이 계획에 따라 핀테크 지원체계의 운영을 내실화하고 관련 규제개선 및 자금조달지원의 활성화가 기대된다. 국내 핀테크 산업은 모바일 시장의 확대로 말미암아 모바일 금융시장의 주도권 다툼이 본격화될 것으로 예상된다.

기존의 지급결제를 담당하는 금융회사 이외에 다양한 ICT 기업들이 속속 모바일 금융시장에 진입하고 있는 실정이나, 현재까지 선도적 위치를 차지한 기업은 없는 상황이다. 이에 따라 모바일 금융시장 선점을 위한 경쟁이 치열해질 것으로 예상된다.

핀테크가 혁신적인 기술과 아이디어로 소비자들을 전통적인 금융 서비스를 끌어오기 위해서는 안전성 확보가 중요하다. 핀테크는 기본적으로 IT 기술을 기반으로 하기 때문에 안전성에 문제가 발생할 경우에는 산업 자체에 큰 위협요인으로 작용이 가능하다.

핀테크가 간편하고 편리한 서비스를 안정적으로 제공하기 위해서는 고도의 보안유지가 필요하다. 전통적인 금융 서비스가 정적 · 사전적 보안을 중시한 것에 비해 핀테크는 개별 플랫폼을 통한 거래이기 때문에 동적 · 사후적 보안의 비중이 높아질 것이다.

핀테크가 활성화되더라도 전통적인 금융회사들은 공존할 것이다. 금융회사들은 막강한 자본력과 높은 레버리지, 수십년간 축적된 브랜드 파워와 기업이미지, 다양한 거래고객, 우수한 인재 등을 바탕으로 금융업의 본질은 영원히 지속될 것으로 예상된다. 다만, 전통적인 금융회사들은 ICT 기업과의 융복합을 통해 핀테크 시장을 선점하거나 전통적인 금융업에 대한 역량강화를 통해 시장지배력을 공고히 하는 등 전략적 선택이 필요하다.

〈표 1-8〉 핀테크 산업육성

구 분	1단계	2단계
사전규제 최소화	전자금융거래법 개정추진	전자금융거래법 시행령 개정추진
기술중립성 원칙구현	전자금융감독규정 및 시행세칙 개정	
책임부담 명확화	전자금융거래법 개정추진	전자금융거래법 시행령 개정추진
규제예측성 강화	규제예측성 강화 지속추진	
인터넷 전문은행	인터넷 전문은행 모델 마련	관련 법안 개정추진
금융상품판매 채널 혁신	온라인 기반 자산운용서비스 활성화 방안 마련	판매채널 혁신 지속추진
클라우딩 활성화	자본시장법 국회통과 노력 지속	자본시장법 통과 시 클라우딩 하위규정 마련
빅데이터 활용	빅데이터 활용 플랫폼 도입방안 마련	빅데이터 활용 플랫폼 도입방안 마련
결제분야 낡은 규제정비	모바일 카드 단독발급허용	
핀테크 지원체계 구축	핀테크 지원센터 운영방안 마련	핀테크 지원센터 출범 및 운영
핀테크 기업자금조달 지원	벤처캐피탈의 투자방안 마련	정책금융기관 활용방안 마련
전자금융업 진입장벽 완화	전자금융거래법 개정추진	시행령 및 하위규정 정비방안 마련
전자금융업종 규율 재설계	법령 정비실무 TF 구성 및 운영	전자금융거래법 개정안 마련

학습활동.1 교수 · 학습 방법

교수 방법

- 새로운 핀테크의 등장에 대한 관련 용어, 구성, 방식 이해 정도를 파악한 후 수업을 진행한다.
- 교수자의 주도로 새로운 핀테크의 등장 등의 내용을 PPT 자료로 제시한 후 설명한다.
- 가능하면 사전에 개인별 학습 자료를 준비하여 모든 학생이 참여할 수 있는 문제 해결식 수업, 협력 수업이 가능하도록 한다.
- 새로운 핀테크의 등장 전 과정을 작업의 순서에 따라 단계적으로 실습이 이루어질 수 있도록 지도한다.
- 교재를 통해 수업을 준비하는데 있어서 필요한 모든 정보나 팁, 힌트 등 도움이 될 만한 내용들을 확인할 수 있다.
- 학생들이 만들게 될 각 모델들은 수업시간에 중점적으로 다뤄질 부분과 어휘, 질문, 답을 포함하고 있으며 또한 탐구할만한 추가적인 아이디어들도 포함하고 있다.

학습 방법

- 새로운 핀테크의 등장에 대한 관련 용어를 숙지하고, 새로운 핀테크의 등장에 대해 이해한다.
- 새로운 핀테크의 등장의 각 단계별 중점 사항을 체계적으로 학습한다.
- 새로운 핀테크의 등장의 수행순서의 전 과정을 실습한다.
- 새로운 핀테크의 등장의 내용을 이해한다.
- 새로운 핀테크의 등장을 이해하고 숙달이 될 때까지 학습한다.

학습활동.1 평가 및 피드백

평가 준거

- 평가자는 피평가자가 수행 준거 및 평가 내용에 제시되어 있는 내용을 성공적으로 수행할 수 있는 지를 평가해야 한다.

학습내용	평가항목	성취수준		
		상	중	하
새로운 핀테크의 등장	새로운 핀테크의 등장을 이해할 수 있다.			

평가 방법

• 작업 포트폴리오

학습내용	평가항목	성취수준		
		상	중	하
새로운 핀테크의 등장	새로운 핀테크의 등장을 이해할 수 있다.			

• 필기시험

학습내용	평가항목	성취수준		
		상	중	하
새로운 핀테크의 등장	새로운 핀테크의 등장을 이해할 수 있다.			

• 체크리스트를 통한 관찰

학습내용	평가항목	성취수준		
		상	중	하
새로운 핀테크의 등장	새로운 핀테크의 등장을 이해할 수 있다.			

피드백

1. 작업 포트폴리오
   - 제출한 보고서를 평가한 후 주요 사항에 대하여 표시하여 돌려준다.
2. 필기 시험
   - 평가 결과 성적이 저조한 학생은 보고서 제출 기회를 부여한다.
3. 체크리스트를 통한 관찰
   - 실습 과정에서 평가한 후 개선해야 할 사항 등을 정리하여 돌려둔다.

제1부 글로벌 결재 플랫폼	학습 1	새로운 핀테크의 결재 플랫폼 등장
	학습 2	핀테크의 결재 플랫폼 서비스
	학습 3	핀테크의 글로벌 결재 플랫폼 서비스
제2부 글로벌 결재의 발전	학습 4	스마트 물류의 진화
	학습 5	스마트 계약
	학습 6	인터넷전문은행의 도입
	학습 7	가상화폐
	학습 8	핀테크의 블록체인 활용
제3부 결재 플랫폼의 활용	학습 9	오프라인 결재 플랫폼
	학습 10	온라인 결재 플랫폼
제4부 핀테크의 미래	학습 11	인공지능과 핀테크 서비스
	학습 12	인공지능과 핀테크 시스템 혁신
	학습 13	빅데이터와 인공지능을 탑재한 핀테크 탄생
	학습 14	차세대 인증으로 생체인식기술을 탑재한 핀테크

학습 목표

2. 핀테크의 결재 플랫폼 서비스의 구성 및 특징을 이해할 수 있다.

2-1 결재 플랫폼 서비스의 개요

지급결제 시장은 국내·외 핀테크 서비스 분야 중 가장 발전하였으며, 특히 국내에서는 지급결제 시장 규모가 작년대비, 올해에는 50% 이상 증가하는 등 다른 핀테크 산업분야에 비해 발전의 정도가 두드러진다.

어떤 물건을 사려면 결재 기능이 없으면 어렵다. 그래서 결재 관련 사업은 모든 영역을 함께하는 것이기 때문에 온라인뿐만 아니라 오프라인 및 수년 내에는 사물인터넷(IoT)까지도 가능해야 한다. 최근 카카오톡은 모바일 메신저인 콘텐츠 플렛폼이 발전하여 카카오페이로 발전하여 온·오프라인을 아우르는 결재 플랫폼으로 자리매김하고 있는 대표적인 간편결재 플랫폼이다.

국내 지급결제 플랫폼 시장의 경우, 은행에서 개설한 통장과 연결된 신용카드 및 체크카드를 통해 모든 금융 서비스 및 거래가 이루어지는 특성으로 인하여 결재 플랫폼은 간편결제, 송금으로 분류된다.

[그림 2-1] 결재 플랫폼 서비스 앱

2-2 간편결재 서비스의 등장

2009년 등장한 스마트폰의 보급률 증가는 금융거래나 쇼핑 등 PC로만 이용했던 서비스를 모바일 환경에서도 이용할 수 있도록 이용 범위가 확장되었다. IT(Information & Communication Technology)기술의 발전은 결재 서비스의 변화를 가져왔다. 스마트폰과 이동통신의 빌달로 결재수단의 발전인 모바일 결재라는 새로운 결재수단이 탄생하게 되었다. 모바일 결재는 모바일 기기를 기반으로 한 결재방식으로 모바일 상에서 상품을 구입하거나 NFC, QR코드, 바코드 등의 기술을 이용하여 오프라인 매장에서 현금이나 신용카드를 사용하지 않고 스마트폰에서 결재하는 것을 총칭하여 말한다.

스마트폰을 이용해 교통비용을 지불하고 물건을 구매하고 모바일 뱅킹을 통해 송금도 하는 금융서비스는 금융기관의 인증이 필요하다. 하지만 모바일 시대로 변하면서 금융권이나 비금융권에서 페이(Pay)라는 금융서비스가 제공되고 있다. 즉 모바일이든 온라인이든 오프라인이든 상관없이 간편하게 결재할 수 있는 간편결재 시스템이 등장하게 된다. 이 방식은 기존의 Active X 프로그램이나 공인인증서 등 까다로운 절차를 거치지 않고 아이디(ID)와 비밀번호만 누르면 간편화된 결재하는 서비스이다.

특히 모바일 환경에서 이용하는 주요 서비스 중 하나인 간편 결재 서비스 '페이'는 공간과 시간의 제약이 없는 핀테크(FinTech) 기술이 적용된 대표적인 서비스로 최근 스마트폰 사용자의 상당수가 사용 중일 정도로 무섭게 서비스 이용률이 상승하고 있다.

'페이'는 종래 결재수단이 갖고 있는 단점을 상쇄하면서 모바일 연계성을 더욱 드러내고 엑티브엑스의 최악의 시스템을 탈피함과 더불러 모바일을 통하여 언제 어디서나 손쉽게 결재할 수 있다는 장점이 있다. 페이는 모바일 환경에서 신용카드나 은행계좌를 사용하여 대금을 지급하는 간편결재 서비스의 하나로 페이코, 네이버페이, 카카오페이, 시럽페이, 애플페이, 삼성페이, 엘지페이 등 국내에만 30여종 이상의 서비스가 존재한다. 결제를 위해서는 태깅 방식의 NFC, 마그네틱, 스캔식의 바코드, QR코드, 비접촉식 BLE(저전력 블루투스 기술) 등의 기술이 활용되고 있다.

2-3 송금서비스의 등장

지급결제 분야 중 송금 영역의 경우, 대부분 상기 간편결재 서비스를 제공하는 기업 또는 은행 중 사용자의 은행 계좌에 직접 연결하여 서비스를 제공하는 업체들에서 함께 서비스를 제공한다. 송금 서비스만을 제공하는 기업들도 존재하지만 간편결재 서비스를 제공하는 기업들에 비해 수효가 적다. 국내의 대표적 송금 서비스인 토스(TOSS)는 Viva Repulica라는 중소기업에서 제공하는 간편송금 서비스로 처음 계좌를 연동한 후, 상대방의 연락처 또는 계좌번호를 선택하고, 간단한 패스워드 입력을 통해 송금이 가능하다.

상대방에게 송금 받은 금액은 Toss 잔고라는 데이터 공간에 저장되며, 사용자가 처음 연동했던 계좌로 출금하거나 다른 사용자에게 송금을 해야 할 경우, Toss 잔고에서 인출해 송금할 수도 있다. 최근 Toss는 금융사기 계좌에 대해 경고메시지를 띄우거나, 소액대출을 제공하는 등 다양한 영역으로 서비스를 확장하고 있다.

수행 내용

재료 · 자료

• IT 비즈니스 플랫폼 및 핀테크의 글로벌 결제 플랫폼 관련 자료

기기(장비 · 공구)

• 컴퓨터, 프린터

안전 · 유의사항

• 컴퓨터 및 주변기기의 전원을 관리한다.

수행 순서

01 국내 간편결제 서비스를 제공하는 분야에 대한 현황을 간단히 설명하라.

국내 간편결제 서비스는 2013년을 시작으로 현재까지 30여종이 넘을 정도로 많은 기업에서 출시하며 넓게는 신용카드사와 커피전문점에서 제공하는 간편결제 서비스부터 유통사와 PG사, 플랫폼사, 이동통신사 등이 제공하는 간편결제 시스템 서비스까지 인터넷, 모바일 사용자라면 모르는 이가 없을 정도로 우리 생활에 깊숙이 파고들고 있다.

지난해에 이어 올해도 모바일 간편결제 서비스 춘추전국 시대가 이어질 전망이다. 아직 천하를 호령하는 서비스는 눈에 띄지 않는다. 여전히 경쟁이 계속될 뿐이다. 서비스별 편의성과 간편성을 강조한 사용자 사로잡기는 올해도 계속된다.

다음 그림은 국내 모바일기기를 통해 결재가 가능한 서비스인 간편결제 서비스 유형 및 종류를 2016.6월 기준으로 분석한 것이다. 보통 구분을 금융권과 비금융권으로 구분하고 금융권은 신용카드사가 대부분이고 비금융권은 유통사, 커피전문점, PG사, 플랫폼사, 이동통신사, 제조사, 기타 등으로 구분하였다.

[그림 2-2] 국내에서 간편결재 서비스 현황

특히 배달의민족도 처음으로 모바일 간편결재 서비스 '배민페이'를 선보였다. 배달의 민족은 한국 사이버 결제원과 손을 잡고 개발했다. 앱에서 가장 편리하고 간편하게 주문할 수 있는 사용자환경(UX)을 장점으로 내세웠다.

SSG페이는 간편 송금, 간편 외환거래, P2P 대출 등의 기능과 서비스를 구축해 모든 거래의 도구가 되는 플랫폼으로 발전하고 있다. SSG페이는 캐시백 서비스 시범사업자로 편의점 '위드미'에서 현금 인출 서비스를 제공하고 있다.

02 간편결재 서비스의 결재과정을 설명하라.

간편결재 서비스가 이토록 복잡한 이유 중 하나로 '법'을 들 수 있다. 여신전문금융업법 19조 2항의 본인확인의무에 따르면 '신용카드가맹점은 신용카드로 거래를 할 때마다 그 신용카드를 본인이 정당하게 사용하고 있는지를 확인해야 한다.'라는 조항이 있다. 이 조항을 준수하기 위해 공인인증서나 휴대폰본인인증을 통해 카드사용자임을 확인 받아야 하는 본인인증이 의무화 되어있어 어떤 간편결재를 사용하더라도 복잡한 등록과정은 꼭 필요하다.

하지만 간편결재 서비스 중 플랫폼 형태로 되어있는 서비스들은 간편결재를 이용하기 위해 별도의 App설치는 기본이며 10단계가 넘는 가입절차와 약관동의 등 복잡한 가입절차와 문자 또는 공인인증서를 이용한 본인인증이 필요하다.

[그림 2-3] 간편결재 서비스의 과정

이름, 주민등록번호, 휴대폰 인증, 신용카드 등록, 약관동의 등 수많은 단계를 거친 가입이 필요하며 '페이'마다 제휴된 카드사만 한정적으로 이용할 수 있어 사용자 편의성이 많이 부족하다.

03 간편결재 서비스 30여종 이상 중에 대표적인 서비스를 분석하라.

지난해 국내 모바일 간편결재 서비스는 송금, 포인트 적립, 멤버십 기능 등을 앞 다투어 도입하며 경쟁 서비스와 차별화를 시도했다. 결과는 모두가 간판만 달리 달고 같은 기능을 선보였다.

그 외에도 인공지능 스피커나 챗봇 등과 같은 다양한 서비스 플랫폼과 연계한 모바일 간편결재 서비스도 올해 등장할 것으로 보인다. 지난해부터 꾸준히 메신저 위에서 결제할 수 있는 플랫폼 서비스 마련에 분주하게 서비스 하고 있다.

상업자 표시 신용카드(PLCC) 등도 국내에 등장할 가능성도 높다. PLCC는 국내에서는 개념이 다소 생소하지만, 미국 등에서는 마케팅 용도로 자주 쓰이는 카드다. 백화점 카드와 같이 특정 점포에서만 사용할 수 있다.

〈표 2-1〉 간편결재 서비스의 구분

구분	서비스명	기업명	출시	가입자	가맹점	서비스형태
디바이스	엘지페이	LG전자	2017.06	-	기존카드, 단말업체	오프라인
	삼성페이	삼성전자	2015.08	500만명	기존카드, 단말업체	온/오프라인
플랫폼	페이코	NHN엔터	2015.08	500만명	온/오프라인 각10만개	온라인
	네이버페이	네이버	2015.06	1600만명	10만개	온라인
	시럽페이	SK플래닛	2015.05	300만명	6000개	온라인
	카카오페이	카카오	2014.04	1000만명	1000개	온라인
PG사	케이페이	KG이니시스	2015.01	200만명	10만개	온라인
	페이나우	LGU+	2013.11	440만명	11만개	온/오프라인
유통	엠페이	미이비	2015.09	비공개	롯데계열사 일부	온/오프라인
	SSG페이	신세계	2015.07	190만명	3000개	온/오프라인

04 국내 간편결재 서비스 중 페이코, 삼성페이 등 에 대한 서비스를 상세히 분석하라.

1. 페이코

NHN페이코는 구글플레이(Google Play)에 페이코(PAYCO)의 선불결제수단 페이코 포인트가 신규 결제수단으로 적용된다.

구글플레이 일부 이용자를 대상으로 페이코 포인트 결제가 우선 적용됐으며, 점진적으로 대상을 확대해 구글플레이 전 이용자가 페이코 포인트 결제 서비스를 이용할 수 있게 된다.

구글 계정을 가진 이용자들은 구글 플레이 내 "결제 수단 추가" 설정을 통해 페이코 포인트를 추가한 후, '구글플레이'에서 각종 유료앱, 인앱결제(In-App Purchase), 그리고 영화, 도서, 뉴스 콘텐츠를 페이코 포인트로 결제할 수 있다. 또한 페이코 포인트로 결제 시 3% 즉시 할인을 받아 보다 알뜰한 결제가 가능하며, SC제일은행 간편계좌로 충전한 포인

트로 결제하면 1% 추가 할인 혜택도 받을 수 있다

NHN페이코는 페이코의 안정성, 편의성, 효율적인 프로세싱, 타 선불 상품권과 연동된 개방성, 기업 안정성 등을 인정받아 구글의 한국 특화 결제 서비스 파트너로 선정됐다.

페이코 포인트는 페이코의 선불충전결제수단으로, 20여개 금융기관과 연계된 간편계좌나 무통장입금으로 즉시 충전할 수 있으며, '해피머니 상품권', '북앤라이프 도서문화상품권' 및 '모바일 티머니' 등에 충전된 캐시나 상품권을 페이코 포인트로 전환할 수 있다.

2. 삼성페이

삼성페이(Samsung Pay)는 삼성전자에서 만든 모바일 결제 서비스이다. 삼성페이는 마그네틱 보안전송(MST)을 사용하여 무선으로 마그네틱 신용카드의 정보를 전송시켜 결제하는 방식으로 근거리 무선통신(NFC)을 사용하지 않아도 된다. 삼성페이 기능이 지원되는 스마트폰에 신용카드 및 체크카드를 등록하고 사용하면 된다.

마그네틱 보안전송(Magnetic Secure Transmission)은 신용카드 정보를 담은 기기를 마그네틱 방식의 결제단말기에 가까이 대면 결제할 수 있게 하는 방식으로, 2015년 2월 삼성전자가 인수한 미국업체인 루프페이가 이 기술에 대한 특허를 보유하고 있다. 하지만 이 기술은 곧 사라질 위기에 처했는데, 그 이유는 최근 마그네틱 카드 불법복제 범죄가 많이 일어나고 있기 때문이다. 이로 인해 사고방지를 위해 여신전문금융법이 개정되어 보안이 인증된 IC 단말기를 의무적으로 설치해야 되는 법안이 시행되고 있다.

1) 삼성 페이의 장점

- 편리성 : 지갑에서 실물 카드를 꺼낼 필요 없이 스마트폰 잠금화면에서 삼성페이를 화면 하단에서 손가락으로 쓸어 올려 카드 선택 후 지문인증 후 바로 사용이 가능하여 신속하고 편리하게 결제가 가능하다.
- 범용성 : 별도의 카드 리더기가 필요 없어 백화점이나 대형마트에서부터 동네 미용실, 약국에 이르기까지 거의 모든 곳에서 사용이 가능하다. 이는 우리나라 대부분의 카드 가맹점들이 마그네틱 카드 리더기를 사용하고 있어 가능하다.
- 보안성 : 결제 시 본인의 지문이나 비밀번호를 통해서만 결제가 가능하여 스마트폰 분실 시 타인의 사용을 방지할 수 있으며, 결제 시 카드번호 대신 임의로 부여된 암호화 토큰을 사용하여 이를 제외한 어떤 카드정보도 결제 시 공유되지 않는다. 또한 삼성의 보안 솔루션 녹스(KNOX)가 스마트폰을 항시 감시하여 외부의 위협을 감지하며 외부 위협감지 시 카드정보를 암호화하여 별도의 안전한 공간에 저장한다.

2) 삼성페이의 단점

- 제한성 : 삼성페이를 이용 가능한 스마트폰이 위에 언급한 8가지 모델에 한정되어 아직까지는 사용이 제한적이며 지원되지 않는 카드사들이 있고 지원유형도 각각 다르다.
- 또한 신세계 계열(백화점, 이마트 등), 주유업종, 후불 교통카드, 철도승차권 발매는 삼성페이 사용이 불가능하다(2015년 11월 15일 기준)

05 오프라인에서 모바일 디바이스를 이용한 간편결재 서비스에 사용되는 기술과 서비스 과정을 간단히 분석하라.

1. MST(Magnetic Secure Transmission)기술

마그네틱을 이용한 보안 전송 기술이다. 모바일 신용카드는 모바일 기기에 저장된 결제카드 정보를 이용하거나 카드사 네트워크에 접속하여 결제하는 서비스를 말한다. 모바일 신용카드는 USIM형 방식과 APP형 방식이 있다.

- 사용자가 등록한 신용카드가 모바일 디바이스 내에 암호화되어 저장한다
- 지문이나, 홍채, 비밀번호 등으로 결제 시도한다.
- 신용카드의 정보를 일회용 가상 번호로 바꿔 자기장으로 신호를 보낸다(삼성, 엘지페이의 경우 제한시간 30초).
- POS기에서 해당 신호를 인지하고 결제를 진행한다.

신용/체크카드에서 이용한 마그네틱 기술은 실물카드에 카드번호와 유효기간 등 카드 정보를 저장한다. 카드를 리더기에 긁을 때 전자기 유도에 의해 카드 정보가 전기 신호로 변환되며 카드 결제 시스템을 통해 카드사에 전달되어 승인 요청 및 승인 허가를 받는 식으로 결제가 이루어진다.

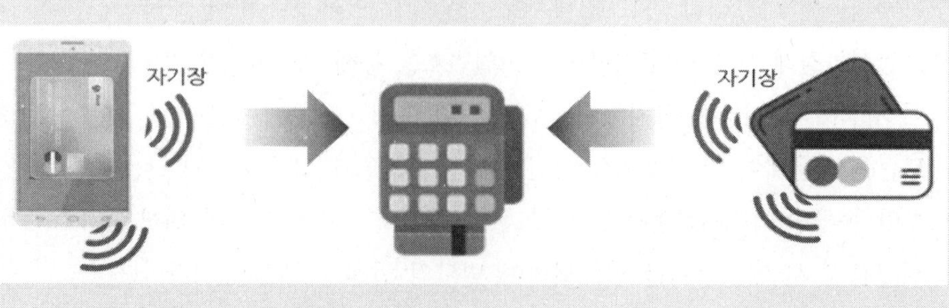

[그림 2-4] 실물카드와 페이에 이용되는 MST(Magnetic Secure Transmission) 기술

단점은 해당 기술을 사용하는 디바이스가 필요하며 디바이스 전원OFF 시 사용 불가하다.

2. NFC(Near Field Communication)기술

10cm 내의 데이터를 교환할 수 있는 비접촉식 근거리 무선 통신 기술이다.

대표적으로 애플(Apple Inc.)에서 개발한 애플페이(Apple Pay)에 도입된 방식으로 [그림 2-5]와 같이 10cm 내의 근거리에서 단말기 간에 데이터 전송이 가능한 NFC(근거리이동통신) 기술과 지문인식으로 결제하는 방식이다. 사용자는 NFC 리더기에 스마트폰을 근접시키고 본인 인증을 위해 스마트폰에 탑재된 지문인식기에 지문을 인식하여 결제를 완료한다.

- NFC결제를 지원하는 페이 App에서 본인의 신용카드를 등록한다.
- 스마트폰 속 내장되어 있는 NFC칩을 NFC 결제 단말기에 태그한다.
- MST와 마찬가지로 신용카드 정보를 자기장으로 전달한다.
- NFS 단말기에서 해당 신호를 인지하고 결제를 진행한다.

단점은 NFC 단말기가 없을 시 사용이 불가능하다.

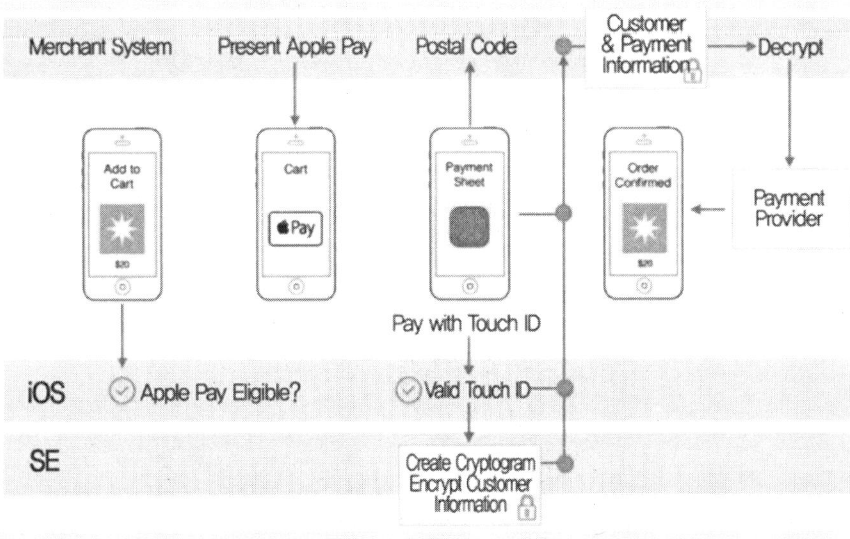

[그림 2-5] NFC를 이용한 애플페이 결제 흐름도

3. 비콘 BLE(Bluetooth Low Energy)기술

비콘(Beacon)은 저전력 블루투스 통신기술을 이용하여 신호를 계속 보내주는 작은 장치이다.

사용자의 스마트폰은 수신된 비콘 신호의 전파세기를 통해 대략적인 거리를 계산하여 사용자의 위치접근정보를 파악한다. 사용자의 위치접근정보를 이용하면 핸드폰을 꺼내지 않고 구입 의사표현이 가능해진다.

비콘을 간편결제에 도입한 페이팔은 비콘을 매장에 설치해 고객이 매장을 방문했을 때 자동으로 POS(Point Of Sales)에 고객에 대한 정보가 나타나고, 비용을 청구하면 자동으로 고객의 스마트폰에서 결제가 이루어지는 방식이다.

- 사용자가 비콘과 통신할 수 있도록 해당 App을 다운로드한다.
- App을 설치한 사용자가 반경 50~70m 내 비콘 신호에 접근한다.
- 스마트폰에서 해당 신호를 인지하여 결제 서비스 및 App에서 여러 정보(쇼핑정보, 쿠폰 등) 공유한다.

단점은 비콘 사용에 대한 개인정보침해, 스팸 및 보안 문제 등이 대두된다.

[그림 2-6] BLE기술을 활용한 페이팔 결제 흐름도

4. 바코드, QR코드기술

바코드(Barcode)는 가로, QR코드(Quick Response Code)는 가로, 세로 2차원으로 정보를 저장가능하며 숫자는 최대 7,089자 문자는 4,296자를 저장할 수 있다.

카드정보를 PG사에 등록하고 결제 시 사용자 스마트폰으로 바코드를 출력하여 제시하거나 QR 코드를 읽어 결제가 진행되는 방식이다. 바코드의 경우 소비자가 스마트폰으로 바코드를 출력하여 자신의 카드정보를 제시하면 가맹점은 바코드 리더기를 통해 이를 읽고 카드사에 지급승인을 요청한다. 반면 QR 코드 방식의 경우 가맹점이 상품 정보를 QR 코드를 통해 제시하고 소비자는 스마트폰에 설치된 애플리케이션을 이용하여 QR 코드를 읽고 카드사에 지급승인을 요청한다.

- 사용자가 App에서 결제 요청한다.
- 서버에서 결제정보가 담긴 코드를 사용자의 스마트폰에 전송한다(결제 시마다 코드 재갱신).

• POS기에서 해당 코드를 인식하고 결제를 진행한다.

단점은 App실행, 바코드 갱신 등 사용자 편의성 결여 및 특정 카드사로 제한한다.

06 간편결재 서비스의 보호기술은 공통위협인 악성앱, 디바이스 탈취 위협과 서버저장, H/W기반, S/W기반으로 크게 분류할 수 있다 이에 대하여 특징 및 장단점을 분석하라.

〈표 2-2〉 간편결재 서비스의 보호기술별 특징

보호기술	특징 비교	
공동위협	사회 공학적 혹은 악성 앱 등의 위협으로 PIN 정보 유출 및 단말기가 탈취될 경우 제 3자에 의한 결제 위협 존재	
서버저장	장점	기기, 운영체제 등에 종속적이지 않아 이용범위가 넓음
	단점	서버에 저장된 정보 유출 시 사회적 파장이 큼
H/W 기반 보호기술 (Secure Enclave)	장점	단말기 및 신용 카드사 만이 결제 정보를 가지고 있으므로, 위협 대상이 상대적으로 적음
	단점	애플 기기에만 종속적인 기술
H/W 기반 보호기술 (KNOX, Trusted Zone)	장점	실물카드 이상의 높은 보안성을 지원
	단점	루팅을 통해 TrustZone에 접근하여 내부를 장악함으로써 저장된 개인정보, 금융정보, 지문정보 등의 탈취 위협에 대한 취약점이 지속적으로 발표되고 있음
S/W 기반 보호기술 (HCE)	장점	H/W 비용이 발생되지 않고, 단말기에 종속되지 않음
	단점	• 클라우드에 저장된 정보는 기기이외에서도 접근 가능한 위협이 존재 • 오프라인일 경우 이용할 수 없는 단점 존재

간편결재 서비스의 보호기술은 공통위협인 악성 앱에 의한 디바이스 탈취 위협과 서버저장, H/W기반, S/W기반으로 크게 분류할 수 있다.

서버저장은 신용카드, 사용자 정보를 별도의 서버에 정하기 때문에 생기는 위협으로 서버의 저장된 정보가 해커에 의해 외부로 유출되었을 경우 카드복제 등의 문제 발생 가능성이 존재한다.

S/W 기반의 보호기술은 클라우드에 정보를 저장하여 결제하는 방법으로 저장된 정보가 기기 외에서도 접근 가능한 위협이 있다.

H/W기반의 보호기술은 디바이스 내 신용카드 정보를 암호화하여 저장, 디바이스와 카드사에만 결제 정보가 존재하여 상대적으로 안전하다고 볼 수 있지만 디바이스 탈취 시 디바이스 내 저장된 개인정보, 금융정보, 생체인식 정보 등이 외부로 노출될 가능성이 있다.

사용자 수가 빠르게 증가하고 있는 MST, NFC 방식의 페이는 H/W기반 보호기술이며 생체인식 중 지문과 홍채인식을 사용한다. 제조사 측에서 안전하다고 하지만 최근 생체인식 해킹 이슈로 여전히 보안성 문제가 대두되고 있다. 이외 페이 서비스도 루팅 탐지, 암호화, 난독화 키보드 보안 등의 보안기술을 적용하고 있지만 여러 우회기법이 공개됨에 따라 보안에 안심할 수 없다.

최근 개인정보 실태평가 자료에 따르면, 인터넷 이용자 4천명을 대상으로 간편결제 이용 설문조사 결과 61.4%의 사용자가 편리성보다 보안성에 비중을 둔다고 답변하였다. 이처럼 사용자들이 보안에 대한 의식과 관심이 높아지고 있음을 알 수 있다. 전자결제 서비스는 금전 부분과 사용자의 개인정보가 담겨있는 만큼 사용자 편의성 증대뿐만 아니라 보안성을 확보하기 위한 기술적 및 관리적인 대책 강구가 꼭 필요하다.

07 송금서비스의 종류와 특징을 간략히 서술하라.

송금 서비스의 종류는 전자화폐, 모바일 및 이메일 송금이 있고 특징은 온라인으로 거래 가능한 가상화폐 형식으로 진행되는 것이 특징이다.

모바일은 기본적으로 개인의 ID 카드와 동일한 역할을 수행한다. 은행에 가서 은행원을 '대면'해야 금융업무가 시작될 수 있다는 사고에서 점차 은행원을 '대면'하지 않아도 즉 '비대면'해도 모바일을 통한 송금 서비스가 가능하다.

온라인으로 모든 금융업무가 이루어지고 있어 차츰 전국적 지점망도 필요 없고 '대면' 서비스를 담당하는 은행원들의 업무도 없어지게 될 것이다.

글자 그대로 인터넷은행이 설립 가능하게 된 것이다. 인터넷 뱅킹이 '전통은행'의 보조 역할을 수행했다면 인터넷은행은 '전통은행'과 다른 차원의 은행이라고 볼 수 있다. 국내에서는 최근 인터넷 뱅킹이 설립되어 운영하여 송금서비스의 경우 송금수수료가 면제인 경우도 있다

학습활동.2 교수 · 학습 방법

교수 방법

- 핀테크 결재 플랫폼 서비스에 대한 관련 용어, 구성, 방식 이해 정도를 파악한 후 수업을 진행한다.
- 교수자의 주도로 핀테크 결재 플랫폼 서비스 등의 내용을 PPT 자료로 제시한 후 설명한다.
- 가능하면 사전에 개인별 학습 자료를 준비하여 모든 학생이 참여할 수 있는 문제 해결식 수업, 협력 수업이 가능하도록 한다.
- 핀테크 결재 플랫폼 서비스 전 과정을 작업의 순서에 따라 단계적으로 실습이 이루어질 수 있도록 지도한다.
- 교재를 통해 수업을 준비하는데 있어서 필요한 모든 정보나 팁, 힌트 등 도움이 될 만한 내용들을 확인할 수 있다.
- 학생들이 만들게 될 각 모델들은 수업시간에 중점적으로 다뤄질 부분과 어휘, 질문, 답을 포함하고 있으며 또한 탐구할만한 추가적인 아이디어들도 포함하고 있다.

학습 방법

- 핀테크 결재 플랫폼 서비스에 대한 관련 용어를 숙지하고, 핀테크 결재 플랫폼 서비스의 기초 단계에 대해 이해한다.
- 핀테크 결재 플랫폼 서비스의 각 단계별 중점 사항을 체계적으로 학습한다.
- 핀테크 결재 플랫폼 서비스의 수행순서의 전 과정을 실습한다.
- 핀테크 결재 플랫폼 서비스의 내용을 이해한다.
- 핀테크 결재 플랫폼 서비스를 이해하고 숙달이 될 때까지 학습한다.

학습활동.2 평가 및 피드백

평가 준거

- 평가자는 피평가자가 수행 준거 및 평가 내용에 제시되어 있는 내용을 성공적으로 수행할 수 있는 지를 평가해야 한다.

학습내용	평가항목	성취수준		
		상	중	하
핀테크 결재 플랫폼 서비스	핀테크 결재 플랫폼 서비스를 이해할 수 있다.			

평가 방법

• 작업 포트폴리오

학습내용	평가항목	성취수준		
		상	중	하
핀테크 결재 플랫폼 서비스	핀테크 결재 플랫폼 서비스를 이해할 수 있다.			

• 필기시험

학습내용	평가항목	성취수준		
		상	중	하
핀테크 결재 플랫폼 서비스	핀테크 결재 플랫폼 서비스를 이해할 수 있다.			

• 체크리스트를 통한 관찰

학습내용	평가항목	성취수준		
		상	중	하
핀테크 결재 플랫폼 서비스	핀테크 결재 플랫폼 서비스를 이해할 수 있다.			

피드백

1. 작업 포트폴리오
   - 제출한 보고서를 평가한 후 주요 사항에 대하여 표시하여 돌려준다.
2. 필기 시험
   - 평가 결과 성적이 저조한 학생은 보고서 제출 기회를 부여한다.
3. 체크리스트를 통한 관찰
   - 실습 과정에서 평가한 후 개선해야 할 사항 등을 정리하여 돌려둔다.

참고자료

1. 이글루시스큐리티 블로그, http://www.igloosec.co.kr
2. 김홍열, http://poweroftruth.net/column/mainView.php?kcat= 2031&table= hy_ kim&uid=3
3. mcadoo@osen.co.kr
4. 핀테크 기술 및 보안 동향 ETRI 전자통신동향분석, 2015.8.

제1부 글로벌 결재 플랫폼	학습 1	새로운 핀테크의 결재 플랫폼 등장
	학습 2	핀테크의 결재 플랫폼 서비스
	학습 3	**핀테크의 글로벌 결재 플랫폼 서비스**
제2부 글로벌 결재의 발전	학습 4	스마트 물류의 진화
	학습 5	스마트 계약
	학습 6	인터넷전문은행의 도입
	학습 7	가상화폐
	학습 8	핀테크의 블록체인 활용
제3부 결재 플랫폼의 활용	학습 9	오프라인 결재 플랫폼
	학습 10	온라인 결재 플랫폼
제4부 핀테크의 미래	학습 11	인공지능과 핀테크 서비스
	학습 12	인공지능과 핀테크 시스템 혁신
	학습 13	빅데이터와 인공지능을 탑재한 핀테크 탄생
	학습 14	차세대 인증으로 생체인식기술을 탑재한 핀테크

학습 목표	3. 글로벌 결재 플랫폼 서비스의 구성 및 특징을 이해할 수 있다.

3-1 글로벌 결재 플랫폼 서비스의 개요

최근에는 국가간 B2C전자상거래 확산되고 있다. 글로벌 e-MP사업자(아마존닷컴, 이베이 등)을 중심으로 국내 소비자의 해외직구도 활발하게 전개하고 있다. 반면, 한류 열풍으로 국내 e-MP에 직접 방문하여 구매하는 이른바 역직구 또한 증가하고 있다.

그러나 국가간 B2C상거래의 한계 및 문제점은 국내에서의 B2C전자상거래와는 달리 국경을 넘는 전자상거래는 관세, 물류비 등 무역측면의 요인을 고려하여야 하며 현재 해외 구매자가 겪는 애로사항부터 해소해야한다. 그러나 해외 전자상거래시의 이해관계자인 해당국가의 e-MP사업자, 구매대행사 등은 소비자에게 관세 및 물류비를 전가하고 있어 해외구매시의 가장 큰 애로사항으로 대두되고 있다.

국가간 B2C전자상거래 이용자를 단순 소비자로 인식하지 않고 잠재적 무역역군으로 성장할 가능성을 염두에 둔 지원 정책 및 시스템 필요하다.

경쟁력 있는 제품을 자국 내에 소개하거나 새로운 소비 트렌드를 주도하는 프로슈머(Prosumer)가 직접 무역 비즈니스를 수행하는 경우가 증가하고 있다.

미국 판매자는 시스템기반으로 운영되고 해외 판매도 솔루션을 이용하여 해결 가능한 체계가 갖추어져 있으나, 한국 판매자는 개인판매자 수준에서 수작업으로 포장, 배송 등을 노동집약적 형태로 운영하고 있다.

값싼 노동력을 기반으로 노동집약적으로 운영하던 중국 또한 생산성 향상을 위해 우리보다 한발 앞서 솔루션 개발을 추진하고 있는데, 우리도 단순한 전자상거래의 노동집약적 처리를 벗어나 유통, 배송, 물류관리 부문의 자동화 솔루션 개발이 필요하다.

아시아 국가 간의 B2C전자상거래 비중을 높이고 한국이 주도하는 전자상거래 환경을 창출하기 위해서는 한국의 우수한 ICT 기술과 경험을 적극 활용할 필요가 있다.

이러한 방대한 시스템을 국가 주도로 구축할 경우, 가장 중요한 관리 및 현행화가 어려워지므로, 민간이 주도하고 국가가 보조하는 것이 바람직하다.

3-2 글로벌 결재 플랫폼 서비스의 현황

월드와이드 점유율은 중국 위챗페이와 알리페이가 전 세계 페이 결제액의 90%를 차지한다. 미국 서비스들은 위챗페이와 알리페이에 비하면 아주 미미한 수준이다. 미국의 점유율을 보면 1위는 페이팔(점유율 51%), 애플 페이(11%), 구글 월렛(7%), 안드로이드 페이(6%), 체이스 페이(6%), 삼성 페이(5%), 벤모(3%) 의 순서이다. 즉 페이팔이 압도적으로 앞서가고 있고 애플과 구글이 그나마 체면유지하고 나머지는 쓰는 사람이 적다.

해외 전자상거래의 글로벌 결재 플랫폼 운영은 미국의 글로벌 간편결재 플렛폼인 페이팔은 최근에 고객 서비스 범위를 확대하고 있다. 즉 글로벌 신용카드 등록이 가능하고 간편인증 방법(이메일, 인증결제)채택으로 더욱 손쉬운 결제가 가능하다. eBay의 경우 웹사이트 로그인 후 결제버튼 클릭 한번으로 페이팔 결제가 가능하다.

중국의 민간부분에서의 알리바바는 제품 공급업체 검증, 금융, 물류, 통관, 외환 등 통합서비스 글로벌 결재 플랫폼 운영하고 있다. 중국정부도 전자상거래 종합 시범사업지구를 지정하여, 수출입 통관 간소화, 테이터 공유, 관세 감면 등 혜택 및 물류센터와 온·오프라인 결재 플랫폼 등 운영 중에 있다.

빠른 성장세를 구가하고 있는 매입 네트워크 페이비전(Payvision)이 글로벌 옴니채널 PSP(결제 서비스 사업자) 플랫폼인 어캡처를 발족시켰다. 어캡처는 해외 전자상거래 PSP와 머천트를 전문적으로 상대하는 페이비전의 자회사이며 전세계 주요 개도국 25개국 내의 구매 전환율을 향상시킬 수 있는 복합 결제 솔루션을 제공하게 된다.

페이비전은 지난 10여 년간 결제업계에서 가장 역동적인 혁신 기업으로 자리매김해 왔다. 이러한 경향을 이어나가고자 설립한 어캡처는 오랫동안 글로벌 전자상거래 산업의 성장을 저해해 왔던 장벽을 허무는 솔루션이다.

수행 내용

재료 · 자료

• 글로벌 결제 플랫폼 서비스 관련 자료

기기(장비 · 공구)

• 컴퓨터, 프린터, 주변기기

안전 · 유의사항

• 컴퓨터 및 주변기기의 전원을 관리한다.

수행 순서

01 해외 구매자의 국내 B2B 전자상거래 이용시 애로사항을 분석하라.

다음은 해외 구매자의 국내 B2B 전자상거래 이용시 애로사항을 유형별로 분석하였다.

〈표 3-1〉 국내 B2B전자상거래 이용시 애로사항

유형	내 역
상품 검색	– 영어로 검색이 어렵다. – 한국어로 검색하더라도 다양한 용어가 혼재하여 정확한 상품 검색이 어렵다.
관세제도	국가 간 관세제도에 대한 이해 부족으로 구매 조건(상품 유형, 수량, 금액 등)에 따라 다양한 변수가 존재하며, 이를 판매자가 조건에 맞게 제시하기에는 불가능하다.
결제수단 및 본인 인증	– 해외 구매자가 소유한 다양한 결제수단을 국내 e-MP에서 수용하기 어렵다. – 글로벌 신용카드사의 경우에만 제한적으로 결제가 가능하다. – 간편결제 수단의 경우에도 한국에서만 가능한 본인인증 절차를 거치므로 사용이 불가능하다.

02 아시아 전자상거래 공동이용 글로벌 결재 플랫폼을 분석하라.

아시아 각국의 e-MP, 결제사업자 등과 공동이용 글로벌 결재 플랫폼의 연계를 통해 각국 구매자 및 판매자들의 상거래 지원하는 사례이다.

공동이용 글로벌 결재 플랫폼을 통해 아시아권 국가의 전자상거래 시장을 하나로 묶어줌으로써 전체 시장규모를 확대하고 거래활성화를 유도한다. 아시아권 B2C전자상거래 통합 시장의 성격이나 국가별로 고유한 관세 정책은 그대로 유지하면서 예상되는 관세, 물류, 결제 등의 문제를 공동이용 글로벌 결재 플랫폼으로 해결한다.

글로벌 결재 플랫폼은 한국에서 제안하고 구축하나 일방적인 수출을 지향하는 방식이 아닌 국가간 동시다발적인 수출입을 지원하는 것을 전제로 하는 허브로서의 역할을 지향한다.

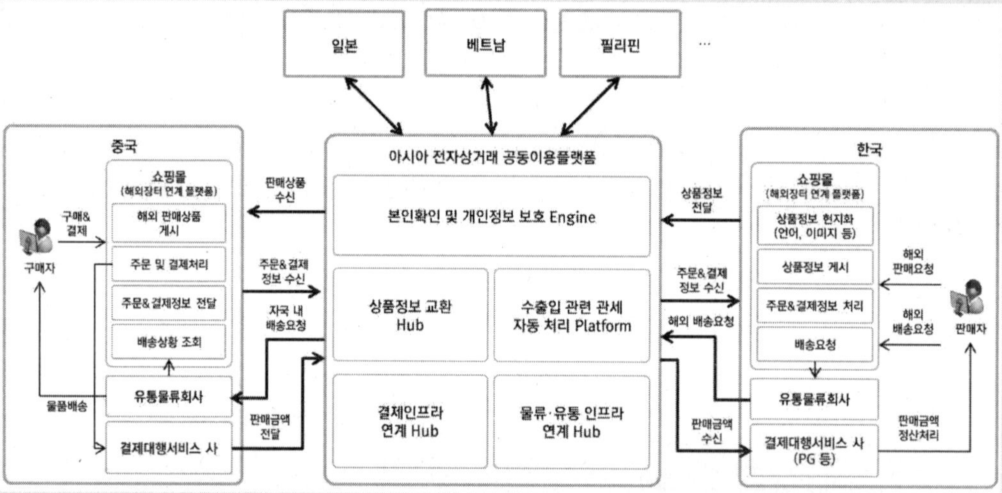

[그림 3-1] 아시아 전자상거래 골동이용 글로벌 결재 플랫폼

03 공동 글로벌 결재 플랫폼의 기능에 대하여 분석하라.

각국 소비자들이 타국의 제품을 쇼핑하는 경우 직면하게 되는 3가지 대표적인 애로사항(상품명 검색, 관세 및 물류비 계산, 본인 인증)을 후방에서 지원하여 국가간 상거래를 촉진한다.

전자상거래 공동이용 글로벌 플랫폼은 국외의 전자상거래 서비스가 자국 내의 전자상거래와 연계하기 위해 상품정보 연계, 자동 관세처리, 주문 및 결제정보 교환 등 필요한 각 분야별 연계허브 역할을 수행한다.

각 참여국은 자국의 전자상거래 기반 인프라(지불, 유통 등)를 최대한 활용하여 자국 전자상거래 시장을 보호하면서 소비자 복지를 증진하고 시장기반을 확대할 수 있다.

구매자 중심 B2C전자상거래 지원 기능은 공동이용플랫폼과 연계된 e-MP의 소비자에 대해서는 아포스티유(Apostille) 제도처럼 해당국의 e-MP사업자가 신원확인을 대행하고 이를 상호 신뢰함으로써 소비자 본인확인(인증)절차 간소화한다.

각국의 행정업무 편의를 위한 제도인 영사확인 및 아포스티유 제도는 각국에서 발급한 문서에 대해서는 인증을 통해 신뢰하는 것으로 간주하여 행정 신뢰성 및 효율성을 추구한다.

마찬가지로 공동이용 글로벌 결제 플랫폼에 연결된 e-MP의 결제 수단을 타국에서 신뢰하고 직접 결제할 수 있도록 기능을 제공한다.

미국 사례처럼 해외 소비자가 국내 간편결제 수단(앱카드, 앱페이, 멤버스앱 등)에 쉽게 가입 및 활용할 수 있도록 지원한다.

04 글로벌 결제 플랫폼을 운영하고 있는 웨챗페이, 알리페어, 페이팔, 애플페이, 페이비젼, 에켑쳐, 인도의 페이티엠에 대하여 간략히 분석하라.

1. 위챗페이

위챗페이는 텐센트의 모바일 결제 시스템인 '텐페이'가 위챗에 연동된 것으로, 위챗메신저에 탑재된 '지갑' 기능을 통해 간편결재 서비스를 이용할 수 있다. 이를 통해 이용자는 상대방과 돈을 주고받을 수 있다. 돈을 보내는 사람은 은행 계좌를 위챗과 연결해 대화방에서 계좌에 있는 돈을 위챗 친구에게 보내면, 받은 사람은 자기 은행 계좌와 위챗을 연결해 현금으로 바꾸는 식이다.

현재 중화권에서 위챗페이는 이미 보편적인 결제수단으로 자리를 잡았다. 외출할 때 지갑을 가지고 다니지 않아도 웬만한 곳, 예를 들어 택시는 물론 슈퍼마켓에서부터 조그만 구멍가게 까지 위챗페이로 모든 결제가 가능하다. 일반적인 결제나 송금 뿐 아니라 콜택시 호출, 비행기 및 기차 예약, 휴대폰 요금과 공과금 납부까지 위챗 내 위챗페이 메뉴 안에서 모두 엄지손가락 터치 몇 번으로 처리가 가능하다.

위챗페이는 중국의 새해 풍습도 바꿔놓았다. 중국은 설에 붉은 봉투에 돈을 넣어 가족끼리 주고 받으며 이는 한국의 세뱃돈 풍습과 비슷하다. 그런데 이 붉은 봉투가 위챗 대화방에도 등장했다. '카카오톡 선물하기'와 비슷하게 사용자들이 세뱃돈을 위챗 대화방에서 붉은 봉투로 보내기 시작한 것이다.

위챗 페이의 가장 큰 특징은 서비스의 시작이 메신저였다. 위챗은 메신저가 앱의 중심이 되어 결제, 공중 계정 등 다양한 부가 서비스를 제공하는 형태로 서비스 모델이 구성되어 있다. 앱의 근간이 메신저이기에 다른 앱들에 비해 사용 빈도가 월등히 높다. 이에 반해 알리페이는 알리바바의 전자 상거래 결재 플랫폼을 중심으로 하는 강력한 네트워크를 갖고 있으나 앱 사용처가 '결제'로 제한되는 한계가 있다. 결제할 때를 제외하고는 앱을 잘 열지 않기 때문에 사용 빈도와 앱 내 체류 시간이 위챗을 따라가기엔 턱없이 부족하다.

위챗페이는 QQ 연동으로 중국 1위에 쉽게 등극했다. 이 분야 특성 상 중국 1위가 곧 세계 1위이다. 연 거래액은 대략 5,200조 원 정도이고, 중국에서 위챗페이와 알리페이를 합친 중국 점유율은 99%이다. 원래는 다양한 페이가 있었고 알리페이가 70% 정도를 차지했으나, 2017년 1분기에 아예 역전됐다.

2. 알리바바의 알리페이(Alipay)

알리바바 그룹의 전자상거래 부문 중 전자금융거래인 결재 플랫폼을 담당하고 있고 중국 내 서비스명은 즈푸바오(간체 : 支付宝, 번체 : 支付寶)이다.

신용카드가 그리 보편화되지 않은 중국이기에 보통 은행 발행 직불카드(银行储蓄卡)를 등록해서 사용하게 되는데, 중국공상은행, 중국농업은행, 중국건설은행, 중국은행, 교통은행, 평안은행, 흥업은행, 중국민생은행 등의 메이저 금융기관은 물론, KEB하나은행(중국지사)나 신한은행(중국지사)와 같은 현지 한국계 은행 지점에서 발행한 직불카드를 등록할 수도 있다.

결제 가맹점으로는 같은 알리바바 계열사인 타오바오, TMall이 있으며 그 밖에도 많은 오픈마켓이나 온라인 게임 등의 결제 수단으로 이용되고 있다. 각 도시별로 다르지만 대도시에서는 수도전기세를 비롯한 각종 공과금도 전부 검색하고 지불 할 수 있다. 못쓰는 경우를 찾기가 힘들 정도이다. 오프라인에서도 꽤 널리 사용되고 있는데, 이 경우 스마트폰에서 일회용 결제 QR코드를 발급받거나 NFC를 사용해서 결제한다.

2015년도 부터 오프라인 가맹점을 대대적으로 확대하면서 실질적으로 거의 모든 편의점 및 대형마트, 음식점에서 사용 가능하다. 스마트폰을 쓰는 중국인은 알리페이 계정이 하나쯤 있는 것이 당연하다보니 POS기가 없는 시장 과일가게나 노점상에서도 자기 계정을 QR

코드 프린트 찍어놓고 지불받기도 한다. 텐센트의 위챗페이와 경쟁이 격화되면서 QR코드 리더를 뿌리는 등 오프라인에서의 이용도 대도시 기점으로 많이 확산된 상태이다.

최근에는 재태크(理财) 관련 서비스를 제공하는 등, 이미 단순한 결제 시스템을 넘어 하나의 은행에 가까운 수준으로 변모했다. 핀테크 시장에 대해 언급할 때 빠지지 않고 등장하는 성공 사례로 꼽힌다. 이게 왜 이렇게 성공했냐 하면, 중국에서 대량으로 돌고 있는 위조지폐 때문이다. 중국인들은 하도 위폐가 많이 도니까 현금으로 받으려는 성향이 극도로 떨어지게 되고, 현금 대신 "알리페이 써라"가 되는 것이다. 최근 기준으로 중국의 온라인 결제시장의 51% 이상을 장악하고 있고 알리바바 그룹 종합쇼핑몰 지원으로 급성장하고 있고 송금 및 공과금 납부, 대출, 복권구입 등 다양한 형태의 결재가 가능하다.

알리페이의 진화로써 소비자가 물건을 확인한 후 판매업자에게 돈을 보내는 결제 시스템을 구축하고 있고, 2013년 6월 MMF 금융투자 상품인 '위어바오'를 개시하였고 각종 비용절감을 통해 은행보다 빠르게 시장 단기상품을 편입하여 운용하고 있다.

알리페이의 글로벌 시장공략은 최근 호주에 6번째 글로벌 지사를 설립하고 국내를 찾는 중국인 관광객 90%가 알리페이를 통해 면세점 쇼핑을 하고 인터넷 환경이 잘 갖추어져 있는 한국시장 진출하고 있고, 한국정보통신(KICC)와 함께 국내 오프라인 시장진출하고 있다.

중국 알리바바 그룹의 간편결제 수단인 알리페이(Alipay)의 실명인증 절차('16년 7월 시행)이다.

〈표 3-2〉 알리페이의 등급별 권한과 인증

회원등급	권한	필요 인증(본인확인)
일반회원	– Alipay서비스 이용 불가	– e메일 또는 SMS인증, 여권번호
1등급	– 잔액 지불한도 : 1,000위안 – 물품구매 – 잔액인출(연결된 은행카드에서 인출) – 계좌이체	– (중국)은행카드 1개 등록 인증, 총 1가지 실명인증 수단 필요
2등급	– 잔액 지불한도 : 10만위안/년 – 1등급의 모든 권한 – 사용한도 결정 가능 – 본인에게 계좌이체, 신용카드 입금	– 1등급 인증 포함 - 신분증(여권 사진, 비자)인증 또는 추가 은행카드 1~2개 등록 인증, 총 3가지 실명인증수단 필요
3등급	– 잔액 지불한도 : 20만위안/년 – 2등급의 모든 권한 – 각종 세금, 생활요금 자동이체 – 비행기, 기차 티켓 구매 – 보험가입	– 2등급 인증 포함 – 추가 신분증인증 또는 추가 은행카드 1~2개 등록인증, 총 5가지 실명인증 수단 필요

알리페이는 작년 인도의 페이티엠(PAYTM)을 시작으로 태국의 Ascend Money, 미국의 MoneyGram, 필리핀의 Mynt, 한국의 Kakao pay 등 세계 각국의 금융 및 결제 회사들에 투자하거나 이를 매입하며 '글로벌화'의 초석을 다졌다.

3. 페이팔

전통적인 핀테크 강자인 페이팔은 약 1억5천만 회원을 보유하고 있는 핀테크의 공룡이다. 일반 신용카드 대비 매우 간단하고 편리하게 사용할 수 있는 강점이 있고 현 온라인 글로벌 결제 플랫폼 중 가장 저변이 넓고 광범위하게 활용된다.

페이팔(Paypal)의 사업구조는 소비자가 물건을 구매하면 판매업체는 페이팔에게 결제를 요청하면 페이팔은 소비자에게 결제요청 확인하고 소비자의 확인으로 페이팔은 판매업체를 결제하는 구조로 되어 있다.

페이팔의 국내시장 공략은 글로벌 온라인 쇼핑업체인 아마존과 함께 한국진출을 확정하고, 국내에서는 옥션과 G마켓에 페이팔 방식의 결제시스템을 적용하고 있고 금융당국과 인허가 여부에 따라 하나은행 / KG이니시스와 제휴 예정이고, 국내 온라인 쇼핑몰 이용과 송금편의에 대한 기대감이 형성되고 있다.

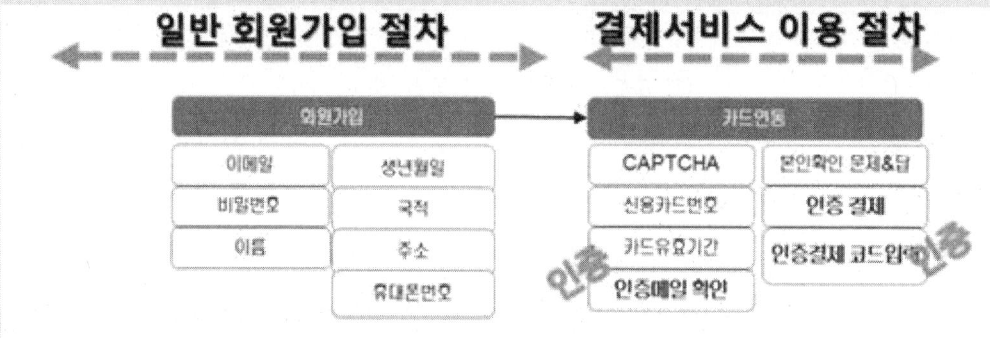

[그림 3-2] 페이팔의 결재 플랫폼 사례

4. 애플의 애플 페이

NFC(근거리 무선통신) 기반 시스템으로 미국 유통문화 변화를 주도하고 있고 미국 패스트 푸드점 맥도날드 매출의 대부분을 잠식하고 있고 라이벌 구글, 월렛과 통신사의 결제서비스 비중까지 함께 성장을 유도하고 있고 미국대형카드사 6곳과 3대 신용카드사와 연계하여 급속 성장을 하고 있다.

애플 페이(Apple Pay)의 특징은 신용카드 정보를 미리 정장 후 자사의 스마트 기기로 결제하고 지문인식 기능과 연결하여 효율적인 보안과 다양한 부가서비스를 지원하고 있다.

애플 페이의 중국시장 공략은 글로벌 인기 스마트 기기인 아이폰을 활용한 플랫폼 기반으로써 유니온 페이와 함께 협력하여 중국 앱 스토어 결제방식 등으로 다각화하고 있고 중국 유일의 현지 신용카드인 유니온 페이와 협력하여 경쟁비교우위를 확보한 상태이고 애플 페이가 중국에서 주요 모바일 결제수단으로 성장할 가능성이 있다.

5. 페이비전

페이비전(Payvision)은 독립 글로벌 결제 솔루션 공급업체로 전자상거래 시장 내에서의 글로벌 카드 결제를 전문으로 하고 있다. 지난 20여 년간 페이비전은 매입은행과 에이전트, 결제 서비스 사업자, ISO(독립 판매조직), MSP(머천트 솔루션 사업자)와 머천트 고객사를 상대로 PCI DSS 규정을 준수하며 PSD 라이선스를 획득한 세계적인 결제 처리 플랫폼을 제공하고 있다.

암스테르담에 본사를 둔 페이비전은 뉴욕, 유타, 샌프란시스코, 마드리드, 런던, 토론토, 싱가포르, 도쿄, 홍콩, 마카오, 오클랜드(뉴질랜드) 등 40개국 이상으로 글로벌 서비스를 확대하고 있으며 카드 결제와 전자상거래 분야에 대한 다양한 인사이트와 지식을 창출하고 있다.

페이비전은 24시간 연중무휴 서비스, 150개 이상의 결제 통화 및 지역 카드 결제통화, 첨단 보고서 작성 인터페이스와 견고한 위기관리 솔루션을 고객사에 제공한다. 또한 다양한 지역에 대한 서비스 제공 경험은 글로벌 매입은행 네트워크로 이어져 300개가 넘는 사업 파트너와 5,000개 이상의 웹 머천트를 연결, 연간 1억 건 이상의 거래를 처리하고 있다.

페이비전에 대한 보다 자세한 정보는 홈페이지(www.payvision.com), 트위터(twitter.com/payvision), 링크드인(www.linkedin.com/company/payvision), 페이스북(www.facebook.com/Payvision), 회사 블로그(blog.payvision.com)에서 확인할 수 있다.

6. 어캡처

어캡처(Acapture)는 해외 사업 확장을 추진하는 전자상거래 머천트와 PSP를 위한 글로벌 결제 플랫폼 솔루션을 제작한다. 암스테르담에 본사를 두고 있는 어캡처는 독립 글로벌 결제 플랫폼 솔루션 공급업체인 페이비전의 자회사이다.

어캡처 플랫폼은 글로벌 카드 매입 기능과 18가지의 전자상거래 플랫폼 플러그인을 제공하며 50가지가 넘는 대표적인 대체 결제 기법, 150가지 이상의 화폐를 취급할 수 있다. 또한 PSP, 머천트용 맞춤형 보고 기능도 지원하는데, 이를 통해 온라인 소매업체들은 해외, 특히 전세계 25위권 내 신흥시장에서의 구매전환율을 극대화할 수 있다. 어캡쳐에 대한 보다 자세한 정보는 www.acapture.com에서 확인할 수 있다.

7. 페이티엠

인도에서 모바일 결제가 급성장하고 있다. 현재 페이티엠으로 하루에 결제되는 거래는 650만건이다. 화폐개혁 이후 1달 반 만에 3배로 급증했다. '검은돈'을 근절하기 위해 고액권 사용을 중지한 나렌드라 모디 총리의 화폐개혁이 불러온 나비효과다.

은행 계좌를 가진 인도 국민은 절반에 불과하고, 상거래의 98%가 현금으로 이뤄질 정도로 인도인들은 현금 거래를 선호해 왔다. 이 점을 감안하면 모바일 결제의 폭발적 성장은 놀라운 변화다.

인도 결제 문화를 바꾸고 있는 기업은 모바일 결제 시장 선도 업체 페이티엠(Paytm)이다. 페이티엠의 모회사는 인도 전자상거래 업체 '원97커뮤니케이션즈(이하 원97)'이고, 원97의 최대주주는 마윈(馬雲) 회장이 이끄는 중국 거대 IT 기업 알리바바의 금융 계열사인 앤트파이낸셜(마이진푸 · 蟻金服)이다.

페이티엠이 화폐개혁을 틈타 인도에서 모바일 결제 문화를 퍼트린 데엔 알리페이의 기술력이 큰 보탬이 됐다. 화폐개혁 부작용으로 위기에 처한 모디 총리를 알리페이가 구해준 셈이다.

학습활동.3 교수 · 학습 방법

교수 방법

- 글로벌 결재 플랫폼 서비스에 대한 관련 용어, 구성, 방식 이해 정도를 파악한 후 수업을 진행한다.
- 교수자의 주도로 글로벌 결재 플랫폼 서비스 등의 내용을 PPT 자료로 제시한 후 설명한다.
- 가능하면 사전에 개인별 학습 자료를 준비하여 모든 학생이 참여할 수 있는 문제 해결식 수업, 협력 수업이 가능하도록 한다.
- 글로벌 결재 플랫폼 서비스 전 과정을 작업의 순서에 따라 단계적으로 실습이 이루어질 수 있도록 지도한다.
- 교재를 통해 수업을 준비하는데 있어서 필요한 모든 정보나 팁, 힌트 등 도움이 될 만한 내용들을 확인할 수 있다.
- 학생들이 만들게 될 각 모델들은 수업시간에 중점적으로 다뤄질 부분과 어휘, 질문, 답을 포함하고 있으며 또한 탐구할만한 추가적인 아이디어들도 포함하고 있다.

학습 방법

- 글로벌 결재 플랫폼 서비스에 대한 관련 용어를 숙지하고, 글로벌 결재 플랫폼 서비스의 기초 단계에 대해 이해한다.
- 글로벌 결재 플랫폼 서비스의 각 단계별 중점 사항을 체계적으로 학습한다.
- 글로벌 결재 플랫폼 서비스의 수행순서의 전 과정을 실습한다.
- 글로벌 결재 플랫폼 서비스의 내용을 이해한다.
- 글로벌 결재 플랫폼 서비스를 이해하고 숙달이 될 때까지 학습한다.

학습활동.3 평가 및 피드백

평가 준거

- 평가자는 피평가자가 수행 준거 및 평가 내용에 제시되어 있는 내용을 성공적으로 수행할 수 있는 지를 평가해야 한다.

학습내용	평가항목	성취수준		
		상	중	하
글로벌 결재 플랫폼 서비스	글로벌 결재 플랫폼 서비스를 이해할 수 있다.			

평가 방법

• 작업 포트폴리오

학습내용	평가항목	성취수준		
		상	중	하
글로벌 결재 플랫폼 서비스	글로벌 결재 플랫폼 서비스를 이해할 수 있다.			

• 필기시험

학습내용	평가항목	성취수준		
		상	중	하
글로벌 결재 플랫폼 서비스	글로벌 결재 플랫폼 서비스를 이해할 수 있다.			

• 체크리스트를 통한 관찰

학습내용	평가항목	성취수준		
		상	중	하
글로벌 결재 플랫폼 서비스	글로벌 결재 플랫폼 서비스를 이해할 수 있다.			

피드백

1. 작업 포트폴리오
   – 제출한 보고서를 평가한 후 주요 사항에 대하여 표시하여 돌려준다.
2. 필기 시험
   – 평가 결과 성적이 저조한 학생은 보고서 제출 기회를 부여한다.
3. 체크리스트를 통한 관찰
   – 실습 과정에서 평가한 후 개선해야 할 사항 등을 정리하여 돌려둔다.

제1부 글로벌 결재 플랫폼	학습 1	새로운 핀테크의 결재 플랫폼 등장
	학습 2	핀테크의 결재 플랫폼 서비스
	학습 3	핀테크의 글로벌 결재 플랫폼 서비스
제2부 글로벌 결재의 발전	**학습 4**	**스마트 물류의 진화**
	학습 5	스마트 계약
	학습 6	인터넷전문은행의 도입
	학습 7	가상화폐
	학습 8	핀테크의 블록체인 활용
제3부 결재 플랫폼의 활용	학습 9	오프라인 결재 플랫폼
	학습 10	온라인 결재 플랫폼
제4부 핀테크의 미래	학습 11	인공지능과 핀테크 서비스
	학습 12	인공지능과 핀테크 시스템 혁신
	학습 13	빅데이터와 인공지능을 탑재한 핀테크 탄생
	학습 14	차세대 인증으로 생체인식기술을 탑재한 핀테크

학습 목표

4. 스마트 물류의 진화의 구성 및 특징을 이해할 수 있다.

4-1 스마트 물류의 개요

스마트 물류(Samrt Logistics)는 IT 서비스와의 접목을 통해 물류의 모든 제반 활동을 실시간으로 제어하고 관리 · 운영하기 위한 지능형 국제 통합 물류 체계로 정의할 수 있다.

스마트물류를 가능하게 하는 i-ULS(Intelligent Unified Logistics System)는 IT와 각 물류의 고유기술들을 융합한 형태로써 수송, 보관, 포장, 상 · 하역 등 기본 물류활동 간의 상호 연계는 물론 정보기술과의 연계를 통하여 스마트물류의 목표인 Traceability, Environment Friendly, Green Logistics, Interface Oriented, Human Centered, Asset Management 증진을 추구하기 위한 개념이다

사물인터넷(IoT)이 다양한 산업 분야에 접목돼 기존 산업의 경쟁력을 높일 것으로 기대를 모으는 가운데, IoT를 통해 물류 분야의 혁신을 이룰 수 있다는 분석이다.

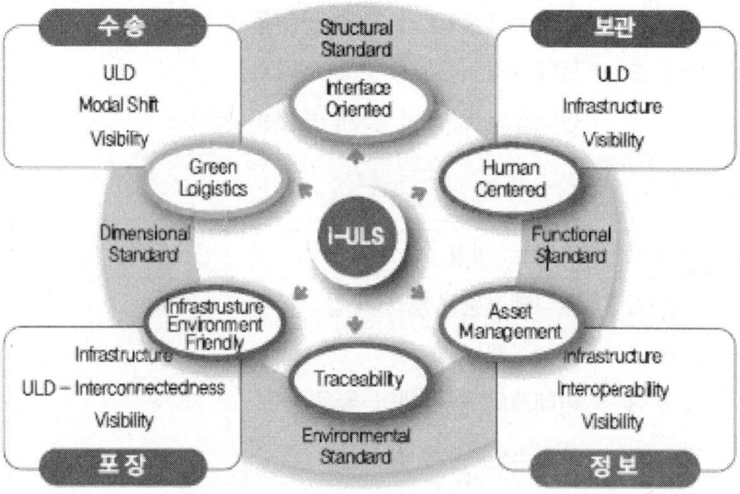

[그림 4-1] 스마트물류 구성 요소

참고 : http://www.kscodi.or.kr/standard/images/2013_sub07_02_img01.png

특히 우리나라는 현재 세계 최고 수준의 제조 인프라와 IT 인프라를 갖고 있으므로 IoT와 물류를 결합한 스마트 물류를 통해 제조업의 경쟁력도 강화할 수 있을 것이라는 전망이다.

4-2 스마트 물류 기술

1. 지능형 물류기술

물류 효율화를 위해 제조에서 최종고객에 이르기까지의 공급사슬 전 과정에서 기계/장비들 간의 연계 확보 및 데이터를 동기화하고, 정보공유를 통하여 물류 환경에서 발생하는 다양한 정보를 추적/관리하고, 수송경로설정 및 관리를 위한 통합 시스템을 구축하는 기술이다. 자원의 활용성을 높이기 위해 자동화된 정보수집 방법을 통해 추적 및 관리하는 기술을 의미한다. RFID/USN/IoT기술을 활용한 자산 활용성 극대화, 소비자편의증진과 물류의 상호운용성 증대를 위한 기술을 포함한다.

2. 지속가능 물류기술

에너지의 효율 향상 및 에너지 낭비를 절감하기 위해 기존 물류환경에서 요구되는 에너지를 절감할 수 있는 기술로 소요 에너지 및 자원의 원천감량과 재활용도를 높여 낭비되는 자원을 최소화 하는데 목적을 둔다.

원재료 탐색에서부터 최종고객에 이르기까지의 공급 사슬 전 과정과 사용 후 재활용(재사용) 또는 폐기에 이르기까지의 Reverse Logistics 전 과정을 통하여 발생하는 환경유해 요소를 원천적으로 제거하거나 최소화하기 위한 관리 기술을 포함. 또 물류환경에서 발생하는 비환경적 요인을 제거하기 위해 친환경 포장소재 및 시스템의 개발, 차량 적재 효율화, 창고 등 에너지관리 효율화, 연계수송수단간 통합시스템 구축 등을 포함한다.

3. 안전 및 보안 물류

물류과정에서 발생할 수 있는 안전과 보안 관련 문제에 대해 이를 사전에 방지하여 유해요소를 최소화 하거나 모니터링하여 문제 발생 시 즉시 감지/복구할 수 있는 기술이다.

전통적인 하드웨어를 통해 화물전복이나 화물을 정보와 물리적으로 보호하는 보안/안전물류기술 외에도 ICT를 융합하여 관리하는 기술이다.

수행 내용

재료 · 자료

- 스마트 물류의 진화 관련 자료

기기(장비 · 공구)

- 컴퓨터, 프린터, 주변기기

안전 · 유의사항

- 컴퓨터 및 주변기기에 대하여 전원을 관리한다.

수행 순서

01 물류기술의 개념을 분석하라.

물류는 인류가 경제 활동을 시작할 때부터 이루어져 왔지만 주목받기 시작한 것은 최근 시장이 소비자 중심으로 전환되고, 전자상거래가 활성화 되면서 기업은 원자재 공급에서부터 완제품을 소비자에게 전달하기까지 정확하고 신속하게 물자의 흐름을 효율화 할 필요성이 커졌기 때문이다.

물류활동은 수송 · 보관 · 하역 · 포장 등 단순히 화물을 취급하는 경제활동의 파생수요에서 글로벌 공급사슬관리(Supply Chain Management) 기법이 발달하면서 산업 전반의 효율을 제고시키는 수단으로 각광 받고 있는 것이다.

물류 분야에서는 화주들과 물류기업이 물류비 절감이라는 공통 목표를 지향하기에 새로운 물류기술의 개발에는 더욱 적극적이고 창의적인 아이디어로 더 높은 성과를 내고 연계를 강화할 수 있도록 하는 노력이 필요하다.

또한 물류기술은 물류비 절감 이외에도 물류보안 · 안전 문제와 친환경 문제가 고려되어야 하는 복합적인 응용기술 분야다.

02 물류기술은 기업기반의 물류기술과 공공분야의 물류기술로 나눌 수 있다. 기업물류 기술과 공공분야의 기술에 대하여 서술하라.

물류기술 분야에서 기업물류 기술 분야는 물류 운영·솔루션 분야 및 물류인프라·설비 분야로 구분할 수 있고, 공공분야는 철도·도로·항만·항공 등 물류수송의 주요 수단이 해당된다.

03 물류시스템 및 물류 프로세스의 핵심은 무엇인지 분석하라.

물류시스템 및 물류 프로세스의 핵심은 물류 전체 과정상의 화물과 정보, 그리고 자금흐름을 유연하게 연계시키는데 있다. 따라서 운송·보관 및 하역·포장 등 과정별로 기술 개발의 세 가지 목표인 효율·효과성, 보안·안전성, 지속가능·환경성을 달성하는 데 필요한 물류시설, 장비 및 소프트웨어 기술 등이 물류기술이라 하겠다. 현재는 물류의 합리화를 위한 물류의 기반 인프라·장비 및 운영 효율화를 위한 물류 기술의 발전이 이루어지고 있다.

04 그린물류란 무엇인지 분석하라.

그린물류는 제품 및 서비스의 생산에서 폐기까지 제품의 수명주기(Life Cycle) 동안 이루어지는 물류분야의 모든 활동이 지구의 지속가능성(Sustainability)을 적극적으로 지원하고 물류활동 자체의 결과가 환경에 미치는 부정적 영향력을 최소화 할 수 있는 물류활동이다. 즉 전 물류 과정에서 지속가능성·경제성·친환경성을 추구하는 물류라 할 수 있다.

제한된 지구 자원 및 지구 온난화로 인해 에너지 저감과 온실가스 배출량 감축은 국제적 차원에서 규제적 활동으로 진행되고 있으며 2009년부터 우리 정부는 녹색성장을 강조 하면서 그린물류(Green Logistics)는 현실적으로 시급히 해결해야 하는 당면과제가 되고 있다.

05 스마트 물류기술 중 지능형 물류기술에 대하여 분석하라.

1. 지능형 수송기술

ICT를 이용한 물류최적화 기술로 차량의 수송 과정에서 화물, 수송용기 및 차량의 정보를 실시간 제공(Global RTI-Vehicle Asset Management 기술)하여 물류가시성을 확보하고 RFID/Sensor/USN 기술을 통한 자동감시 및 제어, 클라우드기반 빅데이터를 이용한 물류경로 최적화기술 등이다.

㉥ ITS, ICT 연계기술(RFID, USN, IoT, Sensor tag, Monitoring control, RTI Asset Management), 클라우드 기반 빅데이터시스템 등이다.

2. 스마트 패키징기술

패키징을 통한 물류 구성요소간 상호 소통과 제품상태의 정보를 제공할 수 있는 자동인식 및 상품의 품질인지 기술이다.

㉥ RFID/USN/IoT 등 ICT융합 스마트라벨을 통해 포장제품의 가시성, 품질보증 및 추적성 향상기술 개발, 모바일기반 물품인식기술, 태그인증기술 등이다.

3. 지능형 물류장비기술

보관하역설비 등 물류장비의 ICT융합을 통하여 자동창고용 적하역 시스템, 재고 실시간 관리 시스템 등을 개발하는 기술이다.

㉥ 로봇(자동화) : 자동창고 적하역(On/Off-loading) 시스템, 실시간 자산관리, 기술물류센터의 센서 네트워크 기술, AGV트럭, 자동 랙(Automation Rack), 센서 감지형 컨베이어용 롤러 및 아이들러, RFID, QR코드 인식형 물류 설비 기술이다.

06 스마트 물류기술 중 지속가능 물류기술에 대하여 분석하라.

1. 단위화물체계 수송기술

단위화물체계의 정합성 여건 및 일관성 향상을 도모하고 연계수송 수단 간의 통합 시스템을 개발하며 RTI, 트럭, 컨테이너 등 수송기기를 경량화시키고 폐기물을 줄여 탄소발생량을 감소시키는 기술이다.

㉮ 인터모달 기술, 수요기반 유닛로드시스템, 업종별 ULS 가이드라인 등

2. 친환경수송기술

물류과정에서 발생할 수 있는 환경오염을 최소화하도록 과학적 배송경로 관리 기술을 개발하는 것으로 Logistics Simulation 기술, 최단경로 및 최단거리 도출 기술, Transportation Location 확인 기술, 초경량부품소재개발 등이 포함된다.

㉮ SCM 최적화기술, 글로벌 친환경물류정보기술, 친환경물류부품 소재개발기술 (Foldable Freight Container, RTI, 고강도 경량 트럭 등)

3. 친환경 포장기술

환경부하 저감 및 순환자원 가치향상을 위한 포장 소재, 구조설계, 생산, 가공 및 운용방법에 대한 기술이다.

㉮ 순환물류용기(리터너블) 개발, 접이식 포장용기, 포장재 경량화, 자원순환성 향상기술, 분해성 소재 개발

4. 에너지관리 효율화 기술

환경자산의 파기, 재활용도를 높이고 불필요하게 낭비되는 자원을 최소화하기 위하여 물류환경에서 소모되는 물류시설 및 설비의 에너지를 관리하는 기술이다.

㉮ 에너지 효율 자동랙 기술, Energy saving 설비 기술, 물류설비의 재제조, 창고자동화, LED조명, 하역 및 운반장비(산업용 트럭)의 에너지 효율 등급 분류, 시설 및 설비의 정격성(정격성 측정기준, 냉장냉동창고의 보냉 능력, 소방시설 능력기준, 방화관리기준) 등 물류시설 및 설비 에너지효율 증진기술이다.

07 스마트 물류기술 중 안전 및 보안물류에 대하여 분석하라.

1. 수송안전관리 기술

유통 중 발생할 수 있는 상품 파손 및 품질저하를 방지하기 위한 정보를 시각화하고 위험물 수송 안전과 수송환경 재난 대처를 위한 기술이다.

㉥ 응급 및 재난물류시스템, 수송안전감시(SMS : Safety Monitoring Service), 실시간 위험요소 추적 및 관리, 수송기기 성능 및 화물시험평가, 위험물수송기술, 위험물, 중량물 등 안전운송을 위한 결속장치 및 적재방법 표준화), 방폭 수송용기 등 이다.

2. 유통안전 기술

유통환경에 의해 발생할 수 있는 품질변화를 평가하고 관리하여 안전하게 소비자에게 전달하게 하기 위한 기술이다.

㉥ 의약품 및 식품물류, 수송환경지도(DEM : Distribution Environment Map), 위변조 방지 및 신뢰이력보증기술 등이다.

3. 소비자편의 포장 기술

노약자, 어린이, 그리고 일반 소비자의 안전과 편의를 증진하기 위한 포장 기술이다.

㉥ 압력용기류의 안전성, 도용방지, 노약자 및 어린이보호포장(Accessible Design), AIP(Active and Interactive Packaging) 등 소비자의 편의를 도모하는 포장기술이다.

4. 물류작업환경관리 기술

인체공학적 설계기준, 소음관리 기술, 바닥재 마찰음 저감 기술, 작업자 경보(표식, 장치 등)관리 기술, 실내오염방지 기술, 공기공조기 설치 기준, 작업장 비산먼지 관리기준, 작업장의 온도 조건 등과 관련된 기술이다.

5. 물류시설안전관리 기술

건축물(화재, 산업안전, 전력)관리 표준화 기술, 물류설비안전관리(작업자 안전지침서 등), 지게차용 선택작업장치(푸시 풀, 사이드 쉬프트, 로드 스테빌라이저, 클램프 등, 방폭

설비, 위험물 취급, 무진동) 기술, 자동화 물류센터 설비(자동창고설비, 원격제어장치, 전산 및 통신설비)의 기능적 안전과 관련된 기술이다.

08 글로벌 공급망의 안전을 시작하기 위한 항만물류 보안 체계에 대하여 분석하라.

최근 전세계적으로 항만물류보안이 강화되면서 무역장벽으로 작용하고 있으며, 국제무역 화물의 공급사슬망(Supply Chain) 전반에 걸쳐 확대되고 있다. 이에 따라 현행 보안체제에서 화물 컨테이너에 대한 검색과 관리가 강화될수록 화물의 통관을 포함한 업무처리 시간이 증가될 뿐만 아니라 관련 비용 역시 급증하고 있다. 이에 대응하여 미국, 유럽 등 물류 선진국뿐만 아니라 해상 물류관련 국제기구에서도 효율적인 항만물류보안체계 구축에 주목하고 있는 시점이다.

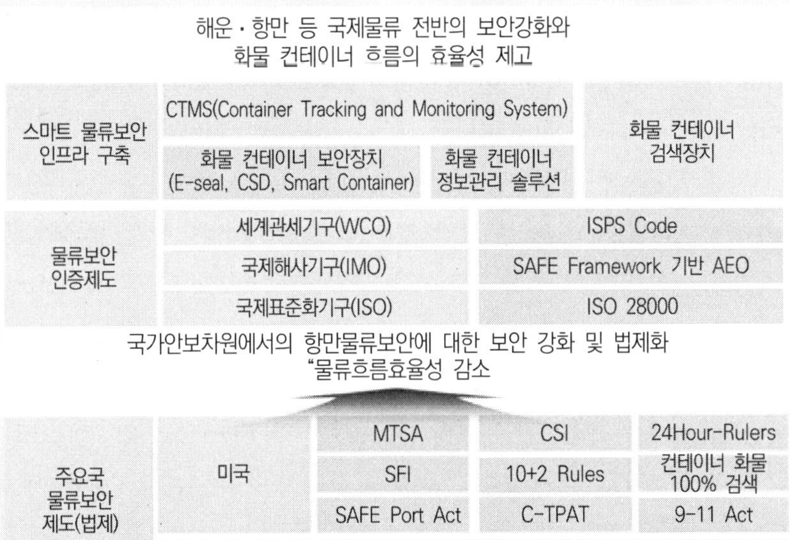

[그림 4-2] 항만물류보안 체계

항만물류보안체계는 미국과 유럽을 중심으로 국제적인 공조체계 구축 및 화물 컨테이너 보안기술 강화, 물류보안인증제도로 확산되고 있다. 미국은 9 · 11테러 이후 물류보안 관련 제도 및 기술을 선도하고 있으며 미국 내 항만 및 운하의 테러공격을 방지하기 위하여 DHS(미국교 통안전부, Department of Homeland Security)를 설치하고 MTSA(해상 운송 보안법, Maritime Transportation Security Act)제정을 시작으로 CSI(컨테이너보안협정, Container Security Initiative), 24Hour-Rules(선적 24시간전 적하목록전송규칙), SFI(화물안보구상, Secure Freight Initiative), 10+2 Rules(ISF, Importer Security Filing), 컨테이너 화물 100%검색, SAFE Port Act(항만보안법, Standards to Secure and Facilitate Global Trade) 등을 통해 미국 내로 반입되는 모든 화물에 대해 감시할 수 있도록 규정하고 있다. 특히, 선박 및 항만보안제도를 위해 ISPS Code(국제선박 및 항만시설보안규칙, International Ship and Security Code)와 미국 해운보안법을 함께 시행하면서 항만물류보안에 대해 더욱 강화시키고 있다. 특히, 글로벌 물류보안체계는 항만에서의 물류보안뿐만 아니라 국제교역 화물 컨테이너의 제조 · 운송 · 보관 · 정보 등의 공급사슬망 전반에 걸쳐 확대되고 있어 국제교역의 흐름을 저하시키는 요인으로 작용하고 있다.

이에 따라 국제물류 전반의 보안을 강화하면서 효율성도 함께 제고할 수 있는 방안에 대해 최근 미국, 유럽, 싱가포르 등과 같은 물류 선진국 및 국제기구에서 국제물류인증제도를 통해 해결하고자 노력하고 있다. 특히 미국은 C-TPAT(Customs Trade Partnership Against Terrorism) 인증을 추진하면서 국제기구 및 주변국의 관심을 유도하고 있다. 대표적으로 유럽의 40여 개국에서는 유럽공동체 국경을 통과하는 화물에 대해 세관의 사전공인을 통해 통관절차를 우대하는 AEO(Authorized Economic Operator)제도를 2008년 1월부터 시행중이며, 싱가포르에서도 독자적인 물류보안 가이드라인(STP : Secure Trade Partnership)을 마련하여 운영 중이다.

특히 최근에는 물류보안 및 효율성의 강화추세에 따라 글로벌 물류보안시장이 급성장하고 있어, 미국, 유럽연합에서는 물류보안시장 주도를 위해 스마트 항만물류인프라 구축을 위한 보안장비 및 관련기술에 집중 투자하고 있다. 이에 국제표준화기구 ISO에서도 관련 규격들을 참고하여 컨테이너잠금장치 및 RFID 표준에 관해 ISO 17363(SCM RFID), 17712(Mechanical Seal), 18185(E-Seal)등의 표준 활동을 추진 중이다.

반면, 우리나라의 물류보안산업은 영세성 및 보수성을 띄고 있어 대부분 미국, 이스라엘 등에서 생산되는 외산장비 및 시설을 설치 운영 중이지만 최근 ICT 기술을 적극 활용하여 우리나라에서 국토해양부를 중심으로 2008년부터 U-기반 해운물류보안체계 구축사업을 추진하고 있다. 더불어 ISO TC104 컨테이너 기술전문위원회에서는 컨테이너의 위치정보 확보(Visibility) 및 컨테이너 내부, 외부의 환경 및 화물정보의 관리를 위한 CTMS(Container Tracking and Monitoring System, 해상용 컨테이너모니터링시스템)를 표준화하고 있다. CTMS가 국제표준으로 완성될 시 국내 선사업체가 해당 ISO 표준에 따라 기존의 시스템을 바꿔야 할 가능성이 높아 CTMS 국제표준이 전 세계 선사 및 해상물류시스템에 미치는 영향이 클 것으로 예상되기에 관련 표준에 예의주시 해야 할 것으로 예상된다.

09 선선제품을 더 신선하게 만드는 스마트 콜드체인을 분석하라.

오늘날 의약품, 냉장/냉동화물 등의 특수화물의 공급체인 전반에 걸쳐 관리의 중요성이 대두됨에 따라, 실시간 위치추적 및 제품 상태의 관리제어를 위한 RFID, Sensor, RTLS, 이동통신 및 와이파이 기술, 개별화물의 보관/운송조건을 고려한 지능적 의사결정기술 등 다양한 기술이 적용되고 있고 이에 따른 표준화에 대한 수요가 증가하고 있다.

온도에 민감한 의약품에 대한 세계적인 수요가 증가함에 따라 의약품의 상태를 정밀하게 관리하고자 하는 콜드체인(Cold Chain) 물류 서비스 수요도 증가해 2017년에는 약 107억 달러에 이를 전망이다. 농산물의 경우도 유통과정에서 온도나 습도의 관리를 제대로 하지 못하면 변질로 인해 판매 단계에서 상품가치가 떨어지기 때문에 산지에서부터 농산물 특성에 맞게 온도나 습도를 관리하는 것은 아주 중요하다. 또한 미국이나 유럽의 대부분의 major food retailer들은 그들의 supplier에게 다음과 같은 요구를 준수하게 하고 있다.

- Safe Quality Food(SQF) initiative
- FDA Hazard Analysis Critical Control Points(HACCP) Principles
- ISO 22000
- British Retail Consortium(BRC)
- International Food Standard(IFS)

이러한 경향에 따라, 미국이나 유럽의 일부 기업에서는 농산물을 트럭, 컨테이너, 팔레트 단위로 운송시 온도, 습도와 산소를 관리해 농산물의 품질을 유지하는 높은 수준의 콜드체인 모니터링을 적용하고 있다. 또한 계절적 영향이 큰 농산물의 경우 계절별로 온도관리를 진행하고 있으며, 특성에 따라 진공포장이나 진공냉동 포장을 통해 온도의 변동성도 최소화하고 있다.

콜드체인은 식품, 유통, 물류, 농축산, 의약, 전자산업 등 국내 전 산업현장에서 가장 필요한 기반 기술요소이나 이에 관련된 전 세계적인 특허는 미국, 독일의 출원인이 압도적으로 많고, 영향력 및 기술력지수가 가장 높으며, 한국은 해당 지수들이 아주 낮은 상황이다. 세계적인 Business Information System 솔루션 제공사인 SAP는 EPC Architecture를 기반으로 하는 콜드체인에 대한 솔루션을 제공하고 있다. 또한 이스라엘 StePac L.A.는 Xsense기술을 농산물 유통에 적용시켜 농산물의 유통과정에서의 훼손을 최소화하고 상품가치를 극대화시키고 있다.

유럽연합의 FRISBEE(Food Refrigeration Innovations for Safety, consumer Benefit, Environmental impact and Energy optimization along cold chain in Europe)는 2010년 9월부터 4년간 진행되는 총 연구비가 5,992,082 유로에 이르는 프로젝트로 EU내에 26개 파트너가 참여하고 있다. FRISBEE프로젝트는 유럽의 푸드 콜드체인에서, 품질, 안전성등을 고려한 수학적인 모델링을 활용해 콜드체인 솔루션을 개발하기 위한 프로젝트이다.

국내의 많은 연구가 콜드체인 상에서 실시간 환경변수의 모니터링에 초점이 맞추어 있고, 콜드체인 시설에서의 에너지 절약은 상대적으로 간과되고 있지만, FRISBEE과제의 경우 현재의 refrigeration방식을 re-engineering하고, 선행 제어기술을 활용하여 에너지 절약을 30%정도 절약하는 것을 목표로 하고 있는 것이 흥미롭다.

2000년 이후 전 세계적으로 콜드체인 기술이 활발히 개발되고 있는 실정이며, 한국의 경우도 정부주도의 R&D들을 진행 중이다. 콜드체인 기술은 크게 온도, 습도 등의 보관/운송의 환경변수 및 개체정보를 취득하는 디바이스 기술, 실시간으로 이러한 정보를 처리하는 미들웨어 기술, 관리대상이 되는 제품의 환경에 적합하도록 온도나 습도를 제어하는 기술, 제품의 이동을 추적하는 모니터링기술, 그리고 제품의 품질의 변질을 최소화하기 위한 포장기술 등으로 나누어 생각할 수 있다.

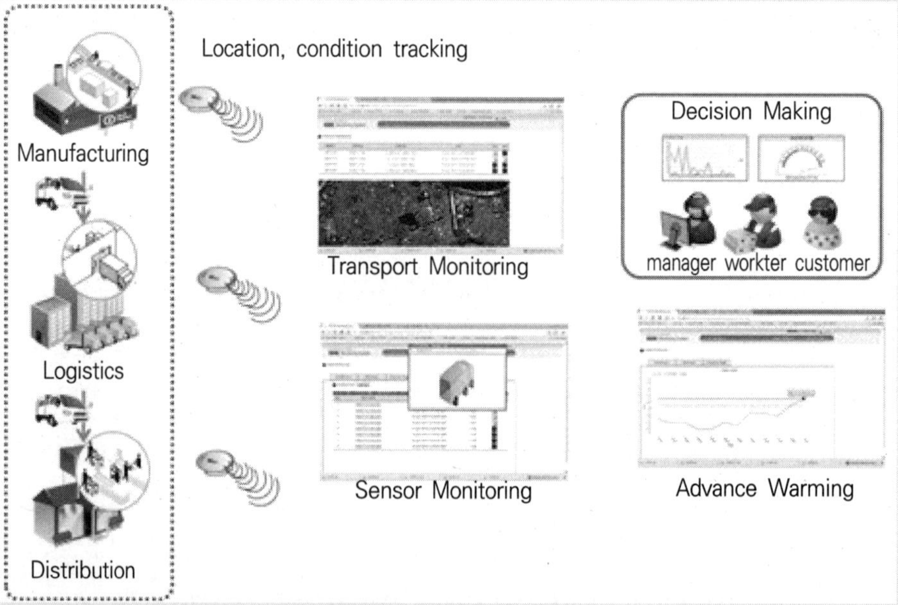

[그림 4-3] Samrt 콜드체인 개념

[그림 4-3]은 콜드체인상에서 실시간으로 제품의 품질의 영향을 미치는 온도와 습도 등의 변화, 제품의 이동을 관리하고 제품의 품질변화를 예측하는 smart 콜드체인 관리 기술을 나타낸다.

국내에서 기술개발과 표준연구가 진행되어야 할 부분은 다음과 같다.

- 전원에 영향 받지 않는 지속적인 시간별 환경 지표 관리기술
- 온도 분포를 균일하게 하기 위한 적재 방법 연구
- 농산물 상태를 보전하기 위한 온, 습도, 산소, 이산화탄소를 고려한 관리 포장기술
- 냉동·냉장시설에서의 제어 기술 등 을 활용한 에너지 절감

식품의 안전·안심은 21세기에 확보되어야 할 가장 중요한 과제 중의 하나이며, 쾌적하고 건강한 장수사회의 토대를 굳건히 이룩하기 위해서도 식품의 생산·유통 시스템에서 안전성을 확보·보증하는 종합적인 기술로서 첨단 콜드체인(Smart Cold Supply Chain) 시스템의 구축이 요구되고 있다. 한 나라의 경제가 선진화 될수록 인간의 가장 기본적인 욕구를 충족시키기 위한 식품의 가치는 나날이 커지므로, 선진국에서 농축수산물, 유제품, 의약품 및 생명공학 등의 제품 유통은 콜드체인을 통해 이루어지고 있다. 콜드체인에서 가장 중요한 것이 아래의 그림에서 보듯이 신선식 품의 냉동·냉장기술이며, 콜드체인의 고도화는 진 세계 식량공급에도 중요한 역할을 한다.

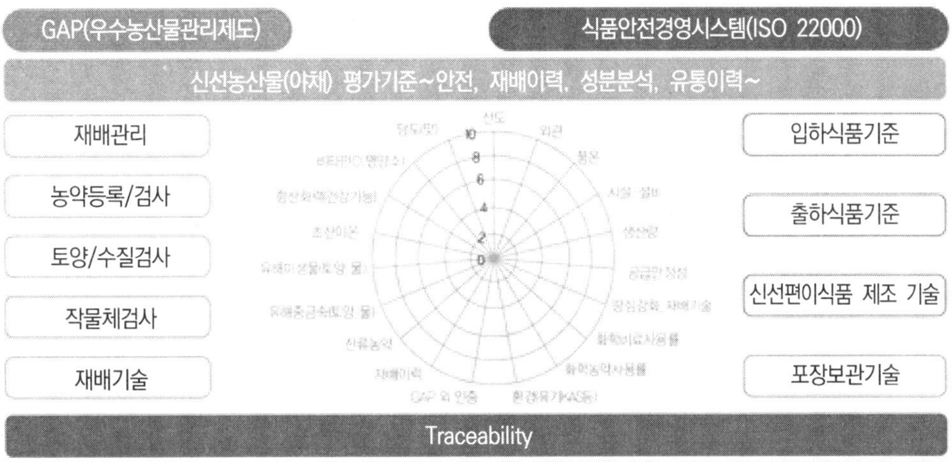

[그림 4-4] 콜드체인 관련 제도현황

우리나라 신선물류 표준의 확대와 발전을 위해 요구되는 세 가지 핵심사항을 살펴보면, 첫째, 개별기업이나 업계 및 국가표준 제정의 활성화를 통한 물류표준체제의 구축이 필요하며, 둘째, 국제표준의 확대를 위한 전 국민 의식 개혁운동의 전개를 통하여 가장 낙후

되어 있는 신선물류 표준화를 견인할 수 있도록 함과 동시에, 마지막으로 신선물류 표준화 성공사례의 창출을 적극적으로 유도 하는 것이다. 이렇게 한다면 물류표준화 선진화를 앞당길 수 있을 것이다.

10 자동인식기반의 스마트 물류용기에 대하여 분류하라.

물류용기는 1·2차원 바코드를 포함하여 RFID, 센서, 영상기술 등 다양한 자동인식기술과 인터넷, 모바일 등 네트워크 환경과 결합함으로써 앞으로 제조, 공급망 관리 및 물류 분야의 가시성, 추적성, 효율성뿐만 아니라 새로운 부가가치 창출 기회의 주도적 역할을 수행하게 될 것이다.

기업의 제조, SCM, 물류/유통 환경은 이미 현장의 표준화·합리화 및 기계화·자동화·정보화가 지속적으로 진행되어 왔으며 이제는 기업 활동의 국제화 추세에 따라 이를 관리·제어하기 위한 능력과 경쟁력 강화 및 서비스 차별화를 위한 필요성이 증대되고 있다. 또한 급변하는 정보기술 환경을 계속해서 검토하고 수용해야만 하는 실정에 있다. 이러한 변화의 환경에는 파렛트(Pallet), 박스(Box 또는 Crate), 롤컨테이너(Roll Container) 등 다양한 재질·모양·기능을 가진 물류용기가 중요한 역할을 수행한 것은 주지의 사실이지만 향후에는 그 역할과 중요성이 더욱 증가될 것으로 예상된다.

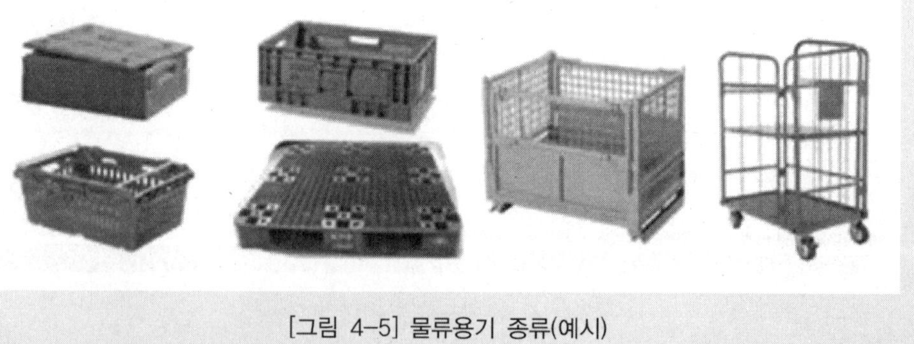

[그림 4-5] 물류용기 종류(예시)

따라서, 물류용기는 실물의 적재/포장, 보관, 상하역 및 이송의 1차적 기본 기능뿐만 아니라 물류 흐름상의 실물과 물류용기가 접하는 다양한 외부 환경, 관련된 물류 자원과의 커뮤니케이션에 대한 정보까지도 물류용기에 담아야 하는 2차적 기능도 수행할 필요가 있다.

이를 위해서는 '스마트(Smart) 물류용기', 또는 '인텔리전트(Intelligent) 물류용기'의 개념이 정립되어야 하며 다양한 자동인식기술과의 기술적 결합과 함께 이러한 물류용기를 활용한 비즈니스 모델의 수립과 적용이 수반되어야 한다.

자동인식기술 분야중 RFID 기술은 최근 몇 년간 활발히 관련 표준 활동이 진행되고 있으며 국제표준화기구인 ISO/IEC의 JTC1의 SC1에서 관련 표준을 제정하고 있다. 또한, 국제단체표준기구인 GS1에서도 다양한 워킹그룹을 통하여 표준화 작업이 진행되고 있는데 특히, 파렛트(Plate Pallet) 부문에는 RTI(PT) Interest Group이 결성되어 플라스틱과 목재소재 파렛트에 한하여 RFID 적용 주파수, 적용 코드 및 구성 체계, RFID 태그의 부착 수량/위치 등에 대한 가이드라인을 제시하였다.

가이드라인에서는 RFID 태그의 적용 주파수는 900MHz 대역의 주파수 대역을 적용한 ISO 18000-6 표준을 준수하며 물류용기는 기본적으로 자산 관리 및 추적을 위한 GRAI-96의 코드 체계를 채택하고 EPC Global Network의 기본 네트워크 환경을 따르도록 권장하고 있다. 파렛트용 RFID 태그는 기본적으로 태그 인식 향상을 위하여 플라스틱과 목재 파렛트의 태그 위치가 조금 다르게 제시되었는데 GS1의 파렛트 태깅에서 볼 수 있듯이 물류용기는 이미 상이한 규격의 물류용기가 국가 또는 권역별로 표준이 제정되어 있고 다양한 물류용기들이 개발되기 때문에 일괄적인 표준화가 쉽지 않은 상황이다.

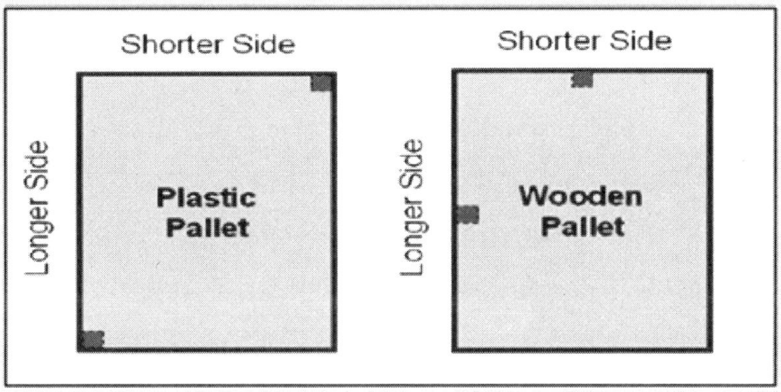

[그림 4-6] GS1 RTI(PT) I/G 가이드라인의 파렛트의 RFID 태그 부착 위치

물류용기에 활용/결합하기 위한 자동인식기술은 1·2차원 바코드가 가장 많이 활용되고 있지만 앞서 언급한 물류용기의 2차적 기능을 원할히 수행하기 위해서는 RFID 기술과 온도/습도/가스 등 다양한 센서(Sensor) 기술, 화상인식 등이 복합적으로 결합되어 제조 환경 뿐만 아니라 SCM과 물류의 흐름상에서 상품을 포함한 상품의 내외적 환경까지도 모니터링하고 제어하는 영역으로 자동인식 기술이 확대하고 있다. 해외 시장에서는 글로벌 SCM의 효율과 경쟁력 향상, 친환경 SCM을 위해 이러한 자동인식기술과 네트워크 기술이

결합된 다양한 제품이 실제 현장에서 활용하고 국내의 경우에는 시장 규모와 비즈니스 환경, 경제성 측면 등에서 아직 상용화 단계로는 진입하고 있고 융합 기술 개발 사업을 추진하고 있는 단계에 있다.

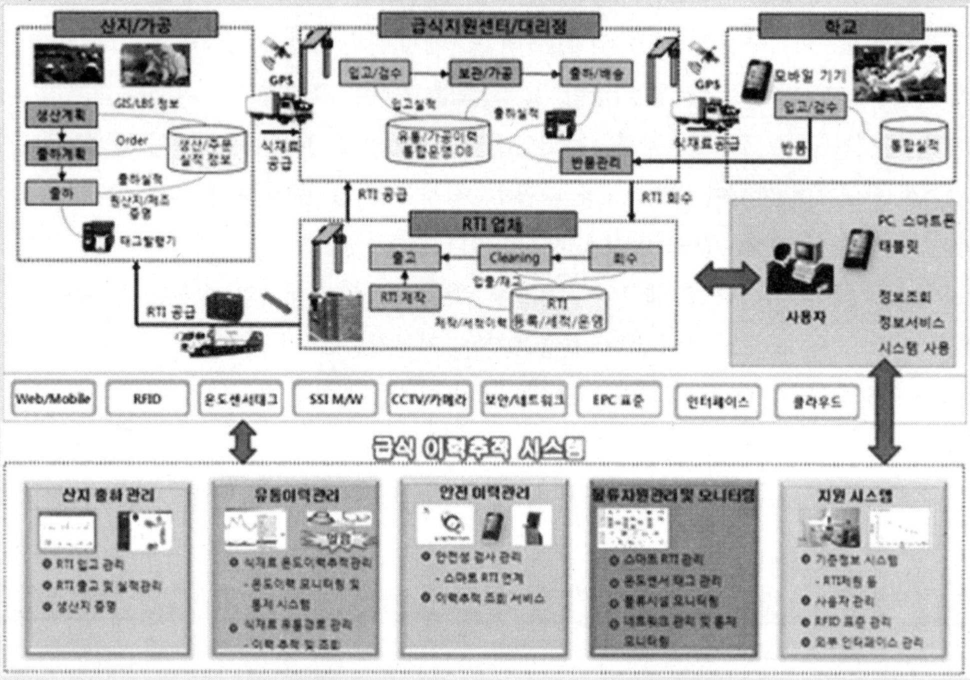

[그림 4-7] 스마트 물류용기(Smart RTI)를 활용한 농식품 급식 분야의 적용

국내에서는 현장의 응용 관점에서 한국파렛트풀과 한국컨테이너풀이 제조와 유통 분야의 기업과 함께 주도적으로 RFID 기술에 대한 검증 과정을 마쳤고, 자동인식기술을 활용한 물류용기 서비스를 하고 있다. 기술적 관점에서는 온도·습도·가스 등의 센서와 RFID 태그가 결합된 태그가 상용화 및 해외 수출을 위한 절차를 진행하고 있다.

일본의 경우 일본 파렛트 렌탈(JPR)에서는 모든 파렛트에 RFID 태그 부착을 완료하는 일정으로 태그를 부착하고 있으며 이러한 인프라 기반에서 RFID에 의한 물류용기 개체 식별 및 상품의 추적과 관리 서비스가 가능한 새로운 물류솔루션 정보 서비스 상용화 사업(Llink)을 개시하였다.

물류용기는 SCM과 물류의 보조적 도구가 아닌 실질적 부가가치를 창출하는 원동력이며 물류 분야가 정보 네트워크 분야로 전환하는 중요한 변수로 작용할 것이다.

11 일관수송시스템을 위한 표준포장모듈에 대하여 분석하라.

ULS 국제표준파렛트가 1,200x1,000mm, 1,200x800mm, 1,100x1,100mm, 48"x40"의 4개 규격 체제로 ISO 3676이 개정됨에 따라 이에 관련된 포장모듈도 ISO 3394에 600x400mm, 600,500mm, 550x366mm로 개정이 완료되었다.

국가 표준파렛트도 20여년만에 2원화로 환원된 만큼, 향후 KS T 1002(수송포장계열치수)도 개정이 필요하며 점진적인 대응을 통해 국제적인 추세에 발맞추어 나가야 한다.

오랫동안 논란의 와중에 있었던 국가 표준파렛트 이원화 문제가 2013년 10월에 기술표준원 물류기술심의회를 통과함으로서 일단락되었다. 기존의 T11형(1,100x1,100mm) 파렛트 단일 체제에서 T12형(1,200x1,000mm) 파렛트가 국가표준 파렛트에 추가되어 1992년 이래 20여년 만에 이원화 시대로 회귀하게 된 것이다.

물류표준화는 파렛트 표준화를 기준으로 하고 있어서 당분간은 이원화에 의한 혼란이 예상된다. 당장 손을 봐야 할 KS 규격이 KS T 1638(유닛로드시스템 통칙)을 비롯하여 수십 종에 이르고 LS규격은 거의 전면적인 손질이 불가피한 실정이다. 그동안 T11형 파렛트의 보급 확산 정책으로 현재는 이 규격 파렛트가 가장 많이 쓰이고 있지만, 국제적으로는 T12형이 압도적으로 많이 사용되고 있어서 향후 T12형의 증가속도가 빨라질 것으로 예상된다.

이원화 시대에 표준파렛트의 사용은 시간이 지남에 따라 자연스럽게 균형이 이루어질 것이다. 하지만 일정기간 동안에는 내수 T11형, 수출 T12형 체제가 예상되어 어느 정도 물류효율의 저하가 불가피한 상황이다. 한국 제안으로 성사된 600x500mm 계열 포장모듈의 ISO 3394에 삽입도 표준 파렛트 2원화에 의한 물류효율 저하를 최소화하기 위한 방안 중의 하나이다.

포장분야도 KS T1002(수송화물 표준치수)를 우선적으로 개정하여야 한다. 포장 표준치수는 T11형 파렛트를 정수분할하여 조합한 69종의 치수로 이루어져 있기 때문에 T12형을 고려한 새로운 치수규격 설정이 요구된다.

한편, 물류표준 변화 추세에 효과적으로 대응하기 위해서는 주요 산업군 별로 포장 표준치수군을 설정할 필요가 있다. 주요 산업군 선정은 물동량이 큰 산업군이 아니라 자동차산업 등 국제 추세에 민감한 산업군, 농식품 등 현재 및 향후에 국제적인 교류가 커질 것으로 예상되는 산업군, 물류표준화가 경쟁력 확보에 크게 영향을 미치는 산업군 등이 우선적으로 고려되었다. 2013년도에는 농식품, 수산물, 생활용품, 자동차, 의류 등 5대 품목이 잠정적으로 선정 되었으며 이 산업들에 대한 각각의 포장 표준치수군을 설정 하였다.

한편, 국제물류표준화의 일환으로 순환물류체계(Returnable Transport System)구축에 대한 ISO 차원에서 논의가 이루어져서 현재 ISO TC 122 WG13으로 관련 추진조직이 만들어져 있다. 이 규격은 회수용기의 규격과 재질 및 형태, 회수시스템 구축과 운용방안 등이 핵심적인 내용이다. 향후 RTS구축은 글로벌 물류체계의 변화에 지대한 영향을 미칠 것으로 예상된다. 따라서 RTS의 기본 베이스인 글로벌 포장물류 대응체계 구축은 더 이상 지체할 수 없는 신속대응 과제이다.

12 물류보안 증진을 위한 글로벌 컨테이너 추적시스템(GCTS)에 대하여 분석하라.

GCTS(Global Container Tracking System)는 RFID 기술을 활용하여 화물자동차 및 컨테이너가 주요 물류거점에 출입할 때 반출입 · 하역 등의 정보를 실시간으로 알려주는 물류정보시스템이다. 이 시스템은 물류 안전(Safety)과 물류 보안(Security)을 증진시켜줄 것으로 예상된다.

지난 1973년 마리오 카둘로의 특허를 시작으로 본격적인 RFID 기술이 산업 전반에 전파되기 시작하면서, 무선으로 사물의 내용 및 위치정보를 보다 쉽게 인식할 수 있게 되었다. RFID는 바코드를 대체하는 기술로 자리 잡으면서 그 활용영역이 유통 · 물류분야에도 확대되었고, 보다 효율적인 보안, 환경관리, 안전도 제고 측면에서 그 역할이 주목되고 있다.

RFID 기술의 동작은 안테나를 통해서 특정 영역안에서 인식되는 태그(Tag) 정보를 리더(Reader)로 전송하고, 중앙컴퓨터에서 정보를 처리하는 방식을 취하고 있다. 물류보안 분야에서의 RFID의 적용사례를 살펴보면, 2006년 군포 및 양산 복합물류터미널에 화물자동차와 화차에 대한 표준과 정보수집 자동화시스템 도입을 위해 시범사업이 운영되었고, 항만게이트 반출입 및 항공수화물 관리 등 다양한 분야에서 그 적용이 확대될 전망이다.

그러나 RFID는 리더기만 보유하면 누구나 태그 정보를 수집할 수 있으므로 정보의 노출 가능성이 존재한다. 그리고 다양한 RFID 규격이 존재하고 있어, 주파수 대역이나 태그에 저장 할 수 있는 정보의 표준화가 ISO 등 국내 및 국제표준화기구에서 추진되어야 한다. 뿐만 아니라 리더의 인식률 개선이 필요한데, 송신출력을 높이면 이 문제를 해결할 수는 있으나, 비용이 증가할 수밖에 없어 보급을 확대시키기 위해서는 인식률은 높이고 가격은 낮추는 태그의 개발이 필요한 실정이다.

이러한 RFID기술을 기반으로 화물자동차 및 컨테이너가 항만 등 주요물류거점에 출입할 때 반·출입, 하역 등의 정보를 실시간으로 알려주는 정보시스템이 바로 글로벌 화물추적시스템(GCTS : Global Container Tracking System)이다. 싱가폴, 홍콩, 중국 등 대규모 항만을 운영하고 있는 국가에서는 RFID 및 네트워크 기술을 활용해서 해운물류분야에서의 경쟁력강화에 총력을 기울이고 있다. 21세기 들어 미국의 경우 컨테이너 보안관련 CSI(Container Security Initiative) 협정 대상국에 물류부문의 보안을 비중 있게 다루고 있다.

GCTS의 보급이 확대될 경우 컨테이너 및 화물차량의 위치에 대한 가시성이 뚜렷해질 것이며, 항만게이트 자동화로 시간 및 비용이 절감되고, 해운·항만의 국제경쟁력 향상과 더불어 국가 수출입화물에 대한 RFID 기술표준화 기반을 마련할 수 있다는 데에 큰 의미가 있다. 뿐만 아니라 컨테이너 반출입 프로세스의 생산성을 44% 향상과 리드타임 감소 등을 통해 연간 항만 매출액 약 840억 원을 증대시킬 수 있을 것으로 예상된다(해양수산부, Yes U-port 홈페이지). 이와 관련된 기술은 국제표준화기구(ISO)의 화물컨테이너 기술위원회(TC104)의 서브 위원회인 SC4(Identification and Communication)에서 표준화가 진행되고 있다.

[그림 4-8] 글로벌 컨테이너 추적시스템(GCTS)의 시스템 구성도

출처 : 해양수산부 Yes U-port 홈페이지, 글로벌 컨테이너 추적시스템(GCTS), www.yesport.go.kr(2013.113.27)

학습활동.4 교수 · 학습 방법

교수 방법

- 스마트 물류의 진화에 대한 관련 용어, 구성, 방식 이해 정도를 파악한 후 수업을 진행한다.
- 교수자의 주도로 스마트 물류의 진화 등의 내용을 PPT 자료로 제시한 후 설명한다.
- 가능하면 사전에 개인별 학습 자료를 준비하여 모든 학생이 참여할 수 있는 문제 해결식 수업, 협력 수업이 가능하도록 한다.
- 스마트 물류의 진화 전 과정을 작업의 순서에 따라 단계적으로 실습이 이루어질 수 있도록 지도한다.
- 교재를 통해 수업을 준비하는데 있어서 필요한 모든 정보나 팁, 힌트 등 도움이 될 만한 내용들을 확인할 수 있다.
- 학생들이 만들게 될 각 모델들은 수업시간에 중점적으로 다뤄질 부분과 어휘, 질문, 답을 포함하고 있으며 또한 탐구할만한 추가적인 아이디어들도 포함하고 있다.

학습 방법

- 스마트 물류의 진화에 대한 관련 용어를 숙지하고, 스마트 물류의 진화의 기초 단계에 대해 이해한다.
- 스마트 물류의 진화의 각 단계별 중점 사항을 체계적으로 학습한다.
- 스마트 물류의 진화의 수행순서의 전 과정을 실습한다.
- 스마트 물류의 진화의 내용을 이해한다.
- 스마트 물류의 진화을 이해하고 숙달이 될 때까지 학습한다.

학습활동.4 평가 및 피드백

평가 준거

- 평가자는 피평가자가 수행 준거 및 평가 내용에 제시되어 있는 내용을 성공적으로 수행할 수 있는 지를 평가해야 한다.

학습내용	평가항목	성취수준		
		상	중	하
스마트 물류의 진화	스마트 물류의 진화를 이해할 수 있다.			

평가 방법

• 작업 포트폴리오

학습내용	평가항목	성취수준		
		상	중	하
스마트 물류의 진화	스마트 물류의 진화를 이해할 수 있다.			

• 필기시험

학습내용	평가항목	성취수준		
		상	중	하
스마트 물류의 진화	스마트 물류의 진화를 이해할 수 있다.			

• 체크리스트를 통한 관찰

학습내용	평가항목	성취수준		
		상	중	하
스마트 물류의 진화	스마트 물류의 진하를 이해할 수 있다.			

피드백

1. 작업 포트폴리오
   - 제출한 보고서를 평가한 후 주요 사항에 대하여 표시하여 돌려준다.
2. 필기 시험
   - 평가 결과 성적이 저조한 학생은 보고서 제출 기회를 부여한다.
3. 체크리스트를 통한 관찰
   - 실습 과정에서 평가한 후 개선해야 할 사항 등을 정리하여 돌려둔다.

참고자료

1. IT조선 박상훈, 스마트물류, 선세와 빅터이터가 만드는 더 똑똑한 배송, 2015.6.11.
2. 박병주, 스마트 물류로의 진화
3. 권용장, 미래의 첨단물류시스템, 미리보는 스마트물류 세미나, 한국철도기술연구원, 대한상공회의소, 2012.
4. 김용진 · 민정웅 · 하헌구, 물류기술과 보안의 이해, 2008.
5. 과학과 기술, 서비스산업 경쟁력의 핵심 첨단물류기술, 2008.
6. 물류신문, 테마기획 미래물류진단 연구 중인 미래 물류기술은, 2012.
7. 벤처기업협회(사), 그린 SW 기술 및 시장 동향 - smart logistics 분야, 2009.
8. 월간 해양한국, 진화하는 해운 · 물류 IT : smart-port 항만의 패러다임,
9. http://www.kscodi.or.kr/standard/images/2013_sub07_02_img01.png
10. 김종경의 스마트 물류(스마트 물류의 3가지 기술 콘셉트) www.kscodi.or.kr/? module =file&act=procFileDownload&file_srl=32651

제1부 글로벌 결재 플랫폼	학습 1	새로운 핀테크의 결재 플랫폼 등장
	학습 2	핀테크의 결재 플랫폼 서비스
	학습 3	핀테크의 글로벌 결재 플랫폼 서비스
제2부 글로벌 결재의 발전	학습 4	스마트 물류의 진화
	학습 5	**스마트 계약**
	학습 6	인터넷전문은행의 도입
	학습 7	가상화폐
	학습 8	핀테크의 블록체인 활용
제3부 결재 플랫폼의 활용	학습 9	오프라인 결재 플랫폼
	학습 10	온라인 결재 플랫폼
제4부 핀테크의 미래	학습 11	인공지능과 핀테크 서비스
	학습 12	인공지능과 핀테크 시스템 혁신
	학습 13	빅데이터와 인공지능을 탑재한 핀테크 탄생
	학습 14	차세대 인증으로 생체인식기술을 탑재한 핀테크

학습 목표

5. 스마트 계약의 구성 및 특징을 이해할 수 있다.

5-1 스마트 계약의 탄생

스마트 계약(Smart Contract)는 Nick Szabo가 1994년 최초 제안한 개념이다. 기존 계약서(Contract)는 서면으로 되어있어 계약 조건을 이행하려면 실제 사람이 계약서대로 수행을 해야 하지만 디지털 명령어로 계약을 작성하면 조건에 따라 계약 내용을 자동으로 실행할 수 있다고 주장하였다.

디지털로 된 계약서는 조건에 따른 계약 결과가 명확하고, 계약 내용을 즉각 이행할 수 있다. 각자의 자산이 연결된 디지털로 양자 합의를 하고 계약서를 작성하고 실행하기로 한다면 계약을 이행하는데 복잡한 프로세스를 엄청나게 간소화 될 것이다. 또한 다양한 그러나 디지털로 된 자료들은 쉽게 복사되고 조작이 쉬워 1994년에 제안한 스마트 계약은 개념으로만 존재하고 구체적인 서비스에 이용될 수 없었다.

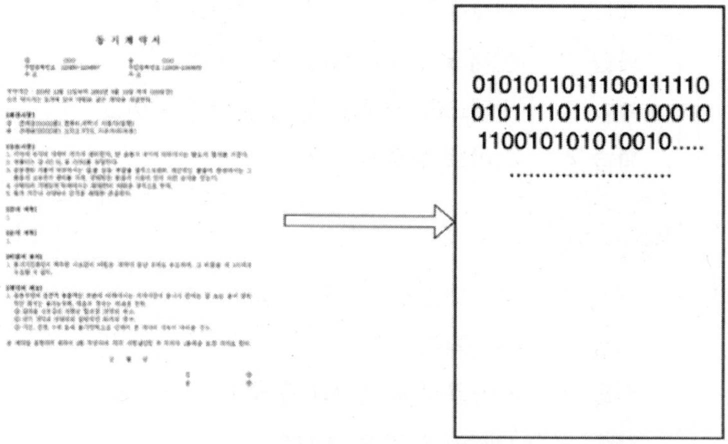

[그림 5-1] 일반 계약서를 스마트 계약으로 전환 관계

5-2 스마트 계약의 개념

스마트 계약이란 디지털 형식으로 규정된 일련의 약속들로, 계약 당사자들이 어떻게 계약을 이행할 지에 대한 방법까지 포함한다. 블록체인 기술을 통해 이루는 탈 중앙화되고, 변경 불가의, 고도로 안정된 매우 유용한 스마트 계약을 활용할 수 있다.

스마트 계약은 블록체인 기술에 있어서 매우 중요한 요소 중의 하나이며, 블록체인이 분열 기술(disruptive technology)이라 불리는 이유이다. 현재 날이 갈수록 블록체인 기술의 효율은 높아지고 있다.

스마트 계약은 신뢰할만한 제3자의 역할을 프로그램이 대신한다. 특히 블록체인은 중앙집권화된 기관이 없이도 블록체인 참여자를 통해 계약의 신뢰성을 확보하고 거래를 진행한다. 비트코인 거래 자체도 스마트 계약의 사례라고 할 수 있다.

금융거래, 투표, 개인 인증 등 계약의 형태로 진행되는 모든 행위는 블록체인을 통해 스마트 계약의 형태로 구현할 수 있다. 물론 스마트 계약을 위한 프로그램 코드의 작성과 검증 등 부가적인 노력이 필요하다.

스마트 계약을 쉽게 구현하기 위한 다양한 시도가 진행되고 있다. 스마트 계약에 최적화해 제작된 블록체인 플랫폼 '이더리움'이 대표적인 사례다

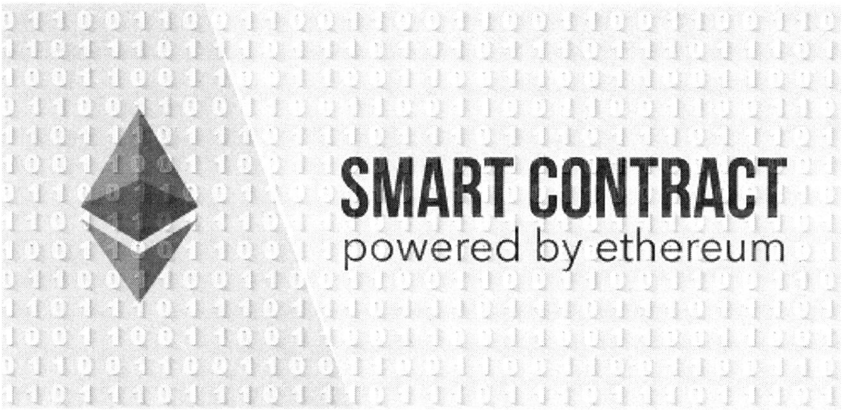

[그림 5-2] 이러디움 플랫폼의 스마트 계약

수행 내용

재료 · 자료

- 스마트 계약 관련 자료

기기(장비 · 공구)

- 컴퓨터, 프린터, 주변기기

안전 · 유의사항

- 컴퓨터, 주변기기 및 프린터의 전원을 관리한다.

수행 순서

01 스마트 계약에서 사용되는 블록체인이란 무엇인가.

블록체인은 사토시 나가모토(Satoshi Nakamoto)가 비트코인(Bitcoin : A Peer-to-Peer Electronic Cash System)을 통해 처음 제안한 기술로써 비트코인에서 블록체인은 거래 무결성과 거래 내역이 위변조 되지 않음을 보장한다.

이것은 블록체인 네트워크의 수많은 노드들이 거래 내역을 복제하고 올바른지 검증하기 때문이다. 비트코인 이용자는 은행에서 송금이 완료 됐다고 보장하지 않아도 안전하게 사용할 수 있다.

블록체인은 누군가의 보증이 없어도 내용을 신뢰 할 수 있게 해주는 기술이다. 비트코인은 은행의 거래 보증 없이 디지털 화폐를 송금할 수 있다. 수많은 노드에 거래 내역이 복제되기 때문에 비트코인 사용자는 거래한 내용이 삭제되거나 위변조 될 것을 걱정하지 않아도 된다. 블록체인이 개인 간 거래 신뢰를 제공하는 것이다. 그렇다면 금융권 블록체인은 개인이 서로의 신뢰를 위해 블록체인을 이용하는 것처럼 기관 간 거래 및 정보 공유의 신뢰를 위해 블록체인을 이용한다.

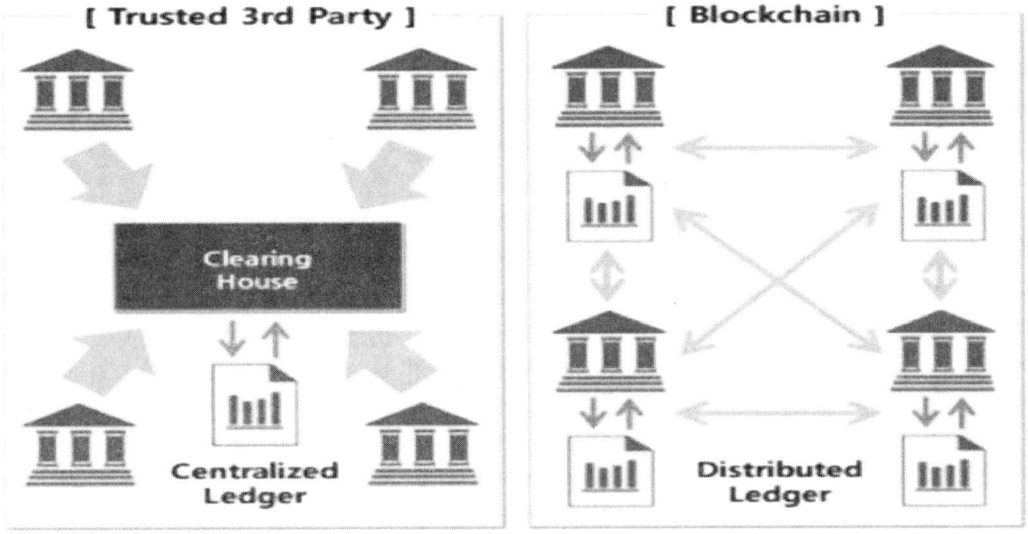

[그림 5-3] 청산기관을 이용한 거래와 블록체인을 이용한 거래(출처 : santander)

현재 기관 간 신뢰가 필요한 업무는 많은 비용과 시간이 발생한다. 예를 들자면 금융기관 간 거래 할 때는 청산기관이나 중앙은행을 통해 거래한다. 이 방법을 통하면 거래 보증을 위한 많은 비용이 발생하고 청산기관이 주기적으로 모아 청산하기 때문에 즉각적인 청산이 불가능하다. 만약 기관끼리 블록체인을 구축하여 청산 시스템을 구축한다면 신뢰를 위한 수수료가 감소하고 즉각 청산 할 수 있다.

02 금융기관이나 다른 기관의 데이트를 자주 사용할 때 검증이 필요할 경우에는 블록체인을 통하여 검증이 가능한가?

금융기관에서 사용되는 공인인증서의 경우 다른 기관에서 발행한 공인인증서를 검증하기 위해선 CA기관을 통해 검증해야 한다. 다른 기관의 데이터가 자주 필요한 업무일 경우에는 DB를 서로 오픈해서 공유하기는 힘들고, 만약 데이터를 공유한다고 해도 중간에 데이터가 변조되어 사고가 발생하면 누가 책임문제도 커질 것이다. 이런 분야에 블록체인을 이용한다면 필요한 데이터 쉽게 공유 검증이 가능하다.

블록체인을 통해 시스템을 구축한다면 필요한 내용이 기관들 사이에 공유 되고 이해관계에 있는 기관들이 해당 내용을 검증할 것이다. 그리고 검증 내용이 즉각적으로 공유하게 된다. 이러한 과정을 통해 신뢰보증을 위해 발생하는 많은 비용을 해결할 수 있고 즉각적으로 처리할 수 있다. 또한 중앙 공격에 강하고 거래 내역 위변조를 즉각적으로 발견하고 모든 기록이 남아 책임 주체를 확인 가능하다. 필요한 데이터를 복잡한 프로세스 없이 공유할 수 있다는 것도 매력적인 요소이다.

03 스마트 계약에서 사용되는 블록체인의 종류에 대하여 분석하라.

블록체인은 크게 퍼블릭 블록체인, 프라이빗 블록체인, 컨소시움 블록체인 세 가지로 분류할 수 있다.

- 퍼블릭 블록체인(Public Blockchain) : 비트코인, 이더리움과 같은 누구나 네트워크에 참여할 수 있는 블록체인
- 프라이빗 블록체인(Private Blockchain) : 하나의 기관에서 독자적으로 사용하는 블록체인
- 컨소시움 블록체인(Consortium Blockchain) : 여러 기관들이 컨소시움을 이뤄 구성하는 블록체인, 허가된 기관만 네트워크에 참여 가능

현재 거래소에서 거래되는 대다수의 블록체인은 퍼블릭 블록체인으로 누구나 블록체인 네트워크에 참여할 수 있고 모든 내역을 볼 수 있고 누구나 트랜잭션 내역 검증할 수 있다. 프라이빗 블록체인이나 컨소시움 블록체인은 참여자가 제한된 블록체인으로 내부 망을 구축하거나 별도의 인증 방식을 통해 참여가 제한된 블록체인을 이야기 한다. 현재 기관들이 관심 있어하는 블록체인은 퍼블릭 블록체인이 아닌 프라이빗 혹은 컨소시움 블록체인이다.

04 퍼블릭 블록체인과 프라이빗(컨소시움) 블록체인의 비교 분석하라.

퍼블릭 블록체인과 프라이빗 블록체인은 서비스가 다르고 운영환경이 다르기 때문에 요구사항이 다르다. 특히 퍼블릭 블록체인은 누구나 참여할 수 있고 모든 사람이 운영하기 때문에 운영 주체가 불분명하고 독자적이 화폐를 통해 금융활동을 하기 때문에 법적 구속력에 상대적으로 자유로울 수 있다. 그러나 프라이빗(컨소시움) 블록체인은 운영 주체가 명확하고 새로운 금융거래를 하는 것이 아닌 기존에 있던 금융 거래를 하는 것이기 때문에 모든 금융 관련법과 규제사항을 준수해야 한다.

〈표 5-1〉 퍼블릭 블록체인과 프라이빗 블록체인 비교

항목	퍼블릭 블록체인	프라이빗(컨소시움)블록체인
읽기권한	누구나 열람가능	허가된 기관만 연람가능
거래검증 및 승인	누구나 네트워크에 참여하면 거래검증 및 승인을 수행	승인된 기관과 감독기관
트랜젝션 생성자	누구나 트랜젝션을 생성	법적 책임을 지는 기관만 참여
합의 알고리즘	부분 분기를 허용하는 작업증명이나 지분증명알고리즘	부분분기를 허용하지 않는 BFT계열의 합의 알고리즘
속도	7~20TPS	1000TPS 이상의 고성능
권한관리	누구나 모두가 모든 일을 할 수 있음	Private Channel, Tierd system 등을 통해 읽기, 쓰시 권한관리가 가능
예시	비트코인, 이더리움	IBM Fabric, Loopchain, R3 Corda

현존 퍼블릭 블록체인은 읽기, 트랜잭션 생성을 누구나 할 수 있고 모든 사용자들은 모든 데이터를 확인할 수 있다. 그러나 기관 간 블록체인의 경우 어플리케이션에 따라 개인의 금융정보가 담긴 데이터가 네트워크상으로 오고 갈 수 있기 때문에 모두에게 데이터가 공개되면 안된다. 또한 법적으로 책임 질수 있는 기관만 트랜잭션을 생성해야지 누구나 트랜잭션을 생성할 수 있다면 금융사고가 일어났을 때 책임 주체가 불분명해 질 수 있다.

또한 트랜잭션 검증 요구사항에도 차이가 있다. 퍼블릭 블록체인의 경우 트랜잭션 내역 모두에게 공개 되며 네트워크에 참여한 모든 노드가 트랜잭션을 검증한다. 그러나 프라이빗(컨소시움) 블록체인에서 이해관계자가 아닌 모든 노드가 트랜잭션의 검증하는 것은 문제가 있을 수 있다. 또한 노드별로 권한을 다르게 하는 것 또한 퍼블릭 블록체인에서는 불

가능 하다. 감독기관은 모든 데이터를 검증해야 되고 나머지 기관들은 자신에 관련된 데이터를 검증하는 등의 역할을 할 수 없다. 또한 퍼블릭 블록체인은 블록체인 엔진 수정이 어렵기 때문에 엔진에서 제공해야만 가능한 기능들을 추가하는 것이 매우 어렵다.

05 퍼블릭 블록체인의 한계에 대하여 분석하라.

퍼블릭 블록체인은 참여가 자유롭다. 즉 인증 안된 참여자도 악의적인 목적을 가진 해커도 퍼블릭 블록체인에 접근할 수 있다. 이 상황에서 악의적인 네트워크 참여자의 공격에 방어하면서 또한 세계 각지에 있는 모든 노드들이 같은 데이터를 공유해야한다. 퍼블릭 블록체인은 이런 요구사항을 만족 시켜야 하기 때문에 성능면에서 많은 것을 포기하였다.

퍼블릭 블록체인은 기본적으로 누구나 블록 후보를 만들어 제출하고 분산합의를 통해 하나의 블록을 선정하여 신뢰할 수 있는 블록으로 인정받는 구조이다. 따라서 인터넷 상에서 블록을 공유해야하는 시간이 있고 너무 많은 블록이 동시에 만들어 지면 하나의 블록을 선택하기 어렵기 때문에 블록 생성시간에 제한을 두고 있다.

비트코인의 경우 약 10분 마다 하나의 블록을 생성하고 이더리움의 경우 약 12초 마다 하나의 블록을 생성한다. 네트워크에 공유되는 시간을 고려했을 때 이더리움에서 내가 보낸 트랜잭션 결과를 확인하려면 약 1~2분 정도 기다려야 한다. R3에 제출한 이더리움 보고서에 따르면 현 이더리움의 TPS(Transaction Per Second)는 약 10tps이고 비트코인의 경우 약 7tps이다. 즉각적인 처리가 필요한 금융권 서비스에는 그대로 적용하기에는 불가능한 수준이다.

또한 퍼블릭 블록체인에서 채택하고 있는 분산합의 알고리즘으로 작업증명(Proof of Work, PoW)이나 지분증명(Proof of Stake, PoS)을 사용하려면 내부 화폐가 필요하다. 퍼블릭 블록체인에서의 분산합의 목표는 결국 거래 내역을 검증하여 신뢰할 수 있는 블록을 만들 수 있는 노드를 선택하는 것이고 이러한 수고를 하는 댓가가 필요하기 때문이다.

채굴(mining)이라고 알려진 과정이 이러한 과정이다. 또한 작업 증명의 경우는 쓸모없는 컴퓨팅 파워를 많이 사용하는 친환경이지 않은 문제도 있다.

퍼블릭 블록체인에서 사용하는 알고리즘 들은 나중에 블록 생성 후 블록이 확정되기 때문에 허용되는 시간 내에 네트워크 분기가 생길 수 있어 항상 확실한 데이터를 보장해야

하는 금융권에는 올바르지 않다. 때문에 프라이빗(컨소시움) 블록체인들은 Byzantine Fault Tolerance 계열의 분산합의 알고리즘을 사용하여 네트워크 분기를 허용하지 않는다.

06 사이드 체인에 대하여 분석하라.

퍼블릭 블록체인의 한계에서 특히 비트코인의 적용 범위를 확장한 사이드 체인를 통하여 한계점을 다시 확인해 볼 수 있다.

사이드 체인은 기존 비트코인 블록체인을 확장하기 위해서 나온 개념이다. 기존 비트코인 블록체인은 비트코인만 거래할 수 있을 뿐 다른 용도로 사용하기에는 한계가 있었다. 사이드 체인은 블록체인에 저장되는 데이터가 조작 불가능하다는 것에 초점을 맞췄다. 비트코인 외의 다양한 거래를 수행하고 그 거래에 대한 증거 데이터를 블록체인에 저장하는 방식으로 거래를 수행하였다.

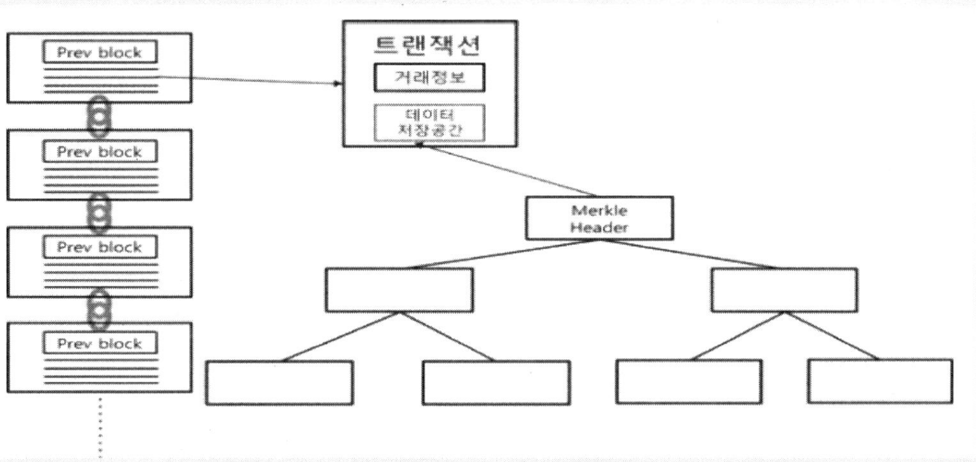

[그림 5-4] 사이드 체인의 구조

가장 유명한 사이드체인인 Colored Coin은 트랜잭션에 구분되는 데이터를 집어넣어 다양한 자산을 거래하게 하였다. 나스닥에서는 주식거래를 위해 Colored Coin을 이용하려는 시도를 해봤다. 하지만 시도는 시도로 끝나고 Colored Coin을 개발한 스타트업과 새로운 프라이빗 블록체인을 만드는 것으로 방향을 변경하였다. 금융권에서는 다른 사이드 체인에 대한 연구 또한 시들해지고 이제는 프라이빗 블록체인에 대한 연구 위주로 진행되고 있다.

이유는 비트코인은 인센티브 기반으로 운영되는 블록체인이다. 컴퓨팅 파워를 이용해 해시 퍼즐을 푼 사람에게 인센티브를 주어지면서 해당 블록이 승인되고 복제된다. 현재 비트코인이 잘 운영되는 이유는 비트코인 네트워크를 독점하려면 51%이상의 컴퓨팅 파워를 가져야 하는데 51%를 점유한다고 해도 크게 경제적인 이득을 보기 어렵다. 특정 거래를 블록에 넣고 빼고 정도만 가능하다. 또한 누군가가 51% 이상을 점유했다는 불안감에 비트코인 가격이 내려가면 해당 업체는 마이닝 수익이 줄어든다.

그러나 만약 주식이 비트코인 위에서 거래된다면 주식은 어떤 거래가 이뤄지는지에 따라 시시각각 가격이 변동한다. 51%이상의 컴퓨터 파워를 독점해 특정 거래를 통과시키지 않고 자신의 거래만 승인하는 방식으로 시장에 영향을 미칠 수 있다. 예전에 특정 마이닝 풀이 70%이상의 컴퓨팅 파워를 가졌던 적이 있던 비트코인 네트워크 위에서 다른 금융 상품을 거래한다는 것은 매우 위험할 수 있다.

또한 기존 비트코인 블록체인의 운영 주체가 불분명 하다는 것 또한 문제가 될 수 있다. 내가 보낸 트랜잭션을 블록 안에 넣는 것은 블록 생성 노드의 마음이기 때문에 내 거래가 언제 승인될지는 알 수 없다. 실제 비트코인 블록체인에서 한 달 넘게 거래가 승인 되지 않는 경우도 있다. 그리고 현존 퍼블릭 블록체인 위에서 돌아갈 경우 감사기관 검증을 받기도 힘들고 시스템에 문제가 생길 경우 책임 주체가 불분명 하다는 단점이 있다.

07 퍼블릭 블록체인 구현체에 대하여 분석하라.

퍼블릭 블록체인의 한계를 퍼블릭 블록체인 구현체를 기반으로 한 프라이빗 블록체인에 대해 알아보고 이들의 한계점을 확인해 볼 수 있다.

최근에는 비트코인 혹은 이더리움(Ethereum)의 구현체를 그대로 활용하려는 시도들도 있다. Github에 공개 되어있는 구현체를 다운 받아 IP와 Port 변경을 통해 독자 네트워크를 구성하여 프라이빗 블록체인을 구성하는 것이다.

이럴 경우 많은 개발 비용이 들지 않고 쉽게 검증된 블록체인을 생성할 수 있다. 그러나 이러한 퍼블릭 블록체인 구현체를 재활용 하는 것은 한계가 있다. 퍼블릭 블록체인은 구현체의 속도 보다는 공개된 장소에서 안정성 있는 블록체인을 만든다는 것에 초점을 두고 개발한 블록체인이다.

이더리움의 모든 스마트 계약은 EVM(Ethereum Virtual Machine)위에서 동작한다. 이더리움에서는 EVM을 통해 스마트 계약의 상태 종료 보장(튜링 완전성) 및 같은 트랜잭션에 대해 같은 결과를 내는 것을 보장(각자의 컴퓨터 환경에 의존성 없이) 한다. 하지만 이러한 EVM은 기본 환경에서 실행 하는 것 보다 엄청나게 느려지는 단점이 있다. R3 이더리움 보고서에 따르면 타원 곡선 암호 알고리즘 검증의 경우 파이썬 구현체에서 0.017초 EVM 구현체에서 0.57초 정도의 시간이 걸린다. 5개의 키로 링 서명을 구현할 경우 경우 python 구현체가 0.119초 EVM위에서 약 3.68초가 걸린다.

또한 대부분의 퍼블릭 블록체인은 멀티 프로세싱에 최적화 되어 있지 않다. 퍼블릭 블록체인은 고가용성 보다는 안정적으로 실행되는 것이 목적이고 애초에 정책적으로 7~12TPS 정도 밖에 허용하지 않기 때문에 복잡하게 프로세스를 분리할 필요가 없다. 대다수의 퍼블릭 블록체인은 싱글 프로세스에 최적화 되어 있고 통신 모듈과 블록 처리 모듈 정도만 분리하고 있다. 실제 금융권 어플리케이션에서 요구하는 고 가용성을 확보하려면 구조부터 바꿔야 한다.

퍼블릭 블록체인과 프라이빗 블록체인은 네트워크 현황 및 디지털 화폐 운용 여부 때문에 사용하는 분산합의 알고리즘이 다르다. 퍼블릭 블록체인 구현체를 금융권에 맞게 사용하려면 분산합의 알고리즘의 교체가 필요하다.

대다수의 퍼블릭 블록체인은 블록 처리 모듈과 분산합의 모듈이 의존성이 강하게 구현하였기 때문에 이를 교체하는 것은 만만치 않을뿐더러 향후 업데이트에도 문제가 많다.

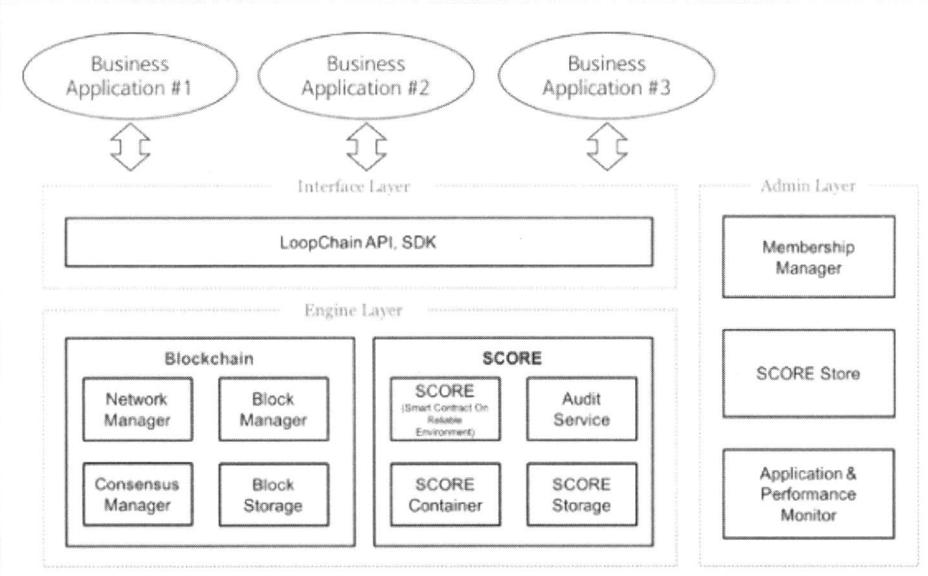

[그림 5-5] loopchain의 모듈 방식 구조

기본적으로 퍼블릭 블록체인은 한번 퍼블리싱 되면 하드포크가 아니면 소프트웨어 업데이트가 불가능하기 때문에 flexibility를 많이 고려하지 않기 때문이다. Hyperledger Fabric이나 더루프의 loopchain에서 분산합의 알고리즘을 Plugin 형태로 구현하는 것과는 차이점이 있다.

대다수의 퍼블릭 블록체인 구현체들은 퍼블릭 블록체인 특성상 많은 요소들을 배제하고 개발한다. 이러한 구현체들은 flexibility 확보가 안되는 것들이 대다수이고, 블록체인 상에서 지원해야하는 새로운 기능들을 추가하기 어렵다. 만약 데이터 공개 이슈 때문에 Private Channel를 구성하려면 현재 블록체인 구조를 수정해야 할 것이다.

또한 스마트 계약 DB도 level DB(Key-Value)에 종속된 형태가 많아 스마트 계약에서는 어쩔 수 없이 level DB를 사용해야 하는 경우도 많다. 해당 업무에 SQL DB가 효율적이라고 할지라도 이러한 이슈들 때문에 현재 금융권이나 기관에서는 프라이빗 블록체인을 이용하려고 하고 있으며 특히 거래에 따라 다양한 거래 검증 및 외부 연계, 규제 준수 등을 위해 블록체인 전체 스택을 커스터마이징할 수 있는 프라이빗 블록체인 기술이 주목받고 있다. 더루프도 이러한 요구사항에 맞춰 더 유연하고 더 빠르면서 더 안전한 블록체인을 개발하기 위해 고민하고 점진적으로 개선하고 있다.

08 금융권 블록체인 요구사항에 대하여 분석하라.

금융권에서는 금융서비스 특성과 관련 법률 및 규제로 인한 다양한 요구사항들이 있다. 이러한 요구사항을 비트코인, 이더리움이나 퍼블릭 블록체인 구현체를 기반으로 만족하기는 쉽지 않은 일이다. 다음은 금융권 블록체인에서 요구하는 대표적인 요구사항이다.

- Private Channel
- 권한이 다른 노드들
- 빠른 속도
- 스마트 계약
- 커스터 마이징

Private Channel 거래 시 거래와 직접적인 관계가 있지 않은 참여자에게는 거래 내용을 공개해서는 안 된다는 조건이다. 사실 당연한 이야기지만 전통적인 블록체인을 이용할 경우 어려울 수 있다. 또한, 블록체인 네트워크에 참여한 노드들이 전부 같은 권한을 가지면 안 된다.

금융업 특성상 거래에 대한 검증을 수행하는 기관, 향후 감사를 수행하는 감독 기관 등 다양한 권한의 노드가 블록체인 네트워크에 참여해야 할 가능성이 높다. 이때 감독 기관은 모든 Private Channel의 내용을 확인해야 한다. 그러나 트랜잭션을 발생시키면 안 된다.

빠른 속도는 이유를 설명할 필요 없을 정도로 당연한 요구사항이다. 우리가 사용하는 금융서비스는 주식거래 등 촌각을 다투는 거래를 포함해서 실시간성 거래 비중이 높다. 서비스 속도가 느릴 경우 쾌적하지 못한 사용자 경험뿐 아니라 업무에 따라 금전적인 손해가 발생하는 등 실제 금융 사고로까지 이어질 수 있다.

또한 금융서비스에서 거래 데이터에 대한 분산 저장을 통한 데이터 무결성 보장도 중요한 가치이긴 하지만 블록체인을 단순히 원장 정보를 복제하는 클러스터링 솔루션 정도로 바라보는 것은 아니다. 금융기관들은 블록체인을 통해 기존의 청산소(Clearing House)와 같은 중계자없이 금융거래를 수행하고자 하며 이를 위해 스마트 계약은 필수요소가 되었다. 스마트계약은 블록체인을 단순한 분산 원장이 아닌 분산 어플리케이션 서버로서 자리 잡게 한 요즘 블록체인에서 가장 뜨거운 기술이다.

마지막으로 블록체인 엔진 자체를 커스터 마이징 하며 확장 가능해야 한다. 금융권 블록체인이라고 카테고리를 지었지만, 금융권 자체에도 정말 다양한 서비스가 있다. 이러한 서비스마다 요구사항이 다르기 때문에 블록체인은 합의 엔진부터 전체 스택을 커스터 마이징할 수 있어야 한다.

09 프라이빗 블록체인 솔루션인 Hyperledger Fabric에서는 어떤 방식을 통하여 이러한 요구사항을 만족시키고 있는지 분석하라.

Fabric은 Linux foundation에서 주도하는 블록체인 프로젝트인 HyperLedger 소속의 프로젝트로 R3 Corda와 함께 가장 많은 관심을 받는 블록체인 프로젝트이다. 금융권뿐 아니라 범용 블록체인을 표방하고 있는 블록체인이다.

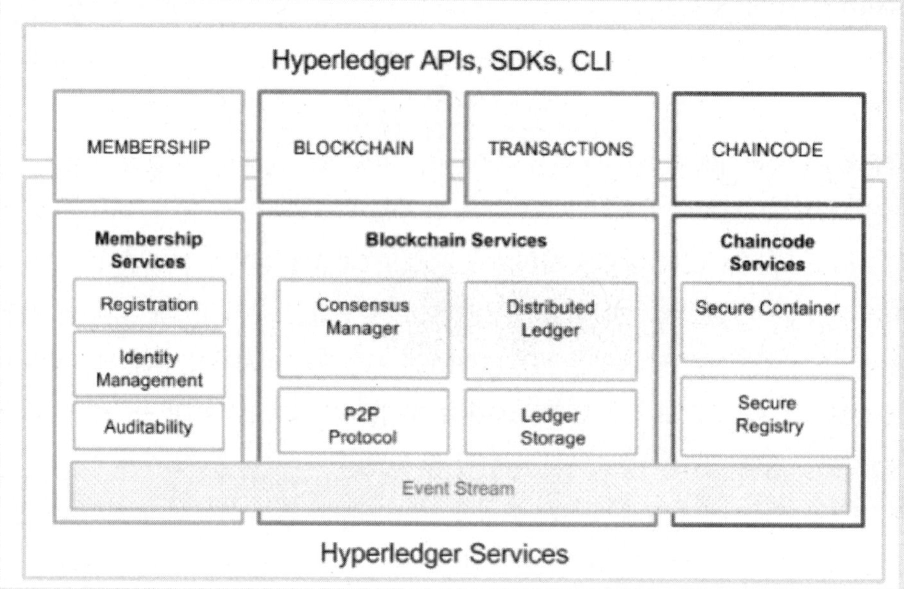

[그림 5-6] HyperLedger Architecture

출처 : HyperLedger

Fabric의 가장 큰 특징은 네트워크 분리이다. Fabric은 이해 관계자와 응용 프로그램의 종류에 따라 새로운 Channel(일종의 소규모 블록체인)을 구성한다. 또한 권한 관리 모듈인 COP을 통하여 각 Channel에서 각 노드가 가지는 권한이 무엇인지 구분한다.

10 프라이빗 블록체인 솔루션인 R3 Corda에서는 어떤 방식을 통하여 이러한 요구사항을 만족시키고 있는지 분석하라.

R3는 분산 원장 기반의 스타트업으로 골드만 삭스 등 대형 금융업체의 투자를 받았으며 세계적인 대형 은행들과 협약을 맺고 컨소시움을 이루었다. 현재 세계적으로 가장 많은 블록체인 은행들이 참여하고 있는 컨소시움을 주도하고 있다.

R3의 분산원장 플랫폼 Corda의 가장 큰 특징은 탈 블록 체인화이다. 블록체인이 아니라 굳이 분산원장이라고 한 이유는 R3는 블록체인을 버렸다. R3는 블록체인의 여러 가지 한계를 극복하고자 모든 네트워크 참여 원들이 같은 데이터를 공유하는 블록체인을 버리고 이해 관계자들끼리만 같은 데이터를 공유하는 방식을 선택하였다. 하나의 스마트 계약을 실행하면 이때 이해관계자의 역할에 따라 스마트계약 검증, 데이터 공유 일을 수행한다.

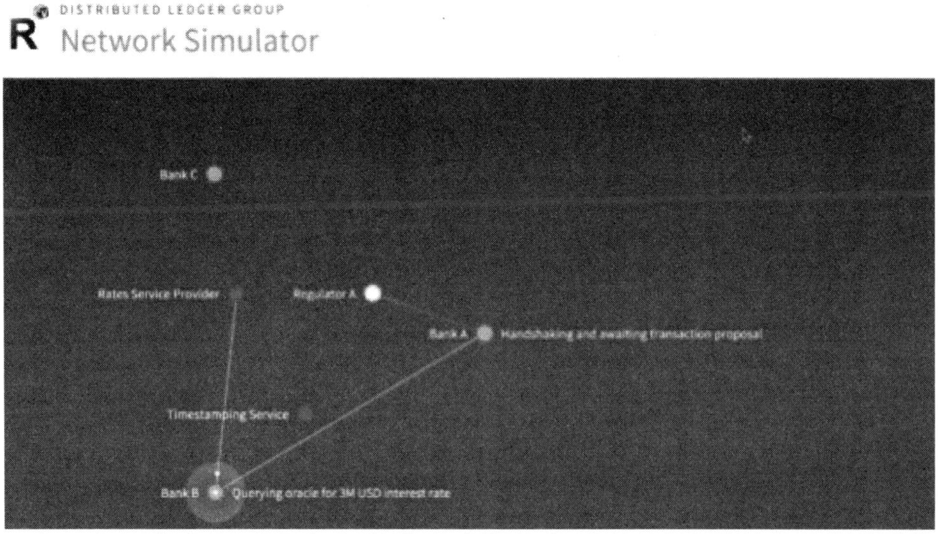

[그림 5-7] R3 Corda 합의 과정(출처 : R3 Cev)

11 Fabric과 Corda는 금융권 요구사항을 어떻게 해결하는지 분석하라.

Fabric은 범용 블록체인을 표방하고 있지만, 그 이야기가 금융권을 포함하지 않는다는 이야기가 아니다. 여전히 블록체인은 비금융권 보다는 금융권에서 관심이 있으므로 Fabric은 금융권 요구사항을 대부분 만족하고 있다. Corda는 금융업을 위해서 만들어진 분산원장 플랫폼이기 때문에 당연히 이러한 부분을 만족하고 있습니다.

Private Channel는 두 플랫폼이 특이한 구조를 통해 해결하고, 이해관계가 있는 노드만 합의하는 방식이다. Fabric 같은 경우 이해관계가 있는 노드들만 채널을 구성하고, 다른 Channel의 노드들은 해당 내용을 볼 수 없다. Corda의 경우 애초에 스마트 계약 하나를 실행할 때 이해관계자들끼리만 내용을 공유하여 문제를 해결한다.

노드별로 다른 권한을 주는 이슈는 Fabric의 경우 COP이라 불리는 권한관리 모듈을 통해 내용 보관 노드, 순서 검증 노드, 트랜잭션 생성 노드, 내용 검사 노드 등의 권한을 나누어 처리한다. 이러한 권한은 채널마다 다르다.

Corda의 경우 각 스마트 계약에 관계된 노드들의 역할과 권한이 명시되어 있다. 만약 거래에 판매자 A, 구매자 B, 감독기관 C가 필요하면 Corda는 스마트 계약 실행을 통해 이 이해관계자들이 얻어 스마트 계약을 실행하는 방식이다.

성능 이슈 관련해서는 두 솔루션 전부 아직 언급이 없다. 그러나 네트워크를 가볍게 하는 작업을 기본적인 요구사항을 충족할 정도가 되지 않을까 생각한다.

커스터 마이징에 관해서는 Fabric의 경우 분산합의 알고리즘 변경, 체인코드(스마트 계약) 변경 등이 가능할 것으로 보인다. Corda의 경우 엔진 자체를 변경하는 것은 어렵고 스마트 계약 변경과 각 스마트 계약 합의 과정(Consensus Protocol) 커스터 마이징 가능할 것으로 보인다. 두 프로젝트 다 엔진 자체의 커스터 마이징은 어렵지만 핵심 기능인 계약과 합의 알고리즘을 커스터 마이징 할 수 있었다.

12 loopchain의 특징과 금융권의 요구사항을 어떠한 방식으로 해결하였는지 분석하라.

더루프(The Loop)는 2016년 탄생한 프라이빗 블록체인 전문 기업이다. 블록체인 기술을 이용해서 공유와 신뢰에 필요한 사회적 비용을 감소시키고 서로 신뢰할 수 있는 디지털 세계를 만들기 위해 여의도 IFC에서 밤낮으로 노력하고 있다. 루프라는 이름은 외부에 폐쇄되고 내부가 모두 연결된 또한 중지 없이 운영되는 블록체인 네트워크 환경을 상징하고 있다.

더루프는 블록체인 엔진인 loopchain을 독자 개발하였으며 현재 금융투자업권 컨소시엄에 기술 파트너로 참여하고 있다. 이외에 대학 내 디지털 화폐 프로젝트인 서강코인 PoC를 마쳤고 프라이빗 블록체인 기반 디지털 화폐 서비스를 구현하는 등 블록체인을 활용할 수 있는 모든 분야에 대해 고민하고 있다.

더루프를 소개하는데 금융투자업권 컨소시움을 빼놓을 수 없을 것 같다. 금융투자업권 컨소시움은 금융투자협회내 26개 증권사와 IT기술회사 5개가 모여 금융권을 혁신할 블록체인 기술에 대해 연구 개발 및 실제 서비스를 하기 위해 만든 국내 최초의 블록체인 컨소시움이다. 더루프는 금융투자업권 컨소시움에서 블록체인 엔진 및 솔루션을 지원하고 있다. 올해는 블록체인 기반 사설인증서 시범 서비스를 통해 실제 서비스에 적용할 계획을 가지고 있다. 사설인증서 서비스를 시작으로 향후 금융권을 혁신할 다양한 블록체인 기반 서비스를 제공할 것이다

loopchain은 더루프가 독자 개발한 프라이빗 블록체인 엔진이다. 우선적으로 금융거래

를 지원하는 것을 목적으로 개발되고 있으며 추후 IoT 환경 등 블록체인이 적용 가능한 다양한 서비스를 구성하기 위한 엔진 개발을 목표로 하고 있다.

loopchain은 Hyperledger Fabric이나 R3 Corda에 비해 블록체인의 기본에 더욱 충실한 구조를 가지고 있다. Hyperledger Fabric처럼 중앙에 트랜잭션 순서를 정해주는 무엇인가가 있고 체인은 이 내용을 검증해주는 구조랑 달리 기본 비트코인 블록체인처럼 블록이 연결된 구조를 모두가 합의 하는 방식으로 순서를 정해주고 있다. R3처럼 Instant Network를 추구하는 것이 아닌 이해관계가 있는 노드들이 반영구적으로 네트워크를 구성하는 블록체인이다.

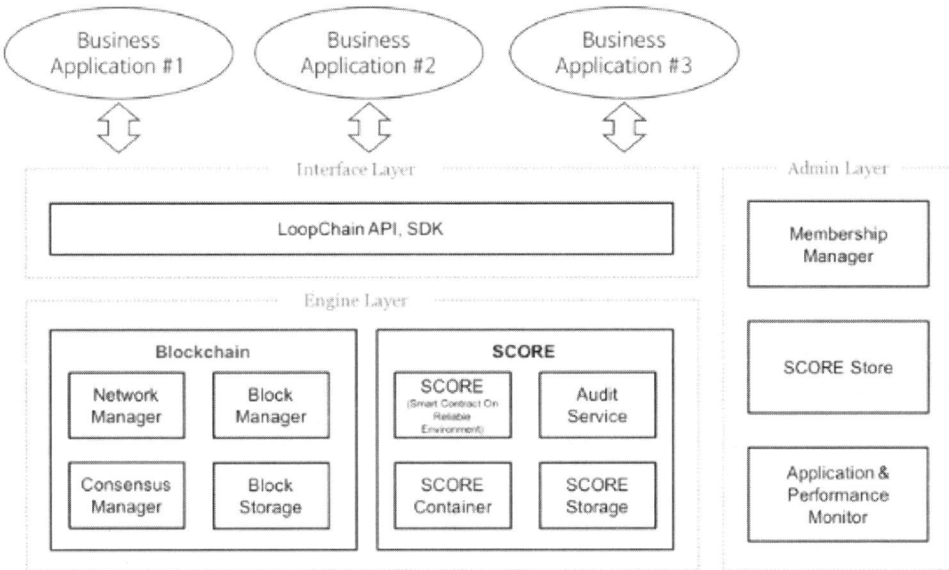

[그림 5-8] loopchain 모듈 방식

더루프는 금융권 요구사항을 만족하면서 새로운 요구사항에 맞게 시스템을 변화하기 위하여 loopchain을 유연한 구조로 만들기 위해 노력했다. loopchain 모듈에서 Admin Layer는 주로 블록체인 네트워크 관리를 위해 노드의 장애 상황을 감독하고, 스마트 컨트렉트(SCORE : Smart Contract on Reliable Environment)의 버전을 관리하고, 각 노드의 권한을 감독한다. Engine Layer는 블록체인 노드의 주 역활인 분산합의, 원장 저장, 스마트 계약 실행을 담당 한다. 특히 분산합의를 위한 엔진 모듈인 Blockchain과 실제 블록체인에 올라가는 서비스와 실행환경인 SCORE가 분리되어 있다.

마지막으로 Interface Layer는 다른 비즈니스 어플리케이션이 블록체인 네트워크에 접속할 수 있는 환경을 만들어준다.

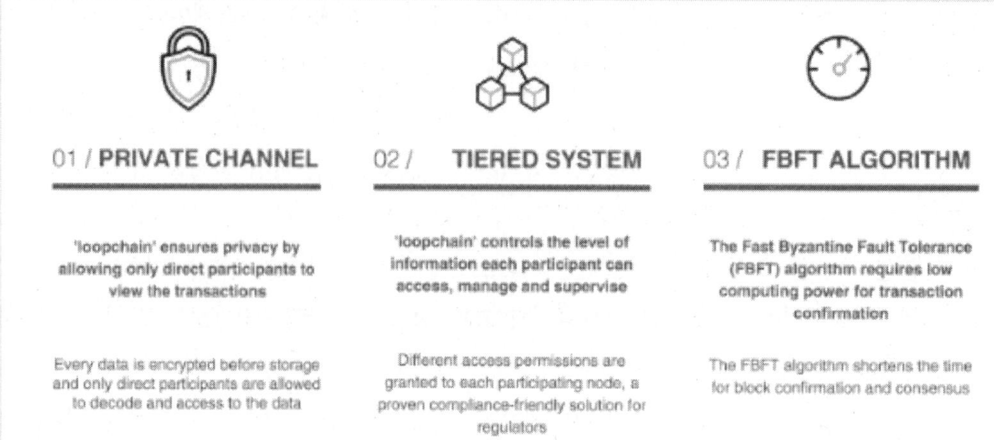

[그림 5-9] loopchain 특징

블록체인을 통해 다양한 서비스를 제공하기 위해서는 기존 블록체인의 한계점을 극복하는 엔진을 개발하고 거래에 따른 커스트마이징이 필요하다. 특히 loopchain의 1차 목표는 금융권을 위한 블록체인이기 때문에 이해당사자끼리만 데이터를 볼 수 있는 Private Channel 기능, 블록체인 네트워크 참여 기관 별로 다른 기능을 가지게 하는 Tried System, 마지막으로 다양한 금융 서비스를 원할하게 지원하기 위한 빠른 속도를 목표로 개발한 블록체인이다.

Admin Layer에서는 각 네트워크에 참여하는 노드들을 관리 감독 한다. Admin Layer에서 각 노드의 권한을 제한하고, 암호화 프로토콜을 통한 메세지 교환 방식, 또 비트코인 라이트닝 네트워크 프로토콜을 이용해 Tried System과 Private Channel을 구현하고 있다. 현재 각 특징을 구현하는 두 가지 방식이 있는데 추후에 늘어 날 수도 아니면 한 가지 방식으로 통합될 수도 있다.

loopchain에서는 높은 성능을 보장하기 위해 PBFT방식과는 다른 리더 중심의 분산합의 방식과 리더 장애 극복 알고리즘을 통해 BFT 문제를 해결하고 있다.

블록체인 서비스를 동작하는 부분(SCORE)과 합의엔진을 완전히 분리하였고 합의엔진 내에서도 모듈 및 가용성 요구사항에 따라 프로세스를 여러 개 분리하는 방식으로 고성능 블록체인이 구현되었다.

그 밖의 중요한 특징으로는 Portal이라는 자체 개발한 프로토콜을 이용하여 리더 노드를 통한 블록체인 외부 데이터(외부 블록체인) 접근 및 분산합의 방법(R3 Corda및 일부 블록체인에서 제공하는 Oracle과 유사하다), SCORE(Smart Contract on Reliability Environment)의 버전 방식과 Migration없이 동작하는 네트워크에서의 업데이트 및 하위 호환성 지원, SCORE Store를 통한 스마트 계약 배포 및 버전관리 등의 특징이 있다. 또한 더루프는 블록체인 내에서 인증서를 발급하는 독자기술을 개발하여 이번에 금융투자업권 컨소시움의 첫 번째 시범 모델로 사용할 예정이다.

13 블록체인 네트워크 구성원에 대하여 분석하라.

대표적인 블록체인 네트워크인 비트코인을 포함하여 일반적인 블록체인 네트워크 구성요소는 두 가지이다. 바로 블록체인 노드와 블록체인 클라이언트이다.

- 노드 : 트랜잭션 내역 보관, 트랜잭션 승인, 분산합의
- 클라이언트 : 트랜잭션 생성, 거래 내역 확인(비트코인의 경우 지갑)

사용자 관점에서는 블록체인의 노드는 일반적인 서비스의 백엔드(Backend) 역할을 하고 블록체인 클라이언트는 클라이언트 역할을 한다. 클라이언트가 새로운 트랜잭션을 발생시키면 노드들은 트랜잭션을 분산합의 과정을 통해 공유하고 트랜잭션을 실행하죠. 클라이언트는 트랜잭션의 결과를 확인할 수 있다.

블록체인 노드는 두 가지 종류의 데이터베이스를 가지고 있다. 올바른 트랜잭션을 모두 보관하는 블록체인 트랜잭션 보관 데이터베이스와 저장된 트랜잭션을 어플리케이션에 적용한 어플리케이션 데이터베이스를 가지고 있다.

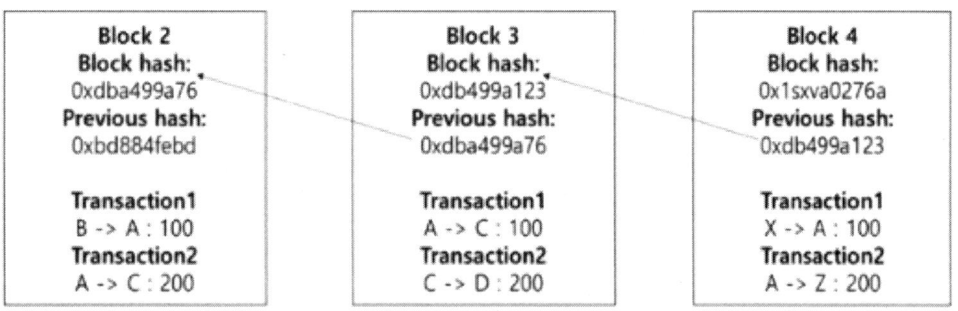

[그림 5-10] 블록체인 자료구조(트랜잭션 내역 DB)

노드가 가지고 있는 두 가지 DB 중 트랜잭션 목록을 보관하는 DB는 블록체인(Block-chain)이라는 특이한 구조로 되어 있다. 이 DB의 특이한 구조가 이제는 전체를 대표하는 명칭이 되었다. 트랜잭션 내역 DB는 블록체인이라는 이름처럼 블록이 연결된 구조로 되어

있다. 각 블록은 순서가 정해진 트랜잭션 리스트가 있고 각 블록들은 시간의 순서대로 연결되어 있다(순서가 기재되어 있다). 블록체인 자료구조를 이용하면 모든 트랜잭션의 순서를 확정 지을 수 있다.

14 블록체인 네트워크에 참여하는 객체에 이어 실제 블록체인 기반 암호화 화폐(Cryptocurrency) 송금 예제를 통해 실제로 어떻게 동작하는지 알아보자.

실물화폐의 경우 실제 전달하는 방법은 매우 간단하다. 자신이 가지고 있는 화폐를 실제 전달받는 사람에게 전하면 된다. 하지만 디지털 거래의 경우 실제 화폐를 주고받을 수 없으므로 다른 방식으로 거래를 한다. 거래 내용에 맞게 장부를 갱신하는 것이다.

A와 B가 OO 은행을 이용한다고 가정했을 때 A가 B에게 10만 원을 송금하면 OO 은행에 있는 장부에서 A가 B에게 10만 원을 보냈다는 기록과 함께 A의 잔액이 10만 원이 감소하고 B의 잔액이 10만 원이 증가한다. 즉, 거래 내용과 잔액의 상태, 두 가지 정보가 있고 거래 내역이 검증되면 잔액의 상태가 변경된다. 암호화 화폐 거래 방식도 이와 같은 방식이다.

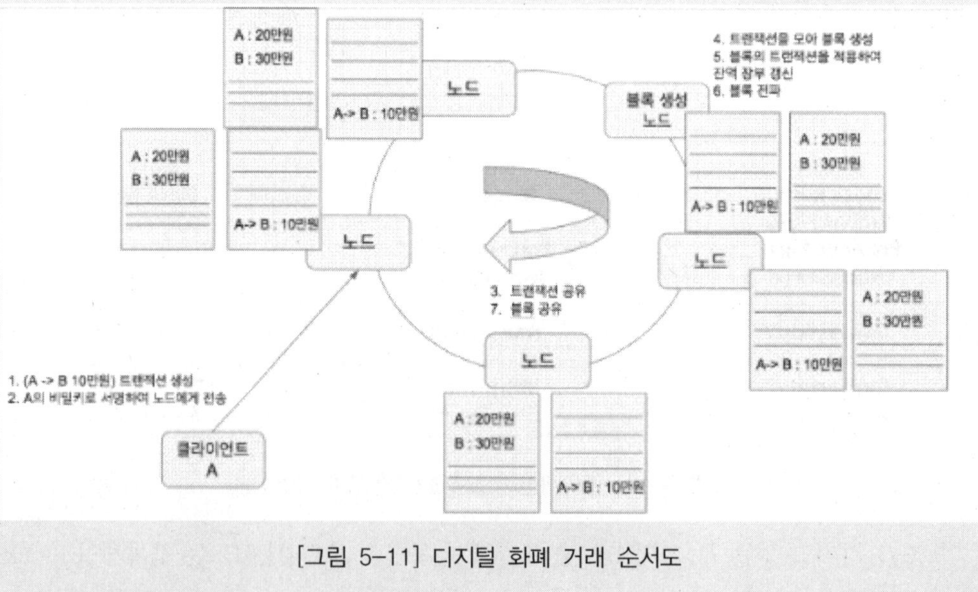

[그림 5-11] 디지털 화폐 거래 순서도

블록체인이 Peer-to-Peer 네트워크라고 해서 다른 사람에게 직접 돈을 보낸다고 생각할 수 있지만, 노드들의 네트워크 위상(Topology)이 전부 같은 Peer-to-Peer 네트워크인 것이지 실제 돈이 오가는 것은 노드들이 보관하는 데이터베이스를 갱신하는 방식으로 동작한다. 은행에서 일어나는 거래 방식과 유사하다. 은행의 경우 거래 데이터를 유지하는 은행이 거래에 대한 보증 주체라면 블록체인 네트워크의 경우 블록체인에 참여하는 모든 노드가 전부 같은 장부를 유지한다는 것이 다르고 나머지 과정은 유사하다.

[그림 5-11]은 암호화 화폐 송금 시 일어나는 일에 대해서 그린 다이어그램이다.

A가 B에게 돈을 보내기 위해 트랜잭션을 생성하여 블록체인 네트워크에 전파하면 블록을 생성하는 노드는 트랜잭션을 모아 블록에 저장한다. 이때 A의 잔액이 충분한지, 중복으로 사용하지 않는지 등 거래에 대한 검증은 별도로 이루어지며 이러한 검증 방법은 거래에 따라 달라지게 된다.

이후 해당 트랜잭션들을 적용해 자신의 잔액 DB를 갱신하고 다른 노드들에 블록을 전파한다. 다른 노드들은 전파된 블록 데이터에 따라 자신의 잔액 DB를 갱신하고 블록을 저장한다.

이제 모든 노드의 잔액 DB와 트랜잭션 내역 DB가 갱신되었다. 장부가 갱신되었다는 것은 송금이 완료되었다는 것이다. 거래가 완료되었다.

앞선 과정 중 블록 생성 노드를 정하는 과정이나 동시에 블록이 생성되었을 때 올바른 블록을 선택하는 과정은 분산합의 알고리즘에 따라 달라진다(Proof of Work와 같은 경쟁 형태의 분산합의 알고리즘의 경우 여러 개의 블록 생성 노드가 정해질 수 있다).

15 스마트 계약(Smart Contract)과 블록체인(Blockchain)관계를 분석하라.

블록체인은 디지털 데이터를 신뢰할 수 있게 만들어 주는 기술이다. 다수의 노드가 같은 데이터를 공유하고 검증하는 방식을 통해 디지털 상에 신뢰관계를 만들었다.

스마트 계약은 이러한 블록체인과 함께 급부상하게 됐다. 스마트계약을 만들 수 있는 환경이 20여 년이 지나 구체화 된 것이다. 최초의 블록체인 기반 스마트 계약은 비트코인 스크립트이다. 비트코인 트랜잭션에 원시 언어인 OPCODE로 스크립트를 작성해서 보내면 조건에 따라 자동으로 거래를 수행한다. 스크립트가 정상이면(기존에 보유한 비트코인의 잔액이 정확하고 거래를 보낸 사람의 서명이 정확한지 보는 것이 가장 기본적인 스크립트) 거래를 정상으로 본다는 일종의 계약(Contract) 개념이 있으므로 Contract Code로 불리기도 한다.

하지만 비트코인 스크립트는 반복문을 사용할 수 없고, 비트코인 잔고 외의 다른 정보를 관리 할 수 없는 한계가 있다. 이는 블록체인의 특이한 구조 때문인데 비트코인 스크립트에서 반복문을 허용할 경우 만약 스크립트 조건 때문에 무한 루프가 발생할 경우 네트워크 전체가 멈출 수 있다. 사용자는 무한루프를 통해 쉽게 DoS(Denial of Service) 공격을 할 수 있다.

이더리움(Ethereum)은 이러한 비트코인 스크립팅 시스템의 한계를 극복하고자 나온 스마트 계약 특화 블록체인 플랫폼이다.

사실 스마트 계약이란 용어가 본격적으로 사용하기 시작한 것은 이더리움 이후라고 보면 된다. 이더리움은 비트코인 스크립팅 시스템의 한계인 다양한 상태 저장과 반복문을 허용한 스마트 계약을 만들었다. 여기에 각 라인을 실행할 때마다 수수료를 발생시키고 네트워크상에 수수료의 한계를 설정하여 무한루프를 막았다. 무한히 반복되는 조건을 만들어 스마트 계약을 실행시키면 돌다가 중간에 수수료 한계점에 도달하면 중단된다.

이는 기발하지만 뜻밖에 간단한 논리에 의해 구현되게 되었는데 블록체인을 통해 함수 내용과 함수의 입력을 공유하면서 무결성을 보장한다면, 함수의 결과는 별도로 공유하지 않더라도 그 무결성이 보장된다는 것이다. 이더리움은 함수를 컴파일된 코드 형태로 거래에 포함하여 블록체인을 통해 동기화한다. 이때 거래에 포함된 정보를 함수의 입력으로 하여 코드로 표현된 함수를 실행한 후 그 결과를 별도의 상태로 보관하는 방식으로 스마트 계약을 구현하게 되었다.

그리하여 독자 코인인 이더 외에 다른 디지털 객체의 상태를 저장하는 방식을 허용하여 다양한 재화를 이더리움 네트워크 위에 만들고 거래할 수 있게 되었다.

이더리움 상에서의 가장 유명한 스마트 계약의 예는 DAO(Decentralized Autonomous Organization)라고 불리는 탈중앙화된 자율 조직이다. 이는 회사의 의결권을 토큰(DAO Token)으로 행사할 수 있도록 클라우드 펀딩을 통해 토큰을 이더로 구입할 수 있도록 판매하였고 그 과정에서 모인 약 2000억원 가량의 이더를 어떻게 사용할지 토큰을 기반으로 투표할 수 있도록 한 스마트 계약으로서 특정 운영주체가 없이 참여자의 투표로 운영되도록 했다.

참고로 DAO는 DAO 스마트 계약 코드의 논리 오류 때문에 해커의 공격을 당해 엄청난 피해가 발생하게 되자 이더리움 전체를 Hard fork, 즉 롤백하는 등 우여곡절이 있었다.

16 스마트 계약이 어떻게 동작하는지 분석하라.

스마트 계약이 실제로 어떻게 동작하는지 알아보도록 하겠다.

블록체인 기술에서 송금 서비스 예제를 통해서 블록체인 네트워크에 참여하는 노드의 종류와 역할, 그리고 각 노드가 가지고 있는 데이터에 대해서 설명한다.

블록체인 네트워크의 노드는 두 가지 데이터베이스를 가지고 있다. 하나는 모든 거래 내용이 보관된 트랜잭션 데이터베이스이고 또 하나는 저장된 트랜잭션을 기반으로 서로 사전에 약속한 어플리케이션에 적용하는 어플리케이션 데이터베이스 이다.

비트코인의 경우 스마트 계약이 지원되지는 않지만, 비트코인이라는 자산이 이동되는 단 하나의 송금 어플리케이션이 블록체인에 올라간 서비스라고 볼 수 있다.

이더리움(Ethereum) 같은 스마트 계약 지원 블록체인의 경우 스마트 계약의 상태를 변경시키는 트랜잭션 보관 데이터베이스와 스마트 계약의 최신 상태를 보관하고 있는 스마트 계약 데이터베이스를 가지고 있다.

여기서 스마트 계약은 상태를 변경할 수 있는 어플리케이션이라고 할 수 있고 스마트 계약의 상태는 해당 어플리케이션에서 사용하는 변수라고 할 수 있으며 이를 변경하기 위한 입력 값은 트랜잭션에 포함되어 있다고 볼 수 있다.

스마트 계약 상태(State)를 저장하는 데이터베이스의 경우 이더리움(Ethereum)처럼 높은 압축률을 위해 트랜잭션을 저장하는 데이터베이스와 합쳐져 있는 경우도 있고 아니면 분산합의와 스마트 계약의 낮은 의존성을 달성하기 위해 완전히 분리된 경우도 있다.

예제를 통한 스마트 계약 설명하겠다. 스마트 계약 블록체인은 두 가지 인터페이스를 공개하고 있다.

하나는 트랜잭션(Transaction) 이고 하나는 쿼리(Query)이다. 트랜잭션을 통한 인터페이스는 트랜잭션 데이터베이스에 저장되고 스마트 계약의 State를 변경시키는 접근방법이다. 쿼리는 트랜잭션 데이터베이스에 기록이 남지 않으면서 스마트 계약의 State를 읽는 작업이다. 트랜잭션은 Write, Delete, Modify를 실행한다면 보면 되고 Query는 Read만을 실행한다고 생각하면 된다.

스마트 계약을 통한 디지털 콘텐츠 거래 예제를 통해 스마트 계약이 실제로 어떻게 동작하는지 알아보도록 하겠다. 거래되는 디지털 콘텐츠는 DNS와 같은 온라인 자산일 수도 있고 Hash나 금 일련번호와 같은 다른 자산을 나타내는 증거 데이터일 수도 있다.

본 예제 스마트 계약에서 제공할 인터페이스는 다음과 같다.

- Transaction
  - 콘텐츠 등록
  - 콘텐츠 구매
- Query
  - 콘텐츠 조회
- 디지털 콘텐츠 거래 예제를 통한 스마트 계약 동작 방식

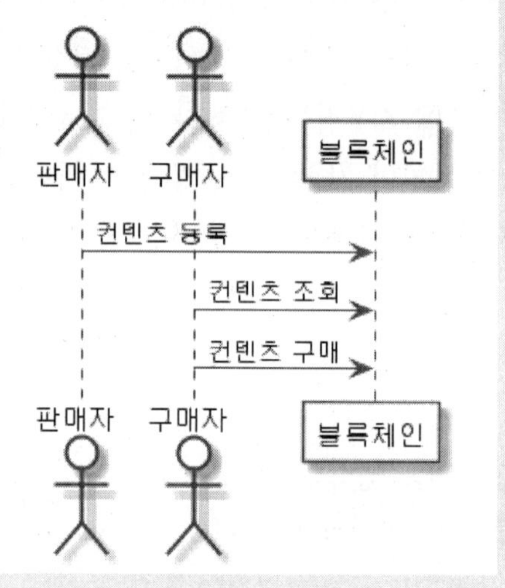

[그림 5-12] 디지털 콘텐츠 거래 순서

스마트 계약을 통한 디지털 콘텐츠 거래 시나리오는 위의 예제 시나리오와 같이 동작할 것이다. 각 내용에 따라 어떤 일을 실제로 수행하는지 알아보도록 하자.

1. 순서 1

콘텐츠 판매자가 콘텐츠 등록 트랜잭션을 블록체인에 보낸다.

콘텐츠 등록 트랜잭션 발생 시 블록체인 네트워크 내부에서는 위의 다이어그램과 같이 동작한다. 네트워크의 모든 노드는 콘텐츠 등록 트랜잭션을 공유하고 트랜잭션 데이터베이스에 저장하게 된다. 여기까지가 비트코인과 같은 스마트 계약이 지원되지 않는 데이터 공유 기반의 블록체인이라고 할 수 있다. 스마트 계약 지원 블록체인은 이 단계 이후에 트랜잭션의 내용에 따라 스마트 계약 어플리케이션을 실행하고 그 결과를 스마트 계약 데이터베이스를 반영한다. 이후 모든 트랜잭션은 전부 다음 그림과 같은 방식으로 동작한다.

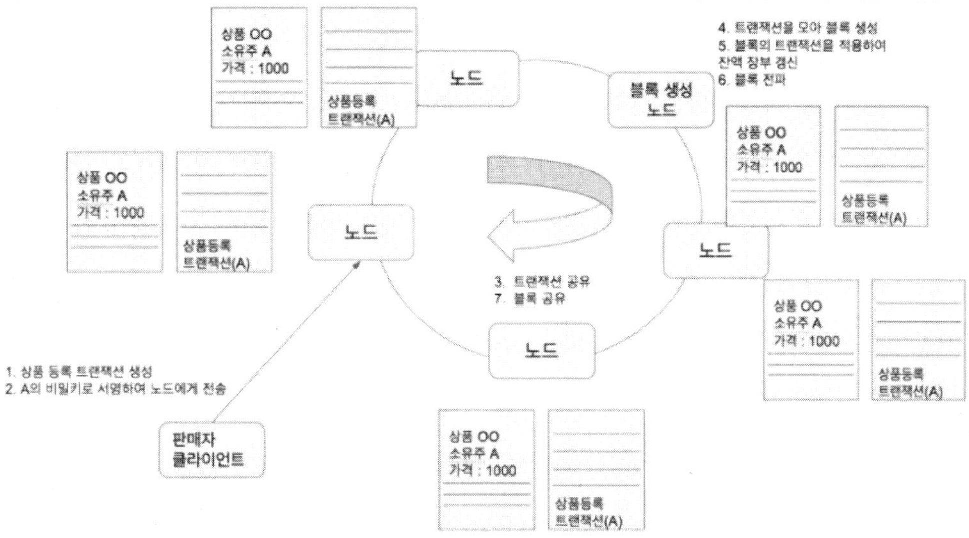

[그림 5-13] 상품 등록 트랜잭션 생성시 네트워크 동작

2. 순서 2

구매자는 블록체인 네트워크에서 콘텐츠 조회한다.

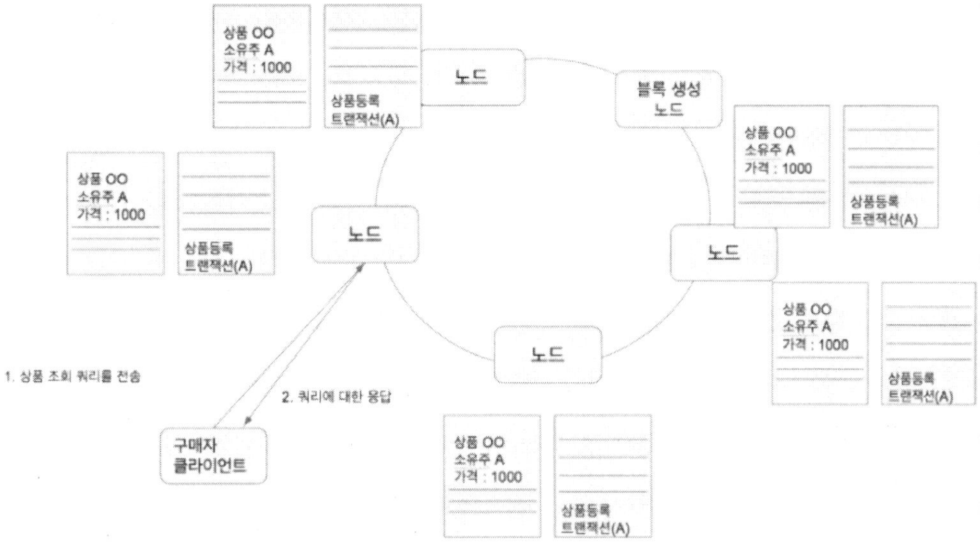

[그림 5-14] 상품 조회 내부 동작

위의 다이어그램은 콘텐츠 조회 동작 방식을 나타낸 것이다. 매우 간단하다. 클라이언트가 검색 쿼리를 보내면 노드는 그에 대해 응답을 해준다.

블록체인의 어떤 데이터도 변경시킬 필요 없이 스마트 계약 데이터베이스 내 저장된 상태 값만 조회하면 되기 때문에 쿼리 정보는 블록체인에 동기화할 필요 없고 블록 동기화 타이밍에 상관없이 바로 응답할 수 있다. 블록체인의 트랜잭션 속도는 다른 네트워크보다 느리지만 쿼리 속도는 같은 머신의 내부 DB를 사용해서 쿼리 해주고 어떤 노드에 접속해도 같은 결과를 얻을 수 있기 때문에 중계자를 통한 서비스보다 오히려 속도가 빠를 수도 있다.

3. 순서 3 : 콘텐츠 구매

구매자가 콘텐츠 구매 트랜잭션을 보내면 1의 다이어그램과 같이 트랜잭션을 공유하고 블록체인 네트워크에 동기화한다. 모든 노드의 스마트 계약 데이터베이스에 콘텐츠 구매자를 등록하고 돈을 판매자에게 전송한다. 또한, 등록된 콘텐츠의 소유권을 구매자로 이동한다.

이번 스마트 계약 동작 방식을 스마트 계약을 통한 디지털 콘텐츠 거래를 통해 알아보았다. 특히 Transaction과 Query는 모든 스마트 계약 블록체인에서 동작하는 방식이 거의 유사하므로 대부분 블록체인이 이와 같은 방식으로 동작한다.

R3 Corda나 Hyperledger Fabric 1.0처럼 블록체인에 참여한 모든 노드가 거래를 공유하지 않고 해당 거래에 참여한 노드끼리만 거래를 공유하고 스마트 계약을 실행하는 것도 해당 거래에 있어서는 이와 동일하다고 할 수 있다.

17 loopchain의 스마트 계약인 SCORE에 대하여 분석하라.

스마트계약 실제 구현체에서는 어떻게 작동하는지 loopchain의 스마트 계약인 SCORE(Smart Contract on Reliable Envirement)를 기반으로 예제 어플리케이션과 함께 설명하도록 하겠다.

loopchain SCORE(Smart Contract On Reliable Environment)의 가장 큰 특징은 개발 친화적 언어를 통해 자유롭게 개발환경을 구성할 수 있다는 점이다. 대표적인 블록체인 기반 스마트 계약 플랫폼인 이더리움의 경우 특수한 가상머신 EVM(Ethereum Virtual Machine)에서 사용 가능한 언어로만 스마트 계약을 작성할 수 있다. 즉 Solidty, Serpent,

LLL을 통해서 스마트 계약을 개발을 해야 하고 데이터 접근 및 저장 또한 EVM 내부 변수를 통해서만 저장할 수 있다.

loopchain SCORE는 합의엔진과 의존성을 최대한 떨어뜨린 별도의 모듈로 개발되었다. 합의 엔진과 SCORE는 내부 GRPC로 구현된 인터페이스를 통하여 통신을 하기 때문에 인터페이스만 맞으면 어떠한 언어로도 구현이 가능하나 현재는 파이썬 구현체만 허용하고 있다.

데이터 베이스 또한 자유롭게 사용할 수 있다. 다만 이더리움 처럼 변수의 모든 데이터가 저장되지는 않고 데이터베이스에 직접 읽고 쓰고 한 결과만 저장된다.

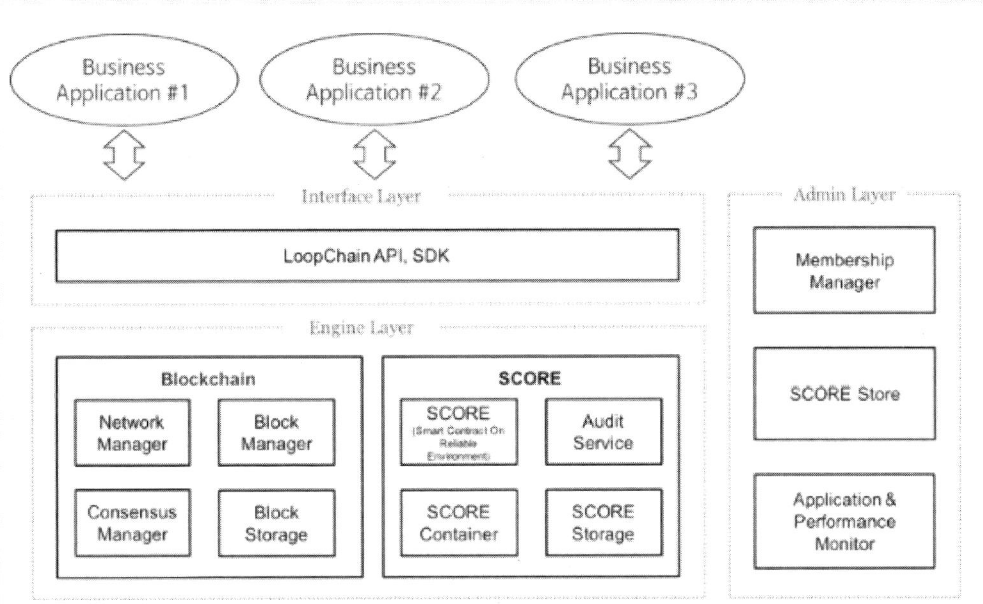

[그림 5-15] SCORE와 합의엔진(Blockchain)이 구조상 분리되어있는 loopchain 모듈 구조

18 SCORE 데모에 대하여 분석하라.

SCORE를 이해하는데 도움이 되도록 SCORE기반 채팅 샘플에 대해 동작 방식과 함께 설명하겠다.

채팅서비스는 중계자가 필요한 대표적인 서비스이다. 채팅 참여자는 각자가 직접 연결되지 않고 채팅서버와 연결한 후 채팅서버에서 보내주는 다른 참여자의 말을 믿고 대화를 진행한다. 즉, 대화 당사자가 아닌 채팅서버라는 별도의 TTP(Trusted Third Party)가 대화라는 거래를 중계해주는 방식이라고 할 수 있다.

이를 스마트 계약으로 간략히 구성한다면 아래와 같다.

- 스마트 계약으로 공유하는 내용
- 채팅 참여자간 대화록
- 스마트 계약 갱신 조건
- 채팅 참여자가 보내온 대화의 서명이 해당 채팅 참여자의 서명이 맞으면 대화록에 추가함

즉, 채팅 참여자가 각각 블록체인 노드를 구성하고 대화 내용을 포함하고 서명을 하여 거래를 발생시키면 해당 거래가 동기화되고 거래 내역이 정당하면(채팅 참여자의 서명이 맞으면) 거래에 포함된 대화 내용을 전체 대화록에 추가하는 식이다.

19 SCORE 기반 채팅 서비스 데모에 대하여 분석하라.

스마트 계약은 Transaction과 Query라는 두 가지 형태의 인터페이스를 가지고 있다. '보내기'는 Transaction으로써 다른 사람에게 메시지를 보내는 역활을 하며 '조회'는 Query로써 채팅방에 올려진 메시지를 확인할 수 있다. Query는 본인이 가지고 있는 스마트 계약의 내용을 확인하는 것이다.

한 사용자가 오프라인 상태가 되더라도 다른 사용자에게는 영향이 없으며 다시 온라인 상태가 되면 블록 동기화 과정을 통해 이전에 있던 모든 메시지를 받을 수 있다.

사실 채팅서비스는 블록체인이 유용한 어플리케이션이라고 하기는 어렵다. Socket.io 등을 이용하면 더 편리하고 실시간성으로 만들 수 있다.

본 예제는 loopchain SCORE가 어떻게 돌아가는지 보여주기 위해 만든 샘플 정도로 보면 된다. 그러나 예전에 야후 메신저가 내용 위변조가 안되고 모든 내용을 저장하는 특성 때문에 일부 도메인에서 사업 계약에 이용되었던 것을 생각하면 대화내용에 대한 무결성을 보장하는 블록체인 기반 채팅서비스도 상용화될 수 있다.

학습활동.5 교수 · 학습 방법

교수 방법

- 스마트 계약에 대한 관련 용어, 구성, 방식 이해 정도를 파악한 후 수업을 진행한다.
- 교수자의 주도로 스마트 계약 등의 내용을 PPT 자료로 제시한 후 설명한다.
- 가능하면 사전에 개인별 학습 자료를 준비하여 모든 학생이 참여할 수 있는 문제 해결식 수업, 협력 수업이 가능하도록 한다.
- 스마트 계약 전 과정을 작업의 순서에 따라 단계적으로 실습이 이루어질 수 있도록 지도한다.
- 교재를 통해 수업을 준비하는데 있어서 필요한 모든 정보나 팁, 힌트 등 도움이 될 만한 내용들을 확인할 수 있다.
- 학생들이 만들게 될 각 모델들은 수업시간에 중점적으로 다뤄질 부분과 어휘, 질문, 답을 포함하고 있으며 또한 탐구할만한 추가적인 아이디어들도 포함하고 있다.

학습 방법

- 스마트 계약에 대한 관련 용어를 숙지하고, FND제어 응용의 기초 단계에 대해 이해한다.
- 스마트 계약의 각 단계별 중점 사항을 체계적으로 학습한다.
- 스마트 계약의 수행순서의 전 과정을 실습한다.
- 스마트 계약의 내용을 이해한다.
- 스마트 계약을 이해하고 숙달이 될 때까지 학습한다.

학습활동.5 평가 및 피드백

평가 준거

- 평가자는 피평가자가 수행 준거 및 평가 내용에 제시되어 있는 내용을 성공적으로 수행할 수 있는 지를 평가해야 한다.

학습내용	평가항목	성취수준		
		상	중	하
스마트 계약	스마트 계약을 이해할 수 있다.			

평가 방법

- 작업 포트폴리오

학습내용	평가항목	성취수준		
		상	중	하
스마트 계약	스마트 계약을 이해할 수 있다.			

- 필기시험

학습내용	평가항목	성취수준		
		상	중	하
스마트 계약	스마트 계약을 이해할 수 있다.			

- 체크리스트를 통한 관찰

학습내용	평가항목	성취수준		
		상	중	하
스마트 계약	스마트 계약을 이해할 수 있다.			

피드백

1. 작업 포트폴리오
   - 제출한 보고서를 평가한 후 주요 사항에 대하여 표시하여 돌려준다.
2. 필기 시험
   - 평가 결과 성적이 저조한 학생은 보고서 제출 기회를 부여한다.
3. 체크리스트를 통한 관찰
   - 실습 과정에서 평가한 후 개선해야 할 사항 등을 정리하여 돌려둔다.

참고자료

1. 도강호, 블록체인의 핵심 스마트 계약이란? 테크M 2017.3.23.

제1부 글로벌 결재 플랫폼	학습 1	새로운 핀테크의 결재 플랫폼 등장
	학습 2	핀테크의 결재 플랫폼 서비스
	학습 3	핀테크의 글로벌 결재 플랫폼 서비스
제2부 글로벌 결재의 발전	학습 4	스마트 물류의 진화
	학습 5	스마트 계약
	학습 6	인터넷전문은행의 도입
	학습 7	가상화폐
	학습 8	핀테크의 블록체인 활용
제3부 결재 플랫폼의 활용	학습 9	오프라인 결재 플랫폼
	학습 10	온라인 결재 플랫폼
제4부 핀테크의 미래	학습 11	인공지능과 핀테크 서비스
	학습 12	인공지능과 핀테크 시스템 혁신
	학습 13	빅데이터와 인공지능을 탑재한 핀테크 탄생
	학습 14	차세대 인증으로 생체인식기술을 탑재한 핀테크

학습 목표

6. 인터넷전문은행의 도입에 대한 구성 및 특징을 이해할 수 있다.

6-1 인터넷전문은행의 등장

인터넷전문은행(Direct Bank)은 영업점 없이 인터넷과 ATM, 콜센터 등으로 금융서비스를 제공하는 은행이다. 일반은행처럼 인터넷은행도 예 · 적금과 대출, 신용카드업을 할 수 있다. 기본적으로 무점포 사업이지만, 필요에 따라 소수의 영업점을 설립해 보완하는 경우도 있다. 한국에서는 2016년 12월 케이뱅크(K뱅크)가 금융위원회의 본인가를 받고 2017년 4월 3일 출범해 한국의 첫 인터넷은행이 되었다. 2017년 7월 27일에는 카카오뱅크가 정식 영업을 시작해 두 번째 인터넷은행이 됐다. 기존은행과 인터넷전문은행과 비교하면 다음과 같다.

〈표 6-1〉 기존은행과 인터넷전문은행 비교

구분	기존은행	인터넷전문은행
통장개설	은행지점 방문신청	인터넷모바일로 바로신청
가입 및 로그인	공인인증서 필수	공인인증서
이용서비스	조회,이체중심	모든금융상품 이용가능
이용시간	평일 9:00~18:00	24시간365일
금리	기전은행금리 기준 (조건에 따라 우대금리 적용)	시중은행보다 낮은 대출금리, 높은 예금금리
대출심사	은행에 직접 방문해 대면 확인 후 최종승인	온라인상에서 최종승인

6-2 인터넷전문은행의 특징

인터넷은행은 인터넷뱅킹과는 법적으로 다르다. 인터넷뱅킹이 기존은행이 제공하는 서비스의 하나라면, 인터넷은행은 계좌 구설부터 모든 금융업무를 인터넷으로 처리한다. 가입서류 역시 인터넷으로 제출하며 공인인증서와 지문 · 얼굴 인식, 화상통화 등으로 신원을 확인한다. 대출 시에도 모든 과정은 비(非) 대면 심사로 진행된다.

기존은행보다 저비용으로 운영할 수 있다는 점도 특징이다. 영업점이 없어 인건비나 지점 운용비 등을 절감할 수 있기 때문이다. 비용 절감으로 고객에게 높은 예금금리와 낮은 대출금리, 낮은 수수료 등의 혜택을 제공할 수 있다. 인터넷뱅킹처럼 접근성이 좋고 휴일 없이 운영한다는 점도 강점이다. 또한, 빅데이터를 통한 개인 맞춤형 금융 서비스나 디지털 이자, 자산관리 서비스 등 디지털과 연계한 다양한 서비스가 가능하다. 미국에서는 1990년대, 일본에서는 2000년대 무렵부터 인터넷은행 설립이 시작되었다.

[그림 6-1] 인터넷전문은행(K뱅크와 카카오뱅크)

6-3 인터넷전문은행의 현황

2016년 12월 금융위원회가 케이뱅크(K뱅크)의 은행업 본인가를 결정했다. 한국의 첫 인터넷은행이 된 케이뱅크는 2017년 4월 3일 정식 영업을 시작했다. 케이뱅크는 영업 첫날인 3일 오후 3시 기준으로 수시입출금 상품(듀얼K 입출금통장)에 가입한 고객 수가 1만4524명 정도라고 밝혔다. 2015년 11월 케이뱅크와 함께 금융위원회의 예비인가를 받았던 카카오뱅크는 2017년 7월 27일 정식 영업을 시작했다.

1. K뱅크

케이뱅크(K Bank)는 대한민국의 인터넷은행이다. 대한민국 제1금융권의 첫 인터넷전문은행으로, 2017년 4월 3일 영업을 시작하였다.

시중은행과는 다르게 오프라인 영업점은 없으며, 주주사인 GS리테일의 인프라를 기반으로 GS25에 설치된 ATM을 이용하면 입·출금 수수료 면제 혜택을 받을 수 있다. 향후 KT통신 대리점을 통한 영업망 연계도 예정되어 있다.

카드사업 부문은 현재 체크카드만 취급하며, 비씨카드 프로세싱을 기반으로 한 K bank 체크카드 통신캐시백형과 전 가맹점 K bank 체크카드 포인트적립형, 네이버페이, 해피포인트 4종류를 출시하여 판매 중이다. 모두 국내전용이고(포인트 적립형은 비자선택가능), 후불교통카드가 적용되지 않는 대신 별도의 발급 수수료를 내면 OTP가 장착된 카드로 받을 수 있다. 향후 신용카드 상품 출시 예정에 있다.

2. 카카오뱅크

카카오뱅크(한국카카오은행, Kakao Bank of Korea)는 대한민국의 인터넷전문은행이다. 2017년 7월 27일 처음 서비스를 시행하였으며 케이뱅크에 이은 대한민국의 두 번째 1금융권 인터넷전문은행이다.

체크카드는 블랙을 제외한 나머지는 카카오톡 캐릭터인 무지, 라이언, 어피치, 콘이 있으며 전부 마스터 카드 결제 기능이 있으며 스마트폰으로만 거래를 한다. 매입사는 국민카드이다. K뱅크와는 달리 전용 ATM이 없으며 씨티은행와의 제휴로 해외송금 및 환전이 가능하며 CU에서 출금과 송금만 되며 롯데 ATM에서는 입출금 및 송금을 할 수 있다.

수행 내용

재료 · 자료

- 인터넷전문은행의 도입 관련자료

기기(장비 · 공구)

- 컴퓨터, 프린터

안전 · 유의사항

- 컴퓨터, 주변기기 및 프린터의 전원을 관리한다.

수행 순서

01 인터넷전문은행 등장의 변화에 대하여 분석하라.

첫째, 은행에 대한 개념이 변화될 것 같다.

즉 은행 업무도 온라인 쇼핑몰에서 상품을 구매하듯이, 또는 인터넷 서점에서 책을 구매하는 것과 동일하게 생각하게 될 것 같다. 그냥 은행 업무가 일상생활에 녹여 들것이다.

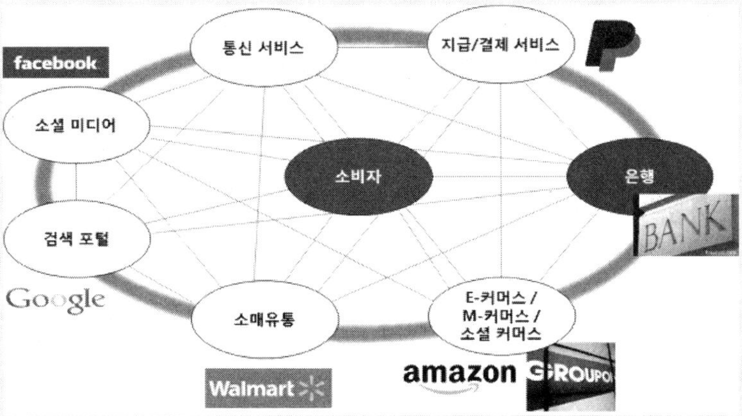

[그림 6-2] 인터넷전문은행의 변화

둘째, 은행 이용자가 증가할 것이다.

인터넷전문은행은 은행 직원의 지원 없이도 언제 어디서든 은행 업무가 가능해야 하므로 자기 주도형 셀프 서비스 체계가 만들어져야 한다. 또한 어떤 채널로든 단절 없는 소통이 이루어져야 하기 때문에 그 동안 은행 서비스를 받지 못했던 소비자와 신용 등급이 낮거나 은행 접근이 어려워 기존 은행 서비스를 이용하지 못했던 소비자 등을 흡수할 수 있게 된다.

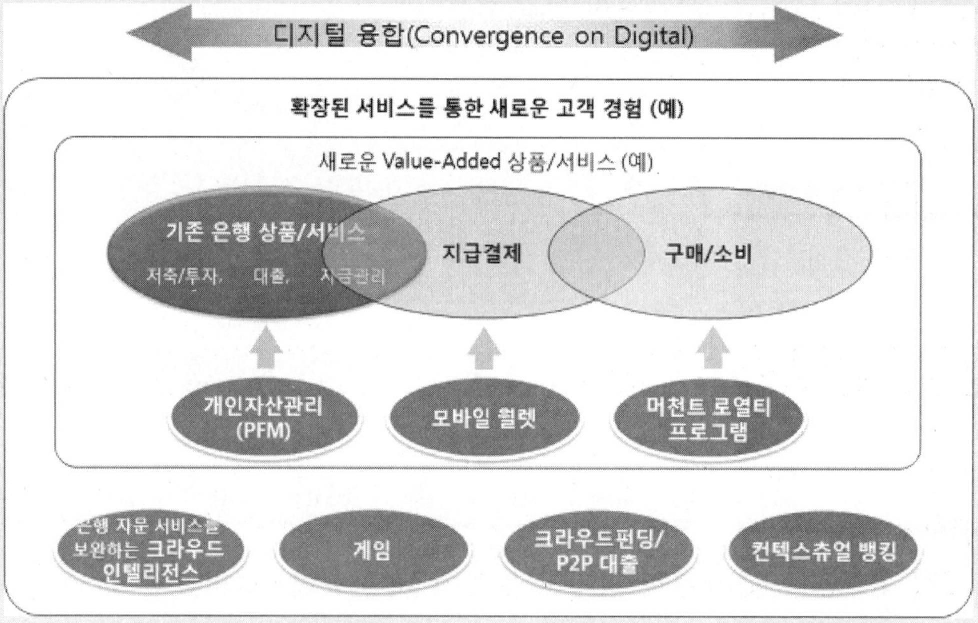

[그림 6-3] 인터넷전문은행의 서비스 확대에 따른 이용자 증가

[그림 6-3]처럼 기존 은행의 상품과 서비스에 새로운 가치를 더해서 결제, 구매, 소비 등으로 확산이 가능해 짐에 따라 자연스럽게 이용자 수 증가가 예상된다.

국내 인터넷전문은행의 컨소시엄 구성을 보면 정보통신의 ICT기업과 기존 금융권의 합종연횡 연합체라 할 수 있다. 특히 한국금융지주 컨소시엄에 카카오톡과 KB국민은행의 구성은 1,900만명의 인터넷뱅킹 사용자와 3,500만명 이상의 카카오톡 사용자의 융합을 통한 빅데이터 기반의 사용자 경험을 제대로 읽어낼 수 있을 경우 기존은행에 상당한 영향력을 끼칠 수 있을 것이다. 이미 카카오택시, 증권플러스 등으로 O2O 서비스 경험을 가진 카카오톡은 사용자 경험 중심의 새로운 금융 서비스를 출시할 것으로 예상됨에 따라 기존은행 사용자 외 추가 사용자 들이 증가하고 있다.

셋째, 개인화 상품이 출시될 것이다.

국내외 은행계좌는 점점 은행에서 떨어져 나오고 있다. 특히 모바일이 이러 변화를 주도하고 있다는데 아무런 의심이 없다.

이미 미국, 영국, 일본, 중국 등에서 정보기술(IT) 기업, 자동차, 유통, 통신, 전자상거래 등의 기업들이 금융으로 비즈니스 모델을 확장하면서 기존 고객의 사용자 경험과 SNS 사용 습관, 인터넷 검색 내용 등을 활용한 개인화된 상품과 서비스를 출시하고 있다.

개인의 평소 생활 습관과 경제 활동 등이 금융상품에 영향을 미치는 시대가 열리고 있다고 할 수 있다.

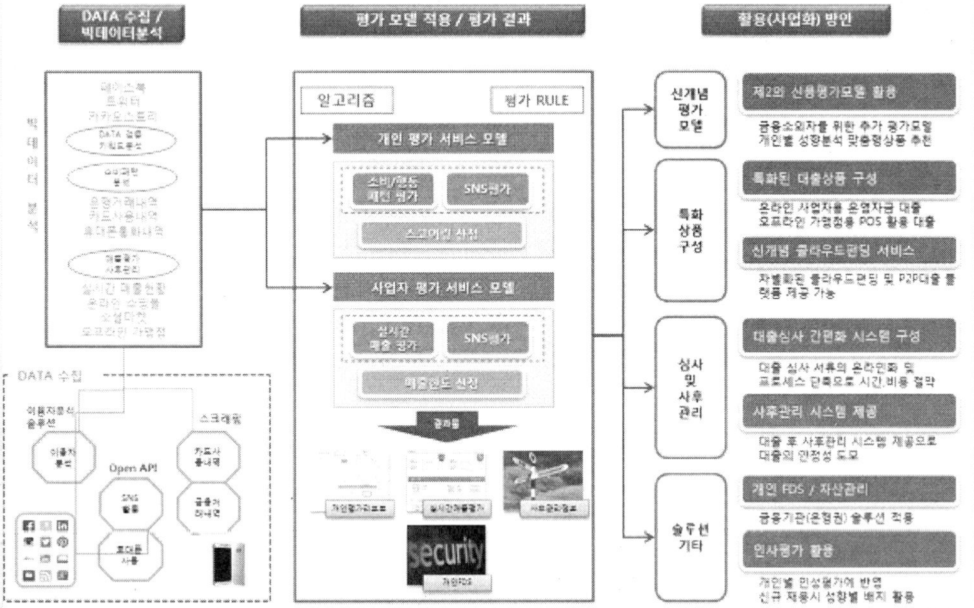

[그림 6-4] (주)핀테크 비즈니스 모델

출처 : (주)핀테크

국내 사례로 주식회사 핀테크는 개인의 일상 생활 데이터를 수집하고 개인이 관계한 금융 계좌와 휴대폰 사용 내용, 소셜미디어 사용 내용까지 포함된 개인 데이터를 수집하여 빅데이터 분석을 통해 기존 신용평가 모델과 전혀 다른 새로운 형태의 평가 모델을 만들어 현재 금융 서비스 업체와 새로운 상품 모델을 만들었다.

해외 사례로 온덱과 렌딩클럽, 페이오프 등 유사 성공한 사례가 있고 이들 모두는 이미 기업 공개(IPO)를 통해 대규모 자금을 유치하여 전세계적으로 확산할 계획에 있다. 이들은 빅데이터 기반으로 새로운 금융 서비스 만들어 새로운 고객을 창출해서 성공할 수 있었다.

그외 기존은행에서는 돈이 많은 고객을 대상으로 PB센터를 구성하여 전문 컨설팅으로 개인 맞춤 자산관리를 해오고 있었다면 인터넷전문은행이 설립하게 되면 온라인으로 빅데이터 분석을 통한 자동화된 포트폴리오 분석으로 누구나 자산관리를 받을 수 있게 되었다.

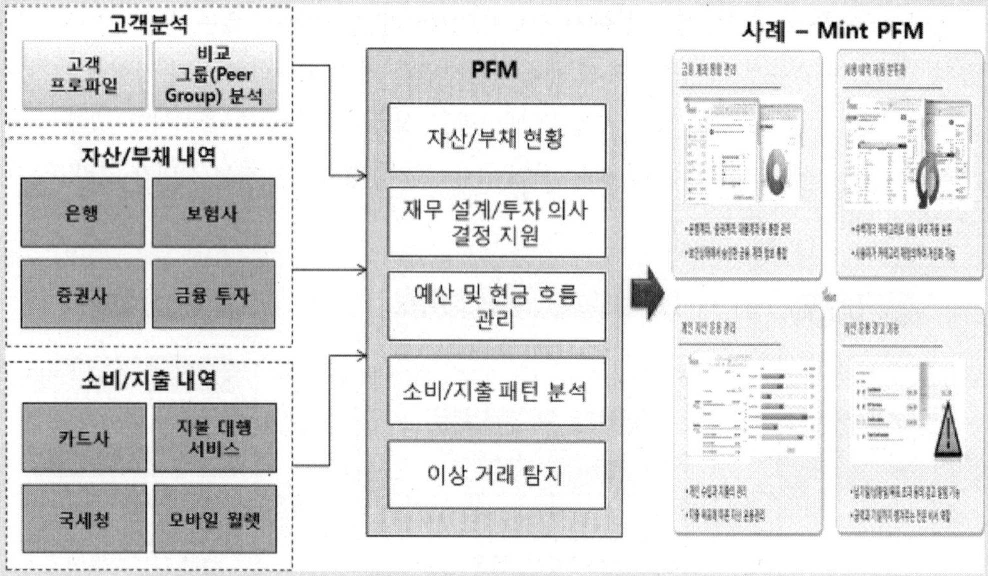

[그림 6-5] 개인 자산관리 내용 및 해외 PFM 사례 - Mint 사례

넷째, 투자가 활성화 될 것이다.

인터넷전문은행은 지점이 없기에 기존은행의 지점 운영비와 인건비(현재 은행의 전체 비용에서 20% 이상 차지)가 빠지게 되면서 예금자와 대출자에게 혜택을 제공할 수 있다. 미국의 인터넷전문은행 앨리뱅크(GM자동차가 설립)는 자산이 1015억달러(120조원)으로, 우리나라 SC은행(60조원)과 한국씨티은행(51조원)을 합친 수준이다. 그런데 직원 수는 775명으로 SC은행(5200명)과 씨티은행(3600명)을 합친 것의 10분의 1도 안 된다.

모든 거래가 온라인으로 전개됨에 따라 은행의 거래 수수료는 대폭 낮출 수 있고 기존 은행 대비 고객에게 더 유리한 금리 혜택과 낮은 수수료를 제공할 수 있다.

당연하게도 투자자 입장에서는 1%라도 높은 금리를 제공해 줄 수 있는 안정된 금융기관이 있다면 그쪽으로 옮겨 갈 것이기에 투자 활성화에 영향을 제공할 것이다.

다섯째, 제휴 서비스가 확대될 것이다.

그린닷뱅크(Green Dot Bank)의 경우 월마트와의 제휴를 통한 고뱅크(GoBank) 서비스로 월마트 고객에 광범위하게 접근할 수 있게 되었고, 뱅크오브아메리카는 뱅크아메리딜즈(BankAmeriDeals)라는 제3자(3rd Party) 캐시백 서비스로 고객들이 뱅크오브아메리카의 직불카드나 신용카드를 쓰도록 만드는 새로운 유인을 만들어냈다.

지불 결제 서비스의 경우에는 인터넷 시대로 넘어오면서 은행이 결제 서비스 시장에서의 주도권을 상실했고, 최근에는 국내에서 카카오페이, 네이버페이, 삼성페이, 페이코 등이 소비자들의 선택을 기다리고 있고, 해외에서는 애플페이, 페이팔, 알리페이, 텐페이 등 탄탄한 플랫폼과 혁신적인 기술에 기반한 강력한 경쟁기업이 속속 시장에 진입하고 있다.

하지만 지불 결제 서비스 자체로도 소비자들의 금융 니즈 중 큰 부분이며, 향후 모바일 월렛 등과 연계한 서비스 확대 기회도 상당히 크다.

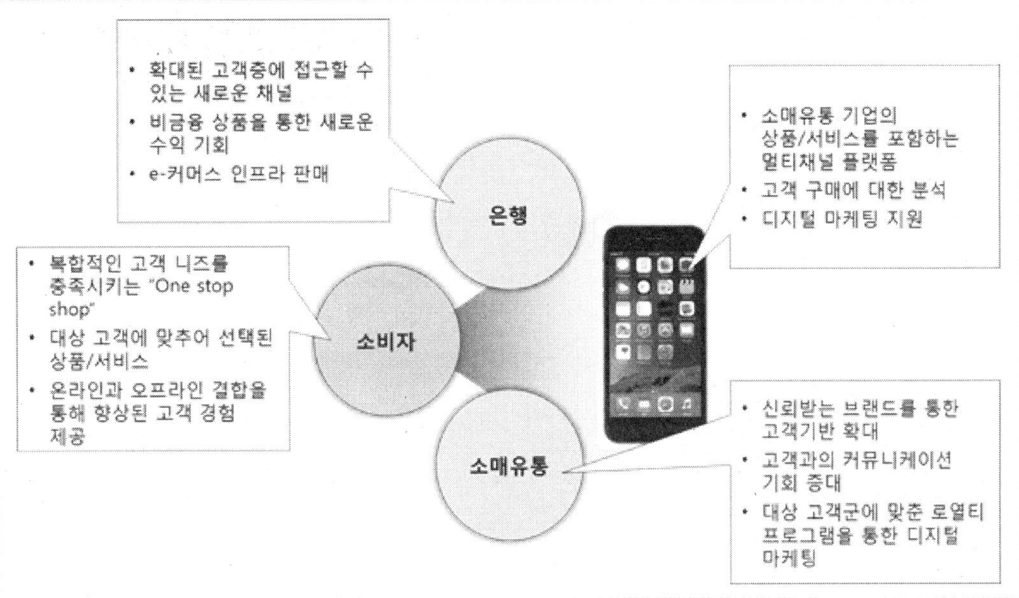

[그림 6-6] 제휴 서비스 확대

출처 : 핀테크(강창후, 이정후 저, 한빛미디어 2015)

02 인터넷전문은행의 등장에 따른 기존은행의 대응전략에 대하여 분석하라.

방대한 지점 네트워크와 복잡한 IT 시스템을 갖춘 기존은행들에게 옴니 채널 통합은 결코 쉬운 일이 아니다. 채널 간에 사일로화된 프로세스와 IT 시스템 환경을 재구축하고, 새로운 역할 모델에 따라 지점 네트워크를 재구축하고 직원들이 새로운 역할을 하도록 교육하고 재배치하는 등 많은 난제가 있기 때문이다. 때문에 일부 은행들은 기존 은행 조직 및 시스템과는 별도로 신속한 프로세스, 통합된 IT 시스템 및 유연한 조직을 갖춘 새로운 디지털 전용 은행을 설립하고 있다. 프랑스 악사(AXA) 은행의 Soon 모바일 뱅킹, 비엔피 파리바(BNP Paribas) 은행의 헬로뱅크!(Hello Bank!), 심플(Simple)과 제휴한 뱅코프(Bancorp) 등이 그 예다. 이와는 조금 다르지만 포르투갈의 액티보(Activo) 은행처럼 온라인 채널을 중심으로 하되, 고객 서비스를 위해 최소한의 지점을 두는 경우도 있다.

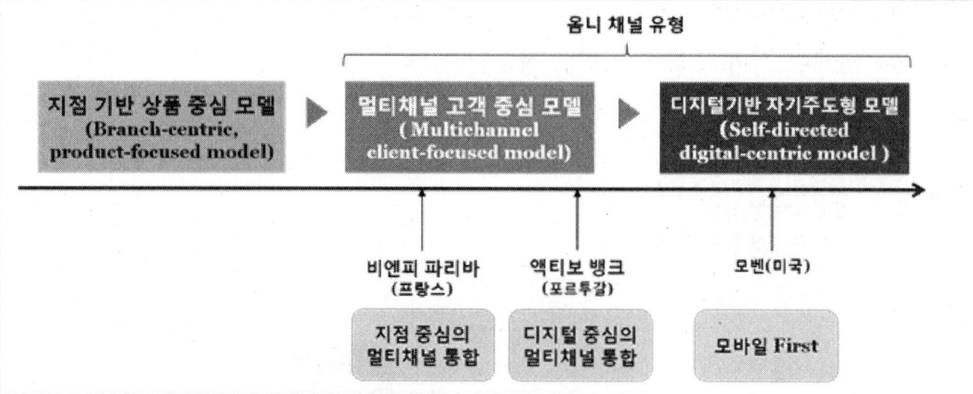

[그림 6-7] 은행의 옴니채널 전략과 해외 은행 사례

출처 : 핀테크(강창호, 이정훈 저, 한빛미디어 2015)

이와 달리 기존 은행권 바깥에서 혁신적이고 편리한 디지털 뱅킹 기술(Fintech)을 기반으로 새로이 은행을 설립하고 시장에 진입하는 기업들도 있다. 미국의 모벤(Moven), 네덜란드의 Knab, 폴란드의 알리요르뱅크(Alior Bank), 독일의 피도르뱅크(Fidor Bank) 등이 그 예다.

이들 은행의 특징은 온라인, 특히 모바일 채널 위에서 계좌 개설에서 입출금 및 이체에 이르는 완결적인 은행 서비스를 제공하는 것이다. 각 은행들은 고객에게 보다 나은 은행 경험을 주기 위해 편리한 모바일 앱과 혁신적인 서비스를 경쟁적으로 내놓고 있다. 물론 실제 현금의 입출금을 위한 ATM 네트워크와 고객 서비스를 위한 컨택 센터도 운용하고 있으며 소셜미디어를 활용하여 고객과 활발하게 커뮤니케이션도 하고 있다. 디지털 뱅킹 채널을 위해 어떠한 방법을 선택할지는 목표로 하는 고객이 누구인지, 그 고객에게 어떠한 은행 서비스와 고객 경험을 줄 것인지에 대한 은행의 전략에 따라 결정될 것이다.

03 인터넷전문은행의 성공요인에 대하여 분석하라.

첫째, 신속성과 편의성이다. 최초 가입 시, 비대면 인증 방식을 통해 최소한의 소요시간을 제외하면 5~7분 내 계좌개설이 가능하다. 이후 접속 시에도 공인인증서가 필요 없는 간편 로그인 방식을 이용해 사용 편의성을 강조했다. 다양한 기능과 많은 콘텐츠를 갖고 있을 뿐 아니라, 기존은행의 모바일뱅킹보다 가볍고 빠른 속도가 장점이다.

둘째, 사용자 환경(UI/UX)의 친근감이다. 카카오뱅크가 케이뱅크보다 반응이 좋은 이유 중 하나기도 하다. 카카오톡은 4,200만 명 이상이 사용하는 국민 메신저이다. 대국민 인지도가 높고 사용 경험이 많다. 카카오톡 효과가 카카오뱅크 서비스로, 또 호감으로 전이됐다는 평가가 나온다.

셋째, 가격 경쟁력이다. 시중은행보다 예·적금 금리는 높게, 대출 금리는 낮게 설정해 고객들의 니즈에 부응했다. 대출의 경우 금리뿐만 아니라 한도에서도 파격적인 행보를 보였다. 상품과 서비스는 복잡한 절차와 조건을 모두 걷어냈다. 웬만한 서비스는 수수료가 없다. 전통 은행과 비교해 모바일을 통한 여·수신 상품 금리 경쟁력을 보유했고, 예금자 보호 등 일반은행이 기본으로 갖춰야 할 보호 장치도 마련했다.

04 인터넷전문은행의 새로운 기술의 적용에 대하여 분석하라.

인터넷전문은행이 기존은행과 달리 혁신이 가능했던 이유에는 새로운 '기술'이 자리 잡고 있다. 빅데이터를 이용한 중금리 대출, 챗봇 등 ICT 기술을 통한 편의성 제고, 줄어든 인건비, 관리비 등은 금융 혜택으로 돌려주면서 소비자들에게 환영받았다.

1. 중금리 대출 '빅데이터' 활용

인터넷전문은행은 기존 금융권의 신용평가데이터 이외에도 빅데이터 기반의 차별적인 신용평가 시스템을 활용해 중금리 대출 시장을 공략하고 있다.

NICE평가정보의 개인 신용평가 관련 통계자료에 따르면, 2016년 9월 말 개인 신용거래 고객의 신용등급별 대출 비중은 4~6등급 구간이 30%내외로 가장 낮은 수준을 나타내고 있다. 이는 중산계층의 부실가능성 예측을 위한 신뢰성 있는 신용정보가 제한적인 상황에서 국내 금융권이 중금리 대출 상품 공급을 적극적으로 나서지 않았기 때문이다.

카카오뱅크의 경우, 모바일·온라인 활동 빅데이터를 활용해 차별화된 신용평가시스템인 일명 카카오스코어를 통해 중금리 대출을 실행하고 있다.

기존 금융권의 신용평가 데이터뿐 아니라 우체국쇼핑·예스24·카카오택시 등 온라인 활용 데이터, 카카오톡을 활용한 고객 선호도, SNS 활동 내역 및 관계 사슬 정보 등을 종합해 새로운 차원의 신용평가시스템을 구축하고 있다. 이제 막 영업을 시작한 만큼, 고객들의 빅데이터가 쌓이기 시작한 셈이다.

예를 들어, 카카오택시에서 활동하는 기사들에게 대출을 제공할 경우, 운행기록에 따른 실제 현금흐름이나 고객 평점 등의 추가 정보를 활용해 신용도가 낮아도, 상황 능력에 따른 낮은 금리를 제공할 수 있는 식이다. 또한, 이베이 소상공인을 대상으로 차별화된 '간편 셀러(Seller)론' 출시도 예고했다.

G마켓과 옥션을 통해 물건을 파는 소상공인에게 특화한 대출상품이다. 기존 은행에서 보증 없이 대출을 할 수 없는 소상공인들에게 대출 서비스를 제공하고, 이베이·G마켓·옥션 판매를 통해 축적된 데이터를 활용해 신용평가를 수행할 예정이다.

케이뱅크는 중금리 신용대출과 간편 심사 소액대출 위주 대출을 제공한다. 자체적인 CSS(Credit Scoring System)를 개발해 기존은행의 심사구간에 KT 및 BC카드 결제 데이터베이스(DB), 가맹점 정보 등 광범위한 고객 지불결제 정보를 활용한 추가 승인구간을 설정했다.

포털·쇼핑몰 내 고가상품 검색, 여행·어학연수 상품 검색, 명품매장 방문 이력 등을 통해 일정 금액에 대한 고객들의 대출 니즈를 파악하고 적시에 금융상품을 제공하는 것이 특징이다.

2. 인공지능 기반의 금융 '챗봇'

챗봇은 명칭 그대로 채팅하는 로봇 프로그램이다. 즉, 이용자와의 문자 대화를 통해 질문에 알맞은 답이나 각종 연관 정보를 제공할 수 있는 인공지능 기반 커뮤니케이션 소프트웨어를 말한다.

최근 딥 러닝을 활용한 자연어 처리, 이미지 인식 등 인공지능 기술이 발달하면서 서비스 성능개선이 이뤄지고 있다. 이에 따라 미래 챗봇은 질문의 맥락을 더욱 잘 파악함은 물론, 이용자의 관심사·취향을 반영한 정보를 제공한다. 서비스가 진행될수록 딥 러닝을 통한 개선으로 더욱 신속·정확한 응답을 제공할 수 있을 것으로 기대된다.

카카오뱅크는 로봇이 인간과 대화하는 챗봇인 '금융봇'을 전면에 내세웠다.

금융 봇은 공과금 납부 일정, 자동이체 결제 내역, 쿠폰을 사용할 수 있는 주변 식당을 안내할 예정이다. 또, 고객 재무 상황을 점검·관리해 주고, 상품 추천 및 상담 서비스도 지원할 계획이다.

케이뱅크도 실시간 톡 상담이나 음성상담 내용 등 데이터를 분석해서 현재 빅데이터를 축적하는 중이다. 케이뱅크 고객금융센터는 STT(Speech-to-Text)·TA(Text Analytics) 솔루션을 도입했다. 이곳에서 음성을 비롯해 메신저, 이메일 등 모든 형태 고객 문의 및 대화 내용을 텍스트로 변환하고 이를 분석하는 작업을 수행한다. 자주 묻는 질문에 대화 안내를 보다 신속하게 제공할 수 있을 뿐만 아니라 분석 데이터를 상품, 서비스 개선 등

경영 기초자료로 활용할 방침이다.

향후 인공지능(AI)기술인 머신러닝을 적용해 유산한 유형은 대기시간 없이 시스템에서 자동으로 최적 안내가 이뤄지도록 할 예정이다. 이뿐 아니라 케이뱅크는 하반기 KT 인공지능 스피커 '기자지니'로 간편 송금을 할 수 있는 '카우치 뱅킹'서비스를 선보인다. 금융데이터와 고객들의 이용 패턴을 분석해 개인화된 서비스 제공을 목표로 하고 있다.

05 해외 인터넷전문은행의 ICT기술의 접목사례를 분석하라.

1. 중국 위뱅크(웨이중은행 · 銀行)

텐센트에서 만든 중국 인터넷전문은행 1호 위뱅크(웨이중은행)는 소셜앱과 플랫폼을 활용해 빅데이터를 기반으로 차별화된 신용대출을 실행하고 있다. 위뱅크는 다양한 중소형 은행 및 금융기관들과 제휴를 맺고 자금의 상당 부분을 조달해가며 중금리 개인소액대출, 오토론 위주로 사업을 확대하고 있다.

[그림 6-8] 중국 위뱅크

출처 : https://www.webank.com/

예를 들어, 텐센트는 '휘처방이라는 화물차 기사 매칭앱을 개발, 이를 통해 화물차 기사의 거래내역과 평판 등을 토대로 3만 5천 위안의 대출을 진행한다. 위뱅크는 지급 능력과 의지를 평가하는 데요. 고객의 재무정보뿐만 아니라 텐센트의 고객기반과 빅데이터를 활용해 신용 리스크를 낮추는 것을 목표로 한다.

텐센트와 연계된 O2O(Online to Offline) 플랫폼과 이를 통해 수집된 데이터을 활용해 자체적인 신용 분석을 하고 있으며, 메신저 활용도, 가상계좌 내 자산, 모바일 결제 이력 등을 통해 악의적 사용자를 파악하고 선별적인 대출을 시행 중이다.

2. 일본 SBI 수미신 넷 은행(SBI Sumishin Net Bank)

SBI 수미신 넷 은행은 SBI홀딩스와 미쓰이 스미토모은행이 각각 50% 지분을 보유한 2007년에 설립된 인터넷전문은행이다. 이 은행은 ICT 기술 활용에 적극적이다. 지난해 핀테크 전잠조직을 신설하고, 사용자 금융 활동 등 빅데이터 분석을 통한 부정 로그인, 부정 송금 방지 서비스 제공을 추진 중이다.

API(Application Programming Interface)를 통한 가계부, 자산관리 등의 서비스를 제공한다. 또, 입출금 거래에 블록체인 기술을 활용해 9~15%의 비용 절감 효과를 내고 있다. 아울러 자동차 담보대출에 사물인터넷(IoT)을 활용할 예정이다. 자동차 운행 정보의 실시간 측정, 상황연체 시 자동차 원격 정지 등 효율적인 여신관리가 가능한 구조이다. 최근에는 로보어드바이저 서비스를 제공해 4개월 만에 100억 엔의 실적을 달성했다.

3. 영국 몬조 은행(Monzo Bank)

몬조 은행 핵심 비즈니스 모델은 선불카드 서비스이다. 해외 수수료 등 각종 수수료 무료, 실시간 지출습관 분석, 카드 분실시 앱 활용 서비스 중지, 신속한 모바일 송금 등 편리 카드 서비스를 제공하면서 매주5%씩 성장하고 있다.

핀테크 활용 측면에서도 적극적이다. 개발자가 직접 사용해볼 수 있는 API를 공개해 다양한 금융서비스를 제공할 수 있도록 노력하고, 아이디어 토론 행사인 해커톤(Hackathon) 행사를 지속적으로 개최해 API스펙을 개선하고 있다.

애플의 음성 인식서비스인 '시리(SIRI)'를 활용한 보이스뱅킹 이체 서비스도 제공 중이다.

4. 영국 스탈링 은행(Starling Bank)

스탈링 은행의 핵심 비즈니스 모델은 직불카드 서비스이다. 실시간 지출 내용 알림 및 습관 분석 등 고객 데이터를 기반으로 인공지능을 활용해 적절한 소비 분석 및 조언을 해주는 구조이다. 고객의 경제 활동은 지원하는 것이 주요 목표이고, 스피커 형태의 인공지능 개인 비서 기기 'Google Home'과 연계해 음성으로 계좌 정보를 입력하고, 송금이 가능하다. 홈페이지 방문 시 챗봇이 자동으로 채팅을 시작해 고객 민원에 적극적으로 대응하고 있다.

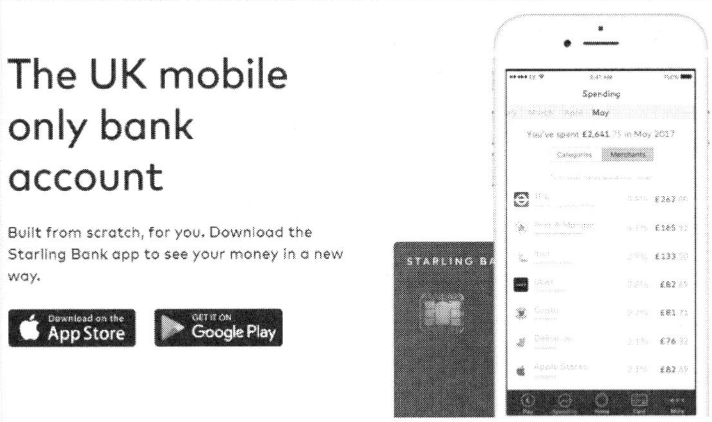

[그림 6-9] 스탈링 뱅크

출처 : https://www.starlingbank.com/

06 인터넷전문은행의 미래에 대하여 분석하라.

K뱅크와 카카오뱅크의 작은 바람이 허리케인으로 커지면서 금융권을 강타했다. 이런 추세라면 비대면 영업에서 금융권 전반을 압도할 것으로 보인다. 국내 인터넷전문은행의 돌풍의 요인은 '불편함'의 극복이다. 기존의 금융 서비스가 이용 때 번거롭고 많이 불편하다는 기본 중 기본 인식에서 풀어나갔다. 다만 반짝하는 성공에서 그치지 않으려면 해외 사례에서 배울 점도 있다.

일본 인터넷전문은행의 성공 비결은 모기업을 적극적으로 활용했다는 점이다. 모기업 고객을 은행고객으로 흡수해 우대금리를 제공하고, 포인트 통합을 하는 등 모기업 관련 비즈니스 모델을 구축했다.

국내 인터넷전문은행도 다양한 주주의 특성을 반영한 서비스를 개발해 제공함으로, 주주의 고객을 흡수하고, 중금리 대출 등에 의한 수익 외 수수료 수익, 채권 투자 등 차별화된 수익원 창출을 모색할 필요가 있다. 또한, 핀테크 업체와의 파트너십을 통해 비트코인 거래, P2P대출, 지출 습관 분석 등 다양하고 독특한 상품 개발에도 적극적으로 나서야 한다.

인터넷전문은행이 은행 이익에 집중한 금융서비스가 아닌, 은행과 고객 모두 원원할 수 있는 서비스를 제공하는 큰 축으로 자리 잡길 기대한다.

학습활동.6 교수 · 학습 방법

교수 방법

- 인터넷전문은행의 도입에 대한 관련 용어, 구성, 방식 이해 정도를 파악한 후 수업을 진행한다.
- 교수자의 주도로 인터넷전문은행의 도입 등의 내용을 PPT 자료로 제시한 후 설명한다.
- 가능하면 사전에 개인별 학습 자료를 준비하여 모든 학생이 참여할 수 있는 문제 해결식 수업, 협력 수업이 가능하도록 한다.
- 인터넷전문은행의 도입 전 과정을 작업의 순서에 따라 단계적으로 실습이 이루어질 수 있도록 지도한다.
- 교재를 통해 수업을 준비하는데 있어서 필요한 모든 정보나 팁, 힌트 등 도움이 될 만한 내용들을 확인할 수 있다.
- 학생들이 만들게 될 각 모델들은 수업시간에 중점적으로 다뤄질 부분과 어휘, 질문, 답을 포함하고 있으며 또한 탐구할만한 추가적인 아이디어들도 포함하고 있다.

학습 방법

- 인터넷전문은행의 도입에 대한 관련 용어를 숙지하고, 인터넷전문은행의 도입의 기초단계에 대해 이해한다.
- 인터넷전문은행의 도입의 각 단계별 중점 사항을 체계적으로 학습한다.
- 인터넷전문은행의 도입의 수행순서의 전 과정을 실습한다.
- 인터넷전문은행의 도입의 내용을 이해한다.
- 인터넷전문은행의 도입을 이해하고 숙달이 될 때까지 학습한다.

학습활동.6 평가 및 피드백

평가 준거

- 평가자는 피평가자가 수행 준거 및 평가 내용에 제시되어 있는 내용을 성공적으로 수행할 수 있는 지를 평가해야 한다.

학습내용	평가항목	성취수준		
		상	중	하
인터넷전문은행의 도입	인터넷전문은행의 도입을 이해할 수 있다.			

평가 방법

• 작업 포트폴리오

학습내용	평가항목	성취수준		
		상	중	하
인터넷전문은행의 도입	인터넷전문은행의 도입을 이해할 수 있다.			

• 필기시험

학습내용	평가항목	성취수준		
		상	중	하
인터넷전문은행의 도입	인터넷전문은행의 도입을 이해할 수 있다.			

• 체크리스트를 통한 관찰

학습내용	평가항목	성취수준		
		상	중	하
인터넷전문은행의 도입	인터넷전문은행의 도입을 이해할 수 있다.			

피드백

1. 작업 포트폴리오
   - 제출한 보고서를 평가한 후 주요 사항에 대하여 표시하여 돌려준다.
2. 필기 시험
   - 평가 결과 성적이 저조한 학생은 보고서 제출 기회를 부여한다.
3. 체크리스트를 통한 관찰
   - 실습 과정에서 평가한 후 개선해야 할 사항 등을 정리하여 돌려둔다.

참고자료

1. 다음백과, “인터넷전문은행”
2. 에듀웰 시사상식, “인터넷전문은행” 2017년 9월호
3. LG CNS; 2017년 IT와 금융의 융합 (7) 인터넷전문은행 2017.9.27.
4. 위키백과, “인터넷전문은행”
5. http://cfile237.uf.daum.net/original/245F1B4F561F0E2A154BB7
6. 정희수, 일본 인터넷전문은행의 현황과 시사점 2015.9.15. 하나금융정보

학습 목표

7. 가상화폐의 구성 및 특징을 이해할 수 있다.

7-1 가상화폐의 개요

온라인상에서 사용되는 모든 화폐를 통칭하는 말로써 컴퓨터 등에 정보 형태로 남아 실물 없이 사이버 상으로만 거래되는 전자화폐의 일종이다. 예를 들어 온라인 게임 내의 골드 같은 것들을 모두 포함한다.

가상화폐는 화폐 발행에 따른 생산비용이 전혀 들지 않고 이체비용 등 거래비용을 대폭 절감할 수 있다. 또 컴퓨터 하드디스크 등에 저장되기 때문에 보관비용이 들지 않고, 도난 · 분실의 우려가 없기 때문에 가치저장수단으로서의 기능도 뛰어나다는 장점을 가지고 있다.

그러나 거래의 비밀성이 보장되기 때문에 마약 거래나 도박, 비자금 조성을 위한 돈세탁에 악용될 수 있고, 과세에 어려움이 생겨 탈세수단이 될 수도 있어 문제가 된다.

[그림 7-1] 가상화폐 비트코인과 이더리움

7-2 가상화폐의 종류

전자화폐는 집적회로(IC)칩이 내장된 플라스틱카드형과 컴퓨터 등에 정보 형태로 남아있는 네트워크형으로 분류하는데, 가상화폐는 네트워크형 전자화폐를 가리킨다.

가상화폐는 각국 정부나 중앙은행이 발행하는 일반 화폐와 달리 처음 고안한 사람이 정한 규칙에 따라 가치가 매겨지고, 실제 화폐와 교환될 수 있다는 것을 전제로 유통된다.

암호화폐(Cryptocurrency)는 보안을 위해 해시 함수를 사용하여 새로운 코인을 생성하고 거래 내역을 검증하는 가상화폐의 종류이다. 2009년에 개발된 비트코인을 선두로 비트코인의 단순한 포크인 라이트코인, 리플 등을 비롯하여 이더리움(Etherreum)과 같은 전혀 다른 소스코드를 가진 다양한 암호화폐가 존재한다.

암호화폐 종류는 무려 1천 종 가까이 되기 때문에 여기에 다 기재할 수는 없고 대표적인 것은 다음과 같다.

- 비트코인(BTC) 비코
- 라이트코인(LTC) 라코
- 이더리움(ETH) 이더
- 이더리움 클래식(ETC) 이클
- 에오스(EOS) 에오스
- 리플(XRP) 리또속
- 대시(DASH) 대시
- 넴(XEM) 넴

수행 내용

재료 · 자료

- 가상화폐 관련 자료

기기(장비 · 공구)

- 컴퓨터, 프린터 및 주변기기

안전 · 유의사항

- 컴퓨터 및 주변기기에 대한 전원을 관리한다.

수행 순서

01 가상화폐의 특징 및 개념에 대하여 분석하라.

암호화폐는 엄밀히 말하면 가상화폐와는 다른 개념이다. 암호화폐는 가상화폐의 일종이라고 볼 수 있다. 가상화폐라는 개념에는 다양한 종류의 화폐란 개념을 구현만 한 것들을 포함한다. 게임상 사이버머니나 사이버뱅크 거래 역시 가상화폐로 취급된다. 그 중 실제로 화폐화될 수 있는 개념을 전자화폐로 통칭하며 여기엔 페이팔 같은 결제시스템 역시 포함되는 말이다. 그리고 그 중 암호화되어 화폐의 생산주체라는 개념 자체가 없어진 것들을 암호화폐라고 부른다. 다만 암호화폐라는 개념이 대중에 생소하기 때문에 그냥 암호화폐를 가상화폐라고 부르는 경우가 꽤 많은 실정이다.

예를 들어 대한민국의 가상화폐 거래소들도 스스로를 가상화폐 거래소라고 표현하는 경우가 많다. 한편, 가상화폐 투자자들 사이에서는 비공식적으로 그냥 코인으로 부르는 경우가 많다.

가장 큰 차이는 종속성이다. 대부분의 가상화폐는 모종의 중앙 화폐 시스템을 갖추어 합리적인 경제체제를 기획해야 하고, 그러자면 화폐에 대한 모든 권리를 중앙으로부터 컨트롤해야만 했다. 즉, 중앙이 비합리적으로 운영한다거나 정부의 규제를 받는다거나 갑자기 모든 돈을 들고 잠적한다거나 하면 법적 조치를 취할지언정 자신의 재산이 물거품이 되는 광경을 지켜봐야만 한다.

하지만 가상화폐는 그런 종속성이 애초 성립되기 어려운 구조를 만들어 가상화폐의 경제체제의 낮은 신용성 때문에 초래할 수 있는 문제들을 차단할 수 있다.

집단지성, 탈 중앙화된 자율조직, 암호화 등 혁신적인 기술과 이데올로기로 현재 여러 국면에서 주목받고 있는 기술이다. 일단 이때까지의 가상화폐나 대안화폐보다 훨씬 우월한 지위를 가지게 되었고 그 때문에 화폐의 기능을 충족시키고 있으나, 역시 화폐만한 안정성과 통제수준을 가지기 어려워 현재까지 사회 널리 인정받지는 못하고 있다.

특히 검은 돈으로 쓰이는 일이 많아지면서 우려를 초래하기도 하는, 여러모로 뜨거운 감자같은 면모 역시 가지고 있다. 아직까지 법적으로는 화폐의 지위를 확보하지 못했고 확보하기도 쉽지는 않아 보이는 상황이다.

신문이나 방송 등 언론에서 암호화폐를 가상화폐라고 잘못 부르는 경우가 많다.

금본위제도하에서 금과 교환이 가능한 화폐가 아닌 이상에야, 정부에서 발행한 지폐도 종이 조각에 불과하지, 실물에 기반한 어떤 실질적 가치를 지니는 게 아니다. 실질적으로 존재하지 않는 가치를 교환한다는 점에서, 지폐도 본질적으로는 가상 화폐이다. 또한 암호화폐를 가상화폐라고 부르면 게임 머니 등 가상세계에서 쓸 수 있는 돈이나, 온라인에서의 전자결제에 사용할 수 있는 지불 수단과 헷갈릴 우려가 있다.

02 가상화폐의 역사에 대하여 분석하라.

가상화폐라는 개념 자체는 1983년으로 거슬러 올라간다. UC 버클리 암호학자 데이비드 차움(David Chaum)은 RSA 암호를 활용해 화폐를 암호화하는 공식을 개발했다. 이 개념을 실제로 활용하기 위해 친구와 함께 DigiCash라는 기업을 설립했지만 경영 능력 부족으로 1999년 사업이 종료되었다.

1998년 Wei Dai 라는 사람은 익명이며 분산화된 전자 화폐인 b-money에 대한 논문을 발표했다. 이 논문이 발표되고 얼마 지나지 않아 Nick Szabo 라는 컴퓨터 공학자는 비트코인의 블록 암호화 및 검증 구조의 근간이 되는 Bit Gold를 만들었다.

첫 번째 가상화폐는 2009년 사토시 나카모토(Satoshi Nakamoto)라는 가명을 사용하는 개인 혹은 집단에 의해 개발된 비트코인이다. 비트코인은 PoW 시스템을 정착시켜서 채굴 방식을 SHA-256 해시 함수를 거래의 검증 수단으로 사용하였다. 비트코인은 오픈소스로 모든 프로그램 코드가 공개되어 있기 때문에 단순히 이름만 바꾼 아류 화폐부터 비트코인이 가지고 있는 근본적인 문제점을 해결한 화폐까지 수많은 가상화폐를 만들어내는데 기여하였다.

2010년대부터 본격적으로 많은 비트코인에서 파생된 부류들의 가상화폐들이 등장했다. 그 중 수 십개 정도만 실제로 투자/통화 가치를 가지는 중에서 그 후 비트코인 시스템을 차용하지 않은 새로운 방식의 암호화폐들이 개발되다 2015년엔 이더리움이라는 화폐가 개발되어 현재 무서운 속도로 비트코인을 따라잡고 있는 중이다.

03 가상화폐의 조폐와 송금에 대하여 분석하라.

가상화폐는 해시 함수를 계산하여 블록체인에 새로운 블록을 추가하는 방식으로 조폐와 송금을 한다. 이 때 거래 내역을 전자서명하여 블록체인에 추가한다.

조폐와 송금 방법에는 POW(proof-of-work, 작업 증명), POS(proof-of-stake, 지분 증명), POI(proof-of-importance, 중요도 증명) 등이 있다.

- POW는 비트코인 등 대다수의 가상화폐가 채택하고 있으며 작업 증명에 필요한 암호화 해시 함수를 계산함으로써 그에 대한 대가로 가상화폐를 받는다.
- POS는 가상화폐를 만들 때나 거래의 수수료를 받을 때 각자 가진 가상화폐 비율에 따라 지급받는다.
- POI는 각자의 거래 실적에 따라 중요도를 계산하여 중요도가 높은 사람에게 더 많은 마이닝 수입과 수수료 수입을 지급한다.

BlackCoin같은 경우 초기엔 POW를 쓰다가 일정 채굴량이 넘어가면 POS로 전환되고, POI는 NEM같은 가상화폐에서 사용된다.

송금자, 수신자, 송금 금액 등의 정보를 숨길 수 있는 zero-knowledge proof(영 지식 증명)의 경우 Zcash에서 쓰인다. 영 지식 증명의 경우 개인 키 등의 정보를 직접적으로 제시하여 송금자를 확인하는 대신에 여러 번의 질의응답을 통하여 일정 횟수 이상 계속

맞는 답을 한다면 송금자로 인정해주는 것이다.

파일코인(Filecoin)은 자신의 컴퓨터 저장 공간을 제공하면 그에 비례해서 파일코인을 준다. 링크 ICO(initial coin offering) 1개월 만에 역대 최대 액수인 2억 5,700만 달러(약 2,893억원)를 모집하는 기록을 세웠다.

버스트코인(Burstcoin)은 POC(proof-of-capacity, 용량 증명)라는 기술을 사용하는데 그래픽 카드나 CPU의 연산력 대신 HDD의 남는 공간을 제공함으로써 버스트코인을 받을 수 있다.

04 가상화폐의 안전한 보관방법에 대하여 분석하라.

가상화폐의 보관방법은 거래소에서 구입한 비트코인을 일렉트럼(Electrum) 등으로 생성한 자신의 컴퓨터의 지갑으로 전송한 후, 송금에 필요한 개인 키(private key)를 TrueCrypt로 암호화한 공간에 저장하면 안전하다.

암호화된 볼륨을 여러 개 복사하여 USB 메모리, SD 카드, 이메일, 클라우드 등에 저장하면 USB 메모리 분실이나 고장에 대비할 수 있다. 암호화 볼륨의 암호를 영어 소문자, 대문자, 숫자, 특수문자를 모두 넣어서 12자리 이상으로 만들면 USB 메모리를 분실해도 꽤 안전하다. 이러한 오프라인(offline) 가상화폐 저장소를 콜드 스토리지(cold storage)라고 부른다.

가상화폐 거래소는 돈을 목적으로 하는 해커들이 가장 선호하는 목표물 중 하나라 해킹을 자주 당하며, 마운트 곡스(Mt. Gox) 파산 사태처럼 거래소 파산이나 당국의 가상화폐에 대한 출금 규제 등으로 언제든지 계좌에 있는 비트코인이 내 비트코인이 아니게 될 수 있다.

하지만 일렉트럼 등으로 자신의 컴퓨터에 생성한 지갑으로 비트코인을 옮겨놓으면 외부요인과 상관없이 안전하게 보관할 수 있다. 자신의 컴퓨터도 거래소보다는 안전하지만 해킹 등의 위험이 있으므로 거액의 가상화폐는 오프라인 보관소인 콜드 스토리지에 보관하는 것이 더 안전하다.

전쟁이 났을 때 해외로 대량으로 가지고 나갈 수 없는 달러나 금과는 달리 비트코인은 구글 등 해외 서버의 이메일이나 클라우드에 키 파일을 TrueCrypt 등으로 암호화해놓고 올려놓은 후 몸만 나가면 돼서 해외로 거액의 자금을 안전하게 가지고 나갈 수 있다.

05 가상화폐의 투자에 대하여 분석하라.

가상화폐의 투자는 현재 암호화폐가 실생활에 쓰이는 화폐로 사용되는 경우는 매우 극소수로 대부분의 경우에는 주식과 비슷하게 투기의 목적으로 거래되고 있다.

투자라고 우기는 사람도 많지만 돈으로 돈을 사서 거래하는 시점에서 변동성이 너무 커서 현재는 투기 취급. 비트코인이 화폐를 목적으로 만들어졌지만, 현재 만들어지고 있는 많은 코인들은 화폐의 다른 기능을 수행하는 경우가 많다.

많은 나라에서 가상화폐에 대한 기준을 정립하는 중이며, 특히 그 중에 선두인 비트코인조차도 화폐로 인정한다는 반응을 보이는 국가는 소수에 불과하다. 특히 중국과 러시아에서는 정부 차원에서 비트코인을 불법으로 규정하여 한때 비트코인-달러 환율이 폭락한 일도 있다. 하지만 영국에선 2014년 중앙은행에서 공식적으로 가상화폐를 연구한다고 선언하는 등 영향력은 증가하는 중이다.

2017년에 접어들면서 가상화폐 시장의 규모가 급격히 발전하면서 여러 국가에서 관심을 가지는 경우가 늘고 있다. 가상화폐의 대규모 채굴 풀이 있는 중국에서도 차세대 가상화폐에 주목하면서 가상화폐에 대한 중단 조치를 해제했고, 일본에서는 주요 은행의 비트코인 채택으로 인해 일상생활에서도 비트코인으로 결제가 가능한 결제 시스템까지 출현하면서 주목하고 있다.

미국에서는 여전히 투자/투기의 성격과 미래 플랫폼으로서의 가능성으로 보는 시선이 존재하나, 유럽 시장에서는 이더리움에 주목하면서(정확히는 엔터프라이즈 이더리움 얼라이언스(EEA)에 주목) 긍정적으로 평가하고 있는 것으로 보인다.[3] 러시아에서도 이더리움의 개발자인 비탈릭 부테린과 푸틴의 만남이 성사됨으로써 국가 차원에서 관심이 있음을 드러냈다.

한국에서는 전세계 비트코인 거래소 거래량으로 2위, 4위를 차지할 정도로 큰 규모로 거래가 일어나고 있음에도 여전히 투자/투기의 성격으로 보는 시선 또한 존재한다. 다만 2017년 6월 기준으로 공중파 뉴스에 가상화폐가 언급이 되고, 네이버 실시간 순위(10위권 이내)에도 나타나면서 점차 가상화폐를 또 다른 투자 수단이나 미래에 유망할 기술로 인식할 것으로 보인다.

06 가상화폐의 거래소에 대하여 분석하라.

가상화폐의 거래소는 화폐의 종류 및 지역에 따라서 다음과 같다.

- okcoin : 세계 최고 거래량을 자랑하는 비트코인 거래소였으나, 중국 정부의 규제로 인해 현재는 거래량이 많이 떨어진 상태다.
- BTCChina : 중국에 자리한 세계 3대 비트코인 거래소로써 명실상부 세계 최대 규모이다.
- BTCC : BTCChina의 외국인 전용 거래소로써 미국 달러로도 거래한다.
- bitfinex : 홍콩 거래소 중 하나, 최근 해킹사건으로 큰 혼란이 있었다.
- Bitstamp : 슬로베니아에 기반한 세계 3대 비트코인 거래소 중 하나인데 다른 두 곳에 비하면 좀 밀리는 편이다.
- poloniex : 현 시점에서 가장 투자자들에게 지지받는 거래소 중 하나로 꼽히고 있다. 뭐든 외국이 좋다 가장 큰 알트코인 거래소이다. 기준 통화인 비트코인으로 알트코인들이 거래된다. 외국 거래소지만 매우 다양한 알트코인을 취급하는데다가 거래량도 활발하다.
- Coinhills : 전세계 7위의 코인 거래소이다.
- 코인피아(COINPIA) : 원화로 거래 가능한 한국 비트코인 및 라이트코인 거래소이다. 국내 최초로 조건부 주문을 출시하였으며, 비트코인, 라이트코인을 취급하는 거래소이다. 2014년 5월 22일 피자데이에 런칭 했다.
- 코인플러그(Coinplug) : 원화로 거래 가능한 한국 비트코인 거래소이다. KB국민카드의 포인트인 포인트리를 1포인트리=1원 시세를 적용해 비트코인으로 환전이 가능하다. 다만 코인플러그가 타 국내 거래소에 비해 시세가 비싸 큰 메리트로 작용되지는 않는 듯하다. 언젠가부터 포인트리에 이어 신한카드의 포인트인 마이 신한포인트가 여기에 대응되게 되었다.
- Coinbase : 미국의 비트코인거래소 타 비트코인계좌로 송금할 때 수수료가 붙지 않는다. 그러나 대한민국에서는 비트코인 매도/매수가 불가능하며 사이트도 한국어가 나오지 않는다.단, 모바일 앱에서는 나온다. 사이트가 한국어로 번역되어 있지는 않으나 비트코인 단가는 원으로 표시된다.

대한민국 3대 가상화폐 거래소는 빗썸, 코인원, 코빗이다.

- 빗썸(bithumb)(舊. 엑스코인(Xcoin) : 국내 최대 비트코인 거래소이다.
- 코인원(Coinone) : 원화로 거래 가능한 한국 비트코인 거래소이다.
- 코빗(Korbit) : 원화로 거래 가능한 한국 최초의 비트코인 거래소이다.

07 가상화폐의 커뮤니티에 대하여 분석하라.

가상화폐의 커뮤니티들은 매일 다양한 형태로 생성되고 있다.

- 스팀(Steem) : 비트코인과 기타 코인들에 대한 상당히 괜찮은 정보들도 자주 올라온다. 한글로 포스팅을 올릴 수도 있다.
- 비트코인 갤러리 : 디시인사이드 비트코인 갤러리이다. 2017년 4월 빗썸에서 빗썸카페 게시판을 갑자기 폐쇄한 이후로 하루에 글 수 십개가 올라왔었다. 2017년 5월 현재, 빗썸카페에서 넘어온 유저들만이 활동하는 것이 아니고 비트코인 등의 가상화폐 투자를 처음 시작하는 사람들이 상당히 유입되이 활발한 갤러리가 되있다.
- 코인톡 : 비트코인 커뮤니티이다.
- Bitcoin Forum : 나카모토 사토시가 만든 비트코인 포럼이다. 세계적이며 한국어 게시판도 존재한다.
- 땡글 : 국내 가장 활발한 가상화폐 관련 커뮤니티이다.
- 레딧(Reddit) : 이더리움, 이더리움 클래식의 이더리움 관련 커뮤니티들이다.
- Coinmarketcap : 대부분의 코인들의 가격, 시가총액, 상장거래소, 거래량 등의 정보를 볼 수 있다.
- Cryptowatch : 여러 가지 코인들의 가격 변동과 그래프를 한번에 모아서 편하게 볼 수 있다.
- 코인에스(Coinass) : 비트코인 자동투자봇 제공, 비트코인 시세 예측제공, 국내 비트코인거래소 거래량 및 점유율 정보 제공 사이트이다.
- 비트허브 : No.1 비트코인, 디지털 경제 미디어이다.
- 비트노리(bitnori) : 비트코인에 대해 짤막하게 설명을 들을 수 있는 사이트이다. 설명을 다 들으면 소량의 비트코인을 지급해준다. 코인원이라는 거래소에서 만든 계정으로만 받을 수 있다.

• scolkg.com : 주요 거래소 별 실시간 한국프리미엄(김치프리미엄) 정보와 비프 차액 확인으로 재정거래(차익거래)에 도움이 된다.

08 가상화폐 '비트코인'이란 무엇인가?

비트코인은 가상 통화의 한 종류이다. 비트코인은 2009년 1월 정체불명의 '나카모토 사토시'라는 한명 혹은 다수의 인물들에 의해서 개발되었다.

각국의 규제와 법률 속에 베일에 가려져 있던 '나카모토 사토시'는 2006년 네티즌에 의해 호주의 암호학자인 '크레이그 라이트'라는 주장이 제기되었고, 같은 해 5월 2일에 '크레이그 라이트' 본인도 본인이 '나카모토 사토시'임을 인정하였다.

비트코인은 P2P 시스템으로 자동 연산문제를 출제하고, 이 문제를 푸는 사람에게 보상으로 비트코인을 지급하는 방식으로 발행을 하고 있다.

이러한 행위를 채굴 (Mining)으로 표현하며 비트코인을 채굴하는 사람을 마이너(Miner)라고 부른다. 달러나 엔화 기타 전세계 어떤 통화로도 거래할 수 있다. 비트코인은 보통 환율에서 'BTC'로 표시된다. 비트코인과 같은 디지털 화폐와 엔이나 달러와 같은 실제 화폐간 차이를 말한다면 비트코인은 물리적인 실체가 없다는 데 있다

비트코인은 처음 만들어질 때부터 총 발행량을 2,100만 BTC로 정해 놓았다. 이 때문에 채굴을 하면 하면 할수록 수학문제와 암호 난이도의 상승으로 점점 발행량이 줄도록 설계되어있다. 이에 발행량을 살펴보면 처음 비트코인이 만들어진 2009년부터 2012년까지는 한 문제를 풀면 50 BTC를 주었고, 2012년부터 2016년까지는 25 BTC, 현재는 12.5 BTC를 지급하고 있다. 이런 반감기를 거쳐 비트코인은 2040년에 2,100만 BTC이 모두 채굴되는 계획을 가지고 있다고 한다.

비트코인은 2017년 9월 11일 기준 시가총액 686억 달러(약 80조원)를 기록하고 있으며 코인당 4145.62달러(약470만원) 선에서 거래되고 있다. 또한 2017년 9월 11일 기준 1,600만개가 유통되고 있다.

'비트코인'과 '전자화폐'는 유사한 개념이지만 실제 중요한 차이점이 있다. 아래 이 둘간 중요한 차이점이 소개되어 있다.

전자화폐는 지폐나 동전 없이 특정 화폐로 결제를 하는 방법이다. 결제 방법에는 종종

편의점에서 사용하거나 기차나 전철요금을 결제할 때 사용되는 온라인 결제나 비접촉형 결제가 포함되어 있다.

많은 사람들이 이미 일상생활에서 이러한 전자화폐를 이용하고 있다. 전자화폐는 편리하고 빠르다. 물리적으로 지갑에서 동전이나 지폐를 꺼낼 필요가 없기 때문이다.

비트코인 역시 지폐나 동전이 없고, 속도와 편의성 등 전자화폐가 가진 위의 모든 혜택을 제공한다. 이러한 맥락에서 비트코인을 전자화폐로 생각하는 것은 당연하다.

그러나, 비트코인은 그 이상이다. 전자화폐는 통상 특정 지역 내에서 결제 수단으로 이용된다.

예를 들어 일본에서 전자화폐는 엔화 지폐나 동전을 대신해 사용된다. 그러나 사용자는 반드시 본인 은행 계좌에 엔화를 넣어 두거나 ATM 기기 등에서 돈을 입금해야 한다.

이것은 물리적 화폐를 사용하든 사용하지 않든 엔화로 결제하는 것과 사실상 동일하다.

그러나 비트코인의 경우 계좌에 돈을 미리 넣어두거나 ATM 기기 등에서 돈을 입금할 필요가 없다.

비트코인을 사용하기 위해서 먼저 엔화 등 기존 화폐를 비트코인으로 교환해야 한다. 일단 비트코인으로 환전을 했다면 비트코인으로 상품을 구매할 수 있다.

일단 환전을 끝냈다면 비트코인과 전자화폐 거래는 비슷하다. 그냥 비트코인을 받는 매장이나 웹사이트에서 결제하면 된다. 비트코인은 상인에게 전송되고, 이와 동시에 동일한 금액의 비트코인이 사용자의 디지털 지갑에서 빠져나간다.

마지막으로 비트코인은 달러와 엔화와 같은 통화이다. 전자화폐는 지폐나 동전을 사용하지 않는 결제 수단으로 개발된 시스템이다. 따라서 디지털 통화는 전자 화폐와 같지 않다.

09 가상화폐 비트코인은 어떻게 사용할까?

비트코인의 사용을 위해서는 지갑이 필요하다 이를 이용해 서명 등의 일련의 과정을 통해 거래하게 된다.

비트코인은 지갑을 만들 때 주민번호나 실명과 같은 개인 식별 정보가 필요 없으며 이 때문에 어느 국가의 관리도 받지 않게 된다.

비트코인의 무서운 점은 화폐를 데이터 구조로 전환했기 때문에, 어떤 형태로든 전송이 가능하다. 웹, 와이파이, 블루투스는 물론 라디오, 위성중계, 이모티콘, SMS 등 해당 거래를 전파하게 될 노드에 도달할 수만 있다면 어떤 네트워크를 사용해도 무방하다.

이를 이용한 익명성의 특성과 전송의 편리함을 악용해 범죄자들은 비트코인을 이용하여 쉽고 빠른 범죄활동이 가능할 것이다.

한 예로 이미 해킹, 마약, IS 자금, 북한, 비자금, 돈세탁 등 지하경제에서는 암묵적인 공식화폐로 사용되고 있어 큰 이슈를 불러온 적이 있다.

최근, 해커들이 이런 비트코인을 노리고 랜섬웨어 바이러스를 퍼트려 비트코인을 요구했던 적도 있었다.

비트코인은 이미 투자자산인 금의 가격을 뛰어넘어선지 오래고, 일본에서는 여러 뉴스들이 이어지고 있는 상황이다.

다만 엄청난 성장가능성을 지닌 중국의 가상화폐 규제 뉴스와 선례가 없어 미래를 예측할 수 없는 점, 잠시 주춤하고 꾸준한 장을 이어가고 있는 점, 또한 중국의 금융 연구소들은 이러한 중국의 가상화폐 시장 규제는 일시적일 것이라는 뉴스도 나오고 있다.

10 비트코인은 누가 관리하는가?

비트코인을 관리하는 정부 기관이나 기업이 없다. 그렇다면 누가 관리하는가?

상식적으로 볼 때 신뢰할 수 있는 중앙 기관의 관리를 받지 않는 화폐는 위험하다. 만약 누군가 대량의 화폐를 발행하고 그로 인해 수익이나 혜택을 얻으려고 한다면 이 화폐에 대한 모든 신뢰가 사라질 것이다. 누구도 이처럼 불안정한 화폐를 사용할만한 가치를 못 느낄 것이고, 그 결과 이 화폐는 유통되지 않을 것이다.

그러나 비트코인은 중앙에서 관리하지 않고 분산된 컴퓨터 네트워크의 관리를 받는다.

모든 거래와 신규 화폐 발행과 같은 활동은 거대 컴퓨터 네트워크에 기록된다. 모든 비트코인 거래는 하나의 거대 원장에 기록되고 이 거래 원장은 전세계 컴퓨터에 전부 저장되어 있다.

이러한 시각적인 공공 기록은 화폐 사기, 중복 결제와 같은 문제로부터 안전하게 보호할 목적을 갖는다. 모든 거래는 이러한 공공 원장(개인 정보가 절대 저장되어 있지 않음)에 저장된다. 이 기록은 비트코인을 지속적으로 유통하고 무결성을 보증하기 위해 보관된다.

만약 한 정부 기관이나 기업이 이 원장을 관리한다면 비트코인은 기존의 정부 화폐와 다를 바 없을 것이다. 그러나 분산된 컴퓨터 그룹을 통해 비트코인 원장을 관리함으로써 비트코인은 중앙식 관리가 필요 없다.

단일의 거대 비트코인 원장을 비트코인 네트워크의 대규모 컴퓨터에 배포하는 것과 관련해 가장 큰 우려 사항은 일부 컴퓨터에서 기록의 불일치가 발생할 수 있다는 점이다.

그러나, 비트코인 프로토콜은 이 문제를 효과적으로 해결하고 있고, 이 때문에 비트코인이 이처럼 빨리 신뢰를 얻고 확산되고 있다.

11 비트코인 마이닝이란 무엇인가?

비트코인 장부의 정확성과 일관성을 유지하기 위해 트랜잭션을 일정 간격으로 장부에 기입한다. 이러한 일정 간격 프로세스는 비트코인 네트워크에 이미 존재하는 트랜잭션과 신규 트랜잭션을 구분하는데 필요하다.

신규 트랜잭션을 비트코인 장부에 기록하는 프로세스에는 기존 트랜잭션과 신규 트랜잭션 모두를 검증하는 과정도 포함된다. 이 프로세스 처리에는 엄청난 양의 계산 과정이 필요하다.

비트코인은 인터넷으로 자신의 컴퓨팅 리소스를 자발적으로 공유하는 제공자를 통해 컴퓨팅 파워를 얻고 있다. 이러한 방대한 양의 계산 과정을 거쳐 신규 데이터가 비트코인 장부에 추가된다.

자발적 제공자가 공유한 리소스로 비트 코인 장부에 신규 트랜잭션을 성공적으로 추가한 경우 해당 제공자는 컴퓨팅 리소스 공유의 대가로 소정의 비트코인을 받게 된다. 이러한 비트코인 지급 행위는 확인 과정 기여에 상응하는 보상은 물론 비트코인 네트워크의 전반적인 건전함 유지 기여에 관한 보상의 의미도 있다.

이러한 비트코인 보상 지급금은 비트코인 신규 발행의 형태로 이루어지고, 트랜잭션이 성공적으로 확인된 시점에 자발적 제공자에게 지급된다. 다시 말해 이러한 보상금 지급은 통화 발행 장치의 기능도 겸하는 것이다.

리소스 제공자들은 게임이나 인터넷 서핑 대신 비트코인 네트워크 유지에 자신의 리소스를 제공하는 쪽을 택했고, 이러한 신규 발행 통화 지급은 이들의 기여에 대한 보상인 셈이다.

이것이 마이닝 프로세스의 가장 중요한 부분이다.

전 세계에 걸쳐 비트코인 마이닝을 기반으로 사업을 영위하는 개인 및 회사들이 있다. 이러한 개인 및 기업 덕분에 현재의 비트코인의 무결성을 유지할 수 있다.

새로운 비트코인은 마이닝 프로세스를 통해서만 발행된다. 비트코인의 이러한 개념을 신뢰하는 사람들은 트랜잭션 검증 및 비트코인 장부 추가 프로세스에 노력을 쏟고 있다.

12 비트코인은 끊임없이 계속 발행되나?

간략히 말하자면 아니다. 비트코인 발행량은 정해져 있으며 비트코인 프로토콜이 발표되던 시점에 결정되었다. 혹시 일어날지 모를 혼란, 갑작스런 비트코인 통화량 증가로 인한 인플레이션을 방지하기 위해 이러한 조치를 취했다.

비트코인 총 발행 예정 금액은 2천 백만 BTC이며 2140년에 목표 발행 금액에 도달하게 된다. 발행 한계 금액에 도달하면 더 이상의 추가 발행은 없다.

13 가상화폐 '이더리움'이란 무엇인가?

이더리움은 비트코인과 마찬가지로 블록체인 개념의 가상화폐이다.

이더리움의 개발자는 '비탈릭 부테린'은 개발자금을 모으기 위해 클라우드 펀딩을 진행하여 약165억원이라는 자금을 모았고, 그 자금을 기반으로 이더리움을 개발하고 2015년 7월 30일 발표하였다.

전체 거래량의 24.66%를 차지하고 있는 만큼 한국형 가상화폐라는 별명과 함께 한국인이 사랑하는 코인으로 알려져 있다. 이더리움은 비트코인 다음으로 시가총액이 큰 가상화폐이다.

이더리움은 2017년 9월 12일 기준 시가총액 281억 달러(약 30조원)를 기록하고 있으며 코인당 297.90달러(약34만원) 선에서 거래되고 있다. 또한 2017년 9월 12일 기준 9,400만개가 유통되고 있다.

가상화폐로서 이더리움(Ethereum)의 화폐 단위는 이더(Ether)이지만, 그밖에도 사용자가 직접 정의한 계약(스마트 계약), 재산을 취급할 수 있는 유연성이 높은 가상화폐이다. 또한 계약은 튜링 완전한 언어로 기술할 수 있으며, 중앙 기관 없이 계약을 자동으로 집행할 수 있다. 그러나 계약의 집행은 복잡성에 따라 이더를 지불해야 한다. 이 이더는 작은 수입이 된다.

이더리움은 비트코인과 마찬가지로 채굴(프루프 오브 워크)에 따라 신규로 발행되었지만 미래에는 프루프 오브 스테이크 방식으로 이행하게 된다.

세계에는 700개 이상의 가상화폐가 존재한다. 지금도 매일 많은 알트코인이 탄생한다. 모나코인이라는 일본에서 탄생한 코인도 있다. 그러나 그 대부분은 상대적으로 시가총액이 적은 코인이며, 2017년 6월 현재, 시가총액이 100만엔 이상의 가상화폐는 340종 정도이다. 알트코인에 대한 투자는 수많은 코인 중에서 마음에 드는 알트코인을 찾아 투자하기라는 보물찾기와도 같은 즐거움이 있을지도 모른다.

14 가상화폐 '이더리움'은 어떻게 사용할까?

이더리움은 비트코인과 같이 채굴(Mining)을 통해 발행되고 있다. 다만 다른 점은 사용방법에 있다.

비트코인은 화폐로서의 역할을 가지며, 마치 블록체인 코인시장의 기축통화와 같이 거래되고 있다. 반면에 이더리움은 분산화 시켜 사용자들 간의 자유로운 블록체인관련 어플리케이션 개발을 할 수 있게 하고 이에 관해 간섭이나 통제를 하지 않는다.

어플리케이션이 실행되기 위한 일정한 조건을 걸고 그에 맞는 답이 나오면 이더리움을 소모하여 실행되도록 하는 것이다. 이 때문에 제 3자의 중재를 없앰으로써 비용과 수수료를 줄일 수 있다.

매우 어려운 말이라 이해가 잘 안되실 수 있다. 삼성과 IBM이 이에 대해 개념증명을 발표한 것이 상당히 이해하는데 도움이 되서 이를 보여드리겠다.

예를 들면 세탁기에 세제가 떨어지면 구매를 한다는 조건을 걸어놓으면, 세탁기는 세제가 떨어지는 즉시 이더리움을 통해 세제를 구매하게 된다.

그리고 전기료가 어느 가격 이하로 갈 때 세탁을 실행한다는 조건을 설정해놓으면, 설정해놓은 전기료가 되었을 때 이더리움을 사용하여 세탁을 한다. 이를 통해 세탁뿐만 아니라 각종 보험, 부동산, 주식 등을 계약하고 개발할 수 있을 것으로 전망하고 있다.

15 가상화폐 이더리움 기업 동맹(EEA)에 대하여 분석하라.

이더리움 기업 동맹(EEA)은 2017년 초 이더리움 기반 기업형 블록체인 기술을 개발, 협력, 제휴 하기 위하여 만들어진 동맹으로써, 흔히 알고 있는 마이크로소프트, 딜로이트, 제이피모건, 인텔, UBS 등등, 그리고 국내기업으로는 삼성 SDS가 최근 합류했다고 한다.

이들은 금융 업체뿐 만아니라 제약, 모바일, 서비스, 자동차, 경영컨설팅, 하드웨어 등과 같이 다양한 기업으로 이루어져 있으며, 이를 통해 미래 이더리움의 가능성이 무궁무진하다는 것을 알 수 있다.

16 가상화폐 DAO 해킹 사건에 대하여 분석하라.

2016년 5월말 이더리움 기반의 TheDAO라는 서비스가 런칭되면서 이더리움의 통화량의 10%에 해당하는 펀드가 모였다. 하지만 The DAO를 오픈하자마자 해킹 사건이 터졌고, 600억원 정도가 해커 수중으로 넘어갔다. 하지만 해커들은 바로 출금이 불가능했다. 이유는 시스템에 의해 48일 후에나 자금 출금이 가능했기 때문이다. '비탈릭 부테린'은 이 일을 알아챘지만, 출금기간까지 27일이 남은 상황에 직면하게 되었다.

일반 은행의 자금이었다면 계좌동결을 하고 거래를 무효한 후 범인을 추적했을 것이다. 하지만 '블록체인'이라는 가상화폐 세계에서는 그러기에 상황이 복잡해진다. 모든 거래를 되돌릴 수 없고 중앙체제가 아닌 블록체인을 선택하고 있기 때문에 중앙센터가 이를 통제한다면 가상화폐의 신뢰자체를 무너뜨리는 셈이 되기 때문이다.

이에 이더리움 재단은 거래소와 채굴소에 동의를 얻어 당시 DAO 토큰보유자들이 이더리움을 돌려받게 하는 하드포크를 2016년 7월 20일 10시 경 1,920,000번째 블록을 기준으로 진행하였다. 그리고 이 때 '블렉체인 세계에서 하드포크를 진행하는 것은 그 세계 자체를 부정하는 것이다'는 의견을 가진 사람들이 하드포크를 반대하여 생겨난 것이 이더리움 클래식(ETC)이다. 이를 간단하게 그림으로 설명하면 하드포크 후 생겨난 블록체인을 이더리움(ETH), 해킹이 일어난(도난된 이더리움이 포함된) 원래의 블록체인을 이더리움 클래식(ETC)이라고 부른다.

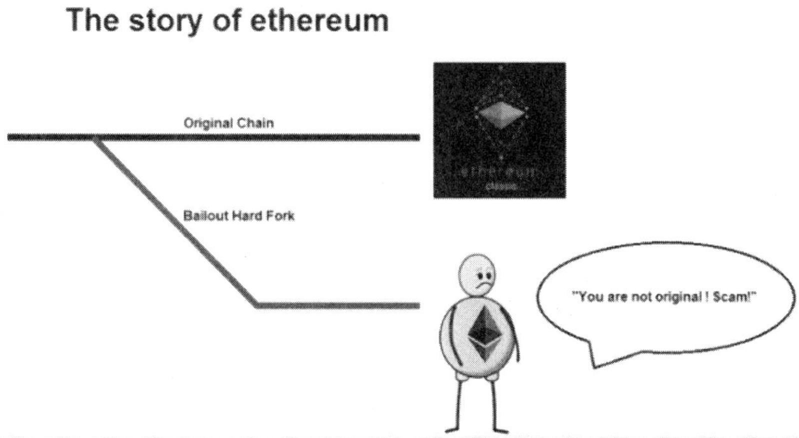

[그림 7-2] 이더리움의 이야기

이더리움클래식(ETC)에 대한 대처와 연속된 하드포크, 최근 전송 과부화 이슈로 성장성에 우려를 가지고 보는 시각이 많아졌다.

하지만 거대기업을 포함한 이더리움 기업 동맹(EEA)은 이더리움을 이용한 플랫폼 개발을 계속하고 있다

17 가상통화 '리플'이란 무엇인가?

리플은 가상 통화의 한 종류이다. XRP코인으로 유통되고 있으며 총 발행량은 1000억개로 다른 코인과 다르게 채굴이 불가능하며 발행량이 한정되어 있다.

XRP 코인은 수수료로 일정량의 코인이 소멸하기 때문에 점점 그 양이 줄어드는 코인이라고 할 수 있지만, 1000억개의 코인이 소멸되어 가치가 올라가기에는 무리가 있어 보인다.

리플은 2017년 9월 8일 기준 시가총액 85억 달러(약 9조5693억원)을 기록하고 있으며 코인당 0.222달러(약250원) 선에서 거래되고 있다.

또한 2017년 7월 30일 기준 383억개가 유통되고 있으며, 리플사에서는 약 67억개를 보유하고 있고, 암호화하여 보관하고 있는 XRP는 550억개 이다.

리플은 구글 벤처스로 투자를 받아 주목받는 코인이다.

2013년 5월 기준 구글 벤처스와 IDG Capital partners 2곳의 투자처에서 $3 Million을 투자하였다.

리플과 관련된 금융기관은 '뱅크오브아메리카, 스탠다드차티드, 호주웨스트팩, 미츠비시도쿄은행, 스웨덴SEB, 아부다비은행, 스페인BBVA, 스페인방코산탄데르 등' 총 75개의 다양한 은행, 금융회사들이 있다

18 왜 리플코인이 개발되었을까?

리플코인은 블록체인 기술을 은행에 적용해서 화폐 간에 중간자 서브 브릿지 역할을 해주는 목적으로 개발 되었다.

세계적인 네트워크 결제/송금 인프라 솔루션으로 전송즉시 거래가 체결되는 매우 빠른 처리시스템과 실시간 국제 결제 전송이 가능하다.

이 때문에 리플 코인은 주로 은행, 금융권에서 사용하길 원한다. 왜냐하면 이를 통해 기존 플랫폼보다 구축, 유지, 갱신비를 대폭 감소시킬수 있으며, 블록체인으로 개인정보 유출을 방지할 수 있기 때문이다.

만약 회사가 자체 수량을 한꺼번에 시장에 공급 할 경우 환율이 크게 변동하는 사태가 있을 수 있다.

2017년 5월 리플 사가 XRP 시장의 건전성을 유지한다는 이유로 회사의 소유 코인 중 550억에 대해 인정한 조건, 기간 등을 충족하기 전에는 유통되지 않도록 스마트 계약을 이용해 동결을 발표했다. 이러한 발표와 금융기관의 관련성 덕분에 리플 가격이 상승하게 되었다. 하지만 리플과 세계 금융 기관의 관련성 등이 어떤 성과를 내는지 그리고 다른 대체 코인의 등장등과 같은 위험, 그리고 리플 사가 소유하고 있는 XRP가 향후 어떻게 운영이 될 것인지도 중대한 사항이라고 할 수 있다.

또한 한국내 거래량이 60%를 차지하는 만큼 한국형 가상화페로도 불리고 있지만, 최근 인도거래소 운영으로 인해 이는 어떻게 변해 가는지 지켜볼 필요가 있다고 생각한다.

[그림 7-3] 리플코인

19 가상화페 '라이트코인'이란 무엇인가?

라이트코인은 가상 통화의 한 종류이다.

라이트코인은 비트코인의 파생화폐이며, 2011년 10월 7일 구글의 전 소프트웨어 엔지니어였던 찰리 리(Charile Lee)에 의해 개발된 화폐이다. 기술적인 부분은 비트코인의 파생화폐인 만큼 거의 동일한 구조로 되어있다.

일상생활에서 사용가능한 점, 채굴(Mining)을 하여 코인을 발행하는 점(난이도는 비트코인보다 쉽다고 한다).

라이트은 2017년 9월 15일 기준 시가총액 24억 달러를 기록하고 있으며 코인당 46.01달러(약 5만4천원) 선에서 거래되고 있다. 또한 2017년 9월 11일 기준 5천2백만 개가 유통되고 있다.

20 가상화폐 라이트코인과 비트코인과의 차이점은 무엇일까?

첫 번째, 개발자의 태도이다.

비트코인의 경우는 개발자가 '나카모토 사토시'라는 익명으로 자신을 숨기고 활동했던 반면 라이트코인의 '찰스 리'는 라이트코인의 공개부터 자신을 각종 미디어에 노출시켜 활발한 홍보활동을 하고 있다는 점에서 차이점을 찾을 수 있다. 또한 '찰스 리'는 구글에서 근무한 경험이 있는 믿을 만한 개발진으로 평가 받고 있다.

두 번째, 갱신속도의 차이이다.

비트코인은 10분마다 블록을 갱신하도록 세팅이 되어 있다. 반면 라이트코인은 2.5분마다 블록을 갱신하기 때문에 비트코인보다 약 4배나 빠른 거래를 할 수 있도록 개발되어진 화폐이다.

세 번째, 총 물량의 차이이다.

비트코인은 총 2,100만개의 코인을 발행할 예정이며, 라이트코인은 그 발행량의 딱 4배인 8,400만개의 코인을 발행할 예정이다.

네 번째, 채굴 난이도의 차이이다.

앞서 말씀드린 바와 같이 채굴의 난이도가 차이가 낭다. 비트코인은 ASIC라는 반도체를 통해 채굴을 할 수 있었다. 이 ASIC의 물량은 언제나 부족하고 이 때문에 일반인들은 채굴을 할 수 없는 한계가 존재했다. 하지만 라이트코인은 괜찮은 그래픽카드를 사용해도 채굴이 가능하다는 점 때문에 일반인도 쉽게 접근할 수 있다. 하지만 2014년 라이트코인 ASIC 마이너가 시장을 잠식하고 있어 이에 대한 장기적인 전망은 밝지 않다.

[그림 7-4] 라이트코인

라이트코인은 비트코인의 파생화폐로서 아류화폐라는 인식이 강하다. 하지만 다른 파생화폐들과 비교하자면 시장점유율, 화폐가치 등을 따졌을 때 비교도 안되는 차이를 보이며 가치의 상승을 이어가고 있다. 또한 기술력 부분에서 업그레이드 된 코인인 만큼 향후 다른 기술력이 좋은 코인들에 비해 경쟁력이 떨어질 것이라는 전망도 내놓고 있는 상태이다.

하지만 최근 라이트닝 네트워크, 세그윗까지 출시하는 등 다양한 형태로의 발전을 계속하고 있다.

21 가상화폐 '이더리움 클래식'이란 무엇인가?

이더리움 클래식(Ethereum Classic : ETC)은 암호화폐의 일종이다. Ethereum이 DAO 해킹 사태를 해결하기 위해 하드 포크를 하기 전의 블록체인을 기반으로 상장된 코인이다.

2016년 7월 24일 해외 대형 거래소인 폴로닉스(Poloniex)의 하드포크 전 체인인 이더리움 클래식이라는 이름으로 기습 상장하여 코인계에 한 번 더 패닉을 안겨주었다. 이더리움 클래식은 1,920,000번째 블록 이전의 모든 블록 및 거래 내역은 기존의 이더리움의 그것과 완전히 동일하며, ETC가 상장되어 있는 Poloniex 거래소의 경우 해당 블록 직전에 거래소 이더리움 주소에 이더리움을 보관하고 있었을 경우, 완전히 똑같은 양의 ETC가 거래소 주소에 담겨져 있다

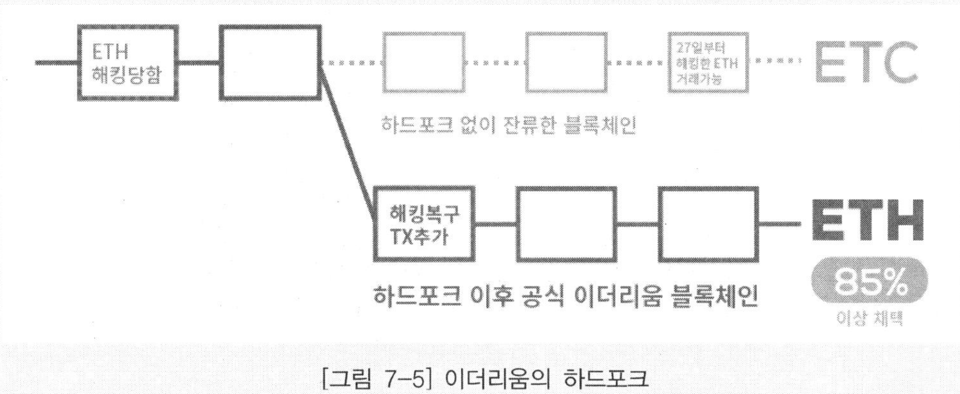

[그림 7-5] 이더리움의 하드포크

하드 포크가 성공하면서 상장되지 말하야 할 코인이 상장되면서 이더리움은 또 다시 폭락했으며 하드 포크는 성공했으나 해커저지에 대한 조치는 실패했다는 의견이 지배하며

코인계는 패닉에 빠졌다. 버려지고 없어져야 될 체인이 다시 활성화 돼서 코인계에 큰 혼란을 주게 된 것이다.

폴로닉스(Poloniex)에 상장된 뒤 ETC는 10달러에 시작해 폭락했으나 ETC 거래량은 ETH를 뛰어 넘게 되며 변동폭이 아주 큰 폭등과 폭락이 현재 진행형으로 이루어 지고 있다. 폴로닉스에서 하드 포크 반대세력을 지지한 것보다 해커와의 모종의 거래가 있지 않았나 하는 논란들이 나오고 있으며 크게 비판하는 의견들이 지배하고 있다. 결과적으로 폴로닉스는 엄청난 거래량으로 때돈을 벌게 된것은 사실이며 거래소들은 거래자들에게 ETC를 돌려주게 되었고 해당 ETC들은 거래 가능한 폴로닉스로 몰리게 되어버렸고 코인계 커뮤니티들은 ETC는 곧 몰락할 것이라 예측했지만 시간이 갈수록 계속하여 거래소들이 ETC 입출금을 지원하게 됨으로써 거래량이 더 늘어나게 되어 활성화 되버렸다.

국내 거래소들도 ETC 입출금이 가능하게 되었고 국내 거래소 중 하나인 코인원(Coinone)은 세계 5번째로 재빠르게 ETC를 상장하게 되었다.

하지만 2016년 8월 2일 이더리움 창시자인 비탈릭 부테린(Vitalik Buterin)이 본인 트위터로 100% 이더리움을 지지하고 있다고 올라왔다. 해당 트윗 그 뒤 차례차례 코인계의 유명 인사들이 이더리움을 100% 지지한다는 글이 계속 올라오고 있는 추세이다.

이더리움 클래식은 PoS로 전환하지 않으며 최대 발행량을 210M 개로 정해놓았다. 현재 90M개의 코인이 있으니 지금으로부터 약 2.3배정도 늘어나는 것이다. 물론 빠른 시일 내 늘어나지 않을 것이며 이더리움보다 발행량이 적은 것을 의미한다. 제한이 생기면 가격이 오를 여지는 있다.

이더리움 클래식은 2017년 9월 기준 세계 가상화폐 시가총액 10위를 기록하고 있다.

[그림 7-6] 이더리움 클래식

22 가상화폐 '넴'이란 무엇인가?

넴(nem)은 2015년 3월 31일에 런칭된 p2p 블록체인 암호화폐이다.

넴은 약 90억개를 고정 발행했으며 기존의 채굴을 통해 발행하는 POW, POS 등의 방식과는 완전히 다른 POI 알고리즘 방식을 사용하였고, 자바, 자바스크립트로 코드가 작성되어 만들어진 코인이다. 여기서 POI가 무엇인가 한번 짚어보고 넘어가야할 것 같다.

POI란 Proof of Importance 의 약자로 POW, POS 방식과는 달리 활발히 거래를 할수록 시스템에서 중요도를 높게 측정하여 더 많은 양을 수확해 주는 알고리즘이라고 할 수 있다.

즉, 단순히 많은 양의 화폐를 보유했다는 이유만으로 보유자에게 보상을 해주지 않고, 각 계정에서 얼마나 많은 거래를 처리했는지 거래량과 신용을 평가하고 그 기준으로 새로운 코인을 생성하는 것이 아닌, 거래 수수료를 분배하는 시스템이다.

넴은 2017년 9월 17일 기준 시가총액 18억 달러(약 2조원)를 기록하고 있으며 코인당 0.201716달러(약 228원) 선에서 거래되고 있다. 또한 2017년 9월 12일 기준 90억개가 유통되고 있다.

23 가상화폐 '넴'의 특징은 무엇인가?

첫 번째, 채굴자에게 보수가 치우치지 않는다.

일부 채굴자에게 보수가 치우치지 않게 설계된 최초의 암호화 통화이다. 때문에 비트코인은 채굴(Mining) 한다는 표현을 사용하지만 넴은 수확(Harvest) 한다는 표현을 사용한다.

두 번째, POI 알고리즘을 사용한다.

앞서 말씀드린바와 같이 보유하고 있는 자산에 한정되는 것이 아니라, 거래 금액, 거래량, 유동성 등등을 평가하여 넴 네트워크에 적극적으로 참여하는 사람에게 수수료를 분배하는 시스템이다. 때문에 모든 사람에게 평등한 이익을 얻을 수 있는 기회를 주고, 이를 부의 재분배라고 표현한다.

세 번째, 보안성이 높다.

기존 가상화폐들이 사용하는 POW, POS 방식은 채굴을 할 때 실시한 계산 작업의 '양'을 사용한다.

하지만 넴은 Eigentrust++ 을 사용하여 네트워크 안에서의 '질'을 사용하게 되어 효율적인 운영과 유지보수가 가능해진다.

또한, 사용자의 질을 평가하기 때문에 악의적인 사용자의 참여를 어렵게 하는 측면을 보유하고 있다.

일본에서는 우리나라에서 이더리움 만큼이나 인기가 많은 코인이라고 할 수 있다.

아직까지는 혁신적인 기술을 보여줬다고 보긴 힘들지만, 그만큼 미래 발전가능성을 충분히 잠재한 가상화폐라고 보는 관점이 많다.

[그림 7-7] 넴의 로그

24 가상화폐 '대쉬'란 무엇인가?

대쉬(DASH)는 2014년 2월 14일에 상장되었다.

대쉬는 비트코인과 같은 알트코인 (*암호화폐)으로 비트코인 이 후 알트코인들이 파생될 때 나온 화폐 중 하나이다.

대쉬는 2017년 9월 19일 기준 시가총액 24억 달러(약 2.7조원)를 기록하고 있으며 코인당 323.89달러(약 366,109원) 선에서 거래되고 있다.

또한 2017년 9월 19일 기준 750만개가 유통되고 있다.

25 가상화폐 '대쉬'의 특징은 무엇인가?

Instant(순간적인, 즉각적인), Private(개인), Secure(보안)의 핵심 장점 3가지를 보유하고 있다.

첫 번째, 빠른 입출금이 가능하다.

두 번째, 모든 정보가 비공개이다.

비트코인의 경우 블록체인에 거래량과 거래기록이 등록되는 반면, 대쉬는 익명성보호 기술을 사용하기 때문에 제 3자가 거래 내용 잔고 등을 확인 할 수 없다. 이에 익명성과 보안성을 보장하고 있다.

세 번째, 사용이 쉽다.

대쉬는 인터넷만 된다면 세계 어디서든지 사용이 가능하다.

이를 이용해 전세계 상점들과 소비자들을 연결해주는 시스템이 매우 잘 되어 있다.

그리고 대쉬에는 마스터노드 라는 특이한 시스템이 존재한다.

마스터노드는 대시 렛을 실행하고 동전혼합 및 예산 자금조달과 같은 결정을 내리는 펀딩이다.

쉽게 말하면 1000 대쉬 코인을 가진 사람을 마스터노드로 인정하고 이 주인에게 투표권을 나누어 주게 되고, 이 후 투표를 통해 대쉬 코인에 관한 사항에 대해 참여할 수 있게 된다.

현재 최대인원은 4,680명이며 현재인원은 4,679명으로 딱 1자리가 남아있는 상황이다

익명성 때문에 현재는 불법적인 거래에 많이 이용되고 있다.

앞으로 Light wallet 개발 및 P2P Network 서비스를 개발하여 더욱더 코인소모를 쉽게 할 수 있는 목표를 가지고 있다.

[그림 7-8] 대쉬

26 가상화폐 '아이오타'란 무엇인가?

아이오타(IOTA)는 2015년 10월 21일에 런칭되었다.

아이오타는 IoT(Internet of Things) 즉 사물인터넷에 최적화된 새로운 마이크로 트랜젝션 암호화 코인이다.

아이오타는 화폐적인 느낌의 비트코인과는 달리 확장 가능한 무한한 느낌으로 설계되었으며, 이더리움과 같은 스마트 계약 플랫폼을 위한 신탁 역할을 수행하는 화폐로서, 27억개가 런칭과 동시에 전부 유통되었다.

아이오타는 상장하자마자 코인랭킹 8위를 상승하며 상승세를 이어가고 있다.

27 가상화폐 '아이오타'의 특징은 무엇인가?

아이오타(IOTA)는 블록 체인이 없는 최초의 암호화폐이다.

대표적인 비트코인, 이더리움 등등의 코인들은 블록체인 기술을 이용한다. 하지만 아이오타는 새로운 블록 리스 분산 원장인 Tangle을 사용하고 있으며, 이것은 확장가능하다. Tangle은 기존 블록체인을 뛰어넘은 기술로 수수료를 없애고, 보안 상승, 속도 향상을 장점으로 가진다.

최초 개발자들이 모두 2010~2011년 간 블록체인의 영역에 있다가 IOTA를 개발시킨 점을 빌어볼 때, 블록체인을 좀 더 업그레이드 하고자하는 필요성에 의해 만들어진 것이 Tangle이라고 할 수 있다.

Tangle은 새로운 분산 원장 아키텍처로, 혹자는 이것을 블록과 체인이 없는 블록체인이라고 부른다(하지만 블록체인은 아니다).

아이오타에서 거래가 진행되는 데는 총 3단계를 거치게 된다.

- 첫 번째, 서명하기 : 개인 소유의 키로 거래 인풋을 서명한다.
- 두 번째, 팁 선발 : 한거래를 통해 다른 두 개의 팁(미확인된 거래들)을 선택하기 위해 Markob Chain Monte Carlo 알고리즘이 사용된다.

• 세 번째, 작업 인증 : 거래가 네트워크에 인정되기 위해서는 Hascash와 같은 작업 입증이 필요하다.즉 다른 어떤 이가 거래를 함으로써 나의 거래를 팁 선발하고 이를 통해 나의 거래가 승인되는 방식이다. 결국 거래가 이루어지면 질수록 거래처리 속도가 빨라지게 되는 구조를 가지고 있다.

이런 아이오타가 탄생한 근본적인 이유는 기계 경제의 근간이 되기 위해서이다. 제삼자의 개입 없이 순전히 기계끼리 필요에 의해 서비스와 자원을 거래하는 미래를 구상하고 있다. 이와 같은 사물 인터넷이 촉발되기 시작한다면 '스마트 분권화'에 대한 필요성이 아주 높아질 것이다.

우선 아이오타는 런칭하며 27억 개를 xrp처럼 한 번에 발행했고, 더 이상 발행은 없어 인플레이션 걱정이 없다. 그리고 기존 블록체인 방식이 아닌 새로 고안한 탱글(tangle)이라는 메커니즘으로 거래증명(트랜잭션)및 전송이 xrp처럼 무지 빠르고, 거래규모가 아무리 커져도 대응이 가능하다(기존의 비트코인의 문제점을 보완했다고 할 수 있다). 또한 거래증명이 쉽기 때문에 트랙잭션 수수료가 없다. POS가 아니어서 지분증명에 따른 자본가의 장악에서 자유롭고, POW가 아니어서 거대 마이너에게 자유롭고 무지막지한 전기를 소모하지 않으니 친환경적이다.

마이크로소프트에서 제휴를 신청할 만큼 주목을 받고 있는 가상화폐이다

[그림 7-9] 아이오타

28 가상화폐 '비트쉐어'란 무엇인가?

비트쉐어는 블럭체인 위에서 운영되는 DAC(Decentralized Autonomous Company, 분권화된 자주적 기업)에 대한 지분이라고 할 수 있다. 각 개인은 비트쉐어를 보유함으로써

이 DAC의 주주가 될 수 있으며 직간접적 방식으로 이익을 배분받을 수 있고, 중간 브로커를 통하지 않고도 온라인상에서 비트쉐어를 사고 팔 수 있다.

29 DAC이란 무엇인가?

DAC은 하나의 소프트웨어이며, 전통적 기업처럼 주주들을 위해 수익을 창출한다. 하지만 전통적 기업과 달리 DAC은 CEO나 이사회 등이 없어도 블럭체인 위에서 자율적으로 운영된다는 차이가 있다.

30 가상화폐 '비트코인과 비트쉐어'의 차이점은 무엇인가?

비트코인도 커다란 의미에서 보면 DAC이라 할 수 있다. 비트코인 역시 블럭체인 위에서 특정 소프트웨어 규칙에 따라 자율적으로 운영되며, 중간 매체 없이 온라인상에서 거래가 가능하다. 그리고 비트코인 전체를 하나의 커다란 기업으로 놓고 보면 각 BTC는 비트코인이라는 기업의 가치를 대변하는 일종의 지분(또는 주식)이라고 볼 수 있고, 비트코인 블럭체인은 이 지분이 어떤 주소에 얼마나 배분되었는지를 알려주는 공공 장부(Public Ledger)라고 볼 수도 있다.

하지만 비트코인은 블럭체인을 일종의 장부로만 쓰는 단순한 구조를 지닌 반면에 비트쉐어는 블럭체인이라는 장부 위에 여러 조건들을 함께 올릴 수 있게 함으로써 블록체인을 하나의 프로그래밍 언어로 활용하고자 한다. 그래서 비트쉐어는 블럭체인에 기반한 금융거래나 투표시스템 등을 가능토록 해준다. 대표적인 예가 현재 나와있는 Bitshares X(조만간 Bitshares로 통합 예정)이다. Bitshares X는 블럭체인에 기반하여 P2P 거래소, 가상화된 자산(BitUSD, BitOil 등)을 구현한 하나의 금융 시스템으로서 미래의 은행을 대체하는 것을 목표로 하고 있다.

[그림 7-10] 바트쉐어

31 가상화폐 '모네로'는 무엇인가?

가상화폐 중 가장 완벽하게 익명성을 보장해준다고 알려져 있다.

오픈소스 P2P 암호화폐, 모네로(Monero)라는 이름은 에스페란토어로 동전을 뜻하는 단어에서 온 것이며, 익명성에 조점을 눈 게 특징이다. 기존의 비트코인은 블록체인에 보내는 사람과 받는 사람이 명확하게 기록되므로, 일반적인 이미지와는 달리 의외로 익명성 면에서 뒤떨어진다. 모네로는 CryptoNote 프로토콜을 채택하여 사용자의 익명성을 보호한다. CryptoNight라는 독자적인 작업증명 기법을 사용하여, 채굴기(특히 ASIC 채굴기)와 이를 소유한 자본에 의해 탈중앙화(Decentralization)적 가치가 훼손되는 것을 막고 있다. 또, 나카모토 사토시가 원래 제안했던 1CPU당 1표(one-CPU-one-vote)식 PoW를 구현했다고 자랑하고 있다. 쉽게 말하자면, CPU로도 잘 캐진다는 뜻이다.

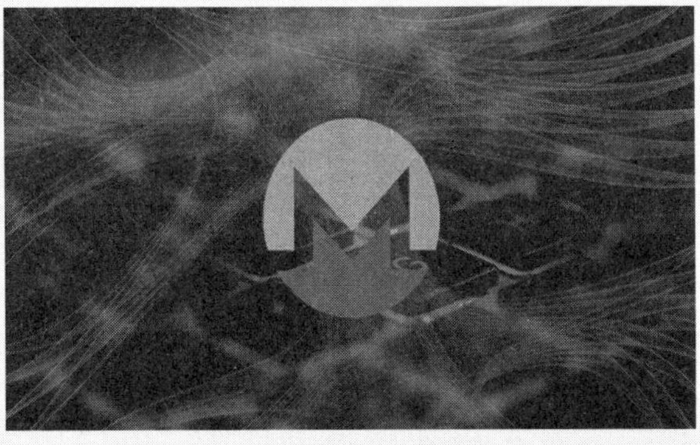

[그림 7-11] 모네로

학습활동.7 교수 · 학습 방법

교수 방법

- 가상화폐에 대한 관련 용어, 구성, 방식 이해 정도를 파악한 후 수업을 진행한다.
- 교수자의 주도로 가상화폐 등의 내용을 PPT 자료로 제시한 후 설명한다.
- 가능하면 사전에 개인별 학습 자료를 준비하여 모든 학생이 참여할 수 있는 문제 해결식 수업, 협력 수업이 가능하도록 한다.
- 가상화폐 전 과정을 작업의 순서에 따라 단계적으로 실습이 이루어질 수 있도록 지도한다.
- 교재를 통해 수업을 준비하는데 있어서 필요한 모든 정보나 팁, 힌트 등 도움이 될 만한 내용들을 확인할 수 있다.
- 학생들이 만들게 될 각 모델들은 수업시간에 중점적으로 다뤄질 부분과 어휘, 질문, 답을 포함하고 있으며 또한 탐구할만한 추가적인 아이디어들도 포함하고 있다.

학습 방법

- 가상화폐에 대한 관련 용어를 숙지하고, 가상화폐의 기초 단계에 대해 이해한다.
- 가상화폐의 각 단계별 중점 사항을 체계적으로 학습한다.
- 가상화폐의 수행순서의 전 과정을 실습한다.
- 가상화폐의 내용을 이해한다.
- 가상화폐를 이해하고 숙달이 될 때까지 학습한다.

학습활동.7 평가 및 피드백

평가 준거

- 평가자는 피평가자가 수행 준거 및 평가 내용에 제시되어 있는 내용을 성공적으로 수행할 수 있는 지를 평가해야 한다.

학습내용	평가항목	성취수준		
		상	중	하
가상화폐	가상화폐를 이해할 수 있다.			

평가 방법

- 작업 포트폴리오

학습내용	평가항목	성취수준		
		상	중	하
가상화폐	가상화폐를 이해할 수 있다.			

- 필기시험

학습내용	평가항목	성취수준		
		상	중	하
가상화폐	가상화폐를 이해할 수 있다.			

- 체크리스트를 통한 관찰

학습내용	평가항목	성취수준		
		상	중	하
기상회폐	기상회폐를 이해할 수 있다.			

피드백

1. 작업 포트폴리오
   - 제출한 보고서를 평가한 후 주요 사항에 대하여 표시하여 돌려준다.
2. 필기 시험
   - 평가 결과 성적이 저조한 학생은 보고서 제출 기회를 부여한다.
3. 체크리스트를 통한 관찰
   - 실습 과정에서 평가한 후 개선해야 할 사항 등을 정리하여 돌려둔다.

참고자료

1. http://tunadubu.tistory.com/41 "가상화폐" [만두부네]
2. 네이버 지식백과, 이더리움 /가상화폐(시사상식사전, 박문각)

제1부 글로벌 결재 플랫폼	학습 1	새로운 핀테크의 결재 플랫폼 등장
	학습 2	핀테크의 결재 플랫폼 서비스
	학습 3	핀테크의 글로벌 결재 플랫폼 서비스
제2부 글로벌 결재의 발전	학습 4	스마트 물류의 진화
	학습 5	스마트 계약
	학습 6	인터넷전문은행의 도입
	학습 7	가상화폐
	학습 8	**핀테크의 블록체인 활용**
제3부 결재 플랫폼의 활용	학습 9	오프라인 결재 플랫폼
	학습 10	온라인 결재 플랫폼
제4부 핀테크의 미래	학습 11	인공지능과 핀테크 서비스
	학습 12	인공지능과 핀테크 시스템 혁신
	학습 13	빅데이터와 인공지능을 탑재한 핀테크 탄생
	학습 14	차세대 인증으로 생체인식기술을 탑재한 핀테크

학습 목표

8. 핀테크의 블록체인 활용의 구성 및 특징을 이해할 수 있다.

8-1 핀테크 서비스에 탑재한 블록체인

핀테크 분야 중 최근에 가장 핫한 분야 중 하나가 블록체인이다. 증권사들은 이미 컨소시움을 이루어 블록체인을 도입하기로 하였고 금융보안원에서는 블록체인 기술을 집중 투자 육성하겠고 했다. 또한 액센츄어에서는 블록체인을 이용하면 매년 120억 달러를 감소할 수 있다고 발표하였다.

블록체인이 어떤 기술 이길래 블록체인에 이렇게 관심이 많은 걸까? 특히 금융권에서 관심이 많은 이유는 무엇일까?

블록체인은 비트코인의 안전한 유통을 위한 분산장부기술이다.

핀테크 서비스에서 사용되는 비트코인은 네트워크 내 모든 참여자가 공동으로 거래 정보를 검증 · 기록 · 보관하는 블록체인 기술을 활용하였다.

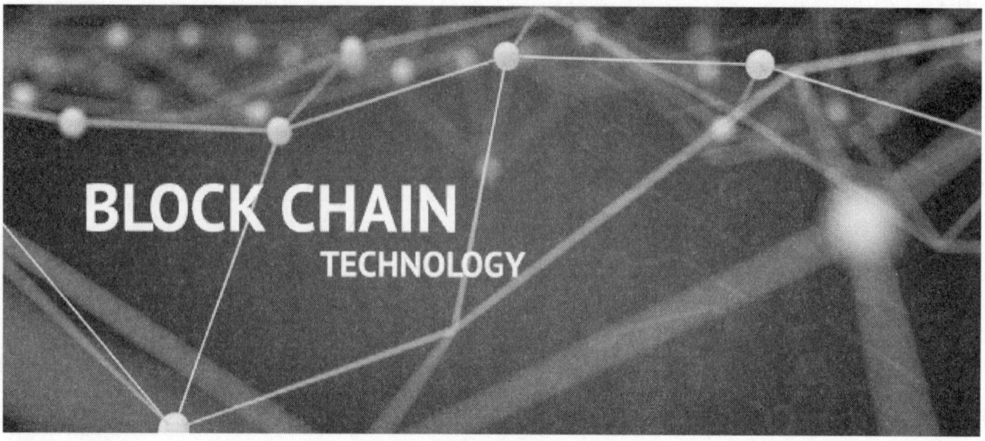

[그림 8-1] 블록체인의 기술

핀테크 서비스에서 사용되는 네트워크는 일정시간에 한 번씩 만들어지는 거래 내역 묶음을 '블록' 이라고 하며, 이 블록이 모여 '사슬'처럼 엮여 있다가 해서 이 기술을 블록체인이라고 칭한다.

블록체인 기술은 핀테크 서비스의 데이터, 네트워크, 암호, 저장방식 등의 기술적 요소들을 결합한 집합 개념이다. 블록체인 기술은 핀테크 서비스에서 기본적으로 분산 데이터 구조, 참여자간 네트워크 연결 및 개별 컴퓨팅 파워 사용, 암호학과 디지털 서명으로 이용자 식별, 기록 조작 및 변경이 어려운 메커니즘, 타임스태핑(데이터 기록을 특정한 시각을 나타내는 형태로 저장), 개별 거래의 프로그램화 등의 기술적 내용을 포함한다.

8-2 핀테크 서비스에서 블록체인 활용

핀테크 서비스의 블록체인 활용은 전자상거래, 지급결재, 가상화폐 등의 서비스인 디지털 결재 플랫폼, 딧털 권한과 보증에 사용되는 스마트 계약, 주식 및 채권과 클라우드 펀딩 등의 금융상품에서 사용된다. 그리고 핀테크 서비스 외에 공공, 의료공급망, 저작권보호, 눈 등의 기록유지 분야에서 활발히 활용하고 IoT플랫폼, 분화된 자치조직, 자체 블록체인 기술개발 등의 플랫폼분야에서 활용되고 있다.

〈표 8-1〉 핀테크 서비스 분야별 블록체인 활용

분야		주요내용
디지털 결제 플랫폼	전자상거래	아마존, 이베이 등 거래 중개 플랫폼이 없는 당사자 간 직접거래 네트워크 구축
	지급결제	제3의 인증기관 없이 국제송금, 지급결제, 소액금융이 가능
	가상화폐	화폐발행기관 없이 사용자간 인증을 통해 안전하게 유통할 수 있는 가상화폐 가능
스마트 계약	디지털 권한	컴퓨터 코드로 계약 조건을 작성 후 블록체인에 저장하여 임의 조작을 막고 자동으로 강제성을 생성
	보증	공인인증 방식의 거래 보호 서비스를 블록체인에 기반의 보호 서비스로 혁신
금융 상품	주식 및 채권	장외주식거래, 파생상품 등 금융상품을 블록체인을 통해 자동화 및 안전하게 실물 증권을 권리하고 보관
	크라우드 펀딩	P2P방식의 크라우드펀딩을 통해 비트코인을 대출해주고 수익을 투자자에게 공유하는 방식으로 활용
기록 유지	공공	전자 시민권 발급, 부동상 정보 기록, 투표, 공공데이터 기록 등 공공 서비스에 활용
	의료	환자의 의료 데이터 수집, 건강 기록 실시간 검증 및 공유, 의료 정보 보안향상에 활용
	공급망	제품 공급망 관리, 디지털 콘텐츠 유통 공급망 관리 등에 분산 데이터베이스 기반의 데이터 공유에 활용
	저작권 보호	그림, 음악, 영상의 저작권을 쉽게 보장 받을 수 있도록 하는 저작권 보호 서비스 개발에 활용
	SNS	암호화된 키(Key)를 통해 메시지, 오디오 사진을 안전하게 교환하는 서비스(예 : 메신저)에 활용
플랫폼	IoT플랫폼	IoT 네트워크상에서 데이터 보안, 공유 등을 위한 플랫폼으로 활용 가능
	분권화된 자치조직	프로젝트 추진시, 중재자 및 관리자의 참여없이 참여자 간 불록체인 기반의 네트워크와 프로그램을 통해 프로젝트 추진 가능
	기술개발	불록체인 자체 기술 연구 및 표준작업, 개발, 배포

8-3 큐브체인

큐브체인(Cube Chain)은 기존의 블록체인보다 더욱 빠르고, 정밀한 데이터 처리 및 강화된 보안시스템을 가진 블록체인 플랫폼이다. 큐브체인은 생성된 27개의 블록을 하나의 큐브로 형성하고, 큐브와 큐브를 연결하여 데이터를 보관하는 신개념 블록체인 원천기술이다. 큐브엔진(Cube Engine)은 큐브체인의 코어 기술로서, 블록을 큐브화(Cubing)시키고, 큐브를 이루는 27의 블록 중 3개의 특수한 기능을 가진 블록을 형성하여 기존의 블록체인보다 우수한 성능을 가진다. 또한, 블록화와 큐브화를 거치는 2중 암호화 방식으로 인터넷이라는 신뢰가 형성되지 않은 공간에서 신뢰를 만들어 데이터를 이동시킬 수 있는 혁신적인 암호화 기술이다.

1. 큐브체인의 개요

블록체인은 거래내역이 공개된 기록장부, 즉 공공거래 장부라고도 부르며, 암호화 화폐를 거래할 때 발생할 수 있는 해킹을 막는 기술이다.

특히 블록체인이 세계적으로 주목 받는 이유는 중앙관리 기관 없이 거래 정보를 기록한 원장을 P2P 네트워크에 분산하여 참가자가 공동으로 기록하고 관리할 수 있기 때문이다.

블록체인은 P2P 네트워크를 통해 모든 노드가 모든 거래 장부를 복사해 독립적으로 가지고 있으며 데이터를 검증하기 때문에 사실상 위변조가 불가능하다.

4차 산업혁명의 핵심 인프라 '블록체인'에 대한 관심이 점점 뜨거워지면서, 기존의 단점을 보완하려는 노력도 이어지고 있다. 특히, 블록체인 기반의 비트코인에 대한 단점이 제기되자 2017년 8월, 하드포크를 통해 분열되면서 새로운 BCH(Bitcoin Cash)가 탄생하게 되었다.

블록체인은 데이터를 일정한 시간단위로 모아 데이터 블록을 생성하고, 블록을 암호화한 해쉬값을 통해 데이터를 검증하고, 이렇게 기록되는 데이터를 분산 서버에 저장하는 시스템이다. 암호화를 통한 데이터 검증과 동일한 데이터를 분산 저장하여 데이터의 신뢰와 안정성을 확보하기 위한 시스템이다.

기존에 사용되던 데이터베이스에 비해 블록체인의 장점은 데이터를 시간 순으로 암호화 검증하여 비가역적이고, 이를 P2P 방식으로 동일 데이터를 공유하여 저장함으로써 데이터를 매우 안전하게 보호하고 유지할 수 있다는 점에 있다.

다수의 사용자로부터 필히 신뢰를 얻어야 하는 디지털 화폐 기술에 블록체인이 사용되면서 오늘날 암호화 화폐 시장의 기반 기술로 자리잡은 데에는 이와 같은 이유가 있다. 블록체인이 암호화 방식과 P2P방식을 사용하여 독특한 데이터 기록 방식을 구현하여 새로운 기술의 지평을 열었지만 여전히 기술적인 한계는 가지고 있다.

블록체인이 기존의 데이터베이스를 제대로 대체하려면 속도의 개선과 사용의 편리성 등 기존 데이터베이스가 가지고 있는 기술적 기능들이 동반되어야 한다. 블록체인 기술이 지속적으로 발전하여 데이터베이스를 대체할 수 있는 수준이 된다면 데이터를 기록하고 관리하는데 매우 안전한 방식으로 자리매김할 것이다. 그러한 관점에서 큐브체인은 블록대신 큐브라는 개념을 통해 데이터베이스의 기능적 요소를 확장해 갈 수 있도록 구조화 시켰다.

따라서 공개 데이터베이스의 안전한 사용을 위해 기존의 블록체인이 갖는 장점을 기반으로 데이터베이스가 갖는 몇가지 장점을 활용할 수 있도록 하였다. 큐브체인의 개발은 발전된 블록체인 원천기술을 확보하여 암호화 화폐를 발행하고 공개용 데이터베이스를 필요로 하는 다양한 온라인 서비스를 선보일 예정이다.

그렇다면, 비트코인의 단점은 무엇일까?

첫째, 채굴로 인한 막대한 자원 낭비이다.

둘째, 사용자의 급증에 따라 거래 시 처리 속도가 느린 점이다.

이러한 단점을 보완하기 위해 오랜 연구를 통해 블록체인의 새로운 기술혁명 '큐브체인'이 탄생하게 된 것이다.

2. 큐브체인의 특징

1) 큐브체인은 보안성이 뛰어남

모든 블록은 바로 전 블록의 해쉬(Hash)값을 기준으로 생성된다. 앞뒤 블록이 해쉬값으로 연결되어 있고, 이를 블록체인이라 부른다. 해쉬화(Hashing)는 데이터를 정해진 길이에 무작위로 이루어진 문자열로 변환시키는 작업을 의미하며, 블록의 내용이나 크기에 상관없이 32바이트 결과값으로 치환한다.

해쉬화된 Hash값은 암호화되어 그 다음 블록과 연결된다. 큐브체인에서는 이렇게 1차암호화된 블록체인 27개를 연결하여 하나의 큐브로 만들어진다.

큐브화 작업이 완료되면, 하나의 큐브에 해당되는 새로운 해쉬화작업이 이루어지며, 그 다음 큐브와 연결되는 2차 암호화작업이 이루어진다. 2중 암호화작업으로 더욱 우수한 보안성을 가진다.

2) 큐브체인은 동일 시간 대비 거래장부 처리량이 많음

기존 블록체인은 정해진 시간에 1개의 노드만 거래장부를 처리하지만, 큐브체인은 24개의 노드가 거래장부를 처리할 수 있기 때문에 블록체인에 비해 시간 대비 거래장부 처리량이 훨씬 많다.

3) 큐브체인은 에스크로 기능을 탑재함

에스크로 기능을 탑재한 큐브체인은 코인으로 트랜잭션을 할 때 제3자를 개입시켜 승인을 해줘야만 사용이 가능한 비트코인 등 기존의 많은 코인들이 불가능했던 안전한 신용결제가 가능하다.

4) 큐브체인의 채굴방식은 보다 효율적임

큐브체인은 POW+POS Hybrid 방식을 응용하여 기존의 블록체인을 기반으로 한 채굴방식에 비해 소요되는 자원을 획기적으로 줄이고 있다.

3. 대표적인 블록체인과의 비교

항목	비트코인	이더리움	큐브체인
Coin	Bitcoin	Ethereum	Cubecoin
특성	화폐	Smart Contracts	Cubing (이중암호화기술)
합의알고리즘	POW (Proof of Work)	POW→POS (Proof of Stake)	POW+POS Hybrid
특수블록	없음	없음	Indexing Statistics Escrow
거래속도	7회/초	25회/초	100회/초

수행 내용

재료 · 자료

- 핀테크의 블록체인 활용 관련 자료

기기(장비 · 공구)

- 컴퓨터, 주변기기

안전 · 유의사항

- 컴퓨터 및 주변기기의 전원을 관리한다.

수행 순서

01

블록체인은 비트코인의 안전한 유통을 위한 분산장부기술을 사용하고 있다. 그러면 기존의 중앙 집중장부 방식와 분산장부 방식에 대하여 비교 분석하라.

전통 금융시자의 중앙 집중 장부와 비트코인의 블록체인 기반 분산장부를 비교하였다.

〈표 8-2〉 중앙집중장부와 분산장부의 비교

전통 금융시자의 중앙 집중 장부	비트코인의 블록체인 기반 분산장부
– 전통 금융시장에서 거래 장부는 은행 등이 중앙에 집중된 형태로 보관한다. – 거래장부가 전산화되면서 해킹 등의 문제 발생으로 거래장부가 보관된 서버에 대한 보안과 투자 강화한다.	– 거래정보가 기록된 원장을 P2P 네트워크에 분산하여 참가자가 공동으로 기록, 관리 – 이론적으로 복사본 하나를 정상적으로 수정할 경우 도든 사본의 수정이 가능하나 현실적으로 불가능하다.
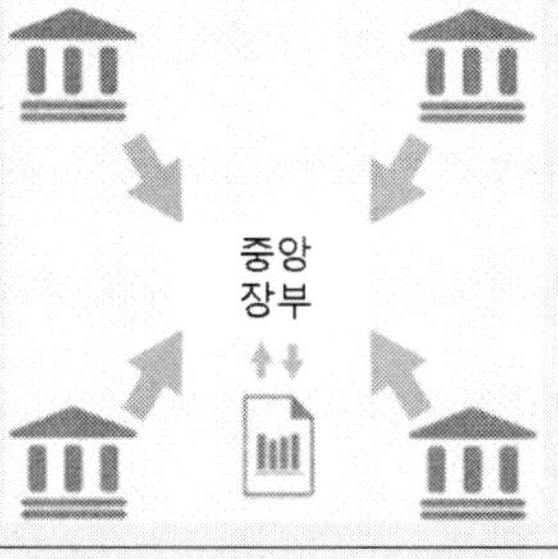	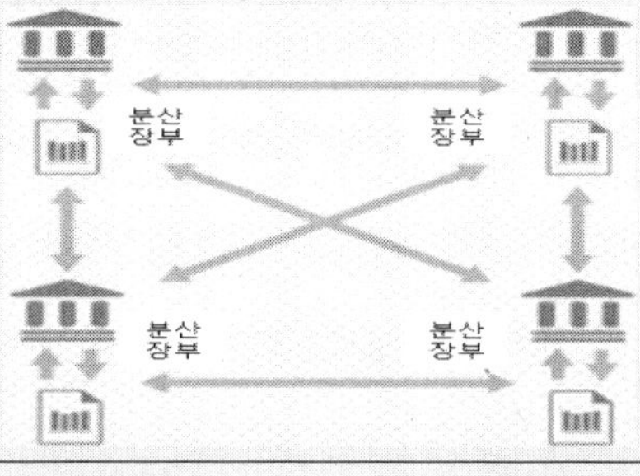

02 블록체인 기술에 대한 기관별 정의에 대하여 분석하라.

비트코인 관련 전문가들은 블록체인 기술은 암호 화폐 구현을 위한 기술 그 자체라고 정의하고 있다.

데이터베이스를 연구하는 전문가들은 블록체인 기술은 또 다른 종류의 데이터 구조일 뿐 비트코인과 블록체인이라는 용어의 인기로 인해 과도하게 부풀려져 있다고 주장하고 있다.

반면, 블록체인 기술을 연구하는 전문가들은 데이터의 진위성을 인증기관을 통하지 않고 해결할 수 있는 유일한 방법으로 파괴적인(Disruptive) 기술이라고 주장하고 있다.

다음은 각 기관별로 정의된 블록체인기술에 대한 주장이다.

〈표 8-3〉 블록체인 기술의 기관별 정의

기관별	정의내용
기관	– 분산장부는 자산의 데이터베이스이며 이는 여러 시스템, 구성원, 기관으로 구성된 하나의 네트워크상에서 공유될 수 있다. – 네트워크의 모든 참여자들은 각자 고유 장부의 사본을 보유하고 있으며, 변경사항 발생 시 모든 장부에 몇 분 내지 몇 초 만에 업데이트 된다.
영국정부	– 비트코인 혹은 다른 암호화 화폐의 거래가 순차적이고 공개적으로 기획되는 디지털 장부이다.
옥스퍼드 사전	– 비트코인 혹은 다른 암호화 화폐의 거래가 순차적이고 공개적으로 기획되는 디지털 장부이다.
위키피디아	– 승인 없는 분산 데이터베이스이다.
한국은행	– 거래정보를 기록한 원장을 특정기관의 중앙 서버가 아닌 P2P 네트워크에 분산하여 참가자가 공동으로 기록하고 관리하는 기술이다.
딜로이트	– 서로 알지 못하는 사람들이 공유된 거래기록을 믿을 수 있게 해주는 기술이다.
코빗	– 원 변조 증거가 남는 분산 데이터 구조이다.

참고 : 블록체인의 기술적 이해 및 도입을 위한 첫걸음(KORBIT) 수정 인용

03 블록체인 기술의 확산되고 있는 이유에 대하여 분석하라.

블록체인 기술의 확산되고 있는 이유는 다음 3가지로 요약하였다.

① 블록체인 기술은 자본, 정보, 활동의 흐름을 중앙집중식 데이터베이스나 중재기관 없이 관리하는 새로운 인프라 창출이 가능함으로써 이 기술이 확산되고 있다.
블록체인 기술에 기반하여 분산된 시스템에서 상호운용이 가능하며, 데이터를 수집하거나 열람하지 않고서도 데이터 확인 가능하고 특정 조건이 충족되면 데이터를 자동으로 거래할 수 있는 스마트 계약을 지원할 수 있다. 데이터의 진위 여부를 판단하는 공개원장을 제공하는 반면, 암호화된 가상 계정을 통해 스스로 데이터를 통제하고 사생활 보호가 가능하다. 블록체인의 이러한 기술적 특징으로 인해, 가상화폐뿐만 아니라 계약, 다양한 금융상품 공공 및 의료 분야, 제조 및 유통분야, 저작권 보호 분야 등에 폭넓게 확장이 가능하다.

② 블록체인 기술은 여러 분야에서 사용이 가능하나, 참여자 네트워크의 개방 여부에 따라 크게 공개(Public) 블록체인와 비공개(Private) 블록체인으로 구분할 수 있으므로 폭 넓게 확산되고 있는 이유이다.
공개/비공개 블록체인 모두 블록체인 기술의 본지적인 특징은 모두 포함하고 있으나, 해당 네트워크의 참여 범위, 무결성을 유지하기 위한 경제적인 인센티브 등 블록체인의 유지와 활용측면에서 차이가 있다.
퍼블릭 블록체인은 우리가 흔히 알고 있는 비트코인, 이더리움 라이트코인과 같이 참여에 제한이 없으나 신뢰성 유지를 위해 채굴과정과 같은 경제적 인센티브가 필요하다. 반면 프라이빗 블록체인은 특정한 기관, 업체들이 자신들의 목적과 특성에 맞게 설계한 블록체인으로 네트워크 참여하는 기준, 범위, 공개 등에 제한이 가능하다.

③ 블록체인 기술의 확장성을 기반으로 적용 목적에 따라 디지털 경제, 스마트계약, 금융상품, 기록유지, 플렛폼 등의 다양한 분야의 활용이 가능함으로써 확산되고 있는 이유이다.

04 블록체인을 도입한 해외의 신용카드 사례를 분석하라.

국제 신용카드 브랜드 사는 블록체인 기반 결제 플랫폼 구축에 관심을 보이고 이에 대한 장기적인 투자를 시작했다. 자체 기술 확보를 위한 기술기업 투자, 플랫폼 저변확대를 위한 개발자용 API 공개, 포인트 통합관리 시스템 구축 등 다양한 시도를 하고 있다.

1. VISA 사례

국제 카드 브랜드인 비자(VISA)카드는 기업을 대상으로 당일 해외송금이 가능한 국제 결제 서비스를 한다. 프라이빗 블록체인 기반 'VISA B2B Connect'는 미국 벤처기업 '체인'과 공동 개발한 'ChainCore' 기술을 이용했다. 금융기관들은 이를 이용해 기업 간 해외 송금 업무를 즉각 처리할 수 있게 된다.

비자 B2B가 도입되면 은행 간 국제거래 인프라 국제은행간통신협회(SWIFT)가 독점하던 해외 송금 시장 판도를 바꿀 수 있다. 기업 간 해외 송금이 실시간으로 이뤄져 편의성이 높아질 뿐만 아니라 사기 피해도 예방할 수 있기 때문이다. 마스터카드(MasterCard)도 내부 연구소인 마스터카드 랩과 다수 스타트업과 함께 테스트 단계의 블록체인 API 서비스를 오픈했다.

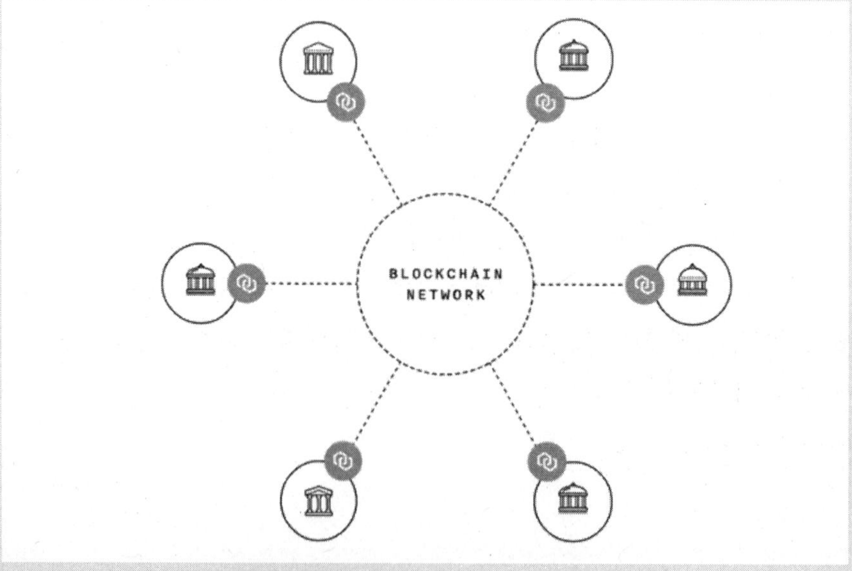

[그림 8-2] Chian사의 ChainCore 기술소개

출처:https://chain.com/technology/

마스터카드 블록체인 API 서비스는 불록체인 Core를 비롯해 Smart Contracts, Payment Network API 등 3가지 API를 공개했다. 해당 API를 기반으로 P2P · B2B 결제를 비롯한 무역금융, 공급망 관리 등에 블록체인 기술을 적용 및 테스트할 수 있게 됐다.

또 해당 API를 이용해 거래유형, 거래당사자 등에 대한 블록체인을 자체적으로 구성하거나 자체 개발 스크립트로 기존 블록체인 애플리케이션과 연동을 할 수 있다.

2. VISA 유니온페이 사례

중국 유니온페이(Union Pay)는 미국 IT기업 IBM과 손잡고 자사 고객들의 카드 사용에 따른 포인트를 폭넓게 사용할 수 있도록 하는 거래 시스템이다. 이른바 '카드 포인트 거래소'이다.

고객들이 서로 다른 적립 포인트(항공마일리지, 쇼핑 포인트 등)를 교환, 사용 등 모든 포인트를 블록체인 기반 거래소로 통합 관리한다. 시범 프로젝트를 완료하고 중국 내 은행들과 협업해 상용화를 추진한다.

3. American Express(AmEx) 사례

미국을 대표하는 카드사 American Express는 블록체인 원천 기술 습득과 비즈니스 사례 개발을 위해 글로벌 블록체인 하이퍼레저(Hyperledger) 프로젝트 컨소시엄에 참여했다.

하이퍼레저 프로젝트는 전 세계 모든 기업에서 범용적으로 이용할 수 있는 블록체인 프레임워크와 플랫폼 개발을 위해 지난해 12월 구성됐다. 현재 IBM과 인텔, 액센추어 등 글로벌 IT기업 과 JP모건, 독일 증권거래소 등 금융기관이 회원으로 참여하고 있다. 국내의 경우, 한국예탁결제원과 코스콤이 블록체인 원천 기술 습득과 비즈니스 사례 개발을 위해 지난해 말, 하이퍼레저에 가입한 바 있다.

시장에서는 AmEx가 이번 하이퍼레저 프로젝트에 참여하며 오픈 소스 블록체인 프로젝트와 코드베이스를 생성하는 100개 이상 기업들의 협업하고 있다. AmEx는 이미 2015년부터 비트코인 스타트업 'Abra'에 투자하기도 했다.

05 발행, 유통, 보증 중개자가 필요했던 디지털 경제 시스템에서 블록체인 기반의 중개자 없는 직접거래 시스템에 사용하는 사례를 분석하라.

1. 사례 1 : 오픈바자(OpenBazaar)의 "전자상거래 서비스"

오픈바자는 블록체인 기반의 전자상거래(e-commerce) 플랫폼으로 중개자 없이 누구나 직접적으로 거래를 할 수 있도록 무료 전자상거래 서비스 제공한다. 분산형 네트워크를 이용해 사용자들이 스스로 거래 플랫폼을 만들어내기 때문에 수수료가 없고 모든 형태의 거래가 가능하다. 아마존, 이베이 등 기존 전자상거래 중재가 역할을 했던 기업들의 역할을 블록체인 네트워크가 대신하며. 신용을 위한 중재가 반드시 필요하다는 기존 거래의 틀에서 벗어나 중재가 없는 신용 전자 상거래 패러다임 등장 예상된다. 중개 역할을 했던 기업들의 역할은 거래 당사자들이 원하거나 동의하는 경우에는 거래를 감독하게 할 수 있고, 발생할 수 있는 분쟁을 해결하는 역할로 전환될 것으로 전망이 된다.

오픈바자 물건 리스트 화면　　비트코인을 이용한 물건 구매 화면

[그림 8-3] Open Bazaar 사용하면

2. 사례 2 : 체인지팁(ChageTip)의 "소액 지급결제 서비스"

체인지팁은 암호 화폐 기반의 소액결제 플랫폼으로 소셜미디어상에서 이루어지는 상호작용에 실제 금전적 가치 부여한다. 영상, 사진 또는 글에 고마움을 표시하기 위해 '좋아요' 버튼을 누르는 것 대신에 체인지팁을 이용하면 실시간으로 소셜미디어 콘텐츠에 소액의 팁으로 보내는 것이 가능하다. 블록체인 기술로 인해 매우 작은 단위의 거래에서의 기존 소액지급결제에서 발생했던 고정 비용과 기술적 제약을 해결한다. 소셜미디어 상에서 생성되는 콘텐츠의 품질과 상호작용의 가치를 산정하는 방법에 영향을 미칠 수 있을 것으로 전망한다.

3. 사례 3 : 리플(Ripple)의 "매개로 하는 가상화폐"

2013년 비트코인의 아키텍처에 기반에서 새롭게 등장한 국제결제 시스템으로 비트코인 같은 독립적 화폐 시스템보다는 각국 법정화폐들을 연결하는 매개적 화폐시스템을 지향할 수 있다. 전 세계 어느 지역에 있는 어떤 사람에게도 그 나라의 화폐를 사용해서 단 몇 초 내로 아주 적은 수수료로 송금이 가능하다. 가상화폐인 리플 이외에도 은행 없이 세계 각국의 통화를 선택하여 지불할 수 있는 시스템을 제공하는 점이 가장 큰 특징이다. 국제 송금 시 지불하던 높은 은행 수수료를 지불할 필요 없이 극히 적은 수수료로 해외 송금을 쉽고 빠르게 안전하게 보내는 형태로 변화할 것으로 예상된다.

06 거래 계약 데이터에 프로그램을 입력해서 계약체결과 지급 및 정산 등을 동시에 해결하며 중개수수료를 제거하는 등 계약 체계 혁신인 스마트 계약의 사례를 분석하라.

1. 사례 1 : 우조 뮤직(Ujo Music)의 "스마트 계약 서비스"

우조 뮤직은 블록체인을 활용해 음악가가 중개자 없이 음악을 듣는 사람들로부터 식섭적 로열티를 지급받을 수 있는 체계 구축한 것이다. 사용자는 이더리움(Ethereum) 블록체인에 디지털 지갑을 개설하고, 디지털 화폐를 보내 mp3파일을 받음과 동시에 음악가에게 결제가 되도록 하는 서비스를 제공하고 있다. 누가 음악을 라이센싱 하는지, 어떻게 사용하고 있는지 알 수 있어 음악 산업의 투명성을 제고하는 효과가 있다. 글로벌 저작권 사용료 분배와 재사용에 대한 라이센스 보호 방식에 큰 변화 줄 것으로 예상하고 있다.

2. 사례 2 : 페이 게이트(Paygate)의 "전자결제 보증 서비스"

국내 지급결제 대행회사(PG) 페이 게이트는 정산 시스템을 블록체인을 활용한 오픈 플랫폼으로 변경하였다. 정산 · 에스크로 등 전자결제에 필요한 기능을 외부 공인기관 없이 거래 내역을 공증하고 신뢰할 수 있도록 블록체인 기반의 P2P방식으로 처리한다. 2014년 페이게이트가 세이퍼트 플랫폼으로 처리한 대금은 약 1조2천억 원 정도이다. 기존 공인 기관이 하던 보증 서비스 방식으로 공인 기관이 없어지기 이전 과도기적 형태의 보증 서비스이다.

07 블록체인으로 고효율, 저비용의 투명한 금융상품 거래가 가능해지고, 새로운 방식의 펀딩으로 대출 방식 변화로 중계기관 검증 비용없이 다양하고 투명한 금융상품 개발 사례를 분석하라.

1. 사례 1 : 나스닥의 블록체인 기반의 "장외 거래 서비스"

나스닥 OMX그룹은 나스닥 프라이빗 마켓에 기존 중앙관리자가 일일이 관리하던 중외주식 및 채권 거래에서 블록체인 네트워크 공동검증 방식으로 시스템을 변경하였다. 이 시스템은 블록체인 기업 Chain과 Private Blockchain 방식으로 개발하였다. 그 결과 주식 체결부터 청산까지 하루 만에 이뤄지고, 거래서 간 교체 거래 증가했으며, 거래 수수료가 수만 원에서 천원으로 축소되었다. 모든 거래 및 자산 내역을 추적할 수 있어 연계거래, 대체거래 등 불공정 거래 적출이 쉬워지며 금융 상품 거래 시스템에 변화를 유도하였다.

블록체인 방식의 장외주식 거래 과정은 다음과 같다.

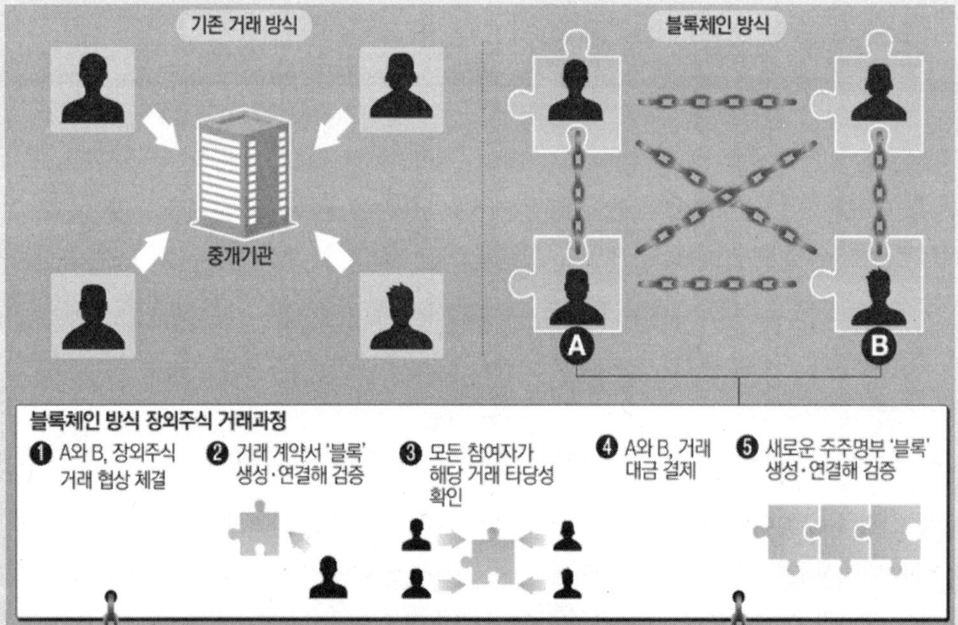

[그림 8-4] 블록체인 방식 장외주식 거래 과정

참고 : 매일경제, 장외주식 '블록체인' 사흘 걸리던 대금결제 하루만에 OK 수정인용

2. 사례 2 : BTCjam의 블록체인 기반의 "클라우드 펀딩"

Peer-to-peer 시장을 이용하여 비트코인을 대출해주는 시스템으로 조건부 지급명령을 블록체인에 추가하여 목표 금액이 모금되는 경우에만 자금이 공급되는 방식의 클라우드 펀딩이다. 여러 사람이 투자하는 P2P펀딩을 통해 리스크를 낮춰 저금리로 대출을 받을 수 있으며, 비트코인 대출금을 잘 상환할수록 신용도가 올라가는 투명한 신용 점수 시스템으로 새로운 신용의 프로필을 구축하였다. 이를 통해 국가 신용 평가 시스템이 취약한 개발도상국에서 높은 이율의 대부업체 없이도 저비용으로 쉽게 대출을 받을 수 있게 되었고, 전 세계 200개국 이상의 사용자의 재정적 여유에 새로운 길을 제시하였다.

최근까지 BTCjam은 200개국 이상에서 100,000명 이상의 사용자에게 1,790만 달러 이상의 가치가 있는 비트코인 대출 서비스를 제공하고 있다.

08 P2P 비트코인 대출 네트워크 프로세스 및 특징을 분석하라.

대출자는 시스템 상에서 대출 리스트를 생성하고, 투자자는 대출자에게 직접적으로 투자하거나 시스템에 의해 자동 선택을 통해 투자한다. 목표 기금이 조성되면 비트코인이 대출자에게 전송되며, 이후 대출자는 투자자에게 주기적으로 금액을 상환한다. 대부분의 경우 비즈니스의 목적으로 P2P 비트코인 대출을 활용한다.

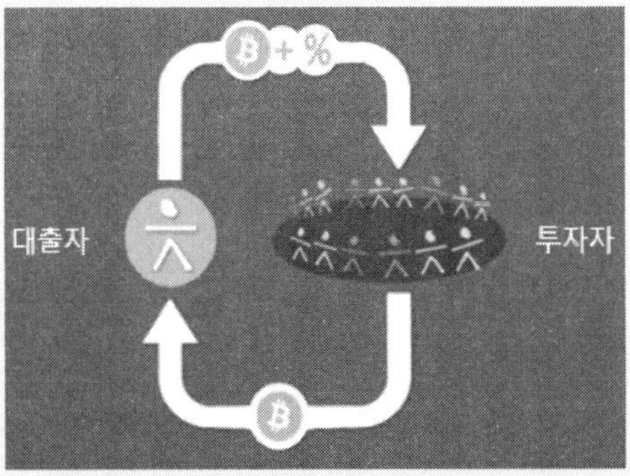

[그림 8-5] P2P 대출 네트워크 구조

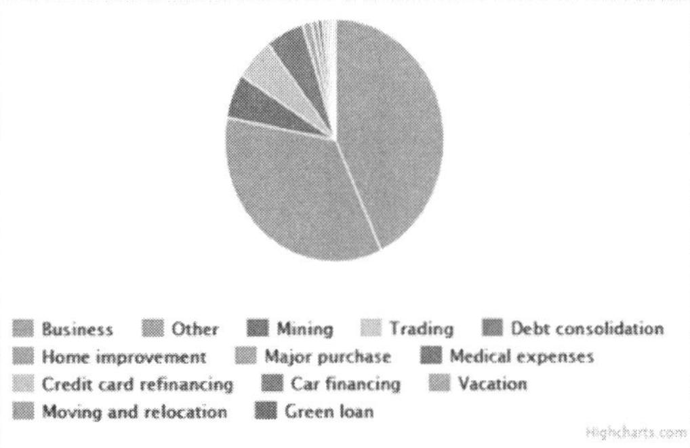

[그림 8-6] 대출의 구조

자료 : BTCjam

09 블록체인 기술을 활용하여 공공분야의 기록, 발급, 권리인증 등의 업무 체계를 혁신하면서, 안전하게 사용자의 프라이버시와 개인정보 권리 보호를 해결하기 위한 사례를 분석하라.

1. 사례 1 : 각국 정부의 블록체인 기반의 "공공서비스"

블록체인 기술은 새로운 형태의 혁신을 가능하게 하고 높은 보안 수준과 신뢰성으로 공공분야에서 활용될 수 있는 가능성이 높기 때문에 정부에게 가치 있는 시스템으로 평가한다. 그중 시민들의 출생 · 사망 · 혼인신고 및 토지 · 기업 등기 등 행정기능 일부를 대체할 수 있다는 점에 주목하고 있다. 이에 따라 각국은 전자 시민권 발급, 부동산 정보 기록, 투표, 공공데이터 기록 등 공공서비스에 블록체인 기술 도입 및 활용을 적극 검토하고 있다.

〈표 8-4〉 각 국가별 블록체인 활용 공고 서비스

국가	공공 서비스
 미국	블록체인 기반의 의료정보 기록 및 공유 서비스 개발 및 블록체인 기반 투표 시스템 토입
 영국	'Beyond Blockchain' 발표, 모든 공공서비스에 블록체인 기술을 적용하기 위해 연구개발 돌입
 온두라스	블록체인을 활용한 국가 토지대장 및 거래정보 기록 시작
 에스토니아	블록체인을 활용한 전자 시민권 발급
 스페인	신생 정당 포데모스는 공정한 투표 시스템을 위해 불록체인을 적용한 'Agora Voting' 구현

참고 : IT조선, [블록체인 혁명] 공공서비스에서 투표까지, 일상 속으로 파고들다. 2016.06.02. 수정 요약

2. 사례 2 : 티에리온(Tierion)의 "의료 데이터 기록 서비스"

티에리온은 블록체인을 기반으로 한 기록 관리 스타트업 회사로서 데이터 수집 및 저장 기술에 특화하였다. 의료데이터 기록에 어려움을 겪던 필립스는 2015년 10월 티에리온과 제휴하여 환자기록의 기밀 유지 향상을 위한 블록체인 기반 의료 데이터 기록 프로젝트 진행하였다. 블록체인 도입으로 전자기록 관리에 따른 비용을 줄이며 환자의 정보에 접근하는 해커의 공격위험을 원천적으로 차단함으로써 의료 데이터 보안과 공유 방식에 전환점을 마련했다.

3. 사례 3 : 에버렛저(Everledger)의 "다이아몬드 공급망 추적 서비스"

에버렛저는 레이저로 새긴 시리얼 넘버, 디지털 지문, 분산형 블록체인 DB를 이용하여 다이아몬드 공급망을 관리하였다. 출처, 이동, 소유권 기록뿐만 아니라 특정 다이아몬드와 관련된 정보를 추적하는 효율적인 방법을 제공함으로써 손쉽게 다이아몬드 절도, 사기 등 범죄 활동 여부를 검증하였다. 고가 자산 상품 이동, 귀금속 등의 공급망과 관련된 기록 관리 및 유통 분야의 블록체인 활용 가능성을 제시하였다.

또한 신한은행에서는 2016년 8월부터 블록체인 기술을 활용한 '신한 골드 안심서비스'를 제공한 것도 이와 같은 맥락이다.

[그림 8-7] Everledger의 향후 비전

참고 : Everledger's ambitions, Leanne Kemp, 수정요약

4. 사례 4 : 블록아이(Blockai)의 "예술작품 저작권 보호 서비스"

블록아이는 블록체인기술을 이용해 저작권 데이터를 수집 활용하는 스타트업 회사로 2015년 미국 샌프란시스코에 설립하였다. 예술가들이 자신의 사진에 대한 저작권을 저비용으로 보호받을 수 있도록 블록체인 기술을 이용해 저작권 데이터를 수집 및 활용하였다.

기존 고가의 저작권 보호 방식에서 벗어나 합리적인 가격과 안전한 보안 방식으로 서비스를 제공하여, 블록체인 기반의 새로운 저작권 보호 방식을 제시하였다.

블록체인활용 디지털 저작권 보호 증명서

블록아이를 활용한 예술가 및 작품

[그림 8-8] 블록아이(Blockai)의 블록체인 증명서

참고 : Blockai 홈페이지

5. 사례 5 : 에코(Echo)의 "SNS 메신저 서비스"

에코는 독일 뮌헨의 핀테크 스타트업으로 P2P형식의 암호화된 메신저 서비스, 디지털 지갑, 간편 결제 서비스를 제공한다. IPFS 기술을 통해 누구나 암호화된 메시지, 오디오, 비디오, 사진을 빠르고 안전하게 교환할 수 있게 하는 서비스를 제공한다.

IPFS(Inter Planetary File System)기술은 같은 파일을 가지고 있는 모든 컴퓨터를 연결해 주는 P2P(Peer-to-Peer) 분산 파일 시스템이다. 메신저 서비스의 정보보안 문제를 원천적으로 해결하는 방법으로 블록체인 효과적인 기술로 사용될 수 있음을 알 수 있다.

10 공공 · 민간분야, IoT · AI 등 기술 분야에 효율적인 블록체인 도입을 위한 기반 확산 및 기술연구를 위한 데이터의 저장, 공유를 위한 안전하고 투명한 기술기반의 플랫폼의 사례를 분석하라.

1. 사례 1 : 비트코인 컴퓨터(The 21 Bitcoin Computer)의 "IoT 폴랫폼"

인터넷 접속 시 사용하는 모뎀처럼 비트코인 생태계 접속을 위한 장치를 사물 인터넷 기기에 추가하여, 중앙집권화된 백그라운드 아키텍처 없이 사물인터넷 장치들이 서로 직접 거래할 수 있도록 하는 것이 기본 개념이다.

비트코인 잔고가 각 장치의 내장된 채굴 과정을 통해 보충되며, 소액결제를 통해 디지털 자신이동이 장치들 사이에서 자동화하고 이는 모든 참가자들이 기업이 통제하는 솔루션 없이 분산된 방식으로 사물인터넷 생태계를 함께 만들 수 있는 가능성을 제시하였다.

2. 사례 2 : 뉴리얼(Neureal)의 "분산형 인공 지능 플롯폼"

뉴리얼은 블록체인 기술을 활용하여 더 뛰어난 인공지능 알고리즘을 발견하기 위한 개방형 플랫폼이면서 분권화된 조직 프로젝트이다. 특정 데이터에 대해 더 예측을 잘하는 AI 알고리즘을 발견한 사람이 비트코인을 보상받고 자신의 알고리즘을 블록체인 노드에 추가한다.

뉴리얼 프로젝트는 블록체인에서 실행되는 프로토콜에 따라 프로젝트 리더의 지도 없이도 하나의 자동 시스템으로 작동한다. 이는 사람들이 한 회사에 모여 프로젝트를 진행하는 방식으로 벗어나 블록체인에 명시된 과정에 따라 프로젝트를 수행하는 새로운 방식을 제공한다는 점에서 흥미로운 미래 전망을 제시하였다.

3. 사례 3 : 이더리움(Ethereum)의 "블록체인 플랫폼"

이더리움은 분산 네트워크를 활용해 거대 인터넷 기업 등에 좌우되는 인터넷 생태계를 누구나 자유롭게 공유할 수 있는 생태계로 만들겠다는 목표로 세워진 블록체인 스타트업이다.

이더리움 플랫폼은 참여자 모두가 만드는 하나의 네트워크라고 할 수 있으며 이 위에 누구든지 관련 애플리케이션 개발이 가능하다.

오픈소스 API 형태로 공개되어 응용 어플리케이션을 만들 수 있으며 트위스터(SNS), 비트메시지(email), 네임코임(DNS) 등이 등장한다. 공중인증서 대체, 현금 없는 사회, 비상장 주식 거래소 개발 등 이더리움과 같은 블록체인 기반의 플랫폼은 금융뿐 아니라 사회 전반에 걸쳐 큰 영향을 미칠 것으로 예상된다.

4. 사례 4 : 팩텀(Factom)의 "블록체인 플랫폼"

비트코인 자체보다 비트코인이라는 화폐의 기초가 되는 블록체인 기술에 집중하여 투명하고 정직한 장부관리가 가능한 어플리케이션을 개발할 수 있는 플랫폼이다.

팩텀은 블록체인 위에 어플리케이션을 지을 수 있도록 도와주면 간단한 API를 이용해 기존에 가능하지 않았던 프로젝트를 개발할 수 있도록 도와주는 서비스를 제공한다.

팩텀은 온두라스 정부와 협업하여 중앙 정부 중심 방식이 아닌 블록체인 기술반의 분산형 부동사 동기 시스템을 구축하고 있다. 온두라스는 최빈국 중 하나로 법이 국민의 토지와 재산을 지켜주지 못하여 중앙 정부 중심방식으로는 부동산 등기 시스템 구현이 불가한 상황이다. 또한, 팩텀은 다양한 분야와 융합을 활발히 추구하며 2015년 초부터 미국의료기록 관리업체 Health Nautica와의 파트너십을 통해 보건산업에도 진출하고 있다.

11 블록체인 기술의 본질적 활용에 고민하는 국내와 해외 기업에 대하여 분석하라.

현재 블록체인 기술을 상용화해 서비스하는 국내와 외국의 기업들의 경우를 볼 때에 해외 기업의 경우 가상화폐, 금융분야 뿐만 아니라 보안 및 인증 프로세스 전반, 계약 패러다임 혁신, 공공 및 콘텐츠 분야 관리 등 다양한 분야에 적용하고 확산하는 중이다. 특히, 해외 기업은 직접적인 서비스 어플리케이션을 개발해 상용화하는 것으로 진화하여 오픈소스 기반의 표준화된 기술기반을 마련하고, 궁극적으로 블록체인 플랫폼을 구현하기 위한 노력에 집중하고 있다. 비트코인의 인기에 힘입어 비트코인 거래소 등이 2013년 이후 등장하였으나, 다른 비즈니스 모델은 미미한 상태이고 2015년말 이후 블록체인 기술에 대한 관심 증가에 따라 기술 도입을 지원하는 플랫폼 비즈니스를 시작하고 있다.

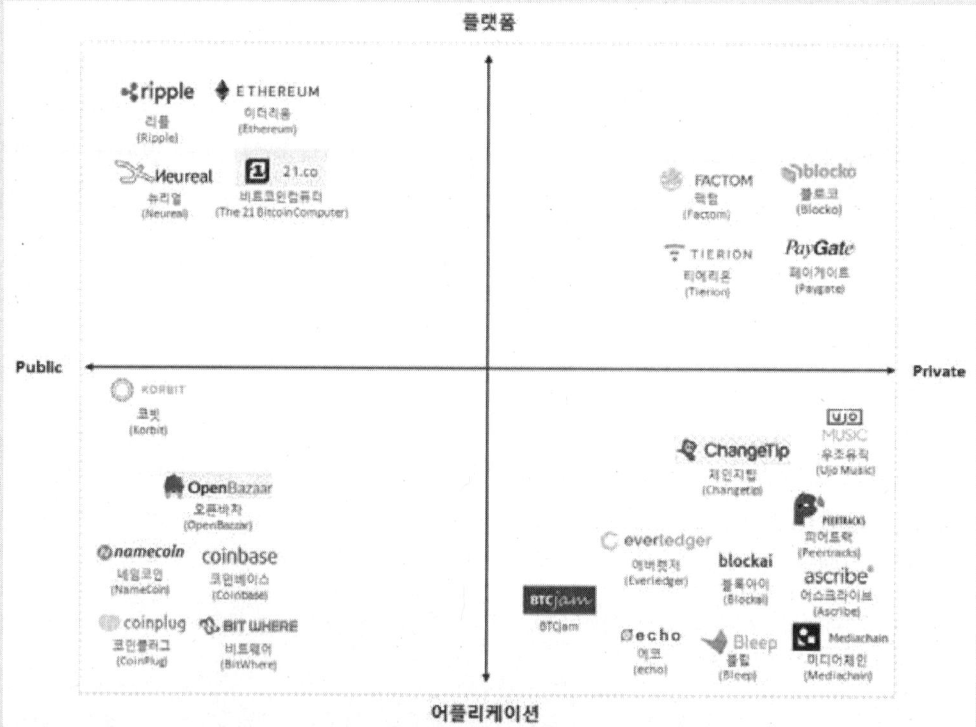

[그림 8-9] 국내와 블록체인 기술 적용 기업의 비즈니스 분야

〈표 8-5〉 핀테크 육성 핵심과제

번호	이름	국가	설명	Public	Private	디지털 경제	스마트 계약	금융 상품	기록 유지	플랫폼
1	BitWhere	대한민국	비트코인 거래소	●		●				
2	Korbit	대한민국	비트코인 거래소	●		●				
3	CoinPlug	대한민국	비트코인 거래소	●		●				
4	NameCoin	-	비트코인 거래소	●		●				
5	Coinbase	미국	비트코인 거래소	●		●				
6	OpenBazzar	미국	블록체인 전자상거래 서비스 제공	●		●				
7	Ripple	미국	각국 법정화폐를 연결하는 화폐 시스템 개발	●		●				●
8	Ethereum	독일, 영국, 네덜란드	블록체인 기술에 기반한 컴퓨팅 플랫폼	●						●
9	The 21 Bitcoin Computer	미국	블록체인 기반 IoT 플랫폼	●						●
10	Neureal	미국	블록체인 기반 분산형 인공지능 플랫폼	●						●
11	ChageTip	미국	비트코인을 활용한 소액결제 플랫폼		●	●				
12	Ujo	미국	블록체인 활용 음악 저작권 사용료 분배 및 라이선스 보호 서비스 제공		●		●			
13	Paygate	대한민국	블록체인 기반의 전자결제 보증 서비스 제공		●		●			●
14	Blocko	대한민국	블록체인 전문 업체로 블록체인 플랫폼 서비스 제공		●			●		●
15	BTCjam	미국	블록체인 기반의 크라우드 펀딩 서비스 제공		●			●		
16	Bleep	미국	블록체인 활용 비트토렌트챗 메신저 개발 스타트업		●				●	
17	Echo	독일	블록체인 활용 메신저, 디지털월렛, 전자결제 서비스 제공		●				●	
18	Everledger	영국	블록체인 기반의 다이아몬드 공급망 추적 서비스 제공		●				●	
19	Blockai	미국	블록체인 활용 저작권 데이터 수집 활용 회사		●				●	
20	Mediachain	미국	블록체인 활용한 저작권 등록 보호 서비스 제공회사		●				●	
21	Peertracks	-	블록체인 음악 스트리밍 서비스 및 저작권 보호를 개발하는 스타트업		●				●	
22	Ascribe	독일	예술가들의 저작권 등록 및 보호 서비스 제공하는 스타트업		●				●	
23	Tierion	미국	블록체인 기반 기록관리 스타트업 회사		●				●	●
24	Factom	미국	블록체인 기술 플랫폼 서비스 제공		●					●

핀테크 산업의 고도성장하는 추세에 따라 우리나라도 핀테크 육성을 핵심과제로 선정해 지원하고 있으나, 원천기술 기반인 블록체인 기술과 기술의 활용방안에 대해서는 관심과 투자가 미흡한 상태이다. 단지 P2P 대출, 온라인 송금, 환전 등의 금융서비스에 대한 개발과 지원에 집중하고 있다. 핀테크 산업의 기반 기술이자, 다양한 산업분야로 확산이 가능한 블록체인 기술에 대한 전략적인 지원과 투자가 절실히 필요한 상황이다.

12 블록체인 기술을 왜 파괴적 혁신 기술이라고 부르는 이유가 무엇인가?

일반적으로 보안, 인증, 안전 등의 이슈에 있어서 사람들은 어떠한 형태로든 중재자(Intermediary)에 의존하고 있다. 자물쇠 제작자가 만든 열쇠로 문단속을 하고, 개인정보를 보유한 인터넷 서비스를 신뢰하고, 안전 검사를 받은 제품은 안전하다고 믿고 제품을 구입하는 등 대부분의 경우 중재기관에 의지하고 있다.

그러나 중재자에 의존하는 전통적인 프로세스는 당연한 것이며 문제가 있을 것이라 의심조차 하지 않는다. 중개기관은 수수료를 요구하며, 안전도 향상을 위한 투자의 대가로 수수료는 지속적으로 상승하고 있다. 중개기관에 대한 신뢰가 저하될 경우 이용자는 피해에서 자유로울 수 없으며, 또 다른 중개기관을 선택해 지속적인 문제를 보유하고 있다. 중재자에 비용을 지불하면서도 위험에서 자유롭지 않은 현 프로세스를 개선할 수 있다면, 대부분의 경우 이러한 프로세스를 의심하고 이용하지 않을 것이다.

디지털 데이터도 마찬가지로, 데이터 관리의 핵심 이슈 중 하나는 네트워크를 통해 전송받은 데이터의 진위여부를 검증하는 것이다. 디지털 데이터는 한 시스템에서 복사되어 네트워크를 통해 다른 시스템으로 전송되며, 디지털 데이터의 손쉬운 복사/전송 특징으로 인해 원본과 가본을 검증하는 것이 중요한 문제이다.

지금까지 대부분의 경우 제3의 인증기관을 통한 중앙 집중적 검증방식으로 디지털 데이터의 진위여부를 검증하고 있다. 중앙 집중적 방식은 데이터베이스에 연결된 다양한 주체들이 동시에 데이터를 수정할 경우, 데이터의 진위여부는 단 하나의 수정이력을 통해 검증이 가능하며, 이를 위해 전체 데이터베이스를 동시에 제어할 수 있는 중앙기관을 도입하는 것으로 해결해왔고, 금융분야의 경우 공인인증을 담당하는 공공기관, 증권거래소, 시중은행 등이 이러한 역할을 수행하고 있다. 금융분야 뿐만 아니라 인터넷 상거래 서비스의 개인 인증, 각종 증명서 발급을 위한 전자정부서비스 등 인터넷 기반 서비스는 인증기관을 통한 중앙 집중적 데이터 관리 체계를 이용한다.

이러한 중앙 집중적 구조 하에서 사용자들은 위변조에 대한 부담을 어느 정도 인증기관에 전가할 수 있으나, 여러 가지 부작용이 내포하고 있다. 동시에 발생하는 중복된 수정내용 문제를 해결할 수 있지만 인증기관은 비용을 요구하고, 정직하게 활동한다는 신뢰를 구축해야 한다는 문제가 발생하고 있다.

서비스를 이용하는 개인은 여전히 보안 위협에 노출되어 있으며, 관리자 또는 관리회사가 유능하며 도덕적일 것이고, 해커의 공격에 안전할 곳이라 가정해야하며, 개인정보를 부당한 요구에서 지켜줄 것이라 믿어야한다. 그러나, 완벽한 보안을 자신해온 국내와 인터넷 서비스 기업이 해킹으로 개인정보를 유출한다거나, 내부자의 부도덕성으로 인해 개인정보를 사적인 용도로 판매하는 여러 사례를 경험하고 있다.

블록체인 기술은 '개인 정보의 통제권을 개인에게 제공' 한다는 점에서 기존체계를 파괴할 수 있는 잠재력을 보유하고 있다.

블록체인 기술은 네트워크상에서 다른 사람을 신뢰하지 않더라도 독립적으로 데이터의 진위성을 검증할 수 있다.

신뢰를 분산시킴으로써 중재자 없이 직거래가 가능하고 임의로 조작할 수 없는 디지털 폴렛폼을 제공하고 있다.

또한, 기업에 있어서는 시스템간의 데이터 동기화 필요성을 제거함으로써 기존 시스템 구조에 효율성을 배가된다.

이러한 효과 때문에 블록체인 기술은 아주 다양한 방법으로 사회 모든 분야에 영향을 줄 수 있는 잠재력을 가지고 있다.

13 블록체인 기술의 잠재력과 파괴적 영향력에 대하여 분석하라.

〈표 8-6〉 블록체인기술의 잠재력과 파괴적 영향력의 분석비교

구 분	내 용
진정한 P2P 거래	– 모든 종류의 중재자를 배제한 P2P거래가 가능 – 이용자는 블록체인 상에 자신의 식별정보로부터 금융자산, 디지털 자산 등을 등록 해놓고 자신의 통제 하에 타인과 거래할 수 있음 – 미래 마켓플레이스는 아마존, 이베이와 같은 특정 기업이 제공하는 형태에서 탈피될 것으로 전망
거래마찰 (비효율성) 감소	– 현재 '계약→거래→실행→정산' 등 각 프로세스가 분리돼 단계별로 비용/마찰 발생 최소화 – 주식거래 시 체결과 동시에 정산이 이뤄질 수 있음 – 과다한 거래비용으로 활성화되지 못한 글로벌 소액결제도 블록체인 기술을 도입해 활성화 가능
디지털 희소성	– 블록체인에 등록된 디지털 콘텐츠는 소유자가 소유권을 다른 사람에게 넘겼을 경우 복제되지 않고 소유권이 이전됨 – 이러한 특성은 음악 산업 등 콘텐츠 산업의 비즈니스 구조를 획기적으로 변화시킬 수 있음
조건부 (프로그램) 거래	– 블록체인상 거래는 일반장부처럼 중앙기관이 숫자를 더하고 빼는 식으로 장부에 기입되는 것이 아니라 파일 포맷 형태로 존재 – 개별거래에 스크립트 형태의 조건문을 프로그래밍해서 넣을 수 있으며, 이를 통해 금융기관을 통하지 않는 개인 간 옵션거래, 공증, 신탁 등 다양한 서비스가 손쉽게 가능

참고 : 블록체인 진정한 P2P시대 여는 인터넷의 미래 수정 인용(김진화)

14 블록체인 기술이 가져올 4가지 새로운 변화와 혁신에 대하여 분석하라.

블록체인 기술이 불러올 근본적인 변화는 디지털 환경에서 신뢰 프로세스를 완벽하게 재정립한다는 것이다. 블록체인은 네트워크 상 참여자를 신뢰할 필요 없이 완전히 분산된 방식으로 자신의 정보를 보호할 수 있는 새로운 구조의 디지털 신뢰 방식을 설계하였다.

모든 정보가 수집되고 검증을 관리하는 중재자를 제거함으로써 블록체인은 디지털 세상에서 사회적, 경제적 활동을 더욱 민주화된 것으로 발전시킬 수 있는 기술을 제공한다. 알 수 없는 상대방을 신뢰하는 것이 어려운 디지털 공간에서 타인과 거래하는 것이 쉬운 디지털 세상으로 변화하면서 더 직접적이고 분권화된 경제 활동이라는 새로운 트렌트에 기대가 된다.

1. 탈(脫) 중재자 및 중재기관

블록체인 기술은 상대방에 대한 신뢰가 필요 없는 솔루션을 제공함으로써 중개기관의 필요성을 약화되고 있다. 결과적으로 인증, 안전 등의 중재자뿐만 아니라 거래를 연결해주는 플랫폼 등 관련 비즈니스에 충격이 예상된다.

2. 공급사슬의 민주화

지금까지 공급사슬(Supply Chain) 내 대부분의 정보는 제품 생산 기업 또는 물류 담당 기업이 보유하고 있으며 이로 인해 고객들은 원산지, 원가 등 제품에 대한 정확하고 빠른 정보 습득이 어려웠다. 블록체인 기술로 공급사슬 내 정보가 공급사슬 참여자 모두에게 공유 가능하며 고객들은 자신의 상품과 서비스에 대한 더 자세한 정보를 요구할 수 있으며 또한, 고객들은 판매 회사의 카탈로그에서 표준화된 제품을 고르는 것 대신 생산 업체나 제조업체와 바로 거래함으로써 원하는 제품의 생산을 요청할 수 있다.

3. 인공지능 경제로의 변화

블록체인 기반의 계약은 기존 거래 비용을 줄일 수 있을 뿐만 아니라 기계 대 인간, 기계 대 기계 계약을 가능케 하였다. 기계 및 부품 등이 블록체인 네트워크로 연결되고 결제시스템과 결합되어 다양한 부품으로 구성된 기계가 기계간, 부품간 거래를 통해 유지보수, 교체 등의 의사결정을 하고 이를 통해 기계 자체적으로 부를 축적할 수 있는 상황이 가능하다.

4. 규제 시스템의 재설계

지금까지 온라인 기반의 상거래, 금융 등의 비즈니스는 제3의 신뢰기관의 중재를 기반으로 규제가 만들어졌으나 블록체인 기술의 확산 영향에 따라 기존 규제 시스템의 변화가 요구될 것이다.

또한, 에버렛저(Everledger)와 같은 자산 추적 데이터베이스를 이용하여 국가간 이동하는 상품을 자동으로 추적할 수 있고 세금 자동 납부 및 공제를 위한 혁신 도구로 사용아 가능하다.

15 큐브체인의 엔진의 큐빙에 대하여 분석하라?

큐빙(Cubing)은 27개의 블록을 모아 하나의 큐브로 만드는 큐브화 기술을 뜻한다. 거래장부를 기록한 24개의 블록과 큐브화가 진행되면서 동시에 생기는 3개의 특수블록이 합쳐져 하나의 큐브를 생성한다.

27개의 블록이 생성됨과 동시에 큐브화는 진행되며, 생성된 큐브는 또 하나의 해쉬값을 만든다.

이 후 기록되는 모든 장부들은 지속적으로 큐브를 만들고, 해쉬값은 블록과 블록이 아닌 큐브와 큐브를 잇는다. 이는 블록이 연결되면서 생기는 1차 암호화, 큐브가 연결되면서 생기는 2차 암호화 현상을 만들어내며, 기존의 블록체인보다 훨씬 강력한 암호화 기술을 가진다. 큐빙이 시작됨과 동시에 큐브 내에선 3개의 특수 블록이 생성된다. 그것은 각각 Indexing Block, Statistics Block, Escrow Block으로 불리우며, 고유의 특성을 가진다.

16 큐브체인의 특수블록의 설정에 대하여 분석하라?

큐브체인에서는 데이터만을 가지고 움직이는 것이 아니라 데이터 영역과 특수기능의 데이터를 구분하고 확장할 수 있도록 하였다. 암호화 화폐를 위해서는 3개의 특수블록을 설정하였지만 다른 어플리케이션 개발을 위해서는 특수블록을 별도로 설정해서 사용할 수 있으며, 이는 Genesis 파일 설정을 통해 가능하다.

특수블록은 코어를 설치할 때 설정만으로 사용할 수 있도록 하였고, 이를 통해서 다양한 분야에 쉽게 적용하도록 설계되었다. 큐브체인에서는 다양하게 정의된 특수블록을 준비하였으며, 향후 지속적으로 추가될 예정이다.

큐브내 27개의 블록 중 3개는 특수한 기능을 가진다. Indexing, Statistics, Escrow 기능을 가진 이러한 특수블록은 방대한 데이터를 빠르게 처리하거나, 안전한 거래를 진행하게 한다.

[그림 8-10] 큐브체인의 블록구성

17 큐브엔진의 특수블록의 종류와 그 특징을 분석하라?

특수블록에는 Indexing Block, Statistics Block, Escrow Block, Format Block, Edit Block 등이 있다.

각각의 특수기능은 아래에서 소개한다.

1. 인덱싱 블록

인덱싱 블록(Indexing Block)은 전체 블록에 대하여 데이터를 색인으로 표시하여 해당 블록의 방대한 데이터를 일목요연하게 정리하여 검색기능을 탑재한 블록기능이다.

기존의 블록체인 방식에서 특정 지갑주소에 관한 거래 내역을 검색할 때 모든 데이터를 검색하여야 한다. 모든 데이터에 대한 검색작업이 이루어져야 하기 때문에 그 만큼의 시간이 소요된다.

그러나 인덱싱 블록은 전체 거래에 포함된 전자지갑을 주소별로 거래가 이루어졌던 블록높이를 정리한 데이터 블록이기 때문에, 인덱싱 블록만 검색하면 해당 검색자료를 더욱 빠른 시간 내에 찾을 수 있다.

인덱싱 블록 내에는 예를 들어

A라는 주소: 20,32,105,201,302 블록높이,
B라는 주소: 3,102,201,1001 블록높이, C주소 ......

위와 같이 모든 주소들을 주소 값 순서대로 정리한 후 해당되는 블록높이를 주소 값에 맞게 정리해져 있다. 검색자가 b 주소내 특정거래를 검색하고 싶을 때, 인덱싱 블록 내 정리되어 있는 b주소- 특정거래를 빠르게 찾아낼 수 있다. 인덱싱 블록의 목적은 특정 주소에 대한 이력을 빠르게 찾고, 쉽게 관리 할 수 있도록 도와준다.

전자지갑의 목록 출력이나 이력제공, API 제공 시 빠른 속도로 구현된다.

〈표 8-7〉 블록체인과 큐브체인 방식의 비교

기존 블록체인 방식	큐브체인 방식
특정 지갑주소 거래 내역 검색 시 모든 데이터를 검색(모든 큐브 1,000개 큐브 생성시 1,000×24＝24,000개의 블록 검색)	특정 지갑주소 거래 내역 검색 시 인덱싱 블록만 검색 (1개 블록)

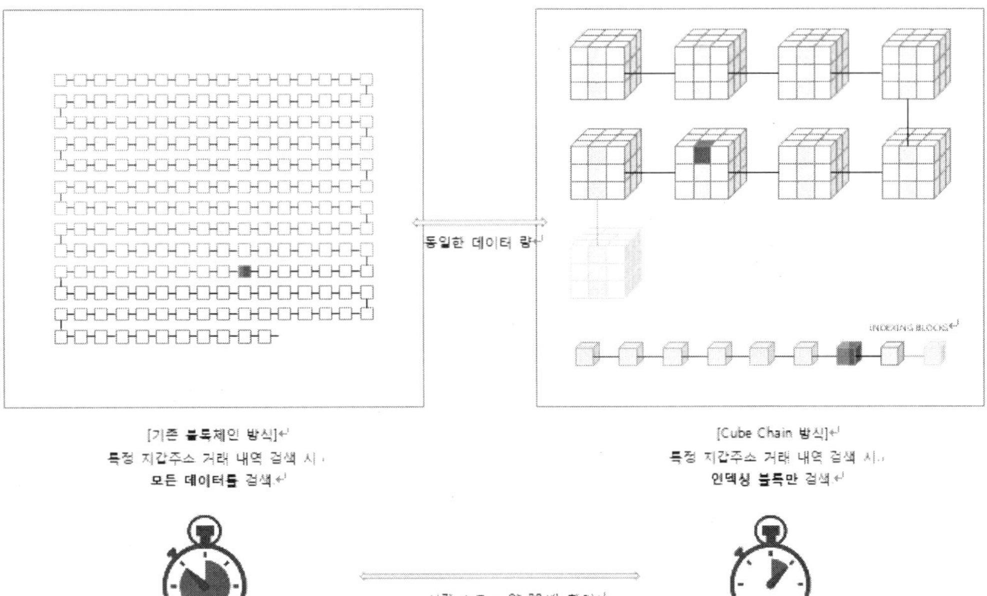

[그림 8-10] 기존 블록체인과 큐브체인 인텍싱 블록 데이터 처리 기능 비교

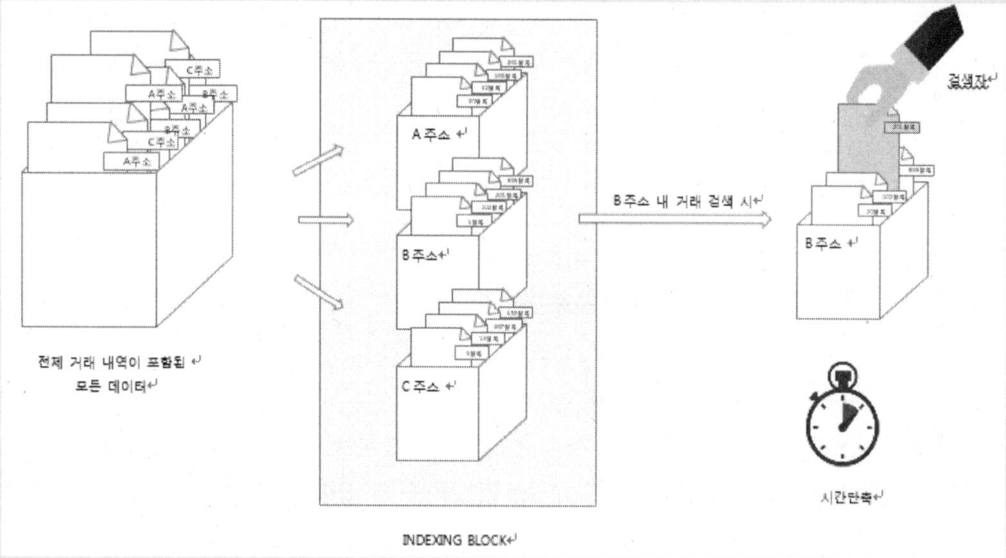

[그림 8-11] 인덱싱 블록 원리

2. 스테티스틱스 블록

스테티스틱스 블록(Statistics Block)은 고정적으로 자주 사용하는 데이터를 통계적으로 분석하여 모아진 블록으로 신속한 서비스 처리하기 위한 기능을 가지고 있다.

전체 블록에 대한 통계 값을 정리함으로써 스테티스틱스 블록을 이용하면 빠른 시간 내에 정리된 내용으로 서비스 처리가 가능하다.

POS대상자를 찾으려면 전체 지갑에 대하여 전체 블록을 검색하여 잔고 리스트를 만들고 이 중에서 잔고 5,000개 이상의 코인을 갖는 지갑을 골라내야 한다. 이때 스테티스틱스 블록 내에 POS대상자에 대한 데이터를 모아 놓는다면 매번 반복되어야 하는 검색과정을 효과적으로 줄일 수 있다.

잔고가 많은 전자지갑 상위 리스트 1,000개, 이체 횟수가 100회이상인 전자지갑 리스트 등 자주 사용되는 출력 데이터들을 모아 놓는다면 효과적인 검색을 이루어 낼 수 있다. 결과적으로 해당되는 응용서비스의 API를 매우 빠르게 구현할 수 있다.

응용서비스와 각종 API에서도 빠른 로직 구현과 다양한 활용성을 제공한다.

예를 들어 스테티스틱스 블록 내에서

예를 들면, 큐브높이에 따른 POS대상자 찾기 위한 검색 블록은 다음과 같다.

〈표 8-8〉

	기존 블록체인 방식	큐브체인 방식
큐브높이 1,000일 때	1+2+3+ … +998+999+1,000= 500,500×24=12,012,000개 블록	1+1+1+ … +1+1+1 =1,000개 블록
큐브높이 10,000일 때	1+2+3+ … +9,998+9,999+10,000= 50,005,000x24=1,200,120,000개 블록	1+1+1+ … +1+1+1 =10,000개 블록

큐브가 1,000개만 쌓여도 검색해야 하는 블록의 개수는 10,000배 이상 차이가 난다.

리스트를 정리하는 과정과 해당 내역을 추리는 프로세스를 추가한다면, 이 보다 더 큰 차이가 발생할 것이다.

POS 대상자가 5,000 이상이므로 잔고 5,000이상인 전자지갑 주소에 대한 데이터, 잔고가 많은 전자지갑 상위 리스트 1,000개, 이체 횟수가 100회이상인 전자지갑 리스트를 모아 둘 수 있다. 이외에도 사용성이 많은 통계 데이터를 모아두어, 언제든지 필요할 때 리스트를 빠르게 출력할 수 있다. 이러한 통계는 전체 블록에 대한 통계 값으로 정리된 내용이 없다면 검색 시 많은 시간이 필요한 부분이지만 스테티스틱스 블록을 이용하면 빠른 시간 내에 정리된 내용으로 서비스 처리가 가능하다.

[그림 8-12] 기존 방식

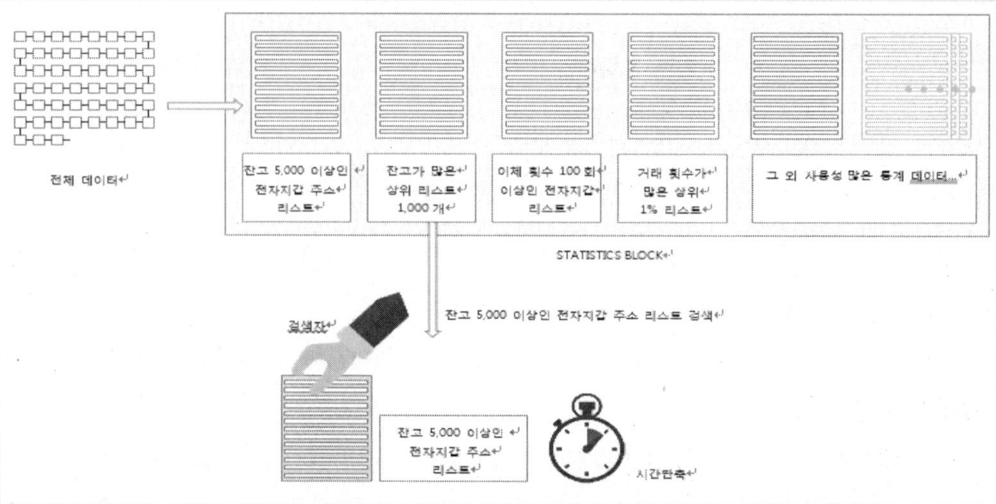

[그림 8-13] 스테티스틱스 블록 방식

3. 에스크로 블록

에스크로 블록(Escrow Block)은 조건부 날인 증서 기능을 하는 블록으로 에스크로 존에서 2중 승인기능을 탑재하여 안전하게 신용거래를 진행 할 수 있다.

에스크로(조건부 날인증서) 거래는 거래체결이 되더라도 받은 지갑에서 즉시 사용할 수 없는 상태가 되고 반드시 승인이 이루어져야만 사용할 수 있는 거래이다. 일반 거래는 24개의 데이터에 분산되어 기록되지만 에스크로 거래 시에는 에스크로 블록에 기록된다.

에스크로 블록에는 이중 승인방식(Double Authorization Data System)을 도입하여 데이터를 저장한다. 일반 데이터는 24개의 데이터 중 하나로 기록되지만, 에스크로 데이터는 별도로 보관 관리된다. 에스크로 데이터는 이중승인이 이루어지는 시점에서 일반 데이터로 재기록 된다.

이중승인방식이란 일반적인 블록체인을 사용한 거래 시 이루어지는 승인방식 도중, 거래자들 사이에서 승인 암호화키를 추가 발급하여 이중 승인이 이루어져야만 거래가 가능한 방식을 말한다.

가상화폐 에스크로 이체 시 승인 암호화키를 만들어 거래 할 수 있고 승인 암호화키를 송신인과 수신인이 암호화 키를 통해 승인 처리를 할 수 있다. 이때 승인 암호화키는 자동생성 방식과 송신인이 만들어서 보내는 방식이 있다.

암호화키 승인 허용 방식에서도 송신인만 승인 가능하도록 할 수도 있고, 수신인 측에서 승인 가능하도록 처리할 수도 있으며, 송신인과 수신인 둘 다 허용해야 승인 가능한 방법이나 송신인과 수신인 한 곳에서만 허용해도 승인 가능한 방법도 처리 가능하다.

또한, 일정 기간 후 자동승인 방식도 있는데 이때 승인키로 자동승인을 해제하지 않는 한 일정 기간 후 승인되어 수신인에서 사용가능한 상태가 된다.

이때 자동승인 해제를 하면 송신인 측에서 승인 허용하는 방식으로 전환되며 이렇게 에스크로 상태가 허용 시까지 유지된다. 그렇게 되면 수신인은 거래를 취소할 수는 없지만 송신인이 사용할 수 없기 때문에 지속적으로 거래나 계약을 지키도록 요청할 수 있다. 승인키 허용방식에서 수신인 승인 허용방식은 송신인 측에서 이메일이나 메신저 등의 통신 수단을 통해 승인키를 전달하면 된다.

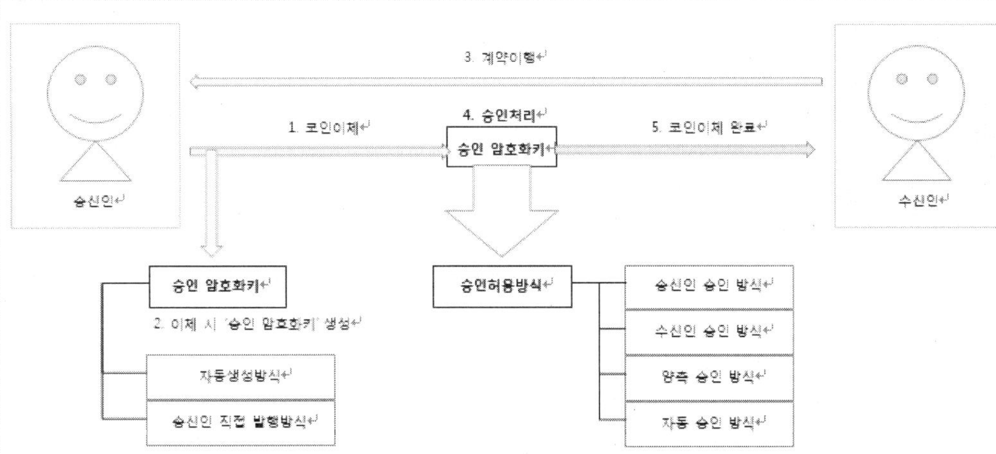

[그림 8-14] 에스크로 블록을 이용한 거래프로세스

기존의 에스크로 거래는 중계자가 거래자 간의 중간에서 거래의 매개 역할을 했다면 에스크로 블록은 중계자가 없는 에스크로 기능이 특징이다.

물론 서비스 구현에 따라 기존의 방식처럼 제3자가 중간 매개 역할도 가능합니다만 직접 당사자간 거래로만 에스크로를 도입할 수 있다는 큰 특장점이 있다.

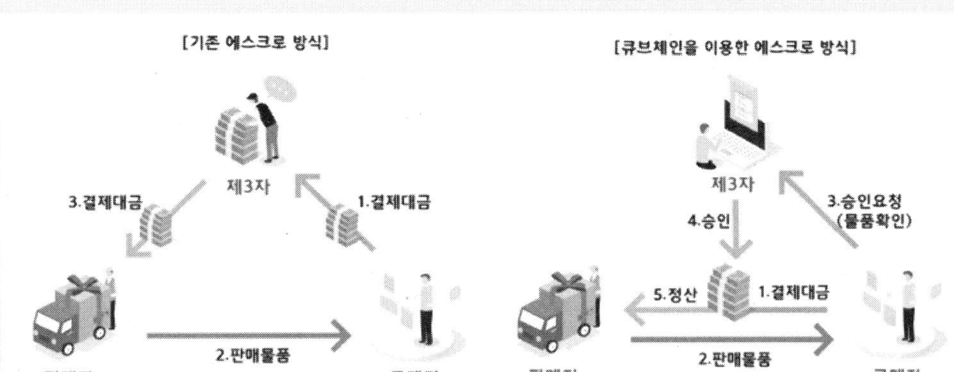

[그림 8-15] 기존 에스크로 방식과 큐브체인을 이용한 에스크로 방식 비교

이중승인 방식은 송신인 승인 방식, 수신인 승인 방식, 양측 승인 방식, 특정기간 이후 자동 승인 방식 등 다양하게 구현될 수 있다.

온라인 쇼핑몰, 오픈마켓뿐만 아니라 쇼핑몰이 없는 개인간의 직거래에서도 간편하면서도 안전한 거래가 이루어질 수 있도록 하는 획기적인 방법이 될 수 있다.

4. 포맷 블록

포맷 블록(Format Block)은 데이터 블록에 기록될 데이터 포맷이 유연성 있게 변화되어야 할 때 사용한다. 포맷을 결정하는 정보를 변경하면 포맷 블록은 데이터의 유효성 검사를 자동으로 진행하며 이를 통해 잘못된 데이터가 담기는 것을 방지하며 사용자나 프로그램의 오류를 방지한다.

5. 수정 블록

수정 블록(Edit Block)은 기존 데이터를 수정할 목적으로 사용된다. 블록체인의 비가역성은 장점이자 동시에 단점이다. 암호화 화폐에서는 필수적인 요소지만 다른 응용서비스에서는 데이터의 수정이 필요할 수도 있다. 이를 위해서 수정 블록을 설정하여 수정사항을 쉽게 반영시키고 관리할 수 있다.

18 큐브체인의 특수블록이 생성되는 과정에 대하여 분석하라.

특수블록은 데이터 블록에 기반하여 재가공 된 데이터나 반영될 데이터이다. 필수 특수블록으로 채택되는 3개의 특수블록은 데이터 블록의 재가공 데이터라 할 수 있다. 특수블록이 생성되기 위해서는 먼저 데이터 블록이 있어야 한다.

따라서 최초의 첫 번째 큐브에서는 특수블록이 생성되지 않는다.

두 번째 큐브부터 특수블록이 생성되는데, 특수블록의 생성시점은 이전 큐브가 만들어지고 현재 큐브가 형성되는 시점에서 진행된다. 그래야만 특수블록을 생성하느라 큐브가 완성되는데 지연되는 시간을 없앨 수 있다.

첫 번째 큐브가 완성되면 바로 두 번째 큐브에 포함될 특수블록을 생성하기 시작한다.

이때 특수블록은 이전 특수블록과 이전 데이터에서 추출된 내용을 합쳐서 생성함으로 누적 반영을 쉽게 처리할 수 있다. 즉, n번째 큐브의 특수블록은 n-1번째 큐브까지의 데이터를 담고 있다. n-1번째 큐브가 완성되는 시점에서 n-2번째 큐브의 데이터를 담은 특수블록과 n-1번째 데이터를 합쳐서 만들어지기 시작하며, n번째 큐빙이 이루어질 때, 데이터 블록과 유기적인 관계를 형성하게 된다.

특수블록은 큐브와 큐브가 체인화가 이루어지는 시간동안 생성됨으로 기능적 요소는 확장되지만, 이로 인한 지연되는 시간은 없다. 또한 특수블록의 암호화는 자체개발한 CH-S1 함수를 이용하여 데이터량에 비해 매우 빠른 속도로 해쉬값을 얻을 수 있다.

19 큐브엔진의 2중 암호화에 대하여 분석하라.

시간 순으로 발행된 거래내역을 포함한 블록들은 노드들에 의해 생성이 된다. POW(Proof of Works) 또는 POS(Proof of Stack) 방식을 이용하여 생성된 블록은 생성되는 과정에서 해쉬화 작업이 이루어지며, 이는 다음 블록 생성시 이전 해쉬값을 검증한다.

매 블록은 바로 전 블록의 해쉬값을 가지고 있으며, 이들이 이어져 블록체인을 이룬다. 한 블록이 생성될 때 이루어지는 해쉬화 작업을 1차 암호화 작업이라 부른다. 무작위로 이루어진 문자열(Hash)은 그 안의 데이터의 크기나 내용은 알 수 없다.

이렇게 이어진 블록들 중 24개 블록과 3개의 특수 블록이 생성되는 동시에 하나의 큐브로 만들어지는 큐브화 작업이 이루어진다. 큐브화 작업 시 하나의 큐브에 해당하는 해쉬화 작업이 새로 진행된다.

[그림 8-16]

하나의 큐브에 대한 해쉬값이 생성되면 다음 큐브 생성시 이전 큐브 해쉬값을 가지고 이어진다. 이를 2차 암호화 작업이라 부른다. 이는 기존의 블록체인보다 훨씬 강력한 암호화 기술을 가진다. 블록과 블록이 연결되면서 1차 암호화가 되고, 27개의 블록이 큐브화되면서 2차 암호화가 되어 보안성이 훨씬 뛰어나다.

20 큐브엔진의 POW+POS Hybrid방식에 대하여 분석하라.

큐브체인은 POW+POS 함께 사용하는 하이브리드(Hybrid) 방식을 채택하여 POW와 POS비율은 7:3으로 시작되어 시간의 흐름에 따라 POS비율이 높아지고 결국에는 POS로만 유지되도록 하였다.

초기에 POW를 높여서 네트워크가 안정적으로 구축되도록 하였고 POS를 높여가며 네트워크 자원 및 전력낭비를 줄이는 방식을 사용하였다.

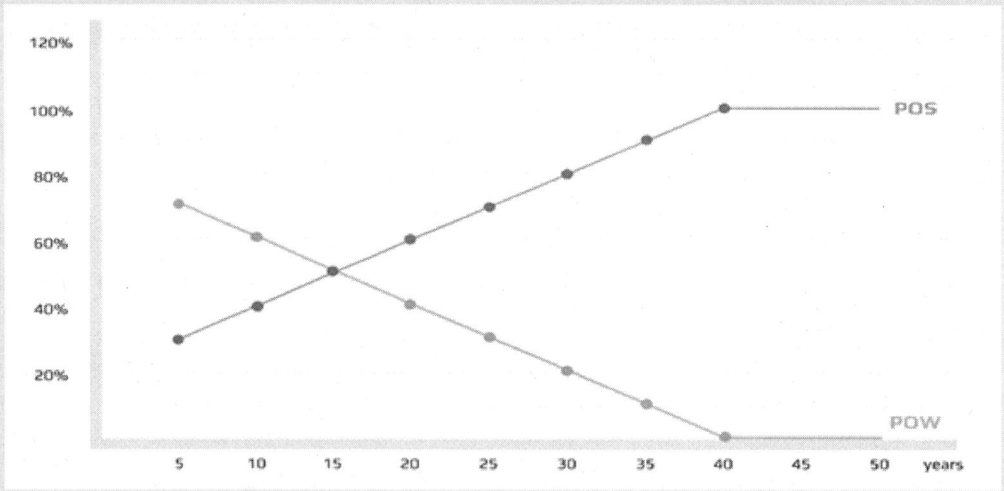

[그림 8-17] Coin compensation ratio

POW와 POS 혼용 시 POS를 계산하여 지급하는데 시간이 오래 걸리는 단점이 있으나, 큐브체인의 스테티스틱스 블록을 이용한다면 매번 반복적으로 계산하는 비효율성을 획기적으로 줄일 수 있다. POS 참여 조건은 지갑에 최소 5,000개 이상의 큐브체인을 보유하고 있어야 하며, 조건에 부합되는 대상자에게 잔고 비율에 따른 코인보상 지급을 한다.

21 큐브엔진의 암호화 방식에 대하여 분석하라?

큐브엔진의 암호화 방식을 분석하기 전에 일반적인 암호화방식인 지갑생성, 디지털서명, 블록해쉬함수를 설명한 후 큐빙의 해쉬함수 및 큐브해쉬함수를 설명한다.

1. 지갑의 생성

지갑의 생성에서 가장 많이 사용하는 방식은 비대칭형 암호화 방식이다. 비대칭 암호화 방식은 두 개의 키를 쌍으로 가지며 하나의 키로 암호화하면 다른 키로 복호화 할 수 있다.

두 개의 키 중에 하나는 공개키(Public Key), 또 하나는 개인키(Private Key)라 하며 지갑 생성시 공개키는 지갑주소로 사용되며 개인키는 이체 시 비밀번호로 사용된다. 큐브체인은 지갑의 주소와 암호의 생성에서 비대칭형 암호화 방식(Asymmetric Cryptographic Technique)인 RSA(Rivest Shamir Adleman)알고리즘을 사용한다.

2. 디지털 서명

지갑을 통해 이체를 하게 되면 디지털 서명의 과정을 거치게 되는데, 이 때 암호화 방식은 대칭형 암호화 방식(Symmetric Cryptographic Technique)인 AES25을 사용한다.

지갑의 주소와 암호를 생성하는 RSA Algorithm의 비대칭형 암호화 방식은 키를 노출하여도 해킹할 수 없는 암호전달의 문제를 해결하였지만, 속도가 느린 단점을 가지고 있다. 그래서 키의 교환상에 어려움이 있지만, 암호화와 복호화 속도가 빠른 장점이 있는 AES25 방식과 혼합하여 RSA의 단점을 보안 할 수 있도록 한다.

데이터의 크기가 작다면, RSA로 생성된 공개키와 개인키를 이용하여 디지털 서명 암호화 키를 생성하는 데이터 암호화 처리 방식이 효율적이지 않을 것이다. 그러나 데이터의 크기가 커질수록 그 효율성은 훨씬 증대될 것이다.

3. 블록 해쉬함수

해쉬함수는 데이터를 고정된 일정길이의 해쉬값으로 변환하여 출력하는 함수이다. 이 변형된 데이터는 원본 데이터를 복구하는 복호화는 되지 않고, 데이터의 무결성을 검증하거나 암호를 인증하는데 사용한다. 블록체인에서 n번째 블록의 해쉬값은 n-1번째 블록의 해쉬값과 연결된다. 큐브체인에서는 해당 블록내의 27개 각 블록의 해쉬값을 만드는데, 이때 데이터블록에 사용되는 해쉬 함수는 SHA-256을 사용한다.

특수블록은 일반 데이터 블록보다 데이터가 점차적으로 더욱 증가하기 때문에 기존의 해쉬함수와는 다른 해쉬함수가 쓰여져야 하며, 그 것은 자체 개발된CH-S1 함수를 사용한다. 기존의 해쉬함수를 사용할 시 심각한 속도저하가 일어날 수 있다. 이러한 속도저하를 방지하기 위해 기존과 다른 데이터 추출/압축과정으로 해쉬 처리과정 속도를 획기적으로 높인 CH-S1해쉬함수를 개발/사용한다.

4. 큐빙 해쉬 함수

큐빙을 진행할 때 암호화 방식은 독자적으로 개발한 CHF-Algorism(Cubing Hash Function Algorithm)을 사용한다. 큐브내 27개의 블록은 각 블록의 위치에 따라 서로 인접한 블록이 각각 다르다. 육면체의 각 면의 위치에 따라 모퉁이에 위치한 블록 8개, 중심에 위치한 블록 6개, 중심을 둘러싼 블록 12개, 큐브의 정중앙 블록 1개로 구성된다. 4가지 구분에 따라서 사용하는 해쉬함수도 달라지게 되는데, 각각 CH-B3, CH-B4, CH-B5, CH-B6으로 명명한다.

앞의 CH(Cubing Hash)는 큐빙 해쉬함수를 뜻하며 뒤의 B(Block)는 위치한 블록에서 큐브내 바로 인접한 블록의 개수를 뜻한다.

큐빙 해쉬함수는 인접한 블록의 해쉬값을 이용하여 또 다른 해쉬값을 만들어낸다. 이렇게 해서 27개 블록의 각각 해쉬값을 얻는다. 큐빙 해쉬값이 블록 해쉬값과 다른 특징은 블록데이터를 기반으로 한 것이 아니라 관계된 블록 해쉬값을 기반으로 했다는 점이다. 큐빙 해쉬값을 통해 현재블록과 전체 블록을 검증하며 27블록이 개별적으로 사슬관계를 만들어 검증을 한다.

5. 큐브 해쉬 함수

큐빙에서 얻어진 27개 블록의 해쉬값을 이용하여 전체 큐브의 해쉬값을 만든다. 이렇게 만들어진 전체 큐브 해쉬값과 전체 블록의 해쉬값을 포함하여 현재 블록의 큐브 해쉬값을 생성한다. 큐브의 해쉬값을 만드는데 SHA-384 함수를 사용한다.

22 큐브체인의 다양한 솔루션 및 애플레케이션 개발에 이용한 방법을 분석하라?

큐브체인(Cube Chain)에서는 다양한 솔루션 및 어플리케이션 개발으로, 큐브체인을 이용한 방법은 금융, AI와 결합한 IoT, 보안시스템, 병원, 예측시스템 등 다양한 분야에서 적용가능하며, 4차 산업혁명을 대비한 사회 전반의 혁신적인 변혁을 가져올 것으로 전망한다.

Cube Chain을 이용한 몇 가지 솔루션&어플리케이션을 소개한다,

1. 보안로그인시스템 SLS(Security Login System)

큐브체인을 활용한 보안 로그인 플랫폼은 분산되어 있는 데이터 베이스를 하나로 통합하여 분산 및 저장하는 시스템이다. 다양한 접속 서비스를 통해 유입된 하나의 통합 로그인 아이디(One ID)의 개인정보와 로그인 시 지문, 홍채, 생체인식, 휴대폰 핀코드, 통신사 인증정보, 신분증 스캔 등으로 발급된 디지털 증명서를 큐브(블록)에 저장하고 분산되어 있는 큐브(블록)에서 대조/확인함으로써 하나의 단독서버의 해킹 위험성을 최소화한다.

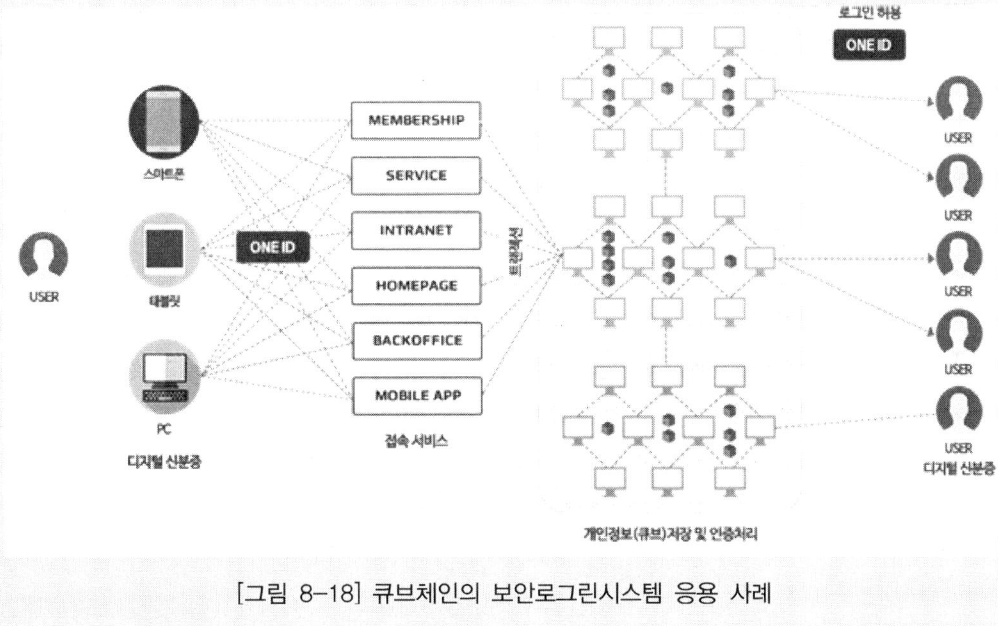

[그림 8-18] 큐브체인의 보안로그린시스템 응용 사례

2. 의료정보교류플랫폼 MIEP(Medical Information Exchange Platform)

의료정보가 서로 통합되어 있는 않은 한국 사회에서 환자는 병원을 옮길 때마다 기존

병원의 의료정보를 가지고 가야만 한다. 이는 시간과 비용의 낭비이며 환자들이 많은 불편을 겪고 있다. 큐브체인은 의료병원을 연계하여 환자의 의료정보를 큐브체인 기반의 블록 DB에 저장하여 서로 공유하며 접근 권한을 부여하여 타인에게 노출이 되지 않도록 관리하는 의료정보 교류 플랫폼을 제시한다.

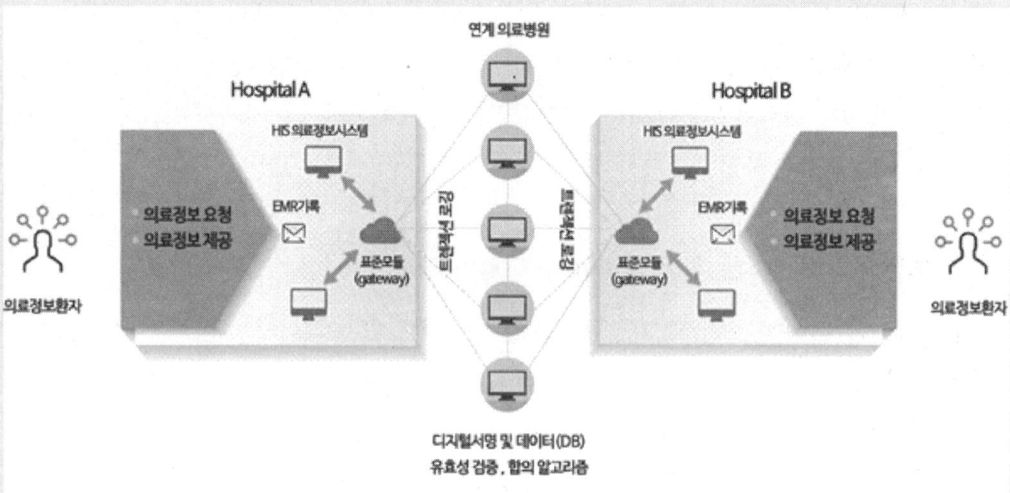

[그림 8-19] 큐브체인의 의료정보 교류플렛폼 응용사례

3. 골프예측프로그램 GPP

GPP(Golf Prediction Program)는 골프 경기 시작전에 미리 순위를 예측하는 어플리케이션이다. 국제 골프경기 일정을 프로그램에서 미리 공지하고 사용자는 지정한 일정기간 내에 선수에게 베팅을 할 수 있다. 베팅은 큐브코인으로만 가능하며 출금/입금도 큐브코인으로만 할 수 있다. 범주형이 아닌 연속적인 데이터로 통계를 산출하고, 상관관계 추적 계수 산출 및 정밀 적합성 회귀분석알고리즘, 추세추적알고리즘, 분포변형(환산값, 사이값, 누락값 산출), Interpolation method 알고리즘을 이용하여 예측한다. NORMAL 분포를 백분위 균등분포화로 모든 데이터 상호 호환하는 사표준화 서열 지수법과 기록과 지수값 연관기술 및 시간 영향률 평가 예측법도 구현하여 더욱 정확한 예측 시스템을 구축한다. 이 어플리케이션으로 큐브코인 활성화와 상용화, 마케팅 효과까지 기대한다.

인터넷은 전 세계 어디든 연결되어 있다. 30억명의 네트워크 사용자가 연결되어, 사람과 사람, 컴퓨터와 컴퓨터, 앞으로는 자동차, 가전제품 등 사물과 사물 간의 연결고리를 만들 것이다. 이러한 연결고리 속에서 데이터는 이동되며 안정적이지 않은 공간 속에서 데이터를 이동시키기 위해 우리는 더욱 안전하고 빠르게 옮길 수 있는 플랫폼이 필요하게 된다.

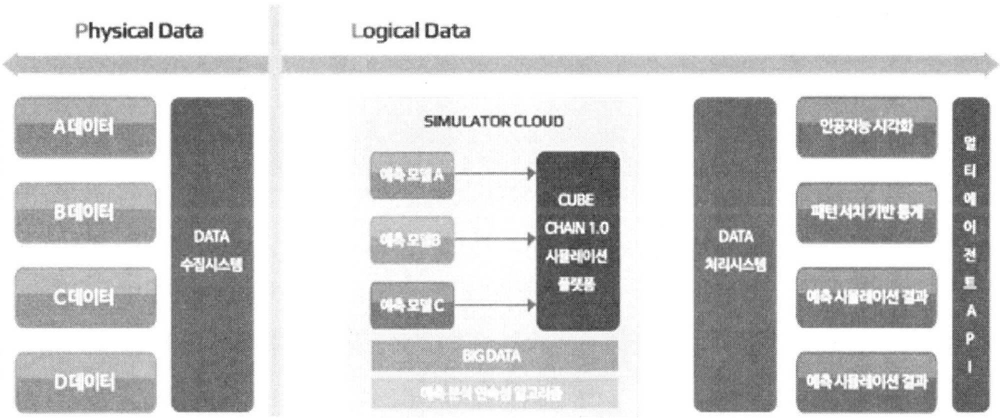

[그림 8-20] 큐브체인의 골프예측프로그램 응용사례

블록체인 기술은 4차 산업혁명을 이끌 기반 기술로 자리매김하기 위하여 발전하고 있다. 암호화 화폐시장뿐 만 아니라 전 산업에 걸쳐 데이터의 자유로운 공유와 안전성을 동시에 확보하는 기술로 대중화될 날이 멀지 않았다. 큐브체인은 기존 블록체인의 단점을 보완하여 이에 기여하고자 한다. 다양한 분야에서 편리하게 활용될 수 있도록 발전시켜 4차 산업혁명을 선도하는 기술로 만들고 새로운 생태계 형성을 위해 활용되길 기대한다.

큐브체인은 그런 신뢰가 형성되지 않은 가상의 공간에서 신뢰를 만들어 준다. 큐브체인은 블록이 큐브화되며 연결되는 과정 속에 더욱 강화된 보안과 모든 사용자가 데이터베이스의 주인이 되어 엄격한 관리를 하게 되는 시스템을 구축하여 4차 산업혁명을 준비하는 혁신적인 기술을 만들고, 새로운 생태계 형성을 위해 최선을 다 할 것이다.

학습활동.8 교수 · 학습 방법

교수 방법

- 핀테크의 블록체인 활용에 대한 관련 용어, 구성, 방식 이해 정도를 파악한 후 수업을 진행한다.
- 교수자의 주도로 핀테크의 블록체인 활용 등의 내용을 PPT 자료로 제시한 후 설명한다.
- 가능하면 사전에 개인별 학습 자료를 준비하여 모든 학생이 참여할 수 있는 문제 해결식 수업, 협력 수업이 가능하도록 한다.
- 핀테크의 블록체인 활용 전 과정을 작업의 순서에 따라 단계적으로 실습이 이루어질 수 있도록 지도한다.
- 교재를 통해 수업을 준비하는데 있어서 필요한 모든 정보나 팁, 힌트 등 도움이 될 만한 내용들을 확인할 수 있다.
- 학생들이 만들게 될 각 모델들은 수업시간에 중점적으로 다뤄질 부분과 어휘, 질문, 답을 포함하고 있으며 또한 탐구할만한 추가적인 아이디어들도 포함하고 있다.

학습 방법

- 핀테크의 블록체인 활용에 대한 관련 용어를 숙지하고, 핀테크의 블록체인 활용의 기초단계에 대해 이해한다.
- 핀테크의 블록체인 활용의 각 단계별 중점 사항을 체계적으로 학습한다.
- 핀테크의 블록체인 활용의 수행순서의 전 과정을 실습한다.
- 핀테크의 블록체인 활용의 내용을 이해한다.
- 핀테크의 블록체인 활용을 이해하고 숙달이 될 때까지 학습한다.

학습활동.8 평가 및 피드백

평가 준거

- 평가자는 피평가자가 수행 준거 및 평가 내용에 제시되어 있는 내용을 성공적으로 수행할 수 있는 지를 평가해야 한다.

학습내용	평가항목	성취수준		
		상	중	하
핀테크의 블록체인 활용	핀테크 블록체인 활용을 이해할 수 있다.			

평가 방법

• 작업 포트폴리오

학습내용	평가항목	성취수준		
		상	중	하
핀테크의 블록체인 활용	핀테크 블록체인 활용을 이해할 수 있다.			

• 필기시험

학습내용	평가항목	성취수준		
		상	중	하
핀테크의 블록체인 활용	핀테크 블록체인 활용을 이해할 수 있다.			

• 체크리스트를 통한 관찰

학습내용	평가항목	성취수준		
		상	중	하
핀테크의 블록체인 활용	핀테크 블록체인 활용을 이해할 수 있다.			

피드백

1. 작업 포트폴리오
   – 제출한 보고서를 평가한 후 주요 사항에 대하여 표시하여 돌려준다.
2. 필기 시험
   – 평가 결과 성적이 저조한 학생은 보고서 제출 기회를 부여한다.
3. 체크리스트를 통한 관찰
   – 실습 과정에서 평가한 후 개선해야 할 사항 등을 정리하여 돌려둔다.

참고자료

1. 한국정보화진흥원, "Beyond 비트코인, 블록체인 기술의 무한확장" 제2편 지능정보기술의 혁신과 활용전략,
2. Blockchain Phenomenon(Juri Mattila, University of California, Berkeley, 2016)
3. Distributed Ledger Techmology : beyond block chain)UK Government office for Science, 2016)
4. Blockshain applications in the public sector(Deloitte, 2016)
5. A BLOCKCHAIN PROFILE FOR MEDICAID APPLICANTS AND RECIPIENTS(institute for the Future, 2016)
6. 블록체인의 기술적 이해 및 도입을 위한 첫걸음(Korbit, 2016)
7. 모든 거래 기록된 장부, 블록체인 진정한 P2P시대 여는 인터넷의 미래(김진화, 2016)
8. Connect to Blockchain(blocko, 2016)
9. KB 금융지주 경영연구소, 블록체인 기술과 금융의 변화(2015)
10. 한빛아카데미, 컴퓨터 개론
11. IT조선, "블록체인 혁명" 공공서비스에서 투표까지. 일상 속으로 파고들다(2016)
12. Everledger's ambitions(Leanne Kemp, 2016)
13. Bitcoin : A Peer-to-Peer Electronic Cash System(Nakamoto, Satoshi, 2008)
14. The Rise of the Platform Economy, Issues in Science and Technology(Kenney, Martin-Zysman, John, 2016)
15. LG CNS 2017년 인공지능과 금융의 융합 ②블록체인이 금융산업에 미치는 영향
16. www.cubechain.io
17. "the cube chain white paper cube engine" ver. 0.8, Oct. 27.2017

제1부 글로벌 결재 플랫폼	학습 1	새로운 핀테크의 결재 플랫폼 등장
	학습 2	핀테크의 결재 플랫폼 서비스
	학습 3	핀테크의 글로벌 결재 플랫폼 서비스
제2부 글로벌 결재의 발전	학습 4	스마트 물류의 진화
	학습 5	스마트 계약
	학습 6	인터넷전문은행의 도입
	학습 7	가상화폐
	학습 8	핀테크의 블록체인 활용
제3부 결재 플랫폼의 활용	**학습 9**	**오프라인 결재 플랫폼**
	학습 10	온라인 결재 플랫폼
제4부 핀테크의 미래	학습 11	인공지능과 핀테크 서비스
	학습 12	인공지능과 핀테크 시스템 혁신
	학습 13	빅데이터와 인공지능를 탑재한 핀테크 탄생
	학습 14	차세대 인증으로 생체인식기술을 탑재한 핀테크

학습 목표

9. 오프라인 결재 플랫폼의 구성 및 특징을 이해할 수 있다.

9-1 오프라인 결재와 부가가치통신망

오프라인 결재 거래는 카드단말기 또는 POS 등 결재기기를 통한 거래이며 소매 판매자와 결재가가 실제로 대면하는 대면 거래를 말한다. VAN은 카드사 가맹점을 낼 수 있고 담보로 잡을 수 있는 물리적인 실물 가맹점에 단말기나 POS를 설치하고 카드사 가맹계약 등을 대행하며 결재를 카드사로 중계하는 업무에 중점을 두고 있다.

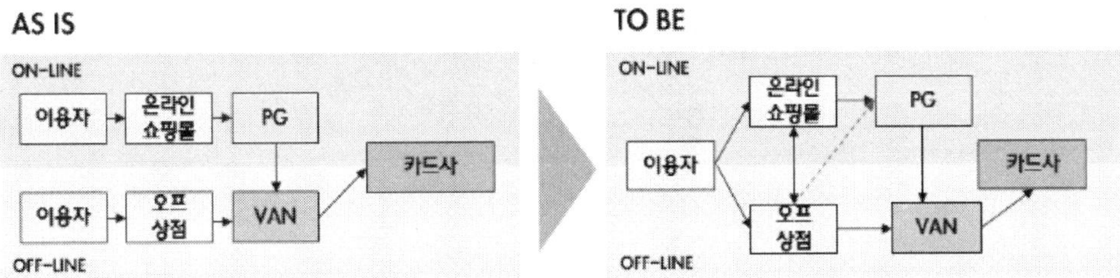

[그림 9-1] 온라인 결재와 오프라인 결재의 현재와 미래

1. VAN의 개념

VAN(Value Added Network)은 부가가치통신망으로써 공중 전기통신사업자(예컨대 KT)로부터 통신회선을 차용하여 독자적인 네트워크를 형성하는 것이다. 독자적인 네트워크로 각종 정보를 부호, 영상, 음성 등으로 교환하거나 정보를 축적하거나 또는 복수로 해서 전송하는 등 단순한 통신이 아니라 부가가치가 높은 서비스를 하는 것이다.

한국에서는 1991년부터 정보검색 및 정보처리는 물론 전자사서함, 전자정보교환 등의 정보교환서비스까지 제공하는 부가가치통신망을 전면 개방하였다.

한국의 VAN사에는 한국신용정보(KICC), 스마트로(SMTR), 금융결제원(KFTC), 케이에스밴(KSVAN), 퍼스트데이타(FDIK), KIS, 나이스정보통신(NICE) 등 16군데가 있다.

2. VAN의 역할과 구성

VAN의 역할은 가맹점과 카드사 간의 계약을 대항하고 단말기를 설치하고 본안기능이 있는 통신망을 운영한다. VAN의 구성은 다음과 같다.

- 가맹점 : 고객의 신용카드 결재가 가능하도록 단말기를 설치하여 서비스를 제공하는 사업자이다.
- VAN사 : 신용카드 등에서 결재한 데이터가 신속, 정확, 일관성 있게 운영될 수 있도록 전산망을 구축 운영하고 있는 사업자이다.

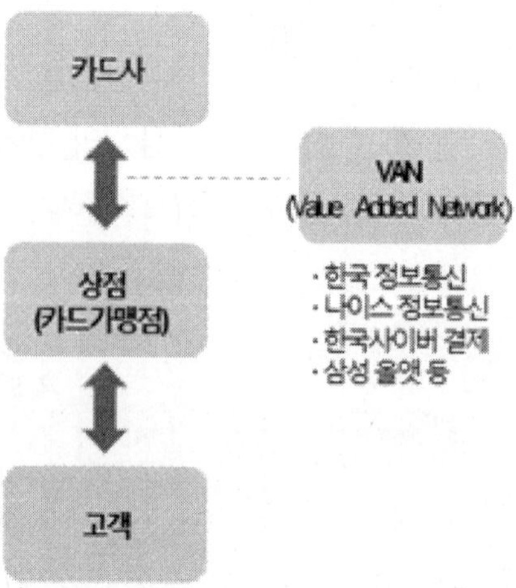

[그림 9-2] 오프라인 결재 흐름

- 카드사 : 신용카드를 발급하고 신용금융서비스를 고객에게 제공하여 발생되는 수수료로 수익을 창출하고 있는 사업자이다.

9-2 오프라인 결재 플랫폼의 결재기기

1. POS 시스템의 특징

POS(point of sales : 판매시점 정보관리)는 금전등록기와 컴퓨터 단말기의 기능을 결합한 것으로 판매시점 정보관리 시스템 혹은 점포판매시스템이라고도 한다. 물품을 판매한 바로 그 시점에 판매정보가 중앙 컴퓨터로 전달되어 각종 사무 처리는 물론 경영분석까지도 이루어지는 시스템으로, 전자식 금전등록기, 정찰 판독 장치, 크레디트 카드 자동 판별 장치의 3가지 기기를 컴퓨터에 연동시켜 상품 데이터를 관리한다.

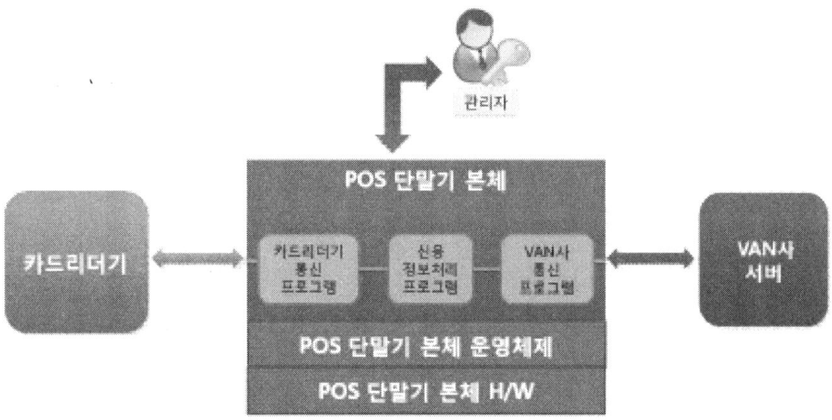

[그림 9-3] POS 단말기 구조 및 구성환경

POS 시스템의 특징은 온라인 시스템으로 매장에서의 각종거래 발생과 동시에 데이터를 서버에 입력하고 필요한 정보를 즉시 수록하고 실시간 시스템으로 필요한 데이터를 판매 시점에서 실시간으로 파악하여 활용하고 집중관리 시스템으로 여러 대의 POS 단말기를 운용하는 경우 매장 POS단말기의 가동상태와 에러 및 정산상황 등을 메인 서버에서 집중 관리하고 거래정보의 수집으로 현금, 신용카드, 미결, 취소, 할인 거래에 관한 모든 정보 및 각 상품별 정보 파악이 가능하다.

2. POS 시스템 구조 및 보안

POS 시스템은 POS 단말기, 단말기와 서버간의 통신구간, 그리고 서버를 구성하는 웹서버, DB서버로 구성된다.

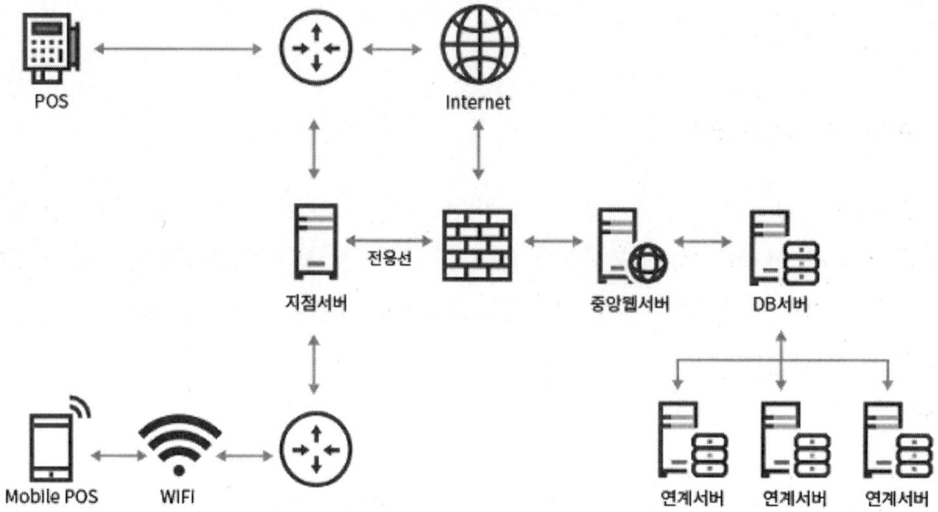

[그림 9-4] POS 시스템의 구조

최근 POS 시스템에 대한 정보유출 사고가 증가하고 있다. 하지만 POS 시스템은 POS 단말기, 웹 서버, DB 서버 등 다양한 시스템이 연계되어 있기에 정보유출 사고를 막고, 보안성을 높이기 위한 방안이 마땅치 않은 현실이다. POS 시스템 보안 솔루션은 POS 시스템의 구조를 정확히 이해하고 다양한 환경에 대해서도 적절한 보안 기술을 적용할 수 있는 기술을 바탕으로 제작되는 것이 중요하다.

수행 내용

재료 · 자료

- 오프라인 결재 플랫폼 관련 자료

기기(장비 · 공구)

- 컴퓨터, 주변기기

안전 · 유의사항

- 컴퓨터 및 주변기기의 전원을 관리한다.

수행 순서

01 오프라인 결재 플랫폼 사업인 국내 VAN사의 현황을 분석하라.

한국 신용카드와 같은 오프라인 결재 플랫폼 산업은 일부 국가에서 채택하고 있는 '4자 구조(Four Party Network)'와 달리, 시장 내 주요 참여자가 「고객, 카드사, 가맹점」 인 '3자 구조(Three Party Network)'로 되어 있다.

4자 구조 형태의 오프라인 결재 플랫폼 구조는 「고객, 카드사, 가맹점, 매입사(Acquirer)」가 참여하는 형태를 말하며, 미국에서는 Visa, Mastercard가 여기에 해당되는 반면, Amex, Diners, Discover 등은 3자 구조 방식을 채택을 택하고 있다.

오프라인 결재 플랫폼의 3자 구조에서는 신용카드 가맹점이 복수의 신용카드사와 계약을 맺으나, 오프라인 결재 플랫폼의 4자 구조는 가맹점이 특정 매입사와 단독 계약을 체결하는 것이 특징이다.

국내 VAN사(Value Added Network, 밴사)는 3자 구조에서 존재하지 않는 '(전표) 매입사'의 역할을 신용카드사와 함께 분담하는 긍정적인 측면을 가지고 있다.

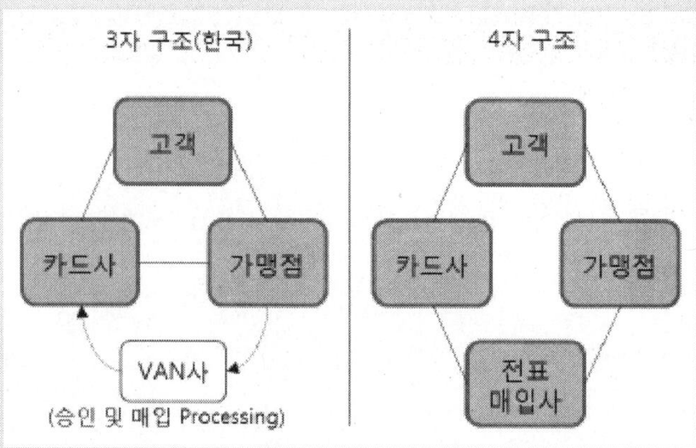

[그림 9-5] 오프라인 결재 플랫폼 산업 구조 비교

국내 VAN사는 신용카드 승인 중계 서비스와 가맹점 단말기 공급은 물론, 현금 영수증 서비스, ATM 관련 서비스 등 다양한 금융 결제 관련 사업을 영위하고 있다.

오프라인 결재 플랫폼 서업을 하는 국내 VAN사는 〈표 9-1〉에서처럼 12개의 전문 VAN 사와 더불어, 4개사가 자사 관련 VAN 업무를 병행. 총 16개 기업이 VAN 사업에 참여하여 사실상 시장 포화 상태이다.

중소형 VAN사는 연간 매출 300억원 미만 기준(자료 : 여신금융협회)이며, '기타'는 자사 관련 일부 가맹점에서만 VAN 서비스 중이다.

〈표 9-1〉 오프라인 결재 플랫폼사업의 국내 VAN사의 현황

구분	회사명
주요 VAN사	한국정보통신, 나이스정보통신 퍼스트데이터, 스마트로, KIS, KSNET, KFTC
중소형 VAN사	KOCES, JTNET, KOVAN, 다우데이터, 한국사이버결제
기타	SPC, KORAIL, LGU+, VP

02 오프라인 결재 플랫폼의 서비스 업무와 사업영역을 분석하라.

오프라인 결재 플랫폼의 VAN 서비스는 카드사와 가맹점 간 Network 망을 구축 및 신용카드사용 승인 중계, 카드 전표 매입, 청구 대행 등 오프라인 모든 가맹점에 대해 카드사와 데이터중계 역할을 수행한다. 표 2처럼 대표적인 관련서비스이다.

1. 승인서비스

카드 단말기 또는 POS시스템이 설치된 가맹점에서 물건을 구입하거나 서비스를 제공받은 후 신용카드를 통하여 결제 요청 시 고객의 신용정보를 조회 한후 결제를 승인/거절하는 서비스이다.

2. 매입 서비스

신용카드 등의 결제수단을 통하여 결제 한 가맹점의 승인실적 및 매입데이터를 카드사로 전송하여 가맹점의 결제계좌로 입금 하는 서비스이다.

3. 현금영수증

소비자가 현금과 함께 카드 또는 휴대전화번호 등을 제시하면, 가맹점은 카드 단말기 POS시스템을 통해 현금영수증을 발급하고 현금결제 건별 내역은 국세청에 전송하여 소득공제 및 세액공제가 가능하도록 제공하는 서비스이다.

4. 현금IC 서비스

CD 및 ATM에서 현금 입 · 출금 용도로 사용하는 현금 IC카드(현금 입출금 기능이 부여된 신용 · 체크카드 포함)로 카드 단말기 또는 POS 시스템이 설치된 가맹점에서 직불 결제카드로 거래를 할 수 있는 서비스이다.

〈표 9-2〉 오프라인 결재 플랫폼의 대표적인 서비스

신용카드 거래 승인 서비스	체크카드 거래 승인 서비스
자동 이체(DDC) 서비스	수표 조회 서비스
자동 매입(EDI) 서비스	ARS 거래 승인 서비스
전자 서명(DESC) 서비스	인터넷 전자 지불 서비스
현금 영수증 서비스	RFID 관련 사업
금융 ATM 서비스	가맹점 로열티 관련 서비스
전자 상품권 서비스	신용카드 본인 확인 서비스

03 오프라인 결제 플랫폼 구조에서 항상 문제시 되고 있는 것이 VAN 수수료의 구조인데 이것에 대한 구조개선에 대한 분석을 하라?

국내 오프라인 결제 플랫폼에서 신용카드 사용자의 '소액 결제'가 확산 및 대중화됨에 따라, 현행 일부 VAN 수수료 체계를 일부 개선해야 할 필요성 대두되고 있다.

전체 신용카드 이용 건 중 1만원이하 결제 건의 비중은 2002년 7.7%에 불과했으나 2014년 약 40% 수준으로 크게 상승, 최근에도 지속 증가 추세이다. 카드사가 VAN사에 지급하는 수수료 등을 고려하면, 평균적으로 건당 1만원 이하 신용카드 결제는 고정비 배분 등 계산 방식에 따라, 건당 1만 5천원~2만5천원 이하 매출이 발생 할수록 카드사에 손실이라는 견해도 있다. 반면, 신용카드사의 '가맹점 수수료' 수익 대비 VAN사의 'VAN 수수료' 수익 비중은 2009년 6.7%에서 최근에는 11.2% 이상으로 크게 상승하고 있다.

현행 VAN 수수료 산정은 원칙적으로 카드 이용 건당 '정액제' 방식을 채택하고 있다. 일부 금액 구간에 정액제를 차등 적용하여, 결과적으로 '준정액제' 방식이라 할 수 있는데, 최근 '소액 결제'의 급속한 확산 추세를 합리적으로 반영한 '정률+정액' 혼합 방식으로 개선해야 한다는 견해 우세하다.

〈표 9-3〉에서처럼 카드 결제 시, 영수증이나 전자 서명 패드의 고객 서명을 VAN사가 수거 및 보관하는데 소요되는 비용이 연간 약 1,575억원이나 든다. 서명의 수거와 보관(전자 서명 패드의 경우 Image 저장)에 소요되는 비용을 절감하기 위해, '일정 금액 이하'의 카드 결제 건에 대해 고객 서명을 생략하는 가맹점을 지속적으로 확대할 필요가 있다.

〈표 9-3〉 신용카드 VAN사의 이익 구조

구분			억원
수익	승인 수수료		5,744
	매입 수수료	전표 수거	1,575
		데이터 확정	1,000
	전표 수익		375
비용	VAN대리점 지급 수수료		2,994
	가맹점 지급 수수료(리베이트)		2,365
	VAN 본사 내부 비용		1,529
	단말기 비용		718
	전표 비용		419
영업 이익			669

자료 : KDI/삼일PWC(2012년 기준)

특히 오프라인 결재 플랫폼에서 '일정 금액 이하 결제 시' 고객 서명의 수거 및 보관을 생략해야 할 필요성 제기되고 있다. 해외의 오프라인 결재 플랫폼에서는 보기 드문 '공인인증서' 사용과 '카드 이용 시 문자 자동 발송' 서비스의 일반화로 한국 오프라인 결재 플랫폼의 신용카드 부정 사용률은 세계 최저 수준이며, 가맹점에서 카드 결제 시 본인 서명을 형식적으로 하는 경우가 많아, 고객 서명 절차의 실효성에 회의적인 시각도 대두되고 있는 것이 현실이다.

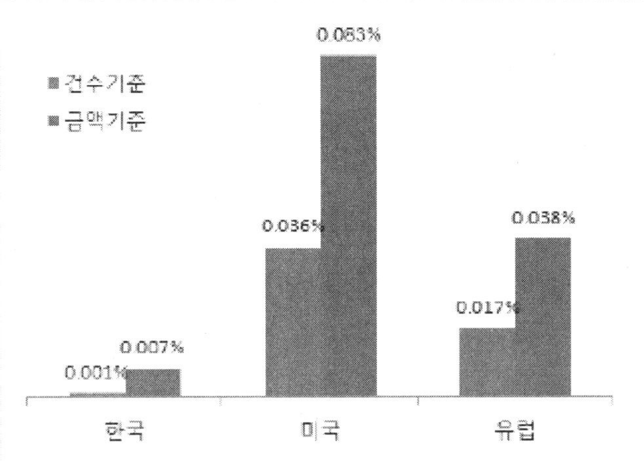

[그림 9-6] 카드 부정 사용률 비교

자료 : KDI/삼일PWC, 여신금융협회, FRS, ECB

[그림 9-6]처럼 국내 오프라인 결재 플랫폼인 신용카드 부정 사용률(건수 기준)은 최근 기준으로 0.001%로, 유럽의 부정 사용률 0.017%에 비해 크게 낮고, 금액 기준의 부정 사용률도 0.007%로, 미국의 부정 사용률 0.083%보다 월등히 낮다.

오프라인 결재 플랫폼의 VAN사의 '리베이트(Rebate)' 관행과 가맹점 및 VAN사 간 관계 구조 혁신이 해법이다.

대형 가맹점에 대한 VAN사와의 고질적인 리베이트 관행은 많은 지적을 받아 왔으나, 가맹점과 VAN사 간의 근본적인 구조개선 없이는 해결이 불가하다.

VAN사와 가맹점 간의 관계는 '공급자가 서비스를 제공하고 수요자가 그에 상응하는 비용을 지불'하는 통상적인 거래 관계가 아니다. VAN사는 가맹점에 서비스를 제공하나 그 경제적 대가(VAN 수수료)는 카드사로부터 받는 독특한 구조이고, 가맹점은 VAN 수수료의 가격 결정 및 지급과 무관하다. 결과적으로 가맹점에 대한 VAN사 간의 가격 경쟁이 불가하여, VAN사가 가맹점을 상대로 차별화 할 수 있는 주요 경쟁 요인은 리베이트뿐인 것이 문제점이다.

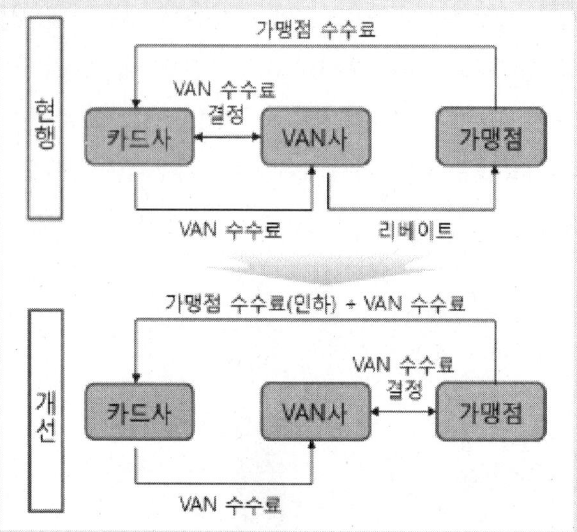

[그림 9-7] VAN 수수료 거래 구조 개선안

거래 구조를 'VAN 서비스의 제공 주체(VAN사)와 그 서비스의 수혜 주체(가맹점)간에 협상을 통해 VAN 수수료를 결정'하는 형태로 개선하는 것이 타당하다.

04 오프라인 결재 플랫폼의 결재기기인 POS 시스템의 구성 및 특징에 대하여 분석하라.

오프라인 결재 플랫폼의 결재기기인 POS시스템의 구성요소는 표1처럼 사용자 결재화면인 POS 터미널과 스토어 컨트롤러, 결재솔루션의 호스트 및 결재주변기기의 컴퓨터, VAN 모듈 등으로 구성되어 있다.

상품코드 자동판독장치인 바코드리더가 부착되어 있다. 종래의 직접 손으로 입력하는 key in 방식이 아닌 광학적 방법인 바코드를 이용하여 자동판독방식의 레지스터에 의해 단품별로 수집된 판매정보와 매입, 배송 등의 활동에서 발생하는 각종 정보를 컴퓨터로 처리하여 각 부분이 유용하게 활용할 수 있는 정보로 전달한다.

외식업, 유통업, 서비스업 등 각종 분야에서 활용되며 실시간으로 매출을 등록하고, 등록된 매출 자료의 자동 정산 및 집계를 가능하게 해준다.

시전에 가격 표찰에 상품의 종류, 가격 등을 기호로 표시해 두고, 리더(Reader) 등으로 그것을 읽어 판매정보를 집계하는 것이 일반적인 구성인데, 단말기기로는 전자식 금전등록기, 정찰 리더, 크레디트 카드 자동판별장치 등을 중앙 컴퓨터에 연동시킨 시스템 전체를 POS시스템(판매시점 정보관리시스템)이라 한다.

〈표 9-4〉 POS 결재 플랫폼의 구성요소

구 성	처리기능	외부인터페이스
사용자 결제화면	사용자 결제화면 생성입력, 출력, 계산	결제솔루션 호출, 결제정보 송신, 결제 주변기기 결제정보 수신
결제솔루션	POS 환경읽기 결제전문 작성	사용자 화면으로부터 결제정보 수신 VAN 모듈 호출
결제 주변기기	결제정보 입력	장비 초기화, 결제정보 송신
VAN 모듈	가맹점POS ↔ 밴사간 API 제공	VAN 전문 송수신

O5 오프라인 결재 플랫폼인 금전 등록기와 POS시스템과의 차이점을 분석하라.

〈표 9-5〉 금전등록기와 POS의 비교

구분	기존(금전등록기)	POS 시스템
시스템 관리 형태	개별 처리	온라인/실시간 → 집중관리
데이터 관리 방법	전표를 모아 수작업 관리	즉시 메인 서버에 자동 입력
점검방법	금전등록기 단위 점검	메인 서버로부터의 일괄 점검
상품분류 한계	제한 있음(Function-Key의 개수)	제한 없음(Data-Base 활용)
매상(매출) 조회	영수증, 메모 등에 의한 수작업 집계	고객별 즉시 조회
오입력 가능성	매우 높음	매우 희박함
일보작성	영업일의 익일	정산 후 즉시
신용카드 승인	금전등록기 사용 후 별도 기기 처리	POS 기기에서 직접 처리
기능 변경	불가능(기계적인 변경)	Program 수정만으로 가능
P.P(Prepaid)	금전등록기 사용 후 별도 기기 처리	POS자동처리(선택적 사용가능)
직불 처리	금전등록기 사용 후 별도 기기 처리	POS자동처리(선택적 사용가능

06 POS 시스템의 도입목적과 효과를 분석하라.

POS시스템의 도입목적은 다음과 같다.

1. 매출, 회계 업무의 개선

- 매출 관리가 신속하고 자동화 된다
- 간편하고 신속하게 정산 업무를 처리한다.
- 수표조회를 자동화한다.

2. 신용카드 업무의 획기적 개선

- 불량 고객(승인 거부자)을 즉시 판별하여 불량매출을 사전에 방지한다
- 다양한 정상고객 확인 기능을 갖추고 있으므로 고객 서비스를 개선할 수 있다
- 기존 Easy Check기(카드 승인기)를 대체하여 불필요한 비용을 절감한다.
- 판매마다 전표를 작성할 필요가 없으므로 고객이 정산대에서 기다리는 시간을 줄여준다.

3. 상품정보 및 영업정보의 활용에 따른 매출 극대화

- 다양한 분석으로 영업정보를 다양하게 활용할 수 있게 한다.
- 신속한 상품정보 분석으로 고객요구 변화를 빠르게 수용할 수 있다
- 본/지사 체제 구축을 지원하므로 통합 정보 관리가 용이하다
- 정상, 불량고객 및 비정상 카드의 즉시 확인으로 타사 신용카드 처리 업무를 합리화한다.
- 무전표 시스템을 구축한다.

POS System의 도입효과는 다음과 같다.

POS(Point of Sales) 시스템, 판매시점 정보관리는 상품에 메이커나 상품명을 표시한 코드를 부착하여 판매 시에 자동으로 판매정보를 취합하여 관리 할 수 있는 컴퓨터 시스템이다.

유통기업은 증가된 단품의 유통과 급변하는 소비자 욕구를 충족시키기 위해 매장에서 필요로 하는 상품을 신속, 정확하게 파악 할 수 있습니다. 인기상품을 조기에 인지하여 상품진열의 합리화를 추구하면서 품절, 절품을 방지함으로써 기회손실을 예방 할 수 있다.

판매동향을 정확히 파악하여 상품계획을 세움으로써 매장생산성을 높이며, 작업능률을

향상시킬 수 있는 노동계획(LSP)을 수립할 수 있으며 계산시간 단축으로 대 고객 서비스 향상을 이룩할 수 있다. 물류시스템 개선 등 경영의 과학화를 달성하기 위한 유통경영에 관한 데이터 수집의 도구로써 POS 시스템을 채택한다.

07 POS 시스템 보안에 대하여 분석하라.

POS 시스템 보안을 위해서는 추가적인 S/W나 H/W가 아닌, 전문 암호화 기술을 가지고 POS 시스템에 요소별로 적합하게 암호화를 적용하여야 한다.

즉, 웹서버, DB서버 등에 적용 가능한 다양한 암호화 기술을 가지고 POS시스템에 POS 단말기 데이터 암호화, POS웹서버 구간 암호화, 개인정보 및 신용정보 DB 암호화, 엄격한 암호화 키 관리 및 웹 방화벽 등의 대책을 강구해야만 한다.

08 오프라인 결재 플랫폼의 결재기기의 종류별 구성을 분석하라.

1. PC를 기반으로한 POS

PC에 카드 리더기(MSR), 바코드 리더기, 영수증 프린터 등을 장착하고 POS 프로그램을 설치하여 사용하는 케이스. 규모가 좀 있는 개인 상점에서 많이 쓰인다.

장점으로는 편한 업그레이드와 수리가 가능하다는 점과 일반적으로 일체형이나 브랜드 POS에 비해 자유로운 사양(고 사양)과 모니터를 설치할 수 있다는 점이 있다. 이 때문에 물건의 등록과 가격 조정도 해야 하는 개인 슈퍼마켓 등에서는 많이 선호된다.

단점으로는 배선 정리가 다소 불편하고, 리테일 업계에서 자주 사용하는 인터페이스(Powered USB, RS-232, 485, 자체 규격 등)가 부족하나 중소기업에서 USB나 RS-232(Serial Port)용으로 많이 제작해서 별 문제는 없다. 또한 저가형 부품을 사용하는 경우가 많아 브랜드 POS에 비해 잔고장이 잦은 편이다. 가장 함정인건직원이나 어쩌면 사장 본인이 업그레이드를 통해 여러 가지 기능을 함께할 수 있다.

고 사양의 POS는 그래픽 카드까지 장착한 상태라면 게임도 가능하고 당연히 전기요금도 많이 나오는 경우가 있고 일체형 및 브랜드 POS는 모바일용 같이 저전력 CPU(예를 들면 인텔 아톰 시리즈)를 사용한다는 점에서 그래픽 카드 없어도 일체형 및 브랜드 POS에 비해 전기요금이 더 나온다.

2. 브랜드 POS

브랜드 POS는 일체형과 분리형으로 분류한다. 일체형은 본체와 모니터(또는 듀얼 모니터 또는 흑백 LCD)와 마그네틱 카드 리더기(MSR)가 내장되어 있으며, 요식업체의 경우에는 대부분 일체형 POS를 사용한다.

장점으로는 브랜드답게 깔끔한 디자인과 내구성을 꼽을 수 있다. POS 업계의 인터페이스(Powered USB, RS-232, RS-485, 자체 규격 등)이 많은 편이고 POS로 최적화 되어있어서 적은 공간을 요구하며, 배선 정리가 편하다.(예로 터치스크린 모니터의 경우에는 Powered USB와 비디오 인터페이스(VGA, DVI, DP 등)만 있으면 된다. 전원 연결도 필요가 없다. 배선 정리는 뒤에서 선을 정리할 수 있는 전용 공간이 있다. UPS 옵션을 추가할 수 있어 정전 대비를 할 수 있고 기타 등등 판매(서비스)에 최적화 되어있다고 보면 된다.

일반적으로 CPU 성능에 따라 4가지 라인(Intel Atom/Celeron/Pentium/Core i3)으로 제품군이 나뉘어져 있다. 램은 시스템에 따라 ECC나 SO-DIMM을 사용하기도 한다. 요즘은 하드 드라이브(HDD) 대신 플래시 기반 드라이브(SSD)도 많이 사용하는 추세이다.

일반적으로 그래픽 프로세서는 프로세서 내장형으로 이전에는 칩셋 통합형이지만 최근에는 내장형 그래픽을 사용한다.

리테일 업계에 보급적으로 사용되는 POS시스템이 Windows XP 계열이기 때문에 Windows XP를 지원하지 않는 4세대 인텔 아키텍처를 적용한 POS는 찾아볼 수 없었으나 최근 1년 이내로 일부 기업의 신형 라인업에서 4세대 인텔 프로세서 및 Windows 8/8.1/10 계열을 적용한 신형 POS를 선보이고 있으며, Toshiba의 경우에는 최신 POS 제품에서 Windows 10을 지원하고 있다. 아직도 일부 일체형 POS의 경우에는 철지난 초기 Intel Atom 프로세서를 탑재해서 판매하기도 한다.

브랜드 제품 같은 경우에는 보통 운영 체제가 선탑재(Pre-loaded)되어 설치되는 편이며, 제조사마다 다르지만 대체적으로 국내에서는 거의 사용하지 않는 Toshiba 4690 OS(IBM 4690 OS)나 Windows, Linux를 선탑재해서 출고한다. 국내의 경우에는 거의 대부분 Windows 계열을 사용하고 Windows XP 계열 OS가 가장 많이 사용된다.

자체 규격을 사용하기 때문에 고장이 났을 때 대부분 범용적인 파트를 사용할 수 없고,

일체형의 경우에는 일부 파트는 전체를 수리해야 한다는 단점이 있으나, 외국 제품의 POS의 경우 비싼 가격만큼 고장이 잘 나지 않는 편이며 국산의 경우에는 두 배 정도 저렴하고 고장이 잦은 편이나 수리비용이 저렴한 편이다.

유명 브랜드로는 국산의 경우 OKPOS, 밸크리텍, POSBANK, SAM4S, 하나시스, 팜체크, 에어포스, 웹엔비젼 등 H/W 제조 업체가 있으며, OKPOS, POSBANK, 아스템즈, 솔비포스, POS MANIA 등의 S/W 제조사가 있다. 외산 H/W 제조 업체 장비로는 Toshiba(IBM), Fujitsu, NCR 등을 꼽을 수 있다.

09 오프라인 결재 플랫폼의 결재기기의 업체별로 사용하는 POS에 대하여 분석하라.

1. 편의점의 POS

편의점의 POS에는 업체에 따라 다양한 종류가 있다. 처음에 계산을 하기 위해서는 객층 키를 누르는 곳(GS25, 세븐일레븐 등)이 있는 반면에, 물건을 모두 스캐닝한 후 객층 키를 눌러야 판매가 완료(CU 등)되는 편의점도 있다.

바코드를 찍어 물건을 스캐닝하여 물건을 판매하는 것이 중요하나, 바코드가 없는 제품은 POS를 통해서 입력하는데, 대부분 POS가 스크린에 터치가 있기 때문에 화면을 눌러서 조작할 수 있게 되어 있다. 전문점 POS 및 소규모 슈퍼, 편의점 등 단독 시스템 구성이 가능하며, internet을 이용하여 WEBPOS 구성 또한 가능하다.

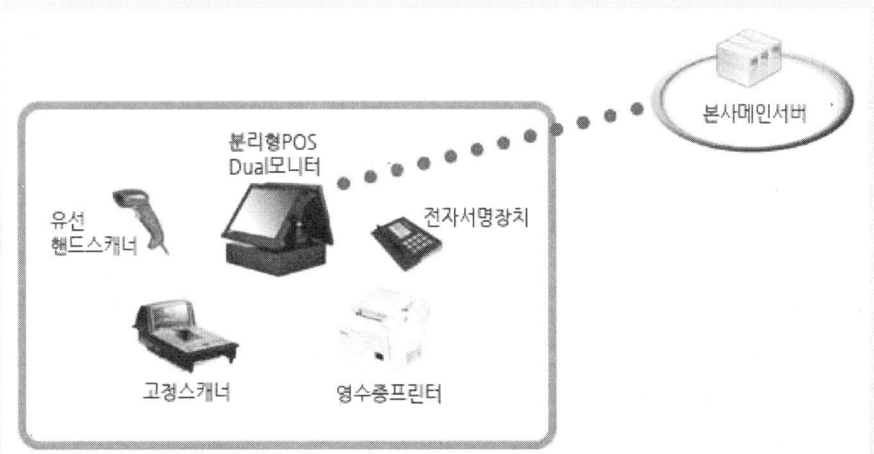

[그림 9-8] 편의점의 POS

1) GS25의 POS

GS25의 POS는 현존하는 메이커 편의점 중에 장비 교체를 자주하는 편이다. CU와 달리 장비 재활용을 덜하고 전환 점포나 재계약점포도 경영주가 요청을 하면 POS를 새 장비로 교체를 해준다. 5차 정보시스템이라고도 말하며, 소비자가 물건을 구입하기 위하여 볼 수 있는 넓직한 대형 모니터로 CU(구 훼미리마트)를 견제하게 되었고, 판매하는 POS는 이전처럼 Windows 2000가 아니라 Windows XP/10 커널 운영체제를 장착한 Toshiba(구 IBM)의 SurePOS 700 시리즈 POS로 UI(User Interface) 개선과 결제를 보다 편리하게 설계하였다. 최근부터 바뀌는 신형 POS는 FEC AerPOS AP-361X이다. 또한 발주 등을 위한 워크스테이션 컴퓨터를 태블릿 컴퓨터으로 바꾸어 매장 내에서 무선 태블릿 컴퓨터(Graphic Order Terminal, GOT)로 업무를 볼 수 있게 되었다.

아직도 초기 매장에는 GOT과 동일한 역할을 수행하는 WS(Workstation, S/C)이 같이 있는 경우도 있다. IBM 싱글 프로세서(1U) 타워형 서버이며 모델명은 알 수 없다. 프로그램은 Tobesoft의 MiPlatform을 주축으로 개발되었다.

유일하게 교통카드 충전기능이 POS의 기능에 내장되어있다. 마이비카드와 티머니 기능이며 교통카드키를 눌러 결제나 충전이 가능하다. 별도의 단말로 충전하지 않기 때문에 편리하다. GS25를 제외한 다른 곳은 모두 별도의 단말을 사용한다. 또한 티머니(통합 권종), 마이비카드의 정보(학생, 성인)도 쉽게 변경할 수 있다.

모든 편의점이 그렇듯, 인터넷이 무조건 연결되어 있는 상태에서 정상적인 거래가 가능하며, 그렇지 않은 경우에는 판매(현금 결제)나 반품(현금 결제)밖에 되지 않는다.

POS 및 리테일 장비의 보안과 정상적 작동에 신경 쓴다. Ahnlab Internet Security 8.0과 Ahnlab Policy Agent 그리고 DoctorSoft NetClient 모니터링 프로그램도 설치되어있어 모니터링(하드웨어 정보, 소프트웨어 자산 관리, 패치, 원격 제어, 파일 복사 이력 체크 등)이 가능하다. 최근에 Ahnlab Internet Security 8.0 계약 만료로 점포에 있는 GS리테일 장비에 사용되는 안티 바이러스를 Symantec Endpoint Protection 12.1로 마이그레이션 했다.

본사와의 통신을 위한 지사 장비로 Juniper SSG5 라우터(VPN)를 사용하며, HP A3100 시리즈 관리형 스위치는 POS, Kiosk, BGM 등 장비 연결에 사용하고 있다. 2010년 이전 오픈 매장은 장비가 다를 수 있다. 인터넷이 설치 불가능한 지역에는 통신 사업자의 망을 빌려 연결하기도 한다. 예를 들명 LTE 라우터를 SSG5와 연결한다. 일부 매장에는 IPTIME 라우터도 사용되는 것으로 확인되었다.

2015년 8월 여신금융법 개정 시행으로 인해 해당일 이후에 오픈한 점포나 양수도 받은 점포의 경우에는 동글(dongle)이 변경되어 설치된다.

2) CU(구 훼미리마트)의 POS

CU는 Fujitsu TeamPOS를 사용한다. 그리고 장비 재활용의 신의 한수를 보여주는 회사이다. GS25처럼 Tobesoft의 MiPlatform을 주축으로 개발되었다.

2015년 4월 기준, 최근 1년 내에는 신규 점포 및 극 일부 점포에 최신 사양의 TeamPOS 7000 POS(검정색 테두리 스크린)가 모두 들어가거나 교체되고 있지만 여전히 대부분 매장에는 2000년 중후반에 나온 초기형 TeamPOS 3000을 사용하고 심지어 일부 매장에는 2000년 초반에 나온 TeamPOS 2000를 보조 POS로 사용한다. 특징은 TP2000는 SBC 타입으로 출시 당시에는 펜티엄 3 계열 CPU와 칩셋 등을 사용했으나 백플레인을 제외한 메인보드(를 교체하여 2009년 상반기에 교체한 TeamPOS 3000(주황색 테두리 스크린)와 성능이 비슷(셀러론 M 1.3Ghz CPU)하거나 동일할 것으로 추측한다. Windows 2000으로 작동한다.

CU에 들어가는 초기형 TP3000 중에는 셀러론 M 1.3Ghz (FSB400, 512KB) CPU와 512MB DDR 메모리 그리고 Intel 855 GME 칩셋이 장착되고 Windows XP로 작동하는 제품이 있다. 전면부 패널에는 전원 스위치와 USB 슬롯 2개가 있다.

본사와의 통신을 위해 지사 장비는 Juniper SSG5 라우터(VPN)으로 연결하고 있다. 비관리형 스위치 등을 보조로 사용중이다. (구형 Juniper NetScreen 5을 사용 중인 매장도 있다.

3) 세븐일레븐의 POS

기존까지는 Toshiba POS, Fujitsu TeamPOS가 들어갔으나 롯데계열사의 장비 국산화의 바람을 위해 롯데정보통신에서 공급하고 있다. Windows OS와 자체 시스템을 사용하나 정확한 정보는 없다. 기존 점포 중 새 POS로 교체하지 않은 매장은 여전히 Toshiba POS나 Fujitsu TeamPOS를 사용한다. 새 POS는 Windows 7 Professional SP1을 사용하는 것으로 보여지는 COA를 확인했다.

4) 미니스톱의 POS

미니스톱은 자사 음악방송을 서비스 하고 있다. CU(구 훼미리마트)처럼 POS에서 CU 방송이 연결되어 매장의 스피커로 연결되는 방식과 비슷하다. GS25와 달리 별달리 조작할 것이 없다고 한다. 처음에는 POS로 재고확인을 할 수 없었던 GS25와 달리 이 기능을 제일 먼저 채택한 것으로 보인다.

시재 점검과 더불어 담배 검수에서도 영수증을 통하여 인쇄하고 체크할 수 있다고 한다. 물론 그 점을 뒤늦게 GS25가 적용한 것이지만, 원조는 미니스톱이 도입했다고 볼 수 있다. GS25 POS로 재고 확인을 한다는 건 상상할 수 없던 일이었다.

이전의 POS는 흑백이었다고 한다. 물론 지금은 신형 POS이다.

Toshiba M-8500 POS를 사용한다(2015년 6월 기준). 무선디바이스도 존재하나 쓰는 매장은 별로 없는 듯하다.

매장 스피커와의 연동은 현재 신설 매장에는 들어가지 않으며, 자체 플레이어를 이용하고 Watch Guard사의 VPN 장비를 이용하여 본사와 통신한다(Cisco 800 Series 라우터를 사용하는 매장도 있다).

2. 패스트푸드점의 POS

푸드 코트 매장 시스템은 고객의 주문을 무선 통신(블루투스 방식)으로 각 조리 코너에 전송하여 주문서를 출력하도록 구성한다.

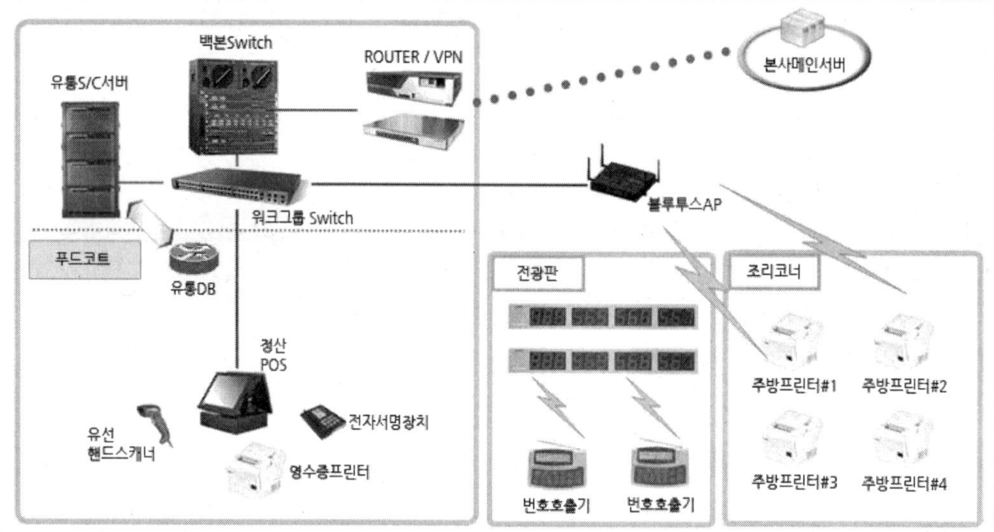

[그림 9-9] 패스트푸드점의 POS

1) 롯데리아의 POS

GS25가 계산대 앞쪽의 고객이 볼 수 있는 모니터를 설치하기 전부터, 작은 모니터로 고객이 주문한 물건을 보여주는 방식을 적용한 지 꽤 되었다. POS의 제조사는 FEC, OS는 Windows XP를 사용하며, 고객이 볼 수 있는 모니터에는 롯데리아의 홍보동영상이 가동되기도 하며, 계산하는 품목이 나온다.

할인이나 적립은 계산할 때만 적용이 되며 추후 적립이 되지 않는 것은 POS기를 사용 중인 다른 편의점도 모두 마찬가지이니 나중에 적립해달라고 우기지 말자. 가끔 가다가 윈도우가 먹통이 돼버려서 블루스크린이 고객 계산대 모니터에도 나와 버려서 재부팅을 하는 경우도 보인다.

계산대용 모니터에는 터치패드를 적용하고 있다. 손으로 꾹꾹 눌러서 조작할 수 있다.

2) 맥도날드의 POS

맥도날드의 POS는 꽤 오래 사용되고 있으며, 영수증의 일부는 영어로 인쇄되어 나온다. POS의 제조사는 파나소닉로 신용카드 결제를 POS 자체에서 할 수 없다. 그래서 POS 옆에 카드 체크기를 두고 결제금액이 POS에서 카드 체크기로 전송되어 결제를 하는 특이한 방식으로 되어있다.

POS의 운영체제는 Windows XP/10이다. 내부 프로그램은 NewPos6(이하 NP6)이다.

POS의 메뉴 일부가 영어로 되어 있어 불편하게 되어있다. 대부분의 지점에는 고객이 주문한 물건을 그릴에 모니터에 보이게 하는 시스템(Kitchen Video System)이 적용되어 있어서 주문을 받자마자 그릴에선 햄버거를 만든다.

3. 할인점의 POS

대형마트는 계산대와 고객센터에 있는데, 계산대에서는 반품이 원칙적으로 안 된다. 아예 캐셔 ID로 반품 가능 여부가 갈라진다. 백화점 및 대형마트의 유통POS시스템은 유통매장의 매출과 매입/검수, 재고관리 등의 다양한 업무를 고려한 유연성을 갖춘 전산 시스템을 구성한다.

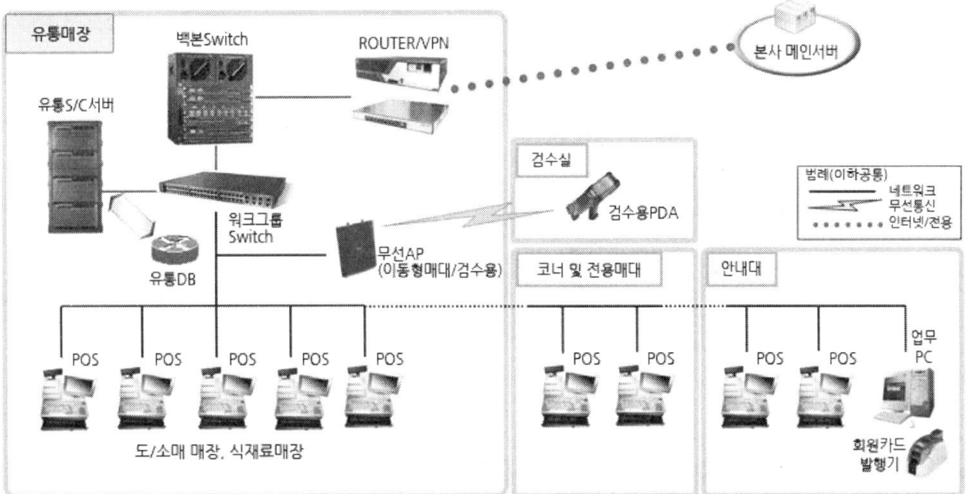

[그림 9-10] 할인점의 POS

1) 이마트의 POS

보통 후지쯔사의 포스가 많이 쓰인다. 점포에 따라 터치가 되는 포스나 터치 안 되는 포스가 있으며, 키보드 위치(아래/오른쪽)도 제각각 다르다. 키보드가 화면과 일체형으로 되어있는 경우는 거의 터치 가능한 편이고, 문제는 터치 미지원 포스 UI나 터치 지원 포스 UI나 같아서 여러 점포를 옮겨다니면 당황한다. 전문점 포스는 전부 터치로만 작동한다.

동글이는 IC칩을 지원하나, 신규점포 아닌 기존 점포에서는 IC 카드결제가 불가능하다. 그래서 JIS 규격의 MS선이 짧은 일본 발행 카드결제가 꽤 어려운 편이나 수기로 치면 된다. 반대로 여전법 개정 이후 개점한 매장은 IC카드 결제는 되는데 수기결제가 안 된다.

POS에서 신용카드를 인식할 때, 카드사 이름은 나오는데 어떤 종류인지는 전혀 안 뜬다. 예컨대, 농협은행(BC), 우리카드, 케이뱅크은행, 우체국 발행 카드가 전부 BC로 나온다. 전북은행, 광주은행, 수협은행, 신협 발행 카드는 각 발행사 이름이 뜨긴 한다. 또한, 신세계 포인트 제휴카드는 전북이라고 뜨는 SSG카드를 제외하고는 각기 이마트e카드, 신세계삼성, 신세계신한카드와 같이 별도 표기된다. 2등 할인점은 한술 더 떠서 후면 카드사 목록에도 마이 홈플러스카드를 별도 기재하던데 신세계카드로만으로 포인트 적립(완불결제)가 가능하지만, 직원할인은 사원증이나 SSG PAY, 해당 010카드로 해야만 한다.

SSG PAY나 삼성페이, BC Pay 이외의 국내 앱카드 결제는 불가능하다. 그래놓고서 위챗페이를 받는다. SSG PAY가 적립, 결제, 할인 등 각종 혜택이 모두 적용되기에 굉장히 편리하다고 느끼게 될 것이다.

참고로, 결제금액 지불(현금 지불 및 카드 지불)이 전부 완료되면 거래 완료로 간주, 포인트 카드나 쿠폰 선언이 불가능하여, 각종 할인과 포인트 적립은 사전에 고객에게 물어본다. 카드할인은 여러 카드로 분할결제를 하더라도 해당 할인 신용카드로 할인상품이 전액 지불이 되어야 가능하다.

모바일 포스면 몰라도 계산대 POS는 거래 취소 내역의 임의 삭제가 불가능하다. SV를 호출해서 해결해야 한다.

10 오프라인 결재 플랫폼의 카드 결제기, POS시스템 및 Web서버 PHP 연동시스템에 대하여 분석하라.

오프라인 결재 플랫폼의 오프라인 단말기와 포스 그리고 웹서버와의 시스템에서 일단 카드 단말기를 긁으면 승인 신호를 인터넷이 아닌 전화선을 통해서 POS에 승인을 요청하고 POS는 다시 해당 단말기로 승인여부 신호를 보내주고 포인트 또는 카드 승인 요청 등을 처리한다.

이때 쇼핑몰(웹서버)에서 POS의 카드 승인여부를 알려면 POS가 다시 쇼핑몰 웹서버에 승인 결과를 보내주어야 한다. 그런데 POS 서버와 쇼핑몰 웹서버는 통상 시그널 통신(전문통신)을 하게 되기 때문에 두 서버간에는 전용선으로 연결되고 라우터를 통해 웹서버의 특정 PORT로 전문을 보내준다.

웹서버는 그 전문을 읽어서 웹서버에 데이터를 넣고 그 승인결과에 따라서 승인완료 승인불가 등을 알게 된다. 문제는 오프라인 단말기에서 직전 주문취소 또는 주문취소를 하게 될 때에 문제가 발생한다. 그러므로 POS와 웹서버는 항상 통신을 하여야 한다. 즉 웹서버가 있어야 한다(호스팅 불가).

POS 서버를 직접 구축한다고 가정하여 보면 오프라인 카드 단말기와 POS의 구축과 연동은 아직 국내에서는 POS서버의 언어는 대부분 윈도우 기반을 사용하므로 리눅스 PHP웹서버로 구축하여 서비스 하는 경우가 거의 없지만 최근 개발되고 있다.

학습활동.9 교수 · 학습 방법

교수 방법

- 오프라인 결재 플랫폼에 대한 관련 용어, 구성, 방식 이해 정도를 파악한 후 수업을 진행한다.
- 교수자의 주도로 오프라인 결재 플랫폼 등의 내용을 PPT 자료로 제시한 후 설명한다.
- 가능하면 사전에 개인별 학습 자료를 준비하여 모든 학생이 참여할 수 있는 문제 해결식 수업, 협력 수업이 가능하도록 한다.
- 오프라인 결재 플랫폼 전 과정을 작업의 순서에 따라 단계적으로 실습이 이루어질 수 있도록 지도한다.
- 교재를 통해 수업을 준비하는데 있어서 필요한 모든 정보나 팁, 힌트 등 도움이 될 만한 내용들을 확인할 수 있다.
- 학생들이 만들게 될 각 모델들은 수업시간에 중점적으로 다뤄질 부분과 어휘, 질문, 답을 포함하고 있으며 또한 탐구할만한 추가적인 아이디어들도 포함하고 있다.

학습 방법

- 오프라인 결재 플랫폼에 대한 관련 용어를 숙지하고, 오프라인 결재 플랫폼의 기초 단계에 대해 이해한다.
- 오프라인 결재 플랫폼의 각 단계별 중점 사항을 체계적으로 학습한다.
- 오프라인 결재 플랫폼의 수행순서의 전 과정을 실습한다.
- 오프라인 결재 플랫폼의 내용을 이해한다.
- 오프라인 결재 플랫폼을 이해하고 숙달이 될 때까지 학습한다.

학습활동.9 평가 및 피드백

평가 준거

- 평가자는 피평가자가 수행 준거 및 평가 내용에 제시되어 있는 내용을 성공적으로 수행할 수 있는 지를 평가해야 한다.

학습내용	평가항목	성취수준		
		상	중	하
오프라인 결재 플랫폼	오프라인 결재 플랫폼을 이해할 수 있다.			

평가 방법

- 작업 포트폴리오

학습내용	평가항목	성취수준		
		상	중	하
오프라인 결재 플랫폼	오프라인 결재 플랫폼을 이해할 수 있다.			

- 필기시험

학습내용	평가항목	성취수준		
		상	중	하
오프라인 결재 플랫폼	오프라인 결재 플랫폼을 이해할 수 있다.			

- 체크리스트를 통한 관찰

학습내용	평가항목	성취수준		
		상	중	하
오프라인 결재 플랫폼	오프라인 결재 플랫폼을 이해할 수 있다.			

피드백

1. 작업 포트폴리오
   – 제출한 보고서를 평가한 후 주요 사항에 대하여 표시하여 돌려준다.
2. 필기 시험
   – 평가 결과 성적이 저조한 학생은 보고서 제출 기회를 부여한다.
3. 체크리스트를 통한 관찰
   – 실습 과정에서 평가한 후 개선해야 할 사항 등을 정리하여 돌려둔다.

참고자료

1. 네이버 지식백과, VAN [Value Added Network] (용어해설)
2. KB지식비타민 "국내VAN사 관련 주요 현안과 전망 : 2014-72호
3. [네이버 지식백과] POS [point of sales] (첨단산업기술사전, 1992. 5. 1, 겸지사)

제1부 글로벌 결재 플랫폼	학습 1	새로운 핀테크의 결재 플랫폼 등장
	학습 2	핀테크의 결재 플랫폼 서비스
	학습 3	핀테크의 글로벌 결재 플랫폼 서비스
제2부 글로벌 결재의 발전	학습 4	스마트 물류의 진화
	학습 5	스마트 계약
	학습 6	인터넷전문은행의 도입
	학습 7	가상화폐
	학습 8	핀테크의 블록체인 활용
제3부 결재 플랫폼의 활용	학습 9	오프라인 결재 플랫폼
	학습 10	**온라인 결재 플랫폼**
제4부 핀테크의 미래	학습 11	인공지능과 핀테크 서비스
	학습 12	인공지능과 핀테크 시스템 혁신
	학습 13	빅데이터와 인공지능을 탑재한 핀테크 탄생
	학습 14	차세대 인증으로 생체인식기술을 탑재한 핀테크

학습 목표

10. 온라인 결재 플랫폼의 구성 및 특징을 이해할 수 있다.

10-1 온라인 결재 플랫폼의 개요 및 특징

온라인 결재 거래는 인터넷 쇼핑몰, 스마트폰 모바일 거래와 같이 결재행위가 웹이나 앱을 통하여 이루어지면서 판매자와 결재가가 대면하지 않는 비대면 거래이다. 사실 온라인 거래에 공인인증서나 휴대폰 인증과 같은 보안수단을 더 요구하는 이유는 거래 자체의 성격이 비대면 거래로 거래자 즉 신용 여신을 이용하려는 사람에 대한 명확한 확인 수단이 필요했기 때문이다. PG는 VAN의 앞 단에서 카드사에 담보 제공 및 가맹계약을 맺을 수 없는 무형의 인터넷 몰들을 자신의 하위 가맹점을 둔다.

이를 통해 부도의 리스크를 감수하면서 카드사에는 대표가맹점이 되어 결제플러그인을 제공하고 입금 받은 카드이용 대금을 하위 가맹점에 수수료를 떼어내고 정산 후 입금해 주는 것을 거래이다. 이 과정에서 정산주기를 두어 이자도 수익으로 삼는다.

현재 충분히 카드사에 가맹점 등록이 가능한 대형 인터넷 몰들은 결재프로세싱 위탁의 형태로 PG사와 계약을 한다.

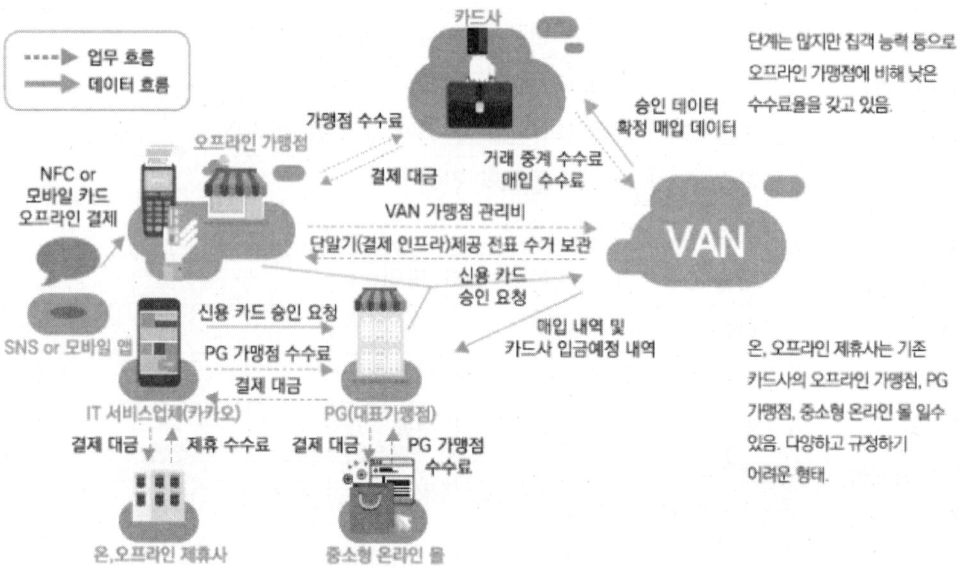

[그림 10-1] 온라인 및 오프라인 결제 플랫폼의 구성

PG사는 웹서버와 웹 관련 기술과 좀 더 밀접하고 거래분산과 정산을 목적으로 한 기술에 치중한다.

1. PG의 개념

PG사(Payment Gateway : 전자지불 서비스)의 약자로서 통합결재 시스템이란 의미로 쇼핑몰 등에서 온라인 결재를 하면서 결재를 지원하는 온라인 결재 플랫폼이다.

온라인 결재 플랫폼의 전자 지불(인터넷 결재)의 종류에는 신용카드, 핸드폰, 800ARS, 폰빌, 계좌이체 등이 있으며. 통합전자지불이라고 해서 이 모든 지불서비스를 제공하는 회사가 있으나, 1~2개 정도만 전문적으로 자체 서비스하고 나머지는 해당 지불회사와 제휴 형태로 제공하는 것이 보통 형태이다.

2. PG 모듈

PG모듈은 쇼핑몰에서 요청하는 카드승인을 가능하게끔 하는 소프트웨어로서 쇼핑몰 -PG사-카드사의 네트워크를 통해 카드승인/취소 등을 할 수 있게 하는 프로그램이다. PG모듈은 크게 경유(소켓통신)방식과 미경유(링크)방식으로 나눈다.

경유방식은 모듈자체의 안정성이 높다는 장점과 함께 결제하는 페이지의 디자인을 손쉽게 변경할 수가 있다. 이것은 결제페이지의 디자인을 쇼핑몰의 서버에 설치하기 때문이다.

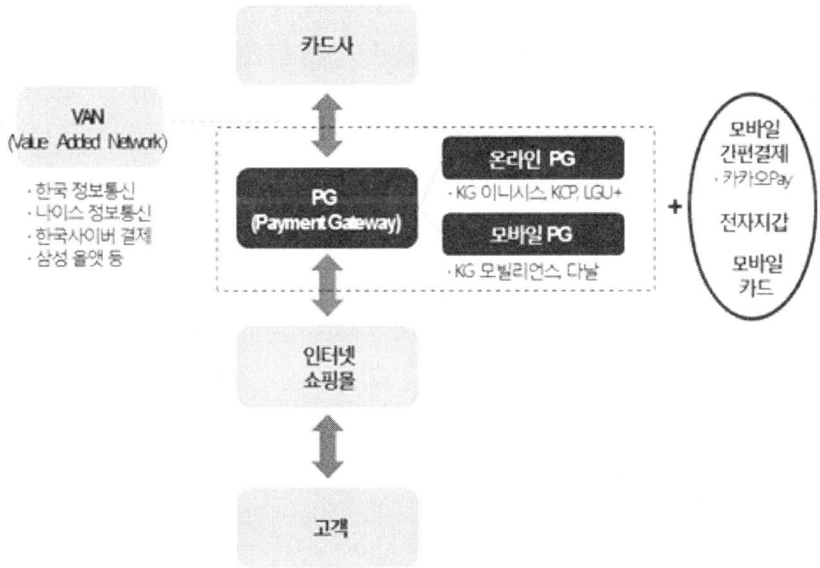

[그림 10-2] 온라인 결제 플랫폼의 흐름

미경유 방식은 PG모듈 세팅이 쉽다는 점과 링크를 걸어 결제페이지를 불러들이기 때문에 쇼핑몰에서 보안에 대한 걱정을 안 해도 된다는 점이 장점이다.

10-2 온라인 결제 플랫폼

1. O2O 결제 플랫폼

최근 모바일, 핀테크, 아이비콘, NFC 등 분야의 기술이 눈부시게 발전하며 O2O(Online to Offline)라고 불리는 온라인과 오프라인 결제의 경계를 허무는 새로운 플랫폼이 등장한다.

2. 인앱 결제 방식

인앱(Inn app)은 인(Inn)은 상점이라는 뜻과 앱(APP : 애플리케이션)이란 합성어로써 애플리케이션 안에 상점이 있다는 의미를 말한다. 또는 in APP 앱 안에서 결제하는 방식이라고도 표현이 가능하다.

[그림 10–3] 카카오페이지에서 인앱 결재

보통 앱을 만드는 회사들은 앱을 만들 때 처음부터 결제하고 사용케 하면 불편함이 이만저만이 아니므로 일부러 기능을 잠그는 쉐어 웨어 방식을 채택하고 있다. 따라서 인앱결제(In-App Purchase)방식은 앱 안에서 결제하는 방식으로 주로 애플의 앱스토어나 구글 플레이스토어를 운영하는 결재 시스템이다.

인앱 구매는 앱안에서 구매한다는 뜻으로 구글 스토어에서 앱을 다운 받는 것은 무료이지만 음악이나 게임 앱은 유료 상품이므로 앱에서 구매하여 결재하는 경우에 해당된다.

인앱결제는 사용자가 앱을 다운로드 한후 이용하는 단계에서 발생하는 유료 결재를 뜻한다. 추가로 콘텐츠 구매, 게임내 아이템 구매, 정식판 전환 등이 대표적이다.

개발자(판매자)가 애플리케이션 내에서 디지털 콘텐츠를 판매할 수 있게 해주는 서비스이다. 이 서비스를 사용하여 다운로드 가능한 콘텐츠(예 미디어 파일 또는 사진), 가상 콘텐츠(예 : 게임 레벨 또는 마법의 물약), 프리미엄 서비스, 특별한 기능 등을 포함한 광범위한 콘텐츠를 판매할 수 있다. 인앱결제 운영은 보편적으로 IOS(itunse)와 안드로이드(Google)이 있다.

수행 내용

재료 · 자료

- 온라인 결재 플랫폼 관련 자료

기기(장비 · 공구)

- 컴퓨터 및 주변기기

안전 · 유의사항

- 컴퓨터 및 주변기기의 전원을 관리한다.

수행 순서

01 온라인 결재 플랫폼의 서비스 업무와 사업영역을 분석하라.

1. PG 서비스 및 구성

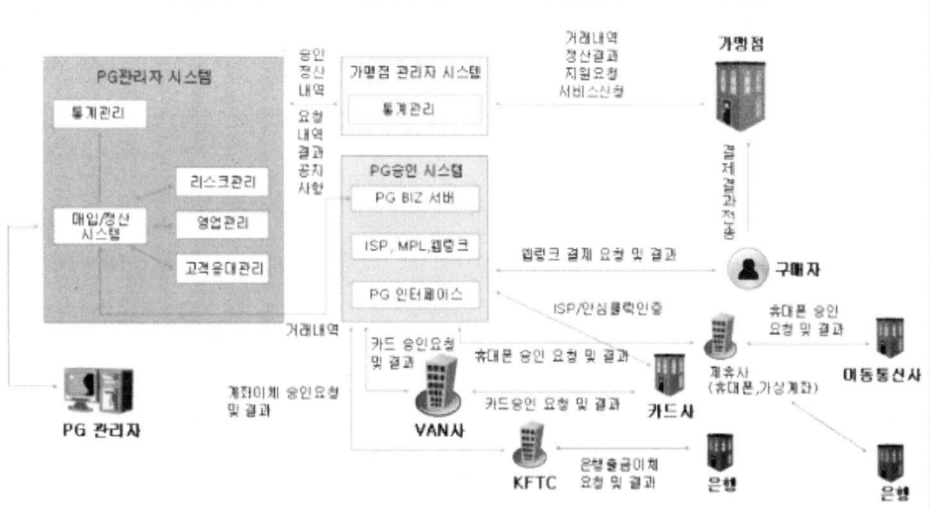

[그림 10-4] PG서비스의 구성

PG 서비스는 온라인 상점에서 상품과 서비스 판매 시, 고객이 신용카드 및 다양한 결제 수단을 이용하여 안전하게 결제할 수 있도록 지원하는 서비스이다.

상점과 금융기관을 연결하는 대표가맹점 역할을 하여 승인-매입-정산에 이르는 모든 과정을 대행하며, 신용카드를 비롯 실시간 계좌이체, 휴대폰 소액결제, 가상계좌, 현금영수증 발행 등 온/오프라인 환경에 최적화된 신뢰도 높은 결제 솔루션을 제공한다.

2. 온라인 결재 플랫폼의 서비스 특징

온라인 결재 플랫폼의 서비스 특징은 다음과 같다.

- 온/오프라인 통합결제서비스
- 다양한 지불수단 및 금융 부가서비스
- 국내외 최고수준의 국산 암호화 통신
- 편리한 관리자 기능 지원

3. 온라인 결재 플랫폼의 특성

온라인 결재 플랫폼의 특성은 다음과 같다.

- 유일성 : 업계 유일의 신용카드 PG전문 개발 및 아웃소싱기업
- 맞춤형 설계 : 대표가맹점과 자체가맹점 PG
- 확장성 및 이식성 : JAVA 플랫폼 기반의 PG승인시스템, 가맹점 관리자 시스템, PG관리자 시스템
- 시스템 운영의 편의성
- 관리자 시스템의 차별성 : 입금확인 프로세스, 가맹점정산 프로세스, RM 프로세스
- Light-weight architecture : 신용카드 최적화 PG시스템구조, 서비스 및 기능 확장이 용이하다.

4. 특화된 서비스

페이앳 서비스는 스마트폰, 태플릿 등 스마트 디바이스에 카드 리더기를 꽂아 결제할 수 있는 카드결제 서비스 모바일APP과 매니저 WEB 연동을 통해 결제는 물론, 매출관리/거래내역조회/직원관리/정산조회까지 지원한다. 주요 이용업종은 방문서비스, 출장/용역서비스, 및 행사, 후원, 기부금에 사용된다.

CMS는 납부고객의 동의를 통해 지정된 계좌나 신용카드에서 자동 출금하여 가맹점이

수금할 수 있는 결제 서비스이다. 주요 이용업종은 방문서비스 출장/용역서비스 및 행사, 후원, 기부금에 사용된다.

02 온라인 결제 플랫폼의 PG사들의 규모 및 업체를 분석하라.

1. PG사 규모

PG사 규모는 월간 카드결제금액을 기준으로 PG사의 규모는 예하 쇼핑몰들의 매출액의 합으로 볼 수 있다. 거래금액으로는 KSNET(1위), KCP(2위 한국사이버페이먼트), 이니시스(3위) 순이며, 그 아래에 데이콤, 티지코프, 텔렉, 페이게이트, 나이스 등이 있다.

회사의 규모로 본다면 KSNET, KICC(한국정보통신)과 같은 VAN사가 회사자본금과 매출액이 큰 회사이다. 이니시스, 티지코프, 텔렉 등은 VAN사가 아니라 PG사이다. 데이콤은 기간통신망 업체로 주력이 통신사업이지만, PG사업도 하고 있다. 다만, 카드수수료율이 타사에 비해 높은 편이다.

2. 카드수수료율과 보증보험증권

카드수수료율과 보증보험증권은 PG사마다 차이는 있지만, 홈페이지에 공지하는 수수료가 기본이다. PG사의 제휴사(호스팅, 쇼핑몰 제작)를 이용할 경우에는 공식 수수료보다 저렴하게 받을 수 있다. 보증보험증권은 일종의 담보용이다. 쇼핑몰에서 문제가 발생하여 소비자에게 피해보상을 제일 먼저 해주는 곳은 PG사이다. 그렇기 때문에 향후 부실에 대한 보장차원에서 현금담보나 보증보험증권을 쇼핑몰에 요구하는 것이다. 또한 쇼핑몰에서 제출하는 보증보험증권이 월간 카드승인 한도이다. PG사마다 약간씩 차이는 있지만, 쇼핑몰의 거래데이터에 문제가 없을 경우에는 어느 정도씩 한도액을 증액시켜준다.

3. 정산주기

정산주기는 얼마 전까지 승인 후 5박6일이 지나면 입금해준다고 PG사들이 광고를 했으나, 지금은 현실적으로 불가능하다(선결제 제외, 선결제는 수수료가 훨씬 높다). 지금은 카드사에서 매입 완료된 금액을 영업일 후에 PG사에 입금해주기 때문에 승인날짜를 기준으로 한다면 대략 10일전후가 걸린다. 선결제가 아니면서 5박6일이라고 광고하는 PG사는 거짓말을 하는 것이니 이런 업체들은 이용에 주의가 필요하다.

4. 선결제

선결제는 PG사가 예하 쇼핑몰의 매출채권을 담보로 하여 자금을 빌려 선정산해 주는 서비스를 말한다. 때문에 자금 차입으로 인한 금융수수료가 추가되어 공식수수료에 0.3~0.5% 정도의 수수료를 추가로 받는다.

5. 어떤 PG사를 이용해야 안전한가?

카드사와 PG사가 계약을 맺고, PG사는 쇼핑몰과 계약을 맺는다. 쇼핑몰은 카드사와 계약을 맺지 않았기 때문에 PG사가 망할 경우 쇼핑몰들은 카드매출금액을 받지 못한다. 최근에 망한 PG사를 이용했던 업체들은 그대로 떼였다는 점을 명심하셔서 수수료가 조금 더 비싸더라도 회사인지도와 자본금, 거래금액이 큰 업체를 이용하는 것이 좋다. 이것저것 여러 업종을 영위하는 업체보다는 PG와 VAN서비스를 하는 업체를 이용하는 것이 좋다. 모두가 알고 있는 유명한 SI회사들의 상당수가 PG사업을 한다. 회사는 유명하지만, 전문적인 PG사가 아니기 때문에 문제가 발생 시엔 대응속도가 늦을 수 밖에 없다. 여러 가지 비교했을 때 전문회사를 이용하는 것이 좋다.

6. 제품 배송 후 도난카드로 결제된 것을 알았을 때

이런 경우가 가끔씩 발생하고 있다. 인터넷쇼핑몰들이 가지고 있는 취약점 중에서도 가장 문제되는 부분인데 이런 피해 발생 시엔 카드사가 책임을 지지 않는다. 안타깝지만 현실이다. 인터넷 판매의 경우 대면판매가 아니기 때문에 카드사는 부정거래로 발생하는 대금에 대해 지급해주지 않는다.

이와 같은 일이 발생될 때는 사이버경찰청에 신고를 하여 범인을 잡아 회수하는 방법밖에 없는 것이 현실이다. 범인을 검거하지 못한다면 피해를 감수할 수 밖에 없다.

그나마 국내 범인들은 잡히는 경우가 있지만, 해외카드로 이루어진 건에 대해서는 대부분 포기를 한다. 국내 경찰들도 외국인을 검거하러 그 나라로 가지 못하기 때문이다.

03 온라인 결제 플랫폼의 결제 수단별 PG서비스 구축 내용을 분석하라.

1. 신용카드

고객이 인터넷 상에서 재화 또는 콘텐츠 등을 신용카드로 결제하는 서비스로 구매자의 결제정보는 암호화되어 안전하게 신용카드사로 전달되어 결제가 이루어진다.

1) 특징

- 국내 전 카드를 지원하며 가맹점 대행 및 자체가맹점 서비스를 제공
- 신용카드 거래의 상세 거래정보 및 통계자료를 제공
- 단말기 구입, 전용선 연결 등의 번거로운 절차없이 실시간으로 신용카드 결제가능
- 신용카드 취소는 거래상태(승인/매입요청/매입완료)와 기간에 상관없이 가능(취소 시 별도 수수료는 발생되지 않음)
- 매월 카드사별 무이자 행사 및 즉시할인행사를 통해 가맹점 프로모션지원
- 카드결제를 이용하기 위해서는 본인여부 확인을 위해 인증절차 필요(ISP 또는 안심클릭 인증을 통해 안전 결제서비스를 제공하며, 공인인증서의 인증방식 필요)

2) 가맹점서비스

- 대표가맹점 서비스 : 가맹점이 신용카드사와 자체적으로 가맹 체결을 하지 않은 경우에 고객사와 신용카드사간 체결된 계약사항을 적용하여 거래를 하는 일종의 신용카드 가맹점 대행서비스이다.
- 자체가맹점 서비스 : 가맹점이 신용카드사와 직접 가맹체결을 하고 고객사는 인터넷지불을 위한 보안유지/망운영/매입대행 등을 수행하며 가맹점에게 전자지불 수수료만 청구한다.

3) 결제방법

카드선택 → 카드정보입력 → 인증

2. 계좌이체

온라인상에서 물품 구매시 고객 소유의 은행 계좌를 이용하여 결제하는 지불수단으로, 상품 또는 서비스의 요금을 구매자의 계좌에서 즉시 이체하여 결제한다.

1) 특징

- 가맹점 명의 계좌로 직접 입금 받을 때 발생하는 수작업 불필요하다.
- 은행과의 계약 및 계좌개설 불필요하다.
- 실시간 승인 및 정산내역 확인 시스템을 제공한다.
- 1,000원 미만의 소액거래가 가능하다.
- 신용카드보다 저렴한 수수료이다.
- 고객이 계좌이체를 이용하기 위해서는 해당 은행의 공인인증서가 필요하다.

2) 결제방법

결제할 은행선택 → 예금주, 주민번호, 계좌번호, 계좌비밀번호 등록 → 공인인증서등록

3. 가상계좌

고객이 현금 결제를 하는 경우 원하는 입금 은행을 선택하면, 임의의 일회성 가상계좌번호가 부여되며, 입금 기한 내에 입금을 하면 결제가 완료된다.

1) 특징

- 다양한 입금방식 가능(인터넷뱅킹, 폰뱅킹, 은행창구 입금 등)
- 구매자와 입금자의 이름이 상이해도 가상계좌번호로 확인 가능
- 가상계좌의 입금정보를 가맹점에게 실시간 통보
- 에스크로 서비스(결제대금 예치제) 연동
  에스크로 서비스는 전자상거래상 판매자와 구매자가 거래합의 후 상품배송 및 결제과정 중에 거래사고를 예방하기 위하여 제3자(에스크로 사업자)가 거래대금의 입출금을 공정하게 관리함으로써 매매를 보호하고, 판매자와 구매자 간의 거래 안전을 도모하는 서비스이다.

2) 결제방법

에스크로 거래서 약관동의 → 입금은행 선택 → 가상계좌번호 확인 → 대금입금

4. 핸드폰결제

고객이 인터넷 상에서 상품 또는 콘텐츠를 휴대폰으로 결제하는 서비스로 휴대폰 SMS로 전송된 인증번호를 입력하여야 결제가 가능하다.

1) 특징

- 신용카드 및 계좌번호, 비밀번호 유출의 위험이 없어 보안성이 높다.
- SMS인증을 거쳐 결제함으로 휴대폰을 소지하지 않으면 결제가 불가능하다.
- 결제대금은 휴대폰 사용료에 합산 청구된다.
- 1,000원 미만의 소액거래가 가능하여, 유료 콘텐츠 이용시 용이하다.

2) 결제방법

가입자인증(휴대폰번호, 주민등록번호 입력) → 폰 소유여부 인증(SMS발송, 결제승인번호 입력)

04 O2O 서비스 정의와 유형 사례에 대하여 분석하라.

O2O 거래(Online to Offline Commerce)는 오프라인에서 판매되는 서비스와 재화 등을 온라인에서 구매하는 상거래를 말한다. 2010년경부터 국내외 '소셜 커머스(Social Commerce)'의 확산과 함께 생겨난 용어로, '서비스/물품의 검색 → 구매 의사 결정 → 대금 결제'는 온라인에서 하고, 그 '소비'만 오프라인에서 하는 거래 형태이다.

〈표 10-1〉 O2O서비스의 유형

<table>
<tr><th>O2O유형</th><th colspan="2">O2O 서비스 유형</th></tr>
<tr><td rowspan="4">
</td><td rowspan="3">Online
⇒
Offline</td><td>사전 등록 가입자에게 SNS 등 다양한 온라인 기능을 활용하여 이벤트 정보, 할인 쿠폰 등 제공 후 오프라인 매장으로의 방문 및 구매 유도</td></tr>
<tr><td>매장 방문 고객을 대상으로 즐겨 찾는 브랜드 매장의 상품 정보, 할인쿠폰 등을 온라인(스마트폰 등)으로 바로 전송하여 구매 유도
예 롯데백화점의 스마트쿠폰 등</td></tr>
<tr><td>온라인 구매 상품을 오프라인 매장에서 인수케하여 오프라인 매장방문 및 구매 유발
(상품 상태에 따라 즉시 교환, 환불도 가능)
예 월마트의 'Site to Store'나 롯데닷컴의 '스마트 픽' 등</td></tr>
<tr><td>Offline
⇒
Online</td><td>– 스마트폰앱, QR코드 등으로 전자상거래 사이트 유도
– 오프라인 점포와 전자상거래 사이트 포인트 통합 등</td></tr>
</table>

최근 대표적인 O2O 거래인 '우버'와 '배달 앱'의 시장 규모가 급성장하고 있다. 특히 자신의 현재 위치 주변과 지역별 서비스 가능 여부를 손쉽게 검색할 수 있는 스마트폰의 대중화로, 모바일 기반의 O2O 거래가 확산되고 있다.

05 O2O 서비스 관련 기술을 분석하라.

O2O 서비스는 온라인과 오프라인의 융합서비스이므로 동 서비스 구현 핵심기술을 온라인과 오프라인으로 구분한다. 온라인 기술은 스마트폰 앱, 모바일 네트워크, DB 등으로 구성된다.

오프라인 기술은 위치를 감지할 수 있는 기술(GPS, Wifi, Cellular Network)과 이들 기술을 보완하기 위한 Micro Location기술(NFC, QR코드, 저전력 블루투스(BLE, Bluetooth 4.0), 비콘 등)로 구성된다.

핵심 기술은 O2O서비스를 가속화 시킬 Beacon(비콘)이다. 비콘은 신호등, 무선송신소 등과 같이 '상대에게 신호를 발신하는 장치'라는 사전적 개념을 가지며 비콘은 근거리 무선통신인 블루투스 4.0을 활용하는 장치로 근거리 위치기반 신호를 송·수신 하는 역할을 한다.

기존의 GPS는 수 미터 수준의 오차를 보이지만, 비콘은 5~10cm에 불과해 건물 내부에 있는 사람의 정확한 동선 파악이 가능하여 '사람 중심' 위치기반 서비스 구현이 가능하다.

〈표 10-2〉 NFC와 Beacon비교

NFC	Beacon
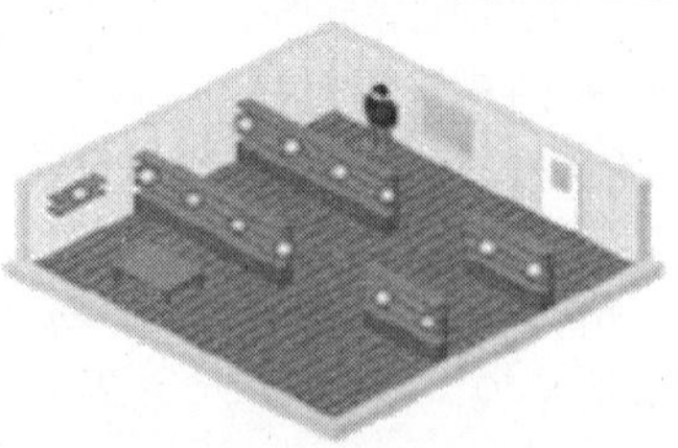	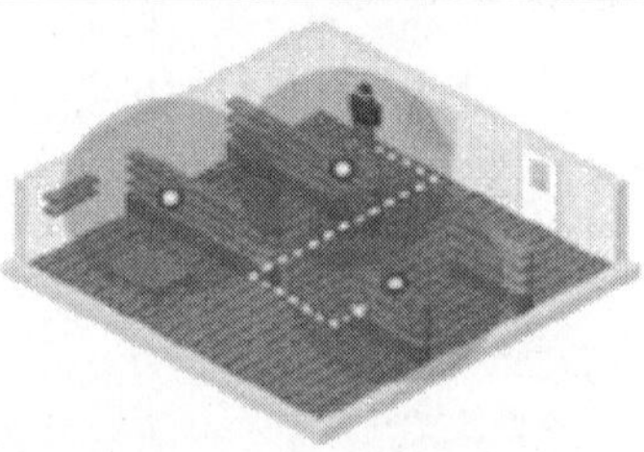
〈ONE TO ONE〉 * NFC Tag에 직접 접촉함으로써 인식 → 소비자의 특정행동을 요구함	〈ONE TO MANY〉 * 근거리 접촉이 필요 없음 → 소비자의 특정행동을 요구하지 않음

※ 출처 : O2O(Online-To-Offline) 동향과 시사점('14.12.1), 정보통신정책연구원

또한, 단말기 접촉이 필요한 NFC(Near Field Communication)와 달리 최대 50m의 범위에서 정보제공 및 결제 서비스 등이 가능하다.

06 최근에는 O2O(Online to Offline)의 확대로 오프라인 결재 플랫폼도 온라인 결재 플래폼으로 이동하고 있는 경우에 대하여 분석하라.

오프라인 서비스를 온라인에서 연결해 주고 서비스나 재화는 오프라인에서 받지만 결재는 온라인에서 이루어지는 경우가 최근 많이 발생하고 있다. 즉 오프라인 결재 시장이 온라인으로 이동하고 있다는 것을 보여 주는 것이다. 온라인 시장에서의 결재는 중요해지고 사용하기 편리한 결재 수단을 제공하는 회사가 시장을 선전하고 있다.

신용카드 PG 거래 흐름 / 휴대폰 결제 업체 거래 흐름

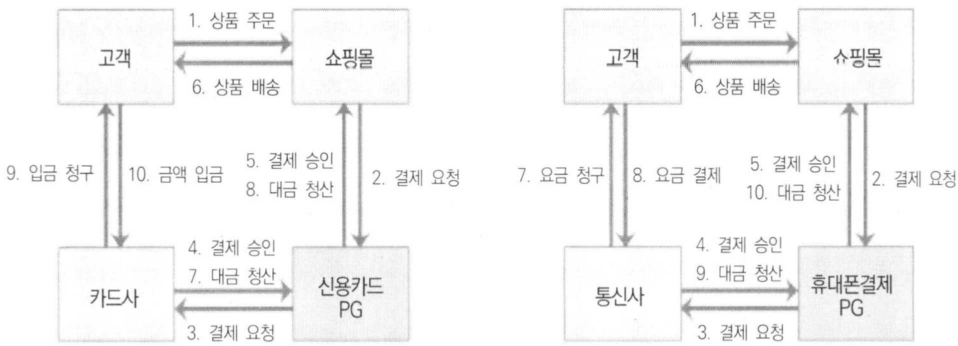

[그림 10-5] 오프라인과 온라인 결재 플랫폼 비교

고객은 신용카드를 통하여 온라인 결재를 할 경우, 쇼핑몰에서는 결재 중계 수수료를 지불해야 한다. 중계 수수료는 카드사에서 지불하는 수수료(2~3%)와 신용카드 PG에 지불하는 수수료(0.7~1%)로 나누게 된다. PG는 지급결재 대행회사로 개별신용카드사들이 신용카드 가맹점(오프라인/온라인의 쇼핑몰, 상점 등)과 개별 계약을 맺을 수 없기에 시용카드 사용 시 결재를 대행해 준다. 대표작인 PG사들은 이지니스, LGU+, KCP들이 있으며 중소 PG사들도 있다.

07 O2O 결제 확산에 VAN사와 PG사의 영역의 모호함에 대하여 분석하라.

O2O(온·오프라인 연계)결제 확산으로 오프라인 결재 플랫폼 사업자인 부가가치통신망(VAN, 이하 밴)사업자와 온라인 결재 플랫폼 사업자의 전자지급결제대행업(PG) 사업자의 영역이 비슷해지면서 금융당국의 고심이 커지고 있다.

사업 영역은 비슷하지만 소관법이 달라 동일한 영업행위를 하고도 자칫 한쪽만 제재를 받는 '규제 차별'이 발생할 수 있다는 우려 때문이다. 당장 결제대행업계에 미치는 영향이 크지 않지만 향후 논란의 불씨가 될 수 있다는 지적이다.

최근 금융권에 따르면 간편 결제와 O2O결제 확산 등 결제 환경 변화로 오프라인 결재 플랫폼 사업자인 밴사와 온라인 결재 플랫폼 사업자인 PG사의 사업 영역이 점차 겹치고 있다.

과거에서는 오프라인(밴)과 온라인(PG)의 사업영역 구분이 명확했지만 경계가 허물어지고 있는 것이다.

최근에는 주요 밴사와 PG사들이 겸업을 하고 있다. 온·오프라인 결제시장의 경계가 모호해지고 신규 사업자들이 나오면서 새로운 수익원을 좇아 밴사와 PG사들이 시장에 교차 진출하고 있다.

밴사는 주로 오프라인 결제시장에서 신용카드 결제 단말기 설치, 결제 정보 중개, 가맹점 관리 등의 역할을 맡고 있다. PG사업은 온라인 가맹점과 카드사 간 결제정보를 연결해 주고 온라인 가맹점으로부터 별도의 수수료를 받는다.

금융감독원에 등록된 밴사는 총 23개사이다. 이 가운데 PG사업을 겸업하는 곳은 한국정보통신 등 16개사에 달하고 있다.

한국정보통신은 밴 업계 시장점유율 1~2위 사업자다. 반대로 KG이니시스, LG유플러스, NHN한국사이버결제 등 PG업계 1~3위 사업자 모두 밴 사업에 뛰어든 상태다.

그만큼 온·오프라인 결제대행업무의 경계가 무너진 것이다. 여기에 일부 PG사들은 간편 결제와 O2O결제 확산에 힘입어 신용카드 단말기를 통한 결제 등 오프라인 결제대행 업무와 비슷한 서비스를 제공하고 있다.

문제는 일부 PG사들이 신용카드 단말기 설치 등 밴사의 영업행위를 하면서도 위법 사실에 대해 제재를 받지 않을 수 있다는 점이다. 밴사와 PG사의 소관법이 다르기 때문이다. 밴사는 여신전문금융업법(이하 여전법)을, PG사는 전자금융거래법을 각각 적용받는다.

밴 · PG 겸업 사업자는 여전법과 전자금융거래법을 동시에 적용받기 때문에 문제가 없지만 겸업 사업자가 아닌 PG사는 여전법 적용을 받지 않아 결제 단말기 설치 · 운영 등에 관한 규제에서 자유롭다.

예컨대 소비자가 배달 앱을 통해 음식을 주문하면서 휴대폰을 통해 결제를 마쳤다면 문제가 없다. 하지만 음식점(가맹점)에서 소비자에게 직접 배달을 한 후 카드를 받아 결제를 하면 오프라인 영역이다. 이 과정에서 일부 PG사들이 가맹점에 제공한 신용카드 단말기를 통해 결제가 이뤄지고 있다.

PG사들이 미등록 결제 단말기를 가맹점에 제공해도 이를 제재할 방법이 없다. 여전법 제27조의4 등에 의하면 밴사는 신용카드 결제 단말기를 금융위원회에 등록하고, 등록된 결제 단말기에 대해서만 신용카드 등의 결제대행 서비스를 제공하도록 하고 있다. 반면 전자금융거래법에는 결제 단말기와 관련한 규제가 없다.

당초 전자금융거래법은 온라인 결제 대행업자를 대상으로 한 만큼 오프라인 영역인 결제 단말기와 관련한 규제를 만들 이유가 없었다. 최근 온 · 오프라인 결제대행업무의 경계가 사라지면서 새롭게 생긴 이슈 들이다.

리베이트와 관련해서도 논란이 생길 수 있고, 밴사는 여전법상 가맹점에 리베이트를 제공할 수 없다. 결제 단말기를 무료로 제공하는 것도 금융당국은 리베이트를 제공한 것으로 간주한다. 반면 PG사는 가맹점 모집 과정에서 결제 단말기를 제공해도 여전법 적용을 받지 않아 리베이트 문제와 무관하다.

이 때문에 업계 일각에선 밴사와 PG사를 아우를 수 있는 새로운 법안 도입이 필요하다는 지적도 나온다. 사업 영역은 비슷해지는데 소관법이 달라 규제 차익이 생길 수 있다는 점에서 새로운 법안은 필요해 보인다. 다만 아직 시장의 혼란이 크지 않다는 점에서 충분한 의견을 수렴한 후 추진할 필요가 있다.

08 O2O 플랫폼 서비스의 대표적인 국내 사례를 분석하라.

1. 전방위 O2O 플랫폼 사업 나선 다음카카오

모바일 결제를 O2O 플랫폼의 핵심 요소로 보고 있다. 이 같은 점에서 다음카카오가 간편 결제 서비스에 많은 공을 들이고 있는 것은 의미가 있다고 할 수 있다.

다음카카오는 모든 신용카드를 지원하는 모바일 간편결재 서비스 '카카오페이'가 가입자 수 500만이상, 결제채널 216개 이상을 확보했다. 카카오페이는 카카오톡이 설치돼 있으면 간단한 본인 인증과 카드정보, 비밀번호 등록을 통해 바로 이용할 수 있다. 또 다음카카오는 최근 요기요에 카카오페이를 적용함으로써 국내 모든 음식 배달앱에서 결제수단으로 사용할 수 있게 하는 등 꾸준한 가맹점 확보를 통해 서비스 사용성을 키워나가고 있다.

[그림 10-6] 다음카카오의 간편결재 서비스 '카카오페이'

2. 검색 연계 O2O 영향력 주목받는 네이버

국내 검색포털의 절대 맹주인 네이버는 지난해 모바일 O2O 플랫폼 샵윈도를 오픈하면서 본격적인 O2O 플랫폼 사업을 개시했다. 이미 일본에서 라인 브랜드의 택시, 간편결제 등 O2O 비즈니스를 해온 것에 비하면 국내 O2O 플랫폼 비즈니스는 한 발 늦은 모습이다. 다만 검색포털 분야의 독보적인 장악력을 바탕으로 한 잠재력이 커 한 발 늦은 출발에도 불구하고 시장에 미칠 영향이 크다는 점에서 주목받고 있다.

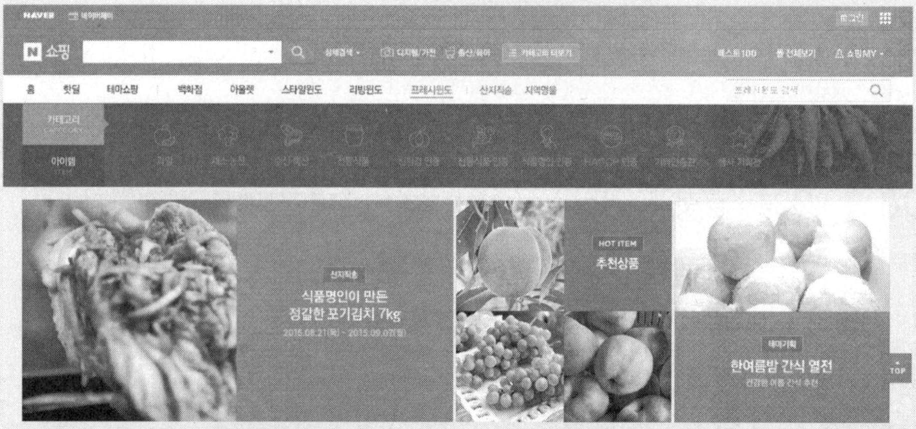

[그림 10-7] 네이버의 모바일 O2O 플랫폼 '샵윈도'

3. 작은 매장 O2O 지원군 SK플래닛

SK플래닛은 모바일 기술을 활용해 소비자에게는 스마트한 쇼핑 경험을, 판매자에게는 빅데이터 기반 마케팅 플랫폼을 제공하는 등 새로운 쇼핑 패러다임을 구축하는 데 중점을 두고 있다. SK플래닛은 1,200만명의 가입자가 사용하는 모바일 지갑 시럽, 3,700만 명이 사용하는 통합 마일리지 서비스 'OK 캐쉬백 by 시럽', 모바일 상품권 '시럽 기프티콘' 서비스를 유기적으로 연계하고, 저전력 블루투스(BLE), 근거리무선통신(NFC), 지오펜싱(Geo-fencing) 등 IT를 활용해 시간·장소·목적에 맞는 맞춤형 쇼핑 정보를 제공하는데 초점을 맞추고 있다.

[그림 10-8] SK플래닛의 비콘을 설치한 매장의 쇼핑 모습

09 인앱 결재 방식을 우회하여 30%의 플렛폼 사용 수수료를 면하는 사례를 분석하라.

애플 앱스토어나 구글 플레이스토어를 사용하면서 별도의 웹스토어를 만들어 유료아이템을 판매하거나, 외부 결제시스템을 탑재해 인앱결제를 우회(웹결제)하는 결제방식이 늘어나고 있다. 인앱결제(애플, 구글과 같은 운영사가 제공하는 결제시스템)를 우회하면 30%에 이르는 플랫폼 사용 수수료를 면할 수 있기 때문이다.

네이버의 모바일 메신저 라인은 일본과 대만에서 웹 스토어를 개설해 라인에서 사용하는 '스티커'나 게임 아이템을 살 수 있는 '게임머니' 등을 판매하기 시작했다.

구글과 애플의 인앱결제를 이용하지 않기 때문에 당연히 플랫폼 수수료 30%는 지급하지 않는다. 네이버는 신용카드를 사용하지 않아 결제의 어려움을 겪고 있는 이용자들을 배려하는 차원에서 웹스토어를 개설했다고 설명했다.

국내에서는 카카오가 지난달 개편한 카카오페이지의 구글 플레이스토어 결제 방식을 '인앱결제'에서 '외부 결제(웹 결제)'로 변경했다. 카카오 측은 카카오페이지를 개편하는 과정에서 사업상의 선택이라는 입장을 밝혔다.

디지털 콘텐츠를 스마트폰 앱을 통해 유통시키는 과정에서 30%에 이르는 수수료를 앱스토어에 지급하면, 서비스 가격을 높이거나 퍼블리셔나 콘텐츠 제작자가 그만큼 수익을 포기해야 하기 때문에 가능하면 결제 방식을 우회시키는 편이 이익이다. 또 인앱결제를 사용할 때는 비자나 마스터 같은 해외 신용카드만 가능하고, 단말기에 따라 오류도 자주 발생해 외부결제를 사용하기도 한다.

이 때문에 아프리카TV(067160)나 다양한 이북(e-Book) 콘텐츠 사업자들도 인앱결제를 사용하지 않고, 외부결제를 사용하는 경우가 많다. 다만 사업자가 어디까지 인앱결제를 우회할 수 있느냐에 대한 기준이 불분명해, 향후 구글이나 애플의 문제제기에 따라 결제방식을 변경해야 할 가능성은 열려있다.

구글 개발자정책에 따르면 인앱결제를 통하지 않고, 외부 결제를 허용하는 경우는 단 두 가지이다.

하나는 실제 상품 또는 서비스에 대한 결제인 경우(영화 티켓 구매, 오프라인 신문 구독 가격에 포함된 신문 앱 구매 등)이다.

두 번째는 앱 외부에서 사용할 수 있는 디지털 콘텐츠 또는 상품에 대한 결제인 경우(다른 음악 플레이어에서 재생할 수 있는 노래 구매)이다.

애플의 경우는 이보다 좀 더 까다로운 요건을 요구한다. 지난 3월초 국내의 한 유명 이북 앱이 앱 스토어에서 한 달 넘게 사라지는 일이 발생했다. 앱 업데이트를 위해 애플 측에 재검수를 요청했다가, 결제 시스템 상 애플 정책에 위배돼 약 한 달간 서비스가 중단된 것이다.

이 때문에 외부결제가 더 활성화 된다면 애플과 구글에서 개발자 정책을 근거삼아 서비스에 제재를 줄 수 있다.

특히 가장 큰 수익원으로 자리 잡고 있는 게임 내 콘텐츠를 라인처럼 외부 웹스토어에서 '게임머니' 형태로 구입하는 방식에서 큰 매출이 발생한다면, 향후 문제가 발생할 수 있는 가능성이 제기되고 있다.

애플의 경우는 앱을 검수하는 '리뷰어'에 따라 같은 웹 결제라도 문제가 되는 경우가 있고, 안 되는 경우가 있다. 또 아직까지는 구글 쪽에서는 결제 방식에 따라 문제제기를 해온 경우는 없는 것으로 알고 있지만, 기준이 모호해 언제든지 문제 삼을 수도 있어 보인다.

10 인앱 결재 방식에서 구매내역 취소 하는 법을 분석하라.

인앱 결재방식에서 Google Play 구매 내역 환불 요청하는 방법은 다음과 같다.

① 컴퓨터에서 https://play.google.com/store/account로 이동한다.

② '주문 내역'까지 아래로 스크롤한 후 반품하려는 주문 항목을 찾는다.

③ 주문 오른쪽에서 더 보기 ⋮ 더 보기를 클릭한다.

④ 문제 신고를 선택한 후 내 상황과 맞는 옵션을 선택한다.

⑤ 양식을 작성한 후 환불을 받고 싶다고 메모를 작성한다.

⑥ '신고해 주셔서 감사합니다'라는 메시지가 표시되며 환불을 받을 수 있는지 결정되면 이메일이 전송된다. 보통은 15분 이내에 이 메일이 전송되지만, 최대 영업일 기준 2일이 걸릴 수도 있다.

학습활동.10 교수 · 학습 방법

교수 방법

- 온라인 결재 플랫폼에 대한 관련 용어, 구성, 방식 이해 정도를 파악한 후 수업을 진행한다.
- 교수자의 주도로 온라인 결재 플랫폼 등의 내용을 PPT 자료로 제시한 후 설명한다.
- 가능하면 사전에 개인별 학습 자료를 준비하여 모든 학생이 참여할 수 있는 문제 해결식 수업, 협력 수업이 가능하도록 한다.
- 온라인 결재 플랫폼 전 과정을 작업의 순서에 따라 단계적으로 실습이 이루어질 수 있도록 지도한다.
- 교재를 통해 수업을 준비하는데 있어서 필요한 모든 정보나 팁, 힌트 등 도움이 될 만한 내용들을 확인할 수 있다.
- 학생들이 만들게 될 각 모델들은 수업시간에 중점적으로 다뤄질 부분과 어휘, 질문, 답을 포함하고 있으며 또한 탐구할만한 추가적인 아이디어들도 포함하고 있다.

학습 방법

- 온라인 결재 플랫폼에 대한 관련 용어를 숙지하고, 온라인 결재 플랫폼의 기초 단계에 대해 이해한다.
- 온라인 결재 플랫폼의 각 단계별 중점 사항을 체계적으로 학습한다.
- 온라인 결재 플랫폼의 수행순서의 전 과정을 실습한다.
- 온라인 결재 플랫폼의 내용을 이해한다.
- 온라인 결재 플랫폼을 이해하고 숙달이 될 때까지 학습한다.

학습활동.10 평가 및 피드백

평가 준거

- 평가자는 피평가자가 수행 준거 및 평가 내용에 제시되어 있는 내용을 성공적으로 수행할 수 있는 지를 평가해야 한다.

학습내용	평가항목	성취수준		
		상	중	하
온라인 결재 플랫폼	온라인 결재 플랫폼을 이해할 수 있다.			

평가 방법

• 작업 포트폴리오

학습내용	평가항목	성취수준		
		상	중	하
온라인 결재 플랫폼	온라인 결재 플랫폼을 이해할 수 있다.			

• 필기시험

학습내용	평가항목	성취수준		
		상	중	하
온라인 결재 플랫폼	온라인 결재 플랫폼을 이해할 수 있다.			

• 체크리스트를 통한 관찰

학습내용	평가항목	성취수준		
		상	중	하
온라인 결재 플랫폼	온라인 결재 플랫폼을 이해할 수 있다.			

피드백

1. 작업 포트폴리오
   - 제출한 보고서를 평가한 후 주요 사항에 대하여 표시하여 돌려준다.
2. 필기 시험
   - 평가 결과 성적이 저조한 학생은 보고서 제출 기회를 부여한다.
3. 체크리스트를 통한 관찰
   - 실습 과정에서 평가한 후 개선해야 할 사항 등을 정리하여 돌려둔다.

제1부 글로벌 결재 플랫폼	학습 1	새로운 핀테크의 결재 플랫폼 등장
	학습 2	핀테크의 결재 플랫폼 서비스
	학습 3	핀테크의 글로벌 결재 플랫폼 서비스
제2부 글로벌 결재의 발전	학습 4	스마트 물류의 진화
	학습 5	스마트 계약
	학습 6	인터넷전문은행의 도입
	학습 7	가상화폐
	학습 8	핀테크의 블록체인 활용
제3부 결재 플랫폼의 활용	학습 9	오프라인 결재 플랫폼
	학습 10	온라인 결재 플랫폼
제4부 핀테크의 미래	**학습 11**	**인공지능과 핀테크 서비스**
	학습 12	인공지능과 핀테크 시스템 혁신
	학습 13	빅데이터와 인공지능을 탑재한 핀테크 탄생
	학습 14	차세대 인증으로 생체인식기술을 탑재한 핀테크

학습 목표

11. 인공지능과 핀테크 서비스의 구성 및 특징을 이해할 수 있다.

11-1 인공지능을 활용한 핀테크 서비스 탄생

핀테크 서비스인 메신저는 1990년 중반부터 사용하는 서비스로 PC에서 스마트폰으로 주요 핀테크 플랫폼이 변화하며 가장 대중적인 핀테크 서비스 수단으로 발전해왔다. 모바일 메신저 업체들은 이러한 메신저의 영향력을 새로운 핀테크 플랫폼으로 만들어 가기위한 고민을 계속해왔다.

미래 핀테크 서비스에서 4차 산업혁명의 핵심 키워드인 인공지능(AI)기술에 대한 활용에 대한 관심을 보였다. 인공지능 기술이 발전하면서 이와 접목한 핀테크 서비스 중 하나인 챗봇 기술을 활용하면서 새로운 핀테크 서비스가 탄생하게 되었다.

그러므로 인공지능을 탑재한 새로운 핀테크 서비스는 기존의 문자 서비스보다 새로운 채팅서비스를 선호하는 시대가 되었다. 이로 인하여 새로운 핀테크 서비스 플랫폼으로서 주목받게 되는 것이 바로 챗봇(ChatBot)이다.

[그림 11-1] 인공지능 챗봇

챗봇(ChatBot)은 채팅(Chatter)과 로봇(Robot)의 합성어로 쉽게 말하면 채팅하는 로봇(Chatter Robot)을 의미한다. 인공지능(AI)을 기반으로 사람과 대화를 나누는 프로그램으로, 인간의 언어를 흉내 내 인간이 묻는 질문에 답하는 형식이다.

방대한 자료를 수집, 분석, 처리하는 빅데이터와 인공지능을 기반으로 챗봇은 사람의 질문에 가장 적합한 답변을 찾아낸다. 대화에서 발생 가능한 경우의 수를 모두 만들어 놓고 상황에 적합한 내용을 골라내는 방식으로 대화를 이어간다.

메신저 상에 있는 대화로봇이 사람처럼 행동하며 자동으로 핀테크 서비스 등을 제공하고 핀테크 서비스의 접수와 발송 통지, 대출상담 등의 핀테크 서비스인 고객 지원 등도 가능하다. 핀테크 플랫폼에 따라서 텍스트, 영상, 이미지, 웹주소(URL) 등을 결합하여 보낼 수 있다.

11-2 핀테크 서비스의 활용

핀테크의 활용에서 새로운 서비스인 '인공지능(AI) 은행원 챗봇 서비스'를 통하여 스마폰을 이용해 지점을 방문하지 않고도 간단한 은행 업무를 볼 수 있는 비대면 금융 서비스시대인 '내손안의 은행'이 실현되고 있다.

새로운 핀테크 서비스인 챗봇은 다양한 분야에서 활용될 수 있는데, 현재는 크게 5가지 분야에서 활용되고 있다.

〈표 11-1〉 핀테크 서비스의 챗봇활용

구분	활용분야
대화형 커머스 및 O2O	쇼핑, 비행기 예약, 숙소 예약, 레스토랑 예약 및 주문, 택시 호출
고객응대 서비스(챗봇)	금융(증권 · 보험 · 은행), 통신, 리테일(물류) 등
개인비서 서비스	헬스케어, 뉴스피드, 날씨 정보, 금융 상담, 일정 관리, 길찾기 등
로봇 컨시어지 서비스	국제회의장, 전시장, 백화점, 호텔 등
의료상담 서비스	병원, 약국 등
공공기관 고객응대 및 상담	관공서, 공단, 공사 등 법률 상담, 세금 납부, 부동산 정보, 구인구직
기업용 메신저	정보 검색, 파일 공유, 데이터 보관, 팀원 정보 공유, CRM

국내 금융권도 발 빠르게 챗봇을 받아들이고 있다. 현재 금융권에서 서비스 중인 챗봇은 NH 농협은행 '금융봇', 동부화재 '프로미 챗봇', 라이나생명 '챗봇', P2P 업체 8 퍼센트의 '에이다' 등이 있다. 카드사들도 속속 인공지능 기반 챗봇 개발에 뛰어들고 있다. 우리은행, 기업은행, 신한카드 등 금융회사에서도 올해 챗봇 도입을 준비 중이다.

수행 내용

재료 · 자료

- 인공지능과 핀테크 서비스 관련자료

기기(장비 · 공구)

- 컴퓨터, 주변기기

안전 · 유의사항

- 컴퓨터 및 주변기기의 전원을 관리한다.

수행 순서

01 인공지능이란 무엇인가?

인공지능(人工知能 : Artificial Intelligence, AI)은 사고나 학습 등 인간이 가진 지적 능력을 컴퓨터를 통해 구현하는 기술이다. 인공지능은 개념적으로 강인공지능(Strong AI)과 약인공지능(Weak AI)로 구분할 수 있다. 강AI는 사람처럼 자유로운 사고가 가능한 자아를 지닌 인공지능을 말한다. 인간처럼 여러 가지 일을 수행할 수 있다고 해서 범용인공지능(AGI, Artificial General Intelligence)이라고도 한다. 강AI는 인간과 같은 방식으로 사고하고 행동하는 인간형 인공지능과 인간과 다른 방식으로 지각 · 사고하는 비인간형 인공지능으로 다시 구분할 수 있다.

약AI는 자의식이 없는 인공지능을 말한다. 주로 특정 분야에 특화된 형태로 개발되어 인간의 한계를 보완하고 생산성을 높이기 위해 활용된다. 인공지능 바둑 프로그램인 알파고(AlphaGo)나 의료분야에 사용되는 왓슨(Watson) 등이 대표적이다. 현재까지 개발된 인공지능은 모두 약AI에 속하며, 자아를 가진 강AI는 등장하지 않았다.

약AI 분야는 많은 진전을 이루었다. 특히 초고밀도 집적회로(VLSI, Very-Large-Scale Integration) 분야와 프로그래밍 분야에서의 큰 진전으로 일본과 미국에서의 인공지능 연구에 대한 노력이 증대되었다. 많은 연구가는 고밀도 집적회로 기술이 진정한 의미의 지능형 기계를 만드는 데 필요한 하드웨어 기반을 제공할 수 있다고 믿고 있다.

현재 지능형 컴퓨터는 병렬처리를 할 수 있는 내부구조로 만들어진다. 병렬처리란 수백만 개의 중앙처리장치(CPU)와 기억장치, 입출력장치가 1개의 작은 실리콘 칩 안에 들어가 있는 집적회로를 여러 개 사용하여 기억 · 논리 · 제어 등과 같은 몇 개의 독립된 연산들을 동시에 수행하는 것을 말한다.

디지털 컴퓨터는 이 연산들을 직렬 또는 순서대로 행한다. 즉 별개의 입력회로가 데이터를 각 기억장치에 저장하고 이 기억장치로부터 한 번에 하나의 정보가 중앙처리장치로 전달되어 처리되며 그 결과는 외부 출력장치로 출력된다. 이제까지 개발된 가장 빠른 컴퓨터가 1초에 약 100억 번의 연산을 할 수 있지만 거의 순간적으로 수많은 연상과 일반화를 수반하는 인간의 사고 작용을 흉내 내기에는 아직도 느리다는 것이 일반적인 평가다.

02 인공기능의 기술동향에 대하여 분석하라.

인공지능은 컴퓨터에 인간과 같은 지능을 실현하기 위한 시도 및 일련의 기술을 의미한다. 세계적인 IT 자문기관 가트너는 2017년 주목할 만한 10대 전략 기술의 첫 번째로 인공지능과 머신러닝(Applied AI & Advanced Machine Learning)을 선정 했다. 인공지능은 머신러닝, 자연어 처리 등의 다양한 기술로 이루어진다. 새로운 유형의 지능형 앱과 사물을 제공하는 동시에 다양한 디바이스와 소프트웨어, 서비스 솔루션을 위한 내장형 인텔리전스를 제공하게 될 것으로 전망했다. 머신러닝 역시 2016년에 이어 앞으로 지속적으로 발전할 것으로 보고 있다.

인공지능 SW의 핵심기술은 머신러닝 기술을 통해 자연어를 이해 · 표현해 지식 베이스를 구축하고 새로운 지식을 추론 및 생성해낼 수 있으며, 학습과 추론을 통해 진화가 가능한 인공지능 기술로 요약할 수 있다. 인공지능 관련 기술에 있어 해외의 경우에는 주로 정부나 글로벌 기업이 주도 해 지식과 지능처리 소프트웨어 관련 연구가 진행되고 있다. 국내에서는 해외 기업들과의 기술격차를 줄이기 위해 정부 주도로 장기간 국책사업이 시행되고 있으며, 시장을 선도하는 기업을 중심으로 인공지능 적용 사업 사례가 증가하는 추세다.

03 인공지능 기술 분야에 대한 분석하라.

기술집약적인 인공지능 시장에서 중요한 것은 지속적인 인공지능 기반 기술 확보에 있으며, 이를 위한 R&D 투자는 필수다. 미래의 성장은 현재의 성과가 뒷받침돼야 가능하다. 기업의 부진한 영업성과는 R&D 투자를 위축하게 하고, 그 결과 부족한 기술 역량과 인력을 해결하기 위해 상호 컨소시엄 형태의 변형적 사업이 진행되는 경우가 발생하게 된다. 이는 사업 과정뿐만 아니라 사업 종료 후 사업관리 등 여러 측면에서 우려할 점이 많다.

〈표 11-2〉 인공지능 기술분야

인공지능 기술분야	주요 내용
머신러닝 기술 (Machine Learning)	– 새로운 정보를 학습하고, 습득한 정보를 효율적으로 사용할 수 있는 능력과 결부시키는 방법 – 명시적 프로그래밍 및 수학적인 모델 없이 데이터 패턴을 식별하는 알고리즘으로 미래 예측 및 이상 징후 감지 등에 활용
딥러닝 기술 (Deep Learning)	– 머신리닝의 한 종류로 인긴의 두뇌를 모방한 다중 처리 계층 및 파라미터를 사용해 데이터를 모델 분류 – 수많은 데이터를 컴퓨터에 주입하고 해당 데이터가 의미하는 바를 스스로 해독할 수 있도록 만듦
자연어 처리 기술 (Natural Language Processing)	– 인간이 보통 쓰는 언어를 컴퓨터에 인식시켜 처리하는 것으로 정보 검색, 질의응답, 시스템 자동번역, 통역 등 포함
데이터 마이닝 기술 (Data Mining)	– 데이터 가운데 숨겨져 있는 유용한 상관관계를 발견, 미래에 실행 가능한 정보를 추출해 내고 의사결정에 이용하는 과정
지능엔진 기술 (Intelligent Agent)	– 인공지능적 기능을 가진 소프트웨어 엔진으로 사용자를 보조하고 반복된 업무를 인간을 대신해 실시하는 엔진
패턴인식 기술 (Pattern Recognition)	– 기계로 도형, 문자, 음성 등을 식별
자동추론 기술 (Automated Reasoning)	– 컴퓨터에 의한 자동추론을 가능하게 하는 소프트웨어 개발을 목표로 함

04 인공지능 산업동향에 대하여 분석하라.

인공지능 관련 초기 산업이 지나친 기대감과 학술적이며 이론적인 고민 수준에 머물렀던 것에 반해, 현재는 현실적이고 구체적이며 실용적으로 접근하고 있는 점은 확실하다. 사람이 더 효율적이고 창의적인 업무를 수행할 수 있는 인공지능을 적용한 지능형 민원 상담 시스템(챗봇) 등으로 인공지능 산업이 성장하고 있다. 예를 들어 인공지능을 적용한 챗봇이 콜센터(컨택트센터) 본업의 업무 중 기능적 측면이나 서비스 측면에서 일부를 대체하고 있다. 이로써 콜센터 상담 직원의 역량, 자율성 및 전반적인 성과를 향상시키는 등 업무의 어려움을 줄여주고 있다.

인공지능에 대한 여러 가지 우려에도 불구하고 인공지능의 발전 속도는 갈수록 빨라지고 있다. 이미 인공지능을 활용해 환자의 병을 진단하거나 인공지능이 언어를 자동 번역하기도 한다. 최근에는 고객이 문자로 질문한 것을 이해해 답을 문자로 보내는 챗봇(Chat bot)을 활용하는 기업도 늘고 있다.

05 새로운 핀테크 서비스인 챗봇에 글로벌 기업들의 도전이 어디까지 왔는지 분석하라.

심지어 우리는 챗봇을 이미 오래 전부터 사용하고 있어 왔다. 2000년대 초반 등장한 '심심이', '일미리'나 최근 많이 사용하는 '카카오 플러스친구', '옐로우 아이디', '라인 공식 계정' 등도 모두 챗봇이라고 할 수 있다. 다만 정해진 규칙에 따라 특정 질문에 대해 미리 입력된 답변을 출력하는 기존의 방식과 달리 현재 출시 혹은 개발 중인 챗봇은 인공지능을 탑재해 사람과 직접 대화도 가능하고 첨단 기술을 사용해 문제를 해결해주는 수준으로 진화하고 있다.

페이스북, 구글, 마이크로소프트 등 ICT 생태계를 주도하는 글로벌 기업이 메신저 기반 챗봇 시장에 막대한 투자와 함께 플랫폼 선점에 총력을 기울이고 있다.

페이스북은 'F8 2016 컨퍼런스'에서 메신저를 통해 대화하듯 챗봇에게 원하는 것을 요청하면 이를 처리해주는 '챗봇' 플랫폼 공개했다.

구글은 챗봇 기술로 사용자의 취향이나 기호를 기억 · 분석하여 맞춤형 서비스를 제공하는 메신저 어플리케이션 '알로(Allo)'의 개발을 발표했다.

마이크로소프트도 2015년 3월 'Build 2016 컨퍼런스'에서 챗봇과 이를 운영할 수 있는 '마이크로소프트 봇 프레임워크'를 출시했다.

메신저 플랫폼을 기반으로 한 챗봇(ChatBot) 서비스의 등장으로 앱에서 봇으로 ICT 생태계는 급속히 진화될 것으로 전망하고 있다.

챗봇 분야의 주요 스타트업인 킥(Kik)과 텔레그램(Telegram), 위챗(WeChat) 등의 등장으로 앱 스토어에서 봇 스토어로 시장이 급속하게 변화하고 있다. 이미 포화상태인 앱 시장에서 소비자의 관심 유도와 능동적 양방향 소통을 위해서는 메신저 플랫폼을 통한 챗봇이 보다 효과적일 것으로 전망한다.

챗봇 서비스의 기술은 기존 Web과 App의 기술을 기반으로 등장했으며 향후 더 강력해진 AI기술을 통해 발전해 나갈 전망이다. 챗봇은 Web의 장점인 서비스 개선 · 업데이트의 용이함과 앱의 장점인 접근성 · 이동성을 동시에 보유하고 있어 성장 잠재력이 우수하다. 최근 인공지능 기술이 발달하고 자연어 처리 능력까지 더해져 더욱 다양한 분야에서 챗봇과 결합된 응용 서비스가 등장할 것으로 예상한다.

향후 챗봇 서비스는 사용자 맞춤 서비스로 산업전반에 급속히 퍼져 나가며 新부가가치를 창출 할 것으로 전망한다. 이에 따라, 빅데이터 플랫폼 구축, AI 기술 고도화, 보안 기술 개발 등 챗봇 서비스 활용을 위한 기술 고도화가 필요하다.

06 챗봇(ChatBot)의 정의와 종류에 대하여 분석하라.

챗봇아란 사람과의 문자 대화를 통해 질문에 알맞은 답이나 각종 연관 정보를 제공하는 '인공지능(AI) 기반의 커뮤니케이션 소프트웨어'를 지칭하며, 사람들이 필요로 하는 서비스와 데이터를 적시에 찾아주는 등 수많은 기업과 개인을 연결해주는 연결고리 역할을 한다.

봇(Bot)이 앱을 대체하고, 디지털 개인비서가 새로운 메타 앱이 되고, 컴퓨터와 사람사이의 모든 상호작용에 AI가 침투할 것이다.

챗봇은 봇(Bot)의 일종으로, 현재 봇 종류에 관한 명확한 구분은 없으나 명령방식에 따라 챗봇, 음성인식봇, 개인비서로 구분이 가능하다.

〈표 11-3〉 봇의 종류

종류	챗봇	음성인식봇	개인비서
명령 방식	텍스트 메시지	음성	텍스트 메시지+음성+검색 패턴, 위치, 사용패턴
핵심 서비스	FB Messenger, BotShop	Amazon Echo, Siri	Google Now, Cotana
주요 기업	Facebook, Kik	Amazon, Apple	Google, Microsoft

출처 : LG CNS Inside IT 수정 요약

07 챗봇의 기술요소에 대하여 분석하라.

챗봇은 서버(Back-end)에서 인공지능을 통해 사용자의 질의를 분석한 뒤 앱 또는 웹(Front-end)으로 서비스를 제공한다. 사용자가 직접 보게 되는 화면으로 주로 모바일 메신저 앱이 사용될 것이며 또는 안드로이드와 아이폰 상에서 모두 실행되도록 만들어진 하이브리드 앱 또는 웹 기술을 주로 사용한다. 막대한 메시지 트래픽을 처리하기 위해 하둡 같은 분산 컴퓨팅 환경에 적합한 기능을 가진 소프트웨어를 사용한다. 서버에서는 사용자의 질의에 적절한 답변을 제공하기 위해 자연어처리, 상황인식, 빅데이터 분석 기술을 사용한다.

〈표 11-4〉 텍스트기반 챗봇 주요 핵심 기술

관련기술	주요내용
패턴인식 (Pattern Recognition)	기계에 의하여 도형, 문자, 음성 등을 식별시키는 것
자연어처리 (Natural Language Processing)	인간이 보통 쓰는 언어를 컴퓨터에 인식시켜 처리하는 일. 정보검색, 질의응답, 시스템 자동번역, 통역 등이 포함
시멘틱 웹 (Symantic Web)	컴퓨터가 정보자원의 뜻을 이해하고, 논리적 추론까지 할 수 있는 차세대 지능형 웹
텍스트 마이닝 (Text Mining)	비정형 텍스트 데이터에서 새롭고 유용한 정보를 찾아내는 과정 또는 기술
상황인식컴퓨팅 (Context Aware Computing)	가상공간에서 현실의 상황을 정보화하고 이를 활용하여 사용자 중심의 지능화된 서비스를 제공하는 기술

출처 : 한국정보화진흥원, '모바일시대를 넘어 AI시대로'

텍스트기반 챗봇에는 5대 주요 기술이 필요하며 최근 컴퓨팅 파워의 급격한 향상으로 기술 활용이 용이하다.

08 해외 주요 ICT기업의 채붓 서비스 사례를 분석하라.

1. 페이스북의 "FB Messenger"

온라인 송금, 실시간 뉴스 제공 등 메신저 플랫폼 기반 개인 맞춤형 실시간 서비스 제공을 위해 버즈피드 등과 서비스 계약을 체결하였다. 2014년 왓츠앱을 인수하여 기존 페이스북 메신저 8억 명과 왓츠 앱 9억 명 이상을 더해 월평균 17억 명의 적극적 서비스 사용자를 보유하고 있다.

[그림 11-2]

출처 : 마크주커버그 페이스북

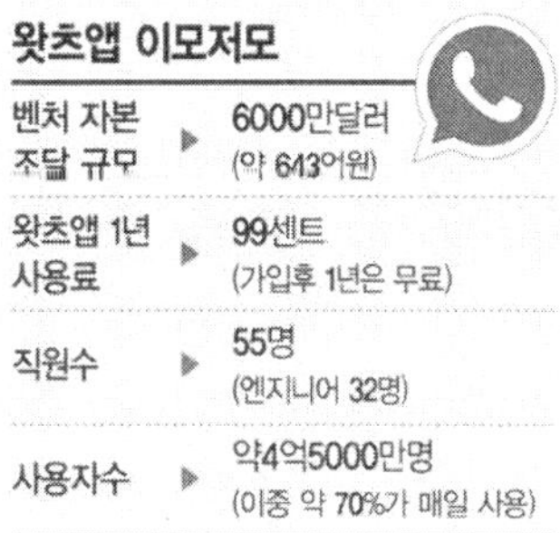

[그림 11-3]

출처 :월스트리트 저널WSJ

2. 슬랙의 "Slack Bot"

2015년 말, 기업용 메신저인 '슬랙 봇'으로 회의 스케줄을 저장 및 알려 주고 과거 주고 받았던 메시지를 검색하는 기능 개발해 활용하고 있다. 125명의 직원을 보유한 벤처회사로 유료회원 수 75만 명, 하루 액티브 사용자수 230만 명, 6,400만 달러의 매출을 기록하며 무섭게 성장하고 있다. 구글 드라이브 등 외부 앱과의 '통합성'과 API 중심의 '확장성'을 기반으로 많은 제3의 협력사들과 연계를 통해 생태계 확장에 힘쓰는 중이다.

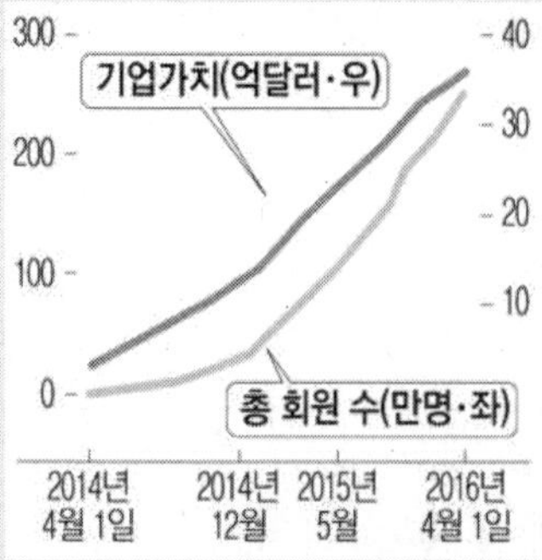

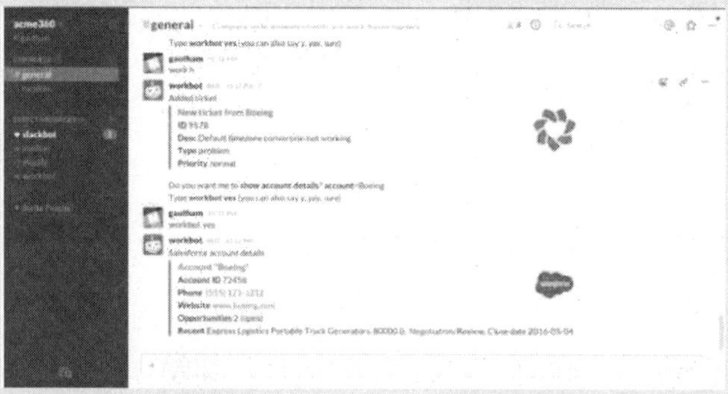

[그림 11-4] 이용자수

출처 : 美 테크크런치

[그림 11-5] 매출기록

출처 : etnews (슬랙 챗봇 사용화면)

3. 킥(Kik)의 "Botshop"

봇숍(Botshop)을 운영하여 원하는 챗봇 서비스를 이용할 수 있도록 2015년 4월 33개 회사와 협업 중이며 2016년 약 2억 명 적극 사용자를 보유하고 있다.

H&M 서비스의 경우, @H&M What is best seller?로 입력하면 해당 기업의 챗봇이 이에 응답하는 형식으로 제품을 찾아주는 서비스를 제공한다.

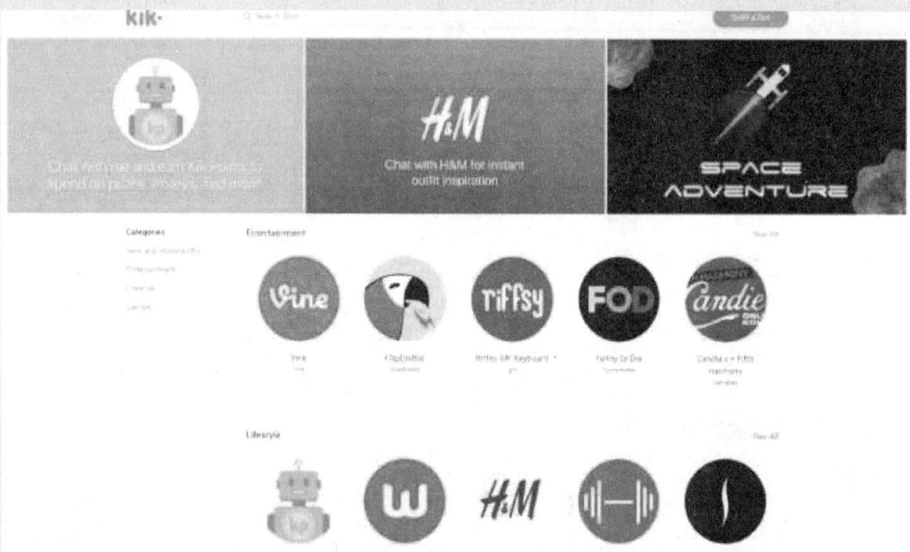

[그림 11-6] 킥 봇숍 화면

출처 : beSUCCESS

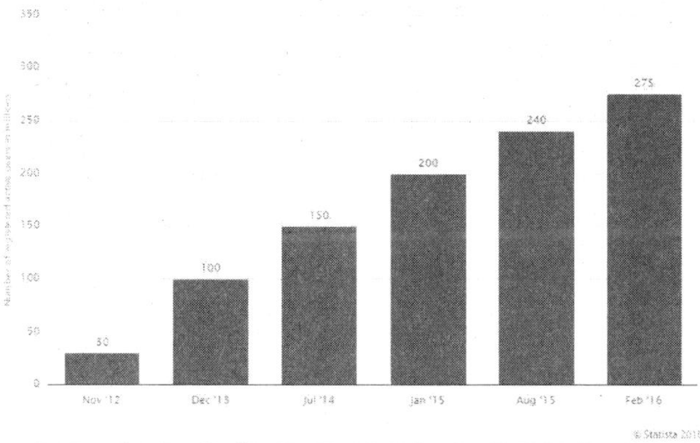

[그림 11-7] 킥 월 적극사용자수 증가 추이

출처 : Statista 2016

4. 텐센트의 "위챗(Wechat) & QQ"

텐센트의 모바일 메신저 '위챗'과 'QQ'의 2015년 월 적극사용자는 각각 7억 명, 9억 명에 육박하며 87억 2,500만 달러의 매출을 기록하고 있다. 단순한 메시지 기능을 넘어 다수의 가입자를 기반으로 게임, 온라인 쇼핑, 택시, 구인구직, 만남주선 등 엔터테인먼트 챗봇 서비스를 제공하고 있다.

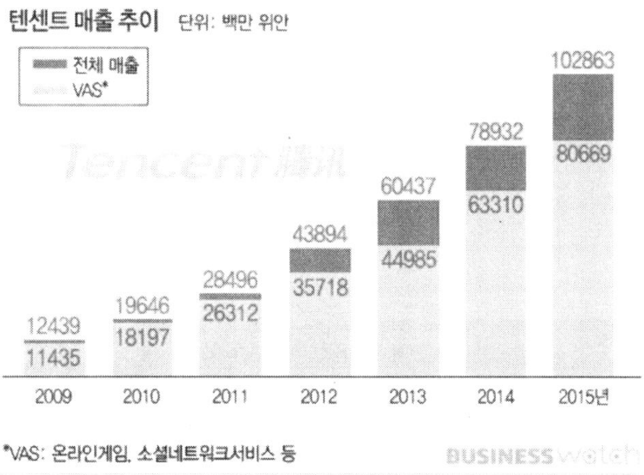

[그림 11-8] 텐센트 매출 추이

출처 : Business watch

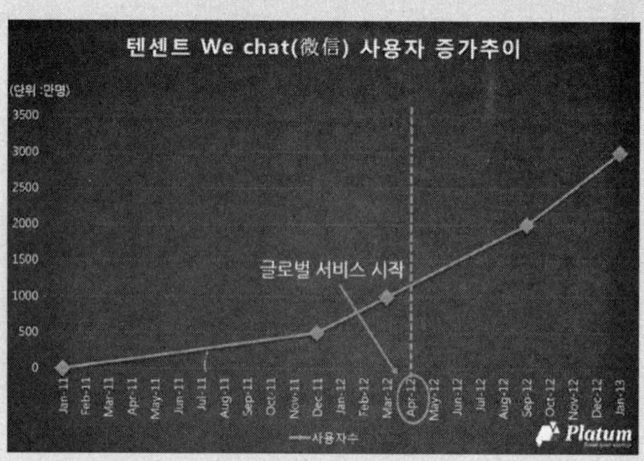

[그림 11-9] 텐센트 위챗 사용자 증가추이

출처 : Platum

5. 뱅크 오브 아메리카(Bank of America)-에리카(Erica)

뱅크 오브 아메리카는 미국 라스베이거스에서 열리는 핀테크 콘퍼런스 '머니 2020(Money 2020)'에서 인공지능 기반 챗봇 '에리카'를 선보였다.

에리카는 핀테크 스타트업과 손잡고 만든 고객 자산관리 가상 로봇이다. 이용자는 문자와 음성으로 에리카와 대화를 할 수 있고, 거래 내용이나 한도액 등의 질문을 남기면, 자동으로 답변을 받을 수도 있다. 또한, 에리카가 고객의 신용등급이 좋지 않다는 걸 알게 될 경우, 이를 끌어올리려는 방안을 제안하거나, 이자 비용을 낮출 수 있는 신용카드 대금 납부 방법을 알려줄 것이다.

평소보다 많은 카드지출 발생 시, 알림 메시지를 받을 수도 있습니다. 일종의 맞춤형 개인 금융비서 서비스인 셈이다. 뱅크 오브 아메리카는 추후 챗봇 엔진을 페이스북 메신저에 탑재해 서비스할 예정이다.

[그림 11-10] 인공지능 기반 챗봇 '에리카'

6. 마스터카드 – 마스터 카드 봇(Bot)

마스터카드도 '머니 2020'에서 인공지능 챗봇 '마스터 카드 봇'을 출시할 계획이라고 밝혔다. 고객들의 카드 거래명세를 조회하고, 지출 상황 모니터링을 통해 지출 한도를 설정하고 쇼핑까지 도와준다. 마스터카드 봇을 이용하면 소비자는 지갑으로 꺼내거나 가맹점 앱을 사용하지 않고도 거래를 마칠 수 있는 것이다. 항공사에서 소매점에 이르기까지 다양한 가맹점 업종에서 사용 가능하다.

[그림 11–11] 마스터 카드 봇의 활용모습

출처 : https://youtu.be/m-nbznORjaY

7. 로열뱅크 오브 스코트랜트(RBS) – 루보(Luvo)

영국 국영은행 로열뱅크 오브 스코틀랜드는 챗봇 '루보'가 고객들을 응대하고 있다. 처음에는 카드를 분실하거나 비밀번호를 기억하지 못하는 고객들을 위해 루보를 개발했다가, 인공지능 스타트업과 손잡고 딥러닝 기능을 추가했다.

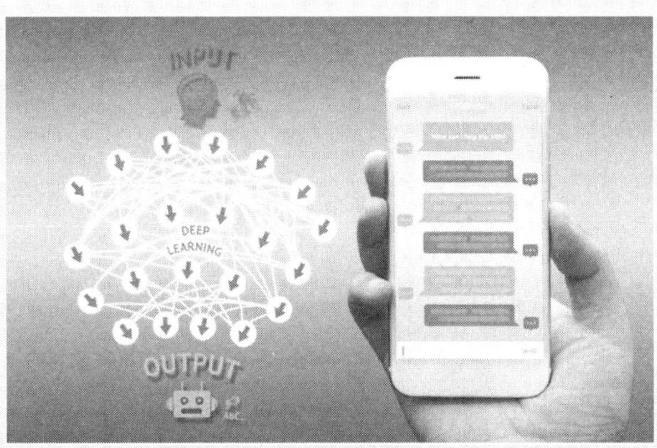

[그림 11–12] 로열뱅크 오브 스코트랜트(RBS) – 루보(Luvo)

루보는 고객 질문을 인지한 뒤 사전에 입력해 놓은 많은 양의 정보를 분류, 처리하여 질문에 걸맞은 답변을 제공하는 단계까지 성정했다. 이를 통해 고객 금융·자산정보까지 분석한 후 투자성향이 공격적인지 보수적인지 판단해 최적 상품을 추천하고 있다. 만약 질문이 복잡해 답변을 찾지 못하면 전문 직원에게 일을 넘기고 그 결과를 학습한 후 다음에 스스로 처리하는 구조이다.

09 국내 주요 ICT기업 및 핀테크 기업의 채붓 서비스 사례를 분석하라.

1. 카카오의 "Kakao Talk"

플러스 친구를 통해서 기업과 사용자를 메신저로 이어주는 비즈메시지 API 출시 및 향후 신규 O2O 서비스를 진출할 예정이다. 카카오톡의 메신저 서비스와 기업 내 시스템과 연동하는 메시지 발송 서비스를 바탕으로 향후 AI기반의 서비스로 발전할 전망이다.

〈표 11-5〉 신규 O2O 서비스

플러스친구		비즈니스 API	
		친구톡	알림톡
대상	Only Follwer	Only Follwer	친구 여부 관계 무관
출시일	2011년 10월	2016년 4월	2015년 9월
발송 내용	광고성 메세지	광고성 메시지	정보성 메시지
발송 방식	카카오 제공 관리자 도구	API 활용 발송 도구	API 활용 발송 도구
발송 가격	스타트패키지 1천만 원 이후 건당 약 10원	건당 10~12원	건당 8원

출처 : 미래에셋증권

2. 네이버의 "Line"

누구나 쉽게 서비스를 개발할 수 있도록 Open API를 제공해 확장성을 높이고, 메신저 기반 챗봇을 기업 비즈니스 플랫폼으로 활용할 예정이다.

오픈 플랫폼을 목표로 기존 공식계정의 주요 고객이었던 대기업뿐만 아니라 중소상인(레스토랑, 배달, 뷰티 등)에게도 문호를 적극 개방할 예정이다.

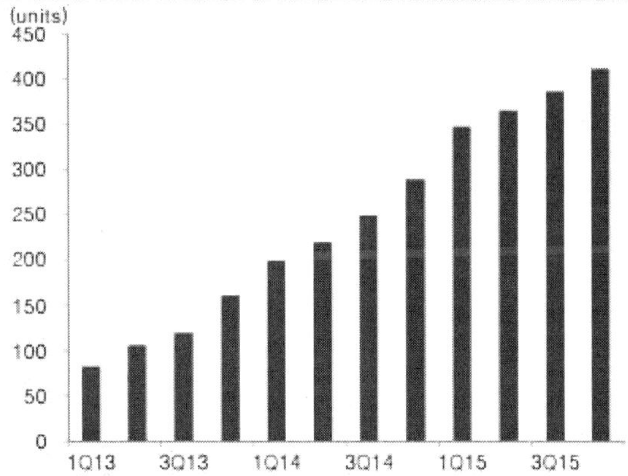

[그림 11-13] 라인 공식계정 수 추이

출처 : 미래에셋증권

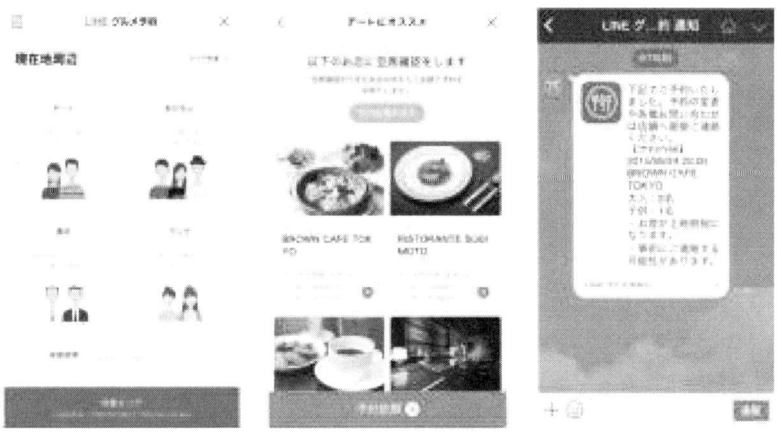

[그림 11-14] 라인 음식예약 챗봇 서비스

출처 : ZDnet Korea

3. LG전자의 "Home Chat"

홈챗은 모바일 메신저(카카오톡, 라인)를 이용해 집안의 가전제품과 채팅하며 이러한 가전제품을 제어할 수 있는 스마트홈 챗봇 서비스를 한다.

매달 평균 1만 6,000여 가구, 하루 평균 550여 가구가 가입하고 있으며 2016년 1월 누적 가입자 가구 10만 가구를 돌파하였다.

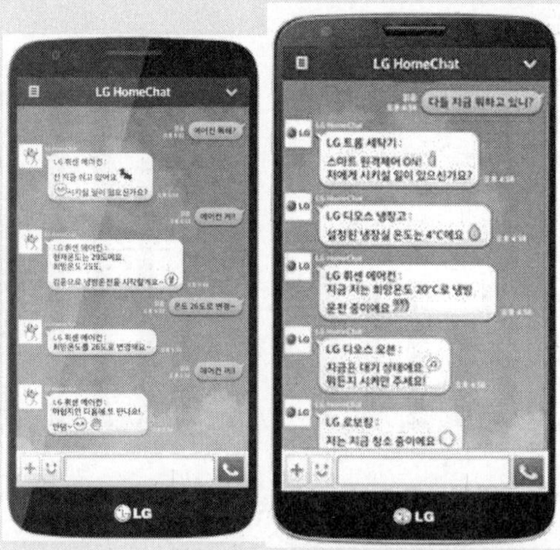

[그림 11-15] LG전자 홈챗 이용 화면

출처 : LG전자

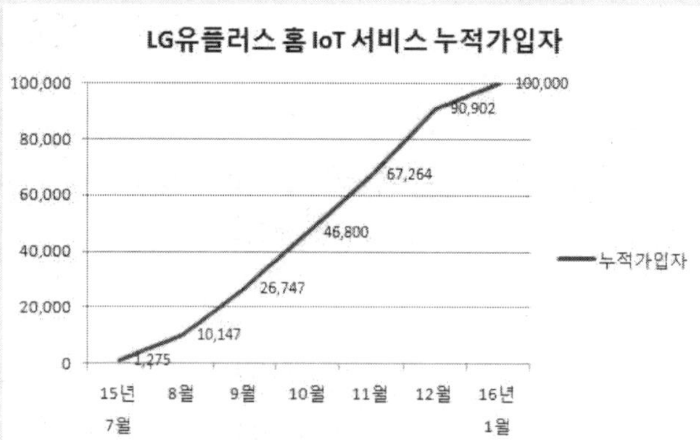

[그림 11-16] 홈 IoT 서비스 누적가입자

출처 : etnews

4. 텍스트 팩토리의 "문비서"

㈜텍스트팩토리는 문자 기반의 개인비서 서비스로 메신저를 이용해 고객의 다양한 요청을 접수받아 실시간 처리 서비스를 제공한다.

정보검색, 식당예약, 물건구매, 꽃 배달, 퀵서비스, 교통예매 순으로 O2O 스타트업들과의 제휴를 시작하여 서비스 범위 지속적으로 확대할 예정이다.

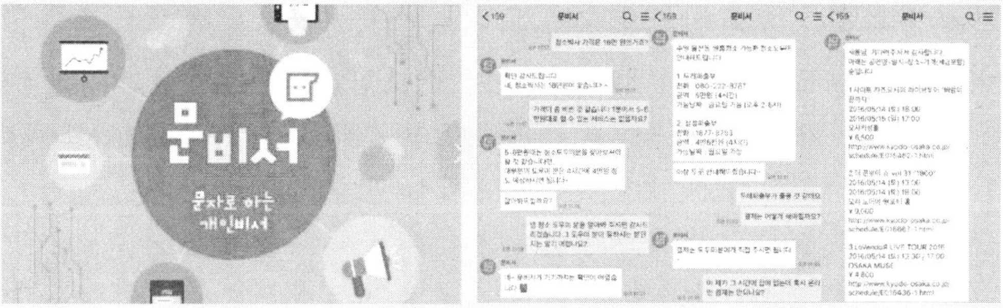

[그림 11-17] 문비서 로고 및 서비스 이용 화면

출처 : Platum

5. 농협

농협은 카카오톡에서 친구 추가를 한 뒤 대화를 걸면 '상품안내', 'FAQ(자주 묻는 질문)' 등을 확인 할 수 있는 챗봇 서비스를 제공 중이다. 예를 들어 "마이너스 통장을 만들 수 있나요?" 라고 물으면 "마이너스 통장을 만들었는데 대출이자는 언제 출금되나요?", "2인 이상 공동명의로 통장을 개설 할 수 있나요?" 등 유사 질문 5개가 대화창에 뜨고 가장 근접한 질문번호를 입력하면 해결책을 안내해주는 방식이다. 시나리오 기반 대화가 가능한 셈이다.

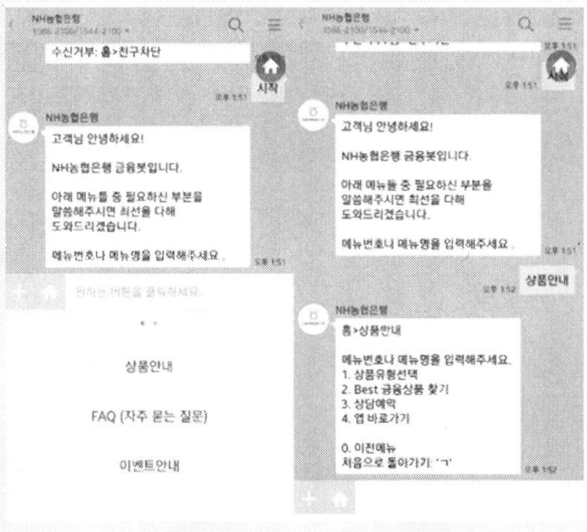

[그림 11-18] NH농협은행의 챗봇 활용 모습

단순 반복되는 질문을 챗봇이 응대하면, 채팅을 통해 더 많은 고객의 질문을 처리할 수 있을 것이다. 이를 통해, 감정노동자의 편의성은 증대하고 이용자도 빠르고 쉽게 원하는 정보를 얻을 수 있을 것으로 기대된다.

6. 우리은행

우리은행은 조직개편을 통해 빅데이터와 인공지능 전담팀을 신설하고 인공지능을 접목한 금융서비스 개발에 본격적으로 뛰어들었다. 24시간 금융상담 서비스가 가능한 '챗봇'과 '부도 차주 조기 감지 시스템' 구축을 우선 과제로 잡았다고 한다.

7. 하나카드

하나카드도 인공지능을 고객 상담에 활용한다는 계획이다. 한국전자통신연구원(ETRI)의 인공지능 기술 '엑소 브레인'을 활용, 홈페이지나 모바일을 통해 텍스트 기반 채팅형 인공지능 상담 서비스로 시작해 향후 전문적인 인공지능 상담이나 자산관리의 영역까지 확대해 나갈 예정이다.

8. 신한카드

신한카드는 고객들의 소비 데이터를 분석해 고객이 예산에 맞게 소비하도록 금융 조언에 해주는 신한카드 '판페이봇'을 내놓았다. 판페이봇은 챗봇 형태로 진화해 재무뿐만 아니라 인간의 감정을 이해하고 대화하는 수준으로 발전할 예정이다.

9. 8퍼센트

스스로 학습할 수 있는 '자가 학습 알고리즘'이 탑재된 P2P 금융업체 8퍼센트 '에이다'는 비교적 자연스럽게 대화를 이어 갈 수 있다.

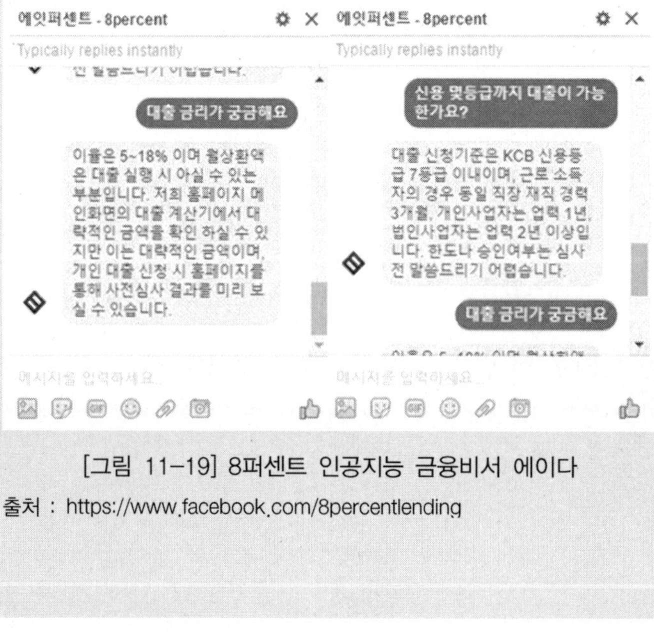

[그림 11-19] 8퍼센트 인공지능 금융비서 에이다

출처 : https://www.facebook.com/8percentlending

에이다는 생소한 문의가 10여 번 반복되면 챗봇이 자동으로 20분 정도 학습을 한다. "소득은 3,000만 원, 현재 근무 기간은 2년입니다. 1,000만 원을 빌리고 싶은데 금리와 대출 한도가 얼마일까요?" 라고 물으면 '에이다'는 대답과 함께 P2P대출을 이용할 수 있도록 관련 URL 링크를 안내하기도 한다.

10. 기타

이외에 보험업계에서도 인공지능 기반의 상담 서비스가 등장했다. 실제 고객과의 대화 등 빅데이터를 수집·분석해 답변을 제공하는 방식이다. 라이나 생명은 카카오톡 채팅 상담 서비스 '챗봇(Chatbot)'을 도입했다. '한국IBM Our Answer'를 도입해 응답 알고리즘을 개선, 적용한다는 계획이다.

10 해외 정부의 챗봇 활용사례를 분석하라.

1. 미국농무부(USDA)의 "음식 안전 및 검사 서비스(Ask Karen)"

Ask Karen이라고 명명된 동 서비스는 메신저 기반의 챗봇 서비스로서 언제 어디서나 메시지를 통해 신뢰도 높은 음식 안전 및 검사 서비스를 제공한다. 음식 안전과 검사 서비스를 제공받기 위한 기존의 수많은 절차들을 통합·연계하여 각 절차의 수행에 따르는 비용을 절감한다. 메신저라는 공통의 플랫폼을 통하여 서비스를 제공함으로써 타 부서의 서비스 제공시 이용자에게 동일한 UI/UX 경험을 제공 가능하다.

11 우리 정부의 챗봇 활용사례를 분석하라.

1. 법무부의 "인공지능 기반 대화형 생활법률 지식 서비스"

쉽고 재미있게 생활 법률 서비스를 제공하기 위해 대중적인 메신저(카카오톡, 라인 등)를 매개로 인공지능 기반 대화형 법률지식 서비스를 제공한다. 부동산 거래, 상속, 교통사고, 임금퇴직금 등 생활 법률 지능정보 서비스를 언제 어디서나 제공함으로써 일상에서의 준법의식 제고한다.

2. 농정원의 "스마트 영농교육 및 지능형 상담지원 시스템"

농식품 통합정보 및 귀농 · 귀촌에 관한 정보를 얻을 수 있도록 기계학습, 지능형 검색엔진, 빅데이터 분석을 활용한 대화형 농업상담을 서비스한다. 농업 · 농촌에 관심이 많은 이용자에게 실시간 대화형 상담 서비스를 제공함으로써 농식품 및 귀농귀촌 관련 정보의 접근성을 강화하고 있다.

3. 경기도의 "스마트 고지와 핀테크 기반의 지능형 세정 서비스"

스마트기기를 활용한 세금고지와 지자체에서 활용할 수 있도록 오픈 플랫폼 형태로 구축되는 대화형 세정민원을 자동 상담하는 서비스이다. 단순반복 민원응대에 따른 담당자 업무과중 절감과 민원 대기시간 축소를 통해 업무 효율성 및 민원인 만족도를 제고한다.

12 핀테크에 챗봇을 적용한 파급효과에 대하여 분석하라.

핀테크와 관련된 유관산업의 新부가가치 창출 및 혁신 주도하고 있다.

금융상담이나 정보검색 등의 쉽고 편리하게 모든 것을 연결해주는 챗봇은 핀테크 분야에 다양하게 활용되며 핀테크 산업 전반에 새로운 부가가치를 창출할 것으로 전망한다.

특히 핀테크 서비스의 경우 핀테크 관련 금융정보에 대한 접근성을 향상 시키는 방향으로 챗봇을 사용하여 금융 핀테크 서비스 품질 제고 및 비용 절감에 효과가 있다.

금융 대출상담, 담보 이자 정보, 저축안내 등 사람들이 금융 핀테크 서비스를 쉽고 간편하게 받을 수 있도록 서비스가 구축되고 시장이 확대될 것으로 예상된다. 중국은 구인구직 봇 운영 중이며 한국은 챗봇 세금납부 서비스 개발 중이다.

핀테크 관련 기업은 챗봇 기반 소비자 중심적 서비스 출시로 매출 성장에 기대하고 있다.

핀테크 기업은 수많은 사용자를 보유한 메신저 앱을 통해 고객과 대화하며 금융 제품에 대한 문의나 문제를 해결하는 헬프 데스크에 챗봇을 먼저 도입 예정이다. 그러나 핀테크 기업이 가장 유용하게 사용할 영역은 '대화형 커머스' 분야로 고객 맞춤형 상품을 소개하며 자연스럽게 매출 서비스로 이어지게 유도하고 있다.

학습활동.11 교수 · 학습 방법

교수 방법

- 인공지능과 핀테크 서비스에 대한 관련 용어, 구성, 방식 이해 정도를 파악한 후 수업을 진행한다.
- 교수자의 주도로 인공지능과 핀테크 서비스 등의 내용을 PPT 자료로 제시한 후 설명한다.
- 가능하면 사전에 개인별 학습 자료를 준비하여 모든 학생이 참여할 수 있는 문제 해결식 수업, 협력 수업이 가능하도록 한다.
- 인공지능과 핀테크 서비스 전 과정을 작업의 순서에 따라 단계적으로 실습이 이루어질 수 있도록 지도한다.
- 교재를 통해 수업을 준비하는데 있어서 필요한 모든 정보나 팁, 힌트 등 도움이 될 만한 내용들을 확인할 수 있다.
- 학생들이 만들게 될 각 모델들은 수업시간에 중점적으로 다뤄질 부분과 어휘, 질문, 답을 포함하고 있으며 또한 탐구할만한 추가적인 아이디어들도 포함하고 있다.

학습 방법

- 인공지능과 핀테크 서비스에 대한 관련 용어를 숙지하고, 인공지능과 핀테크 서비스의 기초 단계에 대해 이해한다.
- 인공지능과 핀테크 서비스의 각 단계별 중점 사항을 체계적으로 학습한다.
- 인공지능과 핀테크 서비스의 수행순서의 전 과정을 실습한다.
- 인공지능과 핀테크 서비스의 내용을 이해한다.
- 인공지능과 핀테크 서비스을 이해하고 숙달이 될 때까지 학습한다.

학습활동.11 평가 및 피드백

평가 준거

- 평가자는 피평가자가 수행 준거 및 평가 내용에 제시되어 있는 내용을 성공적으로 수행할 수 있는 지를 평가해야 한다.

학습내용	평가항목	성취수준		
		상	중	하
인공지능과 핀테크 서비스	인공지능과 핀테크 서비스를 이해할 수 있다.			

평가 방법

• 작업 포트폴리오

학습내용	평가항목	성취수준		
		상	중	하
인공지능과 핀테크 서비스	인공지능과 핀테크 서비스를 이해할 수 있다.			

• 필기시험

학습내용	평가항목	성취수준		
		상	중	하
인공지능과 핀테크 서비스	인공지능과 핀테크 서비스를 이해할 수 있다.			

• 체크리스트를 통한 관찰

학습내용	평가항목	성취수준		
		상	중	하
인공지능과 핀테크 서비스	인공지능과 핀테크 서비스를 이해할 수 있다.			

피드백

1. 작업 포트폴리오
   - 제출한 보고서를 평가한 후 주요 사항에 대하여 표시하여 돌려준다.
2. 필기 시험
   - 평가 결과 성적이 저조한 학생은 보고서 제출 기회를 부여한다.
3. 체크리스트를 통한 관찰
   - 실습 과정에서 평가한 후 개선해야 할 사항 등을 정리하여 돌려둔다.

참고자료

1. http://blog.welcomebank.co.kr/웰컴저축은행 블로그
2. 인공지능 AI? 다음 백과사전
3. 인공지능 기반의 챗봇 서비스 등장과 발전방향, ICT융합의 Issues & Trends 2016. 8
4. LG CNS, 2017년 인공지능과 금융의 융합 ① 챗봇으로 그리는 금융산업의 미래
5. Chatbot Magagine, Once-in-a-decade paradigm shift : Messaging, 2016.3.25
6. Business Insider, Messaging apps are now bigger than social networks, 2016.6.15
7. 한국경제, 앱 220만개 '홍수'...실제 사용 앱은 0.8%, 2016.7.11
8. PC Magagine, How to Find and Use a Facebook Chatbot, 2016.4.13
9. KB금융지주 경영연구소, 모바일 메신저의 챗봇(Chatbot) 도입과 시사점, pp.3-6
10. beSUCCESS, 기대되는 글로벌 '챗봇' 스타트업 5선, 2016.4.25
11. LG HomeChat, 우리 집 가전제품의 대화친구! LG Home Chat을 소개합니다!, 2016.08.02 방문
12. LG전자, 스마트 시대, 당신을 위한 디지털 비서 LG '홈챗', 2016.08.08 방문
13. Techcrunch, Workato Chat Bot Brings Enterprise Workflow Into Slack, 2016.1.25
14. Platum, Startup's Story #251 코딩하는 변호사가 만든 문자 비서 서비스, 2016.3.25
15. IT Chosun. 글로벌 '챗봇'열풍...심심이가 챗봇 열풍에 편승하지 못하는 이유, 2016.7.3
16. Brunch, 메신저, The Next Step, 2016.3.29
17. IT World, 피로감 아닌 갈아타기... 주요 소셜 앱 사용시간 줄어든 이유, 2016.6.10
18. LG CNS, 음성인식 개인 비서 서비스 삼국지! - MS '코타나(Cortana)'는 애플 '시리(Siri)'와 구글 나우'(Now)'를 뛰어 넘을 수 있을까, 2015.3.11
19. Business Watch, [中게임 대 팽창] 텐센트, 매출 18조 파워, 2016.3.22
20. etnews, LG유플러스, 홈 IoT 가입자 반년 만에 10만 가구 돌파, 2016.1.19
21. 서울경제, 구글은 6년새 133개 기업 사들였는데... M&A 수수방관하다 주도권 내준 한국, 2016.3.15.
22. Yourstroy, This AI chat bot lets you have your cake(burger) and eat it too, 2016.4.16.
23. PC magagine, How to Find and Use a Facebook Chatbot, 2016.4.13.
24. ZDNet Korea, 日라인, '맛집 예약 서비스' 올 여름 시작, 2016.6.30.
25. 한국정보화진흥원, '모바일시대를 넘어 AI 시대로', 2010. 7호
26. TechNews, Chat-Based AI Platform Niki.ai Partners With LimeTray To Let You Chat And Buy Food. 2016.8.11. 방문

제1부 글로벌 결재 플랫폼	학습 1	새로운 핀테크의 결재 플랫폼 등장
	학습 2	핀테크의 결재 플랫폼 서비스
	학습 3	핀테크의 글로벌 결재 플랫폼 서비스
제2부 글로벌 결재의 발전	학습 4	스마트 물류의 진화
	학습 5	스마트 계약
	학습 6	인터넷전문은행의 도입
	학습 7	가상화폐
	학습 8	핀테크의 블록체인 활용
제3부 결재 플랫폼의 활용	학습 9	오프라인 결재 플랫폼
	학습 10	온라인 결재 플랫폼
제4부 핀테크의 미래	학습 11	인공지능과 핀테크 서비스
	학습 12	**인공지능과 핀테크 시스템 혁신**
	학습 13	빅데이터와 인공지능을 탑재한 핀테크 탄생
	학습 14	차세대 인증으로 생체인식기술을 탑재한 핀테크

학습 목표

12. 인공지능과 핀테크 시스템 혁신의 구성 및 특징을 이해할 수 있다.

12-1 인공지능과 융합한 자신관리 혁신 "로봇어드바이저"

로보어드바이저(Robo-Advisor)란 로봇을 의미하는 로보(Robo)와 자산관리전문가를 의미하는 어디바이저(Advisor)의 합성어이다.

글로벌 투자자문사인 골드만삭스는 최근 '고객 재무포트폴리오를 분석하는 프로그램'을 위한 소프트웨어 개발자 구인광고에서 '자동화된 디지털 자문 플랫폼(Automated Digital Advice Platform)'이라는 로보어드바이저를 사용 계획을 발표했다.

즉, 알고리즘이 투자의 중심인 로봇 기반 인공지능 투자 플랫폼이다. 과거 이미 많은 증권사와 펀드 운용사에서는 트레이딩에 컴퓨터 기반 알고리즘을 사용해 왔지만, 최근 딥러닝(Deep Learning)의 사용이 대세이다.

[그림 12-1] 자동화된 디지털 자문 플랫폼의 로보어드바이저

출처 : LG_CNS

12-2 인공지능과 융합한 신용평가 시스템의 만남

최근 인공지능의 등장으로 신용평가 시스템(CSS : Credit Score System)에 대변화가 일어나고 있다. 데이터 처리 기술 발달로 신용평가기술이 고도화되고 있다.

빅데이터와 딥러닝 기술을 활용해 대출신청자의 신용도 판단과 채무 불이행 가능성을 예측할 수도 있다. SNS(소셜 네트워크 서비스), 문자, 이메일, 통신기록, 인성검사 등을 분석해 개인의 비금융적 특성과 비물리적 특성 등을 분석해 새로운 신용평가 모델을 만드는 기업들이 국내외에서 늘고 있다.

예를 들면 핀테크 기업인 트러스팅소셜(TrustingSocial)은 유럽과 아시아 신흥국의 금융회사와 캐피탈사를 대상으로 소셜 네트워크서비스(SNS), 모바일, 인터넷 데이터 등 인공지능과 점목하여 개인 신용평가 모델을 제공한다. 저신용 저소득층에게 빅데이터 방식 신용평가모델을 적용해 금융서비스 기회를 확대하고 있다.

IT를 필두로 한 핀테크 산업이 융성하기 위해 가장 혁신되어야 할 부분으로 신용평가 시스템이다. 신생 핀테크 기업과 인터넷 전문은행의 경우, 기존 신용평가시스템으로는 대형금융회사에 비해 경쟁력을 확보할 수 없기 때문이다.

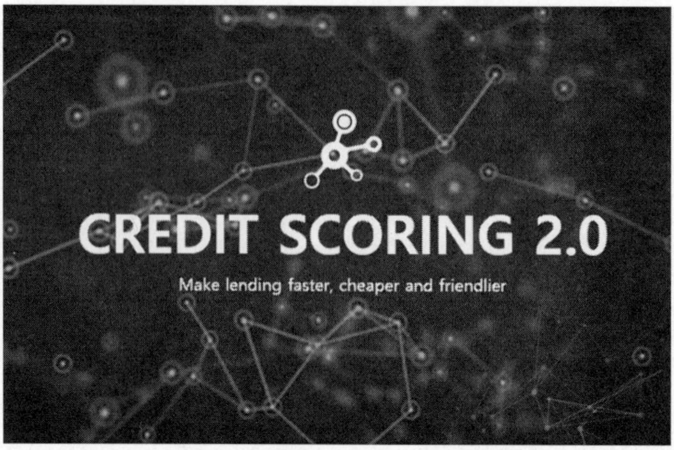

[그림 12-2] 트러스팅 소셜의 'Credit Score 2.0'

출처 : https://trustingsocial.com/
참고 : LG_CNS

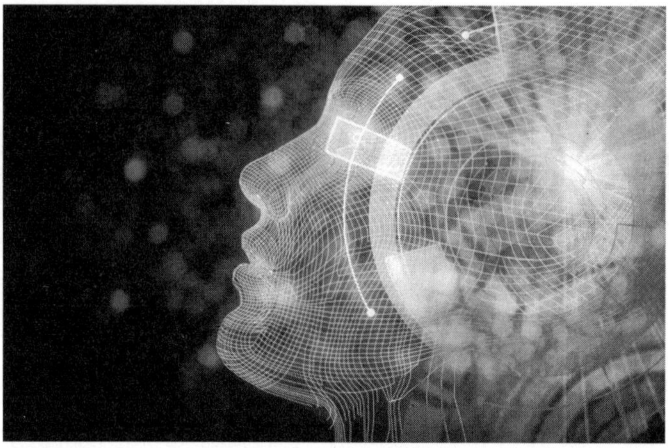

[그림 12-3] 인공지능

참고 : LG_CNS

기존 금융권에서 대출을 받지 못하고 고금리 대출을 받는 사람들에게 빅데이터와 인공지능을 활용한 신용평가모델이 희망이 될 것이다.

수행 내용

재료 · 자료

- 인공지능과 핀테크 시스템 혁신 관련 자료

기기(장비 · 공구)

- 컴퓨터, 주변기기

안전 · 유의사항

- 컴퓨터 및 주변기기의 전원을 관리한다.

수행 순서

01 딥러닝이 무엇인지 분석하라.

딥러닝은 기계 스스로 데이터를 학습하여, 시장 상황에 맞게 주기적으로 데이터를 수정하고 실수를 자체 분석한다. 이를 통해 자산손실을 최소화하는 것이 목표이다. 로보어드바이저는 투자자의 위험 감수 성향, 목표 수익률 자금의 성격 등을 진단해 그에 적합한 자산배분 전략을 결정한다. 이때, 자산군별 ETF(지수연동형펀드)를 주로 활용해 포트폴리오를 구성한다. 수익은 극대화시키고 위험요소는 최소화하는 방향으로 리밸런싱(rebalancing)을 수행한다.

로보어드바이저는 컴퓨터 공학 기반 퀀트와는 구분된다. 퀀트 공학이 과거 데이터를 추종해 미래를 예측하는 반면, 로브어드바이저는 스스로 데이터를 조합하여 익히고 학습하는 기술이 적용됐다.

로브어드바이저 분석모형은 거시경제 지표를 비롯해 데이터를 활용, 장기 수익률을 분석한 뒤 미래 수익구조를 예측한다.

02 로보어드바이저의 장점을 분석하라.

로보어드바이저의 가장 큰 장점은 3가지이다.

첫째, 빅데이터 기반으로 고객의 위험 성향과 목적으로 구분해 투자 운용한다. 이런 투자 경험을 머신러닝을 통해 반복적으로 학습시켜, 개별종목 및 최적의 투자 비중을 산출하기 때문에 맞춤형 포트폴리오 서비스가 가능하다.

두 번째, 편리함이다. 로봇이 자산관리를 해주다 보니 시간과 장소에 구애받지 않고, 내가 편한 곳에서 가입신청을 하거나 투자상담을 받을 수 있다.

세 번째, 투자금액의 제약과 수수료가 적다. 웹(Wed) 또는 모바일 플랫폼을 이용해 저비용으로 자산관리 서비스를 받을 수 있다. 투자자문 관련 업계에 최근 핀테크 바람이 거센 것은 무엇보다 저금리 시대에 차별화된 자산관리를 바라는 투자 고객들이 늘고 있기 때문이다.

03 재무상담가를 위한 로보어드바이저 플랫폼에 대하여 분석하라.

재무상담가를 위한 피델리티 자동 관리 플랫폼(Fidelity's Automated Managed Platform)인 로보아드바이저 플랫폼 서비스를 개시했다.

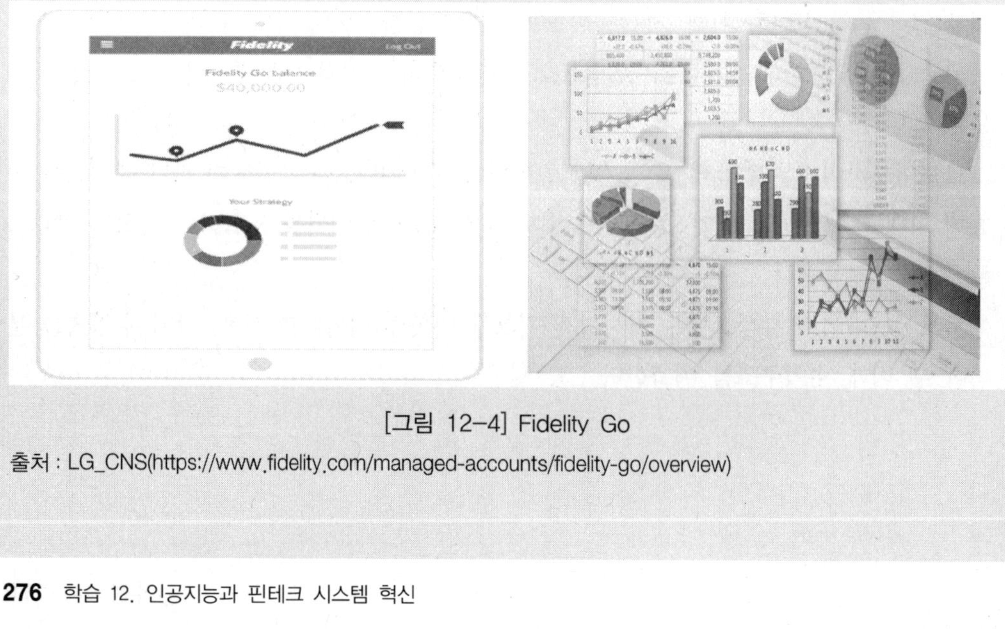

[그림 12-4] Fidelity Go

출처 : LG_CNS(https://www.fidelity.com/managed-accounts/fidelity-go/overview)

이 서비스는 지난해 피델리티가 인수한 eMoney의 Advisor Tool인 emX Pro 기반으로 작동된다. 지난해 피델리티는 소액 투자자를 위한 로보어드바이저 서비스 'Fidelity Go'를 출시한 바 있다. 재무상담가를 위한 로보어드바이저 플랫폼 출시를 통해 투자 및 관리에 알고리즘 분석 및 트레이딩 기술을 적극적으로 적용한다.

04 로보어드바이저의 성과와 우려에 대하여 분석하라.

국내 시장에서도 알파고 열풍 이후 은행, 증권, 자문사 등이 로보어드바이저를 도입하고 관련 상품을 다양하게 출시하면서 새로운 자산관리시대가 도래가 되었다. 국내 금융사들은 직접 로보어드바이저를 개발하거나 로보어드바이저 개발사와의 제휴를 통해 새로운 금융상품을 개발하고 있다.

가장 적극적으로 로보어드바이저를 활용하는 곳은 증권사와 자문사들로, 이들은 로보어드바이저와 관련한 다양한 금융상품을 개발하고 판매 채널로 활용하고 있다. 일부 은행은 고액자산가 대상의 PB 서비스 외에 일반 고객에게 적합한 자문서비스 제공 목적의 로보어드바이저를 개발하는 등 자산관리고객 대상을 확대하고 있다.

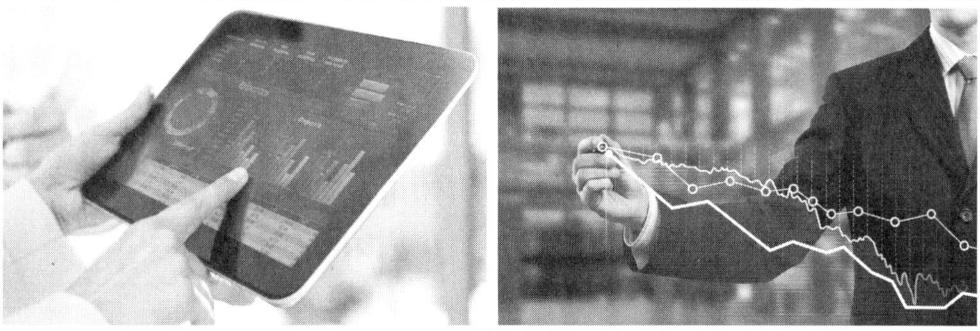

[그림 12-5] 로봇어드바이저를 통한 자산운영

출처 : LG_CNS

로보어드바이저 적용 상품은 랩, 신탁, 펀드, 일임형 ISA 등 자산관리 상품뿐만 아니라 HTS 등으로 점차 확대되고 있다.

앞으로 로보어드바이저가 인간의 영역을 상단 부분 대체할 것으로 예상되면서, 금융환경이 크게 변화될 전망다. 로보어드바이저가 금융사 창구직원, 펀드매니저, 기타 일반 자문인력 등 인간을 대신할 것으로 보인다. 자산운용과 자문업 등 자산관리시장에 대한 구조 변화가 일어나고 있다고 볼 수 있다. 실제로 최근 영국 RBS가 로보어드바이저를 도입하는 대신 창구 자문인력을 대폭 감축한 것은 이러한 변화의 대표적 사례이다.

로보어드바이저거 속속 등장하면서 기존 인력의 일자리가 사라지는 것 아니냐는 우려가 나오고 있다. 다행히도 현재 해외, 국내에서 자문인력 대체효과는 급격하게 나타나지 않는다.

향후 자산관리 시장에서 로보어드바이저 중심으로 인적구조가 재편될 가능성을 배제하긴 어렵다. 특히 모바일, 인공지능에 익숙한 1020세대가 사회 주류층으로 등장할 뿐 아니라 금융자문사 노령화도 빠르게 진전되면서, 사람에 의한 투자자문 및 자산관리 서비스 공급이 감소세에 접어들 수밖에 없다.

05 해외의 인공지능을 접목한 해외 신용평가 시스템의 구축 사례를 분석하라.

1. 트러스팅소셜의 'Credit Score 2.0'

트러스팅소셜은 2013년 뉴욕과 베트남에서 바클레이즈 은행의 신용평가 업무 담당자와 머신러닝 알고리즘 전문가 그리고 컴퓨터공학 박사가 모여 창업한 기업이다. 자체 개발한 'Credit Score 2.0'이라는 딥러닝 기술을 이용한 신용평가로 SWIFT에서 주관하는 2015 Innotribe Startup Challenge에서 우승하는 등 실력을 인정받기도 했다.

이들은 SNS(페이스북, 링크드인, 트워터, 웨이보), 인터넷 등에 공개된 다량 샘플 데이터를 이용한 딥러닝 학습 알고리즘을 사용하는 신용평가 모델을 개발했다.

2. '제스트파이낸스(Zest Finance)'

미국에서 탄생한 스타트업 '제스트파이낸스(Zest Finance)'는 구글과 비슷한 알고리즘을 통해 사용자 신용을 평가하는 것 이다. 이 기업은 구글의 CIO 였던 Douglas Merrill이 설립했다.

'제스트 파이낸스'는 머신러닝을 신용평가에 접목해 1만 개 이상의 변수로 신용도를 분석하고 대출 여부를 결정한다. 신용을 평가하는 시간은 10초 밖에 걸리지 않는다. 이를 통해 다른 개인 간(P2P)대출 업체에 필요한 정보를 제공하기도 한다. 일반 신용등급 평가에서 낮은 등급을 받아 대출을 받지 못하는 사람들을 주 고객으로 한다.

미국 기존 은행들이 15~20개의 정형화된 변수를 사용해 신용평가를 하는 것과 달리 제스트파이낸스는 대출 실행 전 인터넷 체류 시간, SNS 포스팅 주제 등의 데이터를 수집한다. 수집한 1만 여 개의 변수 데이터를 10개 머신러닝 알고리즘을 이용해 개인의 신용도를 분석한다. 소비성향이나 대출 신청페이지에 머무른 시간도 데이터에 포함된다.

3. 'Baxisloan.com'의 ZestCash 신용서비스 대출

'Baxisloan.com'을 이용하면, 실제 신용거래 실적이 없는 사용자라도 최대 5,000달러까지 대출을 받을 수 있도록 만들었다.

제스트 파이낸스의 경우, 기존 신용거래 실적이 없더라도 대출을 받을 수 있다.

이 기업은 현재 미국에서 신용도가 평균보다 약간 낮은(Near Prime)고객들을 위한 Basic loan과 저신용(Sub-Prime) 고객들을 위한 ZestCash 신용서비스 대출을 운영 중이다.

4. JD-제스트 파이낸스 가이아(JD-ZestFinance Gaia)

2015년 중국 전자 상거래 업체 JD닷컴과 함께 조인트벤처 'JD-제스트 파이낸스 가이아(JD-ZestFinance Gaia)'를 설립, 중국에서도 고객 신용 평가 서비스를 제공하고 있다. JD-제스트 파이낸스 가이아는 초기 신용위험평가와 JD닷컴 고객을 상대로 할부대출 서비스를 한다. JD닷컴은 이러한 신용평가를 기반으로 TV나 스마트폰, 컴퓨터 등을 구매할 때 최대 수천 달러를 빌려주는 대출사업도 하고 있다. 아마존처럼 제조사로부터 제품을 미리 사놓고 주문이 들어오면 출하하는 방식이다.

고객이 어떤 제품을 언제 사는지, 어떤 브랜드를 고르는지, 사는 지역은 어디인지 등 기존 거래 정보를 활용해 리스크 관리 모델도 구축했다.

이를테면 온라인에서 명품을 매우 많이 구매하는 사람은 신용도가 높다고 판단한다. 그러나 이는 과소비나 사기일 가능성도 있기 때문에 다른 데이터와 혼합해 분석한다. JD닷컴 대출 결과와 이를 대조해 알고리즘의 정확성을 입증했다.

5. 캐비지(Kabbage)의 Data Context Engine

미국 소상공인 대출회사 '캐비지(Kabbage)'는 Data Context Engine이라는 독자적인 시스템 이용해 대출자의 각종 데이터 등을 분석하고 이를 활용해 7분 만에 간편 대출을 제공한다. 미국 신용평가기관 FICO에서 산출하는 전통적 신용등급에 캐비지의 빅데이터 기반 평가 방식을 접목했다. 개인사업장의 신용평가를 위해 이베이, 페이팔 등 전자상거래의 이용 현황, 발송 내용, 고객의 반응, SNS 등을 대출 심사에 활용하고 있다.

6. 독일의 크레디테크(Kreditech)

독일의 핀테크 기업 '크레디테크(Kreditech)'는 빅데이터 중심의 신용평가 모형을 개발한 곳이다. 기존의 은행거래 정보는 물론, 페이스북과 이베이, 아마존에서의 행동 패턴 및 댓글과 같은 텍스트도 분석에 포함한다. 크레디테크는 다소 특이한 정보도 취합하고 있는데 바로 대출 정보 약관의 열람시간이다.

즉, 대출자가 약관을 얼마나 꼼꼼히 읽었는지 여부를 체크하는 것이다. 약관을 제대로 보지 않고 '확인'을 곧바로 클릭하는 사람은 신용도를 감정하는 방식이다.

7. 필리핀 렌도사의 보증 알고리즘

필리핀 핀테크 기업 '렌도(Lenddo)'도 SNS 데이터를 기반으로 신용거래가 없는 전 서계 사람들의 신용 리스크를 판단할 수 있는 보증 알고리즘(underwriting algorithm)을 개발했다.

비금융 빅데이터를 통해 신용평가는 물론 개인의 성격을 특징지을 수 있고 이러한 분석을 바탕으로 금융서비스를 제공할 수 있다. 파올로 몬테소리 렌도 최고운영책임자(COO)는 "인도 12억 인구 중 신용정보가 있는 사람은 3억 명에 불과하다"며 "본인 확인이 어렵고 신용등급 체계가 없어서 대출을 받기 어려움 사람이 세계 곳곳에 많다"고 말했다.

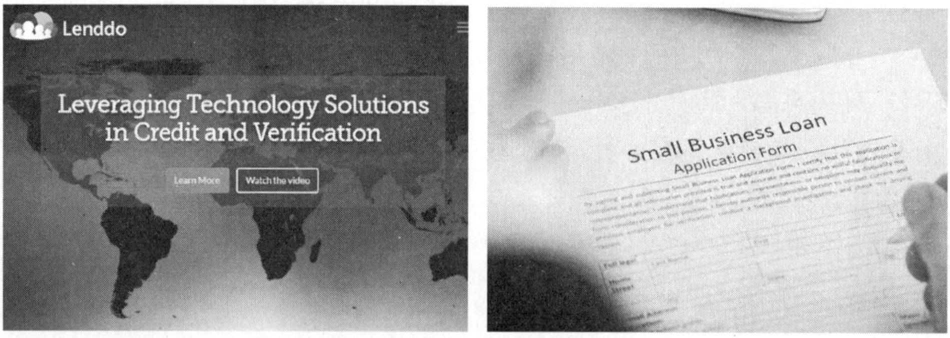

[그림 12-6] 렌도 홈페이지

출처 : https://www.lenddo.com/index.html
참고 LG_CNS

렌도는 저신용·저소득 금융소외계층에 대한 신용평가 방안을 고민하다가 빅데이터, 머신러닝 등 신기술을 활용한 신용평가모형을 개발했다

렌도는 전통적으로 신용평가사가 사용하던 금융거래 이력 외에 통신사용 이력, 소셜 데

이터 소액결제 데이터, 공공 데이터, 위치 정보 데이터, 구매 내역 데이터, 모바일을 통한 고객 행동정보, 성향정보 등을 활용한다.

예를 들면 최근 7일간 받은 메시지(통화)대비 발송한 메시지(통화)의 비율을 분석한다. 문자길이, 건수 이름이 등록된 연락처 개수 등도 모두 활용 가능한 데이터이다. 핸드폰에서 주요 사용 애플리케이션 종류와 유·무상 프로그램 사용 여부도 평가항목에 들어간다.

수·발신 빈도, 닉네임, 연락 리스트 등 이메일 데이터도 신용평가에 가치 있는 정보로 변환된다. 페이스북, 트위터 등에서 관계성, 적극성도 빅데이터로 사용한다. 통상 신용평가를 위해 250억 개가 넘는 정보를 수집한다. 그중 차별성이 있다고 판단하는 300개의 정보를 다시 추려내고 이중 고객사(금융기관)가 원하는 정보를 고려해 새롭게 책정된 신용평가 정보를 제공한다. 단, 모든 정보는 고객 동의를 받아 활용하는 것이 원칙이다.

그 결과 '주간 통화량이 심야 통화량보다 많은 사람이 대출 상환율이 높다', '매일 비슷한 시간에 첫 통화·검색·이 메일 확인 등을 하는 사람은 불규칙한 사람에 비해 신용도가 높다' 등 증명 가능한 결과 값을 도출했다.

8. 일본 미즈호은행과 소프트뱅크의 J스코어

일본 미즈호은행과 소프트뱅크는 인공지능을 사용한 가계대출을 시작하였다. 이를 위해 두 회사는 공동출자사 'J스코어'를 설립했다. 사장에는 미즈호은행 임원이 취임하고 설립 자본금은 50억 엔이다. 자본금은 미즈호은행과 소프트뱅크가 각각 50%씩 냈다.

인공지능은 은행 계좌 입출금 내역과 휴대전화 요금 지불 상황, 경력 등 데이터에 바탕을 두고 대출 한다와 대출금리 결정한다. 신용도 점수가 높으면 대출한다는 올라가고 대출금리는 낮아지는 구조이다. 고객이 스스로 개인 정보를 추가해 신용도를 높여 더 많은 돈을 빌리거나 금리를 낮출 수 있다.

06 국내에서 인공지능을 접목한 신용평가 시스템(CSS)의 구축 사례를 분석하라.

국내에서도 머신러닝 알고리즘을 이용해 기존 데이터를 분석, 가치 있는 정보를 창출해 이를 중금리 대출 등의 신용평가에 도입하려는 사례가 늘고 있다.

1. 신한카드의 머신러닝 기법

신한카드는 머신러닝 기법을 적용한 신용평가시스템을 최근 발표했다.

신한카드 머시러닝 신용평가시스템은 중금리 특화 신용평가시스템으로, 그간 카드업계의 신용평가시스템에서 활용하지 못했던 비금융 데이터 등 특화항목을 발굴해 금융거래정보가 충분치 않은 사회초년생 등을 우대했다.

예를 들면 카드 포인트 적립 패턴, 승인패턴, 상담정보 등 총 180여 개 항목을 반영해 머신러닝 모형 변별력을 극대화했다.

2. 우리은행의 부모 차주 조기 감지 시스템

우리은행은 빅데이터 기반 대출자 부도 가능성을 예측하는 '부모 차주 조기 감지 시스템'을 준비 중이다. 비식별 개인정보를 빅데이터를 활용할 수 있도록 규제가 완화되면서 국세청 납부정보와 부가세납부 정보 등 외부 데이터를 재가공하는 방식이다. 세금을 성실하게 냈는지 여부 등을 적용해 사전에 대출자 부도 가능성을 예측할 수 있는 리스크 모형을 만들어 대출 조건에 적용하는 시스템이다.

3. 어니스트펀드의 신용평가시스템

국내 P2P대출업체 어니스트펀드 신용평가시스템은 개발한 행동과학 등을 기반으로 한다. 어니스트펀드는 기존 금융권에서 사용되지 않았던 고객의 심리, 행동 패턴, 성격 등의 대안 데이터를 자사의 머신 러닝 기술을 이용, 신용평가시스템을 개발했다.

학습활동.12 교수 · 학습 방법

교수 방법

- 인공지능과 핀테크 시스템 혁신에 대한 관련 용어, 구성, 방식 이해 정도를 파악한 후 수업을 진행한다.
- 교수자의 주도로 인공지능과 핀테크 시스템 혁신 등의 내용을 PPT 자료로 제시한 후 설명한다.
- 가능하면 사전에 개인별 학습 자료를 준비하여 모든 학생이 참여할 수 있는 문제 해결식 수업, 협력 수업이 가능하도록 한다.
- 인공지능과 핀테크 시스템 혁신 전 과정을 작업의 순서에 따라 단계적으로 실습이 이루어질 수 있도록 지도한다.
- 교재를 통해 수업을 준비하는데 있어서 필요한 모든 정보나 팁, 힌트 등 도움이 될 만한 내용들을 확인할 수 있다.
- 학생들이 만들게 될 각 모델들은 수업시간에 중점적으로 다뤄질 부분과 어휘, 질문, 답을 포함하고 있으며 또한 탐구할만한 추가적인 아이디어들도 포함하고 있다.

학습 방법

- 인공지능과 핀테크 시스템 혁신에 대한 관련 용어를 숙지하고, 인공지능과 핀테크 시스템 혁신의 기초 단계에 대해 이해한다.
- 인공지능과 핀테크 시스템 혁신의 각 단계별 중점 사항을 체계적으로 학습한다.
- 인공지능과 핀테크 시스템 혁신 의 수행순서의 전 과정을 실습한다.
- 인공지능과 핀테크 시스템 혁신의 내용을 이해한다.
- 인공지능과 핀테크 시스템 혁신을 이해하고 숙달이 될 때까지 학습한다.

학습활동.12 평가 및 피드백

평가 준거

- 평가자는 피평가자가 수행 준거 및 평가 내용에 제시되어 있는 내용을 성공적으로 수행할 수 있는 지를 평가해야 한다.

학습내용	평가항목	성취수준		
		상	중	하
인공지능과 핀테크 시스템 혁신	인공지능과 핀테크 시스템 혁신을 이해할 수 있다.			

평가 방법

• 작업 포트폴리오

학습내용	평가항목	성취수준		
		상	중	하
인공지능과 핀테크 시스템 혁신	인공지능과 핀테크 시스템 혁신을 이해할 수 있다.			

• 필기시험

학습내용	평가항목	성취수준		
		상	중	하
인공지능과 핀테크 시스템 혁신	인공지능과 핀테크 시스템 혁신을 이해할 수 있다.			

• 체크리스트를 통한 관찰

학습내용	평가항목	성취수준		
		상	중	하
인공지능과 핀테크 시스템 혁신	인공지능과 핀테크 시스템 혁신을 이해할 수 있다.			

피드백

1. 작업 포트폴리오
   - 제출한 보고서를 평가한 후 주요 사항에 대하여 표시하여 돌려준다.
2. 필기 시험
   - 평가 결과 성적이 저조한 학생은 보고서 제출 기회를 부여한다.
3. 체크리스트를 통한 관찰
   - 실습 과정에서 평가한 후 개선해야 할 사항 등을 정리하여 돌려둔다.

제1부 글로벌 결재 플랫폼	학습 1	새로운 핀테크의 결재 플랫폼 등장
	학습 2	핀테크의 결재 플랫폼 서비스
	학습 3	핀테크의 글로벌 결재 플랫폼 서비스
제2부 글로별 결재의 발전	학습 4	스마트 물류의 진화
	학습 5	스마트 계약
	학습 6	인터넷전문은행의 도입
	학습 7	가상화폐
	학습 8	핀테크의 블록체인 활용
제3부 결재 플랫폼의 활용	학습 9	오프라인 결재 플랫폼
	학습 10	온라인 결재 플랫폼
제4부 핀테크의 미래	학습 11	인공지능과 핀테크 서비스
	학습 12	인공지능과 핀테크 시스템 혁신
	학습 13	**빅데이터와 인공지능을 탑재한 핀테크 탄생**
	학습 14	차세대 인증으로 생체인식기술을 탑재한 핀테크

학습 목표

13. 빅데이터와 인공지능을 탑재한 핀테크 탄생의 구성 및 특징을 이해할 수 있다.

13-1 빅데이터와 인공지능을 탑재한 인슈어테크

인슈어테크는 보험(Insurance)과 기술(Technology)을 융합한 합성어이다. 보험을 빅데이터와 인공지능(AI) 등 다양한 정보통신기술(ICT)과 결합해, 소비자에게 제공하는 맞춤화 서비스이다.

[그림 13-1] 인슈어테크의 융합

참고 : LG_CNS

빅데이터와 인공지능 등 신기술의 발달과 기술간 융합으로 세계 보험업계에서 '인슈어테크' 바람이 불고 있다. 시장이 커지고, 플레이어의 진입이 활발해지자 전문 투자 기관뿐만 아니라 구글 등 글로벌 ICT업체, 거대 보험사의 투자 자회사들이 가능성을 보고 인슈어테크 스타트업에 앞 다투어 투자하고 있다. ICT에 이어 보험회사들의 인슈어테크의 제휴도 적극화되고 있다.

[그림 13-2] 인슈어테크의 투자와 제휴

참고 : LG_CNS

장소 및 시간에 상관없는 리스크 관리를 원하는 고객이 늘고 있다. 보험 가입 시 편리함과 투명성을 요구하는 등 보험에 대한 소비자들의 기대가 변하고 있다. '가상 보험중개인' 역할에 대한 수용 또한 증가하고 있다. 이는 디지털과 소셜 및 고객 데이터 등의 결합을 통해 아마존 쇼핑몰처럼 고객에게 최적화된 보험상품을 제공하는 서비스이다.

미국에선 소셜 플랫폼, 여행사 사이트, 가전 및 가구 제품 판매 사이트 등의 소비자를 대상으로 상품 구입시 관련 보험을 제공하는 회사도 등장했다. 기존 온라인 몰의 고객 데이터를 활용해 신규 고객을 저비용으로 빠르게 확보할 수 있는 장점을 갖고 있다.

13-2 인공지능을 탑재한 불법금융거래 차단

나라마다 자금세탁과 외화 불법유출을 막기 위한 금융정보분석원이 존재한다.

금융정보분석원은 의심스러운 금융거래를 분석하고 지금의 이동을 추적하는 기관이다. 최근 이러한 금융정보분석원에서도 인공지능(AI)을 적극적으로 도입하는 추세이다. 인간이 수기로 해왔던 자금세탁·탈세 의심 금융거래 분석을 인공지능이 대체하면서, 세수효과를 극대화시킬 수 있게 되었다.

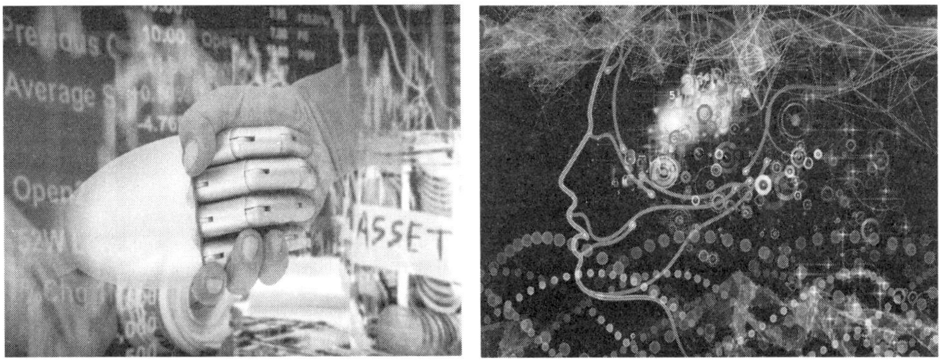

[그림 13-3] 인공지능을 이용한불법금융거래 차단

참고 : LG_CNS

우리나라에서 인공지능(AI) 기반의 금융거래 분석시스템이 정착되면, 의심스러운 거래분석의 정확성과 속도가 향상돼 불법금융거래 차단이 선진국 수준으로 더욱 정교하게 될 것으로 예측된다. 우리나라의 인공지능 활용이 한 단계 성숙하고, 불법·편법 금융거래도 효율적으로 막는 중요한 성공사례가 되길 기대한다.

수행 내용

재료 · 자료

- 빅데이터와 인공지능을 탑재한 핀테크 탄생 관련 자료

기기(장비 · 공구)

- 컴퓨터, 주변기기

안전 · 유의사항

- 컴퓨터 및 주변기기의 전원을 관리한다.

수행 순서

01 빅테이터가 무엇인가에 대하여 분석하라.

1. 정의

빅 데이터(Big Data)란 기존 데이터베이스 관리도구의 능력을 넘어서는 대량(수십 테라바이트)의 정형 또는 심지어 데이터베이스 형태가 아닌 비정형의 데이터 집합조차 포함한 데이터로부터 가치를 추출하고 결과를 분석하는 기술이다.

다양한 종류의 대규모 데이터에 대한 생성, 수집, 분석, 표현을 그 특징으로 하는 빅데이터 기술의 발전은 다변화된 현대 사회를 더욱 정확하게 예측하여 효율적으로 작동케 하고 개인화된 현대 사회 구성원 마다 맞춤형 정보를 제공, 관리, 분석 가능케 하며 과거에는 불가능했던 기술을 실현시키기도 한다.

2. 분석기법

여러 가지 특징을 가진 빅 데이터의 분석, 활용을 위한 빅 데이터 처리 기법은 크게 분석기술, 표현 기술로 나눈다.

1) 분석 기술

대부분의 빅 데이터 분석 기술과 방법들은 기존 통계학과 전산학에서 사용되던 데이터 마이닝, 기계 학습, 자연 언어 처리, 패턴 인식 등이 해당된다.

소셜 미디어등 비정형 데이터의 증가로 인해 분석기법들 중에서 텍스트 마이닝, 오피니언 마이닝, 소셜 네트워크 분석, 군집분석 등이 주목 받고 있다.

분석기술	내용
텍스트 마이닝	비/반정형 텍스트 데이터에서 자연 언어 처리 기술에 기반하여 유용한 정보를 추출, 가공
오피니언 마이닝	소셜미디어 등의 정형/비정형 텍스트의 긍정, 부정, 중립의 선호도를 판별
소셜 네트워크 분석	소셜 네트워크의 연결 구조 및 강도 등을 바탕으로 사용자의 명성 및 영향력을 측정
군집 분석	비슷한 특성을 가진 개체를 합쳐가면서 최종적으로 유사 특성의 군집을 발굴

대규모의 정형/비정형 데이터를 처리하는 데 있어 가장 기본적인 분석 인프라로 하둡이 있으며 데이터를 유연하고 더욱 빠르게 처리하기 위해 NoSQL 기술이 활용되기도 한다.

2) 표현 기술

빅 데이터 분석 기술을 통해 분석된 데이터의 의미와 가치를 시각적으로 표현하기 위한 기술로 대표적인 것으로는 R(프로그래밍 언어)이 있다.

3. 핀테크의 활용

대규모의 다양한 데이터를 활용한 '빅데이터 경영'이 주목받으면서 데이터 품질을 높이고 방대한 데이터의 처리를 돕는 데이터 통합(Data Integration)의 중요성이 부각되고 있다.

데이터 통합(DI)은 데이터의 추출, 변환, 적재를 위한 ETL 솔루션이 핵심인데 ETL 솔루션을 활용하면 일일이 수많은 데이터를 기업 데이터 포맷으로 코딩하지 않아도 되고 데이터 품질을 제고할 수 있기 때문에 DI는 빅데이터 환경에 꼭 필요한 데이터 솔루션으로 평가받고 있는 단계까지 진입되었다.

한편 비즈니스 인텔리전스(Business Intelligence, BI)보다 진일보한 빅데이터 분석 방법이 비즈니스 애널리틱스(Business analytics, BA)인데 고급분석 범주에 있는 BA는 기본적으로 BI를 포함하면서도 미래 예측 기능과 통계분석, 확률 분석 등을 포함해 최적의 데이터 기반 의사결정을 가능케 하는 것으로 평가받고 있기도 하다.

인터넷으로 시작해서 인터넷으로 마감하는 생활, 스마트폰을 이용해 정보를 검색하고 쇼핑도하고 SNS를 이용해서 실시간으로 글을 남기는 등의 다양하게 인터넷을 이용하는 동안 남는 흔적같은 모인 데이터들을 분석하면 개인의 생활 패턴, 소비성향 등을 예측할 수 있고 기업들은 이런 데이터를 통해서 소비자가 원하는 것들을 미리 예측할 수 있다. 빅데이터가 마케팅 자료로 활용되는 사례이다.

02 인슈어테크의 3가지 활용모델을 분석하라.

우선 빅데이터와 인공지능이 적용돼 사업화할 수 있는 인슈어테크 모델은 크게 세 가지로 분류할 수 있다.

첫 번째, 고객이 보험가입을 위해 PC나 모바일에 접속했을 때 챗봇이 고객을 응대하는 경우이다. 기본적인 보험 상품에 대한 설명을 인간 보험설계사가 아닌 인공지능이 하는 방식이다.

두 번째, 고객이 보험 상품을 검색할 경우 맞춤형 상품을 추천할 때 인공지능이 쓰일 수 있다. '검색'은 현재까지 인공지능 기술인 알고리즘이 가장 많이 활용되고 있는 부분이다. 예를 들어 고객이 자신의 상태를 입력하면 그 정보 값에 맞는 보험 상품과 설계안을 도출하는 데에 자체적으로 개발한 알고리즘을 사용하는 방식이다.

세 번째, 고객이 정보 값을 입력하지 않고도 인공지능이 미리 알아서 고객에게 필요한 보험상품을 추천하는 기능에 활용이 가능하다.

예를 들면 암보험을 필요로 하는 소비자에게 그 보험에 제대로 가입하는 방법을 알고리즘을 통해 알려줄 수 있다. 암보험에 대한 통계를 보여주고 고객이 합리적인 선택을 할 수 있게 하는 방법이나 통계적인 분석을 통해 앞으로 닥치게 될 일들에 대비할 수 있는 보험상품을 미리 추천하는 것이다.

03 인슈어테크의 사용한 해외업체에 대한 사례를 분석하라.

1. 심플리인슈어드

미국 스타트업 엑셀러레이터 와이콤비네이터(YCombinator)의 투자를 받은 온라인 건강보험 플랫폼 스타트업 '심플리인슈어드(SimplyUInsured)'가 챗봇(Chatbot) 알고리즘을 적용하고 있다.

2. 오스카 헬스

구글과 골드만삭스의 투자를 받은 스타트업 '오스카 헬스(Oscar Health Insurance)'이 챗봇 알고리즘을 적용하고 있다.

3. 너트월렛과 머니수퍼마켓닷컴

소비자 금융정보 사이트인 '너트월렛(NerdWallet)'와 영국의 자동차보험 비교사이트 '머니 수퍼마켓 닷컴(MoneySupernarket.com)'의 서비스가 맞춤형 검색 결과를 보여주는 방식에이 알고리즘을 사용하고 있다.

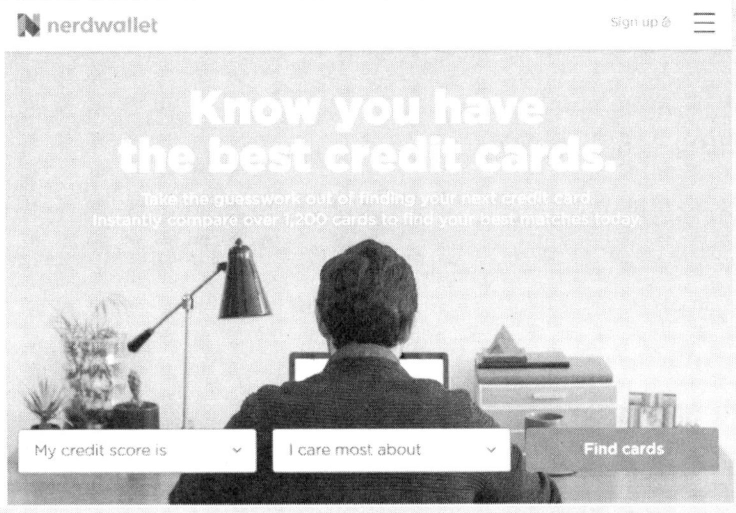

[그림 13-4] 소비자 금융정보 사이트 '너드월렛'

출처 : https://www.nerdwallet.com/
참고 : LG_CNS

4. 안슈리파이의 가상비서 에비아

미국 스타트업 '안슈리파이(Insurify)'는 자동차 번호판을 찍어서 문자로 보내면 가상비서 '에비아(Evia)'가 곧바로 여러 보험사 견적서를 보내준다. 인공지능을 활용한 데이터 분석을 통해 최적조건의 자동차보험에 가입할 수 있는 플랫폼인 '에비아'를 구축한 것이다. 글로벌 컨설팅 업체 액센추어(Accenture) 설문조사에 따르면, 소비자의 74%가 보험 가입 시 컴퓨터 기반의 자문을 받을 의향이 있다고 응답했다.

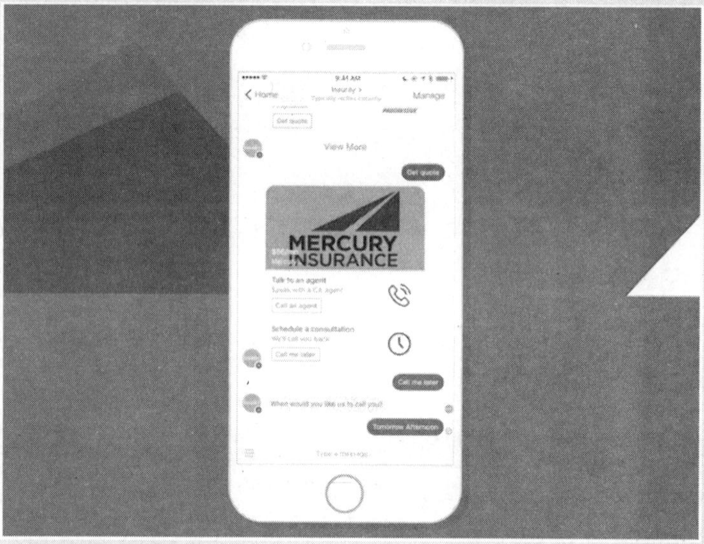

[그림 13-5] 인슈리파이의 가상비서 에비아와 페이스북 메신저 상담모습

출처 : https://insurify.com/evia

참고 : LG_CNS

5. CHUBB의 온라인 플랫폼

싱가포르의 보험회사(CHUBB)는 온라인 플랫폼을 보유하고 있는 중국의 대형 유통업체인 Suning과의 파트너 십 체결로 온라인 네트워크를 통해 상해보험, 여행자보험, 주택보험을 판매하고 있다.

6. 구글의 Bharat Saves

구글은 보험 상품부터 자산관리서비스에 이르는 재무설계 서비스를 제공하기 위해 인도의 웹사이트인 'Bharat Saves'를 개발하고 있다.

7. 미국의 클로버 헬스

미국에서 운전습관 연계보험부터 빅데이터 통해 질병 확률을 조언해주는 보험 등이 크게 인기를 얻고 있다. 미국의 보험 스타트업 '클로버 헬스(Clover Health)'는 시장을 창출한 혁신 기업이다. 지난해에 세계 최대 VC인 세쿼이아캐피털 등으로부터 펀딩을 받은 덕에 기업가치가 11억 달러(약 1조2300억 원)까지 올라갔다.

이 회사는 미국의 의료비가 지나치게 비싸 저소득층이 병원을 잘 찾지 않는다는 데 주목, 정기적으로 고객의 가정을 방문해 건강 상태를 체트해 주는 보험 서비스를 시작했다. 주기적으로 건강관리만 받아도 병원을 찾을 일이 줄고, 의료비도 아낄 수 있다는 논리가 소비자에게 먹힌 것이다.

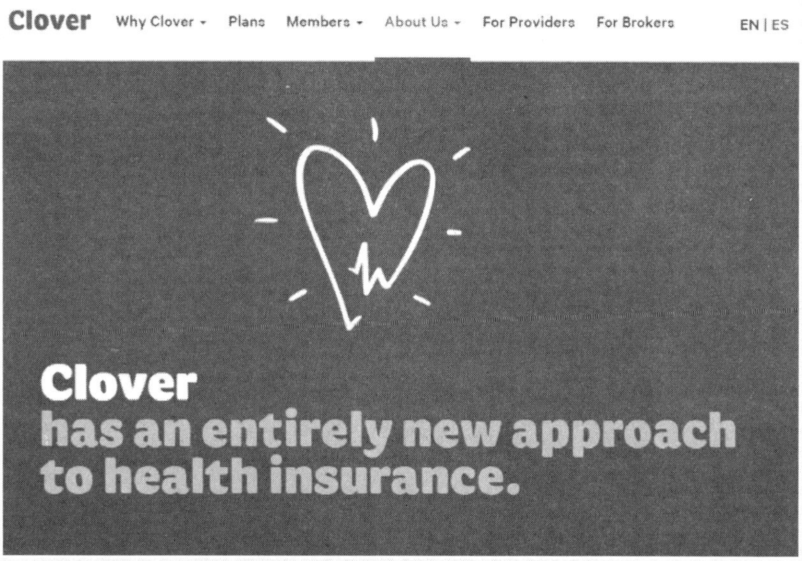

[그림 13-6] 미국의 보험 스타트업 클로보헬스

출처 : https://www.cloverhealth.com/en/about-us/our-story
참고 : LG_CNS

8. 오스카 헬스케어

2015년 구글로부터 3,250만 달러 투자를 받으면 유명해진 '오스카 헬스케어'의 경우, 손목 웨어러블 기기(Misfit)를 통해 보험가입자와 보험료를 연계하고 있다. 보험 가입자에게 손목 밴트형 웨어러블 기기를 제공하면서 목표 걸음 수를 달성할 때마다 하루 1달러씩 월 최대 20달러의 보험료를 할인해 주는 정책을 내놓았다. 2013년 서비스를 시작한 이후, 불과 2년 만에 뉴욕과 뉴저지 지역의 의료보험가입자 중 약 15% 수준에 해당하는 가입자 4만 명을 확보하는 저력을 보였다.

9. 중국의 중안보험

중국 ICT 업계를 대표하는 알리바바, 텐센트 등도 인슈어테크를 통해 보험시장에 빠르게 진출하고 있다. 특히 화제가 된 건 알라바바, 텐센트가 중국 보험2위 업체인 평안보험과 공동출자한 중국 최초의 인터넷 전문 보험사인 '중안보험사'이다.

2015년 당을 체크하는 건강보험상품 '탕샤오베이' 등을 출시하면서 '세계 핀테크 톱 100'에서 1위에 올라서서 글로벌 보험업계를 깜짝 놀라게 했다. 보험 상품이면서 동시에 혈당을 측정하는 의료기기이다. 혈당을 전송, 구축 정보 바탕의 빅데이터를 보고 진단, 처방하는 원격병원 비즈니스 등 다양한 산업과 연계해 차별화된 수익모델을 창출할 수 있는 점이 높이 평가됐다.

10. 에트나

미국 최대 건강보험사인 '에트나'는 애플과 제휴하여 애플워치와 보험료 할인을 연계하고 있다.

11. 프로그레시브의 스냅샷

운전 습관연계 보험으로 유명한 '프로그레시브'는 2011년부터 '스냅샷'이란 OBD장치로 운전자의 급정거, 주행거리, 주행시간 등을 분석해 보험료를 깎아주고 있다.

12. 기타

영국의 '코오퍼레이티브 인슈어런스', 프랑스의 'BNP파리바', '악사' 등 대형업체들도 독자적 또는 인슈어테크 업체와 제휴해 각자 생명건강, 손해보험 성격에 맞는 다양한 상품개발에 힘쓰고 있다.

이 외에도 운동량 등 센서 정보 기반으로 의료보험 요금을 차등화하는 스트라이드 헬스(Stride Health), 이용량에 따라 과금하는 자동차보험 매트로마일(Metromile), P2P보험 서비스를 제공하는 레모네이드(Lemonade)와 구에바라(Guevara) 등 이미 130여 개에 달하는 스타트업들이 활발히 사업을 전개 중이다.

04 인슈어테크인 빅데이터, 인공지능 및 인지과학을 통하여 보험 판매체널의 변화에 대하여 분석하라.

신기술은 언더라이팅(보험인수 심사)과 판매 단계에 혁신을 가져오고 있다. 보험은 몇 살 때 암 발생 확률이 높은지, 위험류과 손해율 등 빅데이터를 바탕으로 미래를 대비하는 산업이다. 빅데이터나 인공지능이 활용될 부분이 많아 시너지 효과가 있다.

보험회사는 빅데이터를 이용해 소비자의 채널 이용형태를 쉽게 수집, 분석할 수 있어 소비자의 보험정보탐색이 가능하고, 상품구매에 더욱 적합한 판매 채널로 차별화하여 운영한다.

인지과학기술을 이용한 '자동 인더라이팅 시스템'은 신속하고 효율적인 보험계약심사에 도움이 된다. '자동 언더라이팅 시스템'은 보험소비자의 기본 정보와를 컴퓨터에 입력시켜 컴퓨터 프로그램이 그 정보를 바탕으로 자동 보험계약 심사를 하는 시스템이다. 또 인공지능을 이용한 로보어드바이저는 보험 관련 재무 설계에 활용되고 있다.

통계와 확률의존도가 높은 보험산업의 성격상, 향후 빅데이터는 보험의 전 프로세스를 혁신시킬 잠재력이 있다.

예를 들면 미개척영역의 보험상품을 개발할 수 있고, 적시에 필요한 사람에게 최적화된 보험상품을 판매할 수 있으면, 알고리즘을 통해 보험금 지급심사, 보험사고 조사 등을 빠르고 정확하게 진행 할 수 있다.

미국에 있는 한 보험사는 온라인 질의응답 시스템에 인공지능을 적용했다. 보험사는 고객이 홈페이지를 방문하면 단순 정보 획득 외애 가입까지 유도하는 것이 중요하다. 만약 고객이 가입을 위해 특정 필드를 기재해야 하는데, 복잡하게 물어볼 곳에 마땅치 않을 경우 가입을 포기할 수 있다. 이를 방자하기 위해서는 온라인으로 보험 가입의 전체 절차를 도와주는 시스템이 필요하다.

영업 및 마케팅 분야에서 보험 상품추천이나 최적 대안 제시 등 데이터 분석을 통해 가입 가능성이 높은 보험상품을 사용자에게 추천하는데 인공지능 기술 알고리즘이 쓰인다. 알고리즘으로 예측모델을 수립하면 이탈 가능 고객과 갱신 고객의 보험 갱신율도 예측해 활용할 수 있다.

05 인슈어테크로 인하여 시장지배 구조와 인력 대체 등 혁신 사례를 분석하라.

인슈어테크는 장기적으로 보험산업 효율성 제고와 비용절감, 시간 단축를 가져올 것이다. 이를 통해 보험회사들은 인공지능 컴퓨터 기술을 보험요율 산출, 언더라이팅, 그리고 판매 채널 등에 도입할 것이다.

알파고나 켄쇼같은 인공지능 컴퓨터 기술이 접목된 온라인 또는 앱 기반의 판매채널은 상품판매뿐 아니라 보험요율 산출, 언더라이팅까지 모든 과정을 원스톱으로 처리해 효율성이 높아질 것이다. 또 왓슨처럼 사고할 수 있는 인공지능 앱이 출시돼 설계사 대신 인공지능과 계약자간 양방향 소통을 통해 보험상품을 설명하고 판매할 것이다.

결국 대규모 전속판매 채널을 보유하고 있는 기존 보험회사의 시장지배구조도 근본적으로 변화를 피할 수 없을 것이다. 고비용 설계사 중심 판매 채널에서 다양한 저비용 판매채널로 전환될 가능성도 크다.

이젠 인슈어테크는 이제 먼 미래의 이야기거나, 선택의 문제가 아니라 생존의 문제로 받아들여지고 있다. 앞으로 보험회사들은 고객과 거리를 좁히고, 비용을 낮춰 새로운 형태의 보험상품을 창출해야만 소비자의 선택을 받을 수 있을 것이다.

일본은 장기 경기 침체로 인해 2006년을 전후해 보험사의 보험금 지급 누락 사태가 일어나므로 새로운 지급 시스템과 다중체크 시스템을 도입하고, 인력을 대거 투입하며 변화를 시도했다.

IBM의 인공지능 '왓슨 익스플로러'가 계약자의 병력, 입원 기간, 복용 의약품 등 정보를 분석해 보험료를 산출하는 보험금 사정 업무를 담당하게 되었다.

후코쿠 생명은 왓슨 도입에 따라 생산업이 30% 향상될 것으로 기대하고 있다. 약 20억 원의 시스템 구축 비용과 매년 1억 5000만 원 가량의 유지비용이 들지만, 34명의 보험 청구 직원을 해고하고, 매년 14억여 원의 인건비를 절감할 수 있다.

06 인공지능기술을 활용한 미국 금융법죄단속반의 테러지금지원 심층 분석 사례를 분석하라.

미국 재무부 산하 금융범죄단속반(FinCEN)은 세계 자본 이동의 현황을 파악하는 기구이다. 이곳은 인공지능을 활용해 혐의거래를 분석하는데 집중한다. 금융회사가 보고한 혐의거래의 직접적인 분석업무보다는 전략적 분석과 정보공유 역할을 하고 있다. 자금세탁이나 테러 자금지원의 신종수법과 지역적 경향 등에 대한 심증 분석에 알고리즘을 활용하는 일을 하고 있다.

그 밖에도 자금세탁방지 관련 법령의 제정 집행, 불법 자금과 관련된 정보의 분석, 법집행기관 등 관련 기관에 불법자금 조사에 필요한 금융정보의 수집, 유지, 공유를 위한 정보 네트워크를 구축하고 있습다.

FinCEN은 법집행기관에서 자금세탁방지 활동에 도움을 줄 수 있는 자금세탁 사례 및 동향을 파악할 수 있도록 전략적 분석 위주의 시스템을 만들었다. 특히, 미국 국세청(IRS)은 FinCEN에 6종의 정보(고액현금거래보고, 카지노현금거래보고, 화폐수단반출입보고, 외국은행계좌보고, 고액초과 수취거래보고, 혐의지역거래보고)를 제공하고 FinCEN의 Gateway와 플랫폼을 통해서 직접 접근한다.

07 인공지능기술을 활용한 호주 AUSTRAC에 대하여 심층 분석 사례를 분석하라.

미국의 FinCEN과 유사한 기관인 호주 AUSTRAC는 인공지능을 적극 활용하고 있다. 다양한 통계기법을 심사분석에 활용하고 AI 기술 축적 및 인공지능 전문가로 구성된 분석팀을 운영하는 것이 특징이다.

AUSTRAC은 주정부, 자치구 정부 및 연방정부 법집행기관, 안보기관, 법무기관, 국세청, 관세청 등에 정보를 제공하고 있다. 이곳은 미국 FinCEN과 같이 개별 분석과 함께 법 집행기관을 지원하기 위한 정보공유 네트워크 구축에 초점에 맞춰 운영한다.

[그림 13-7] 호주 AUSTRAC는 인공지능을 적극 활용

호주는 2014년 말 기준 의심거래보고 건수가 급속히 증가하는 추세이다. CBM-PC(현금 반입, 반출)보고건수는 전년 대비 약 160% 증가했고, CBM-BNI(현금유사 유가증권 반입, 반출) 보고건수는 같은 기간 약 106% 늘었다.

금융회사에 보고된 모든 의심거래는 TRAQ(AUSTRAC's Transaction Reports Analysis and Query, 데이터베이스)에 축적한다. 축적된 데이터를 기반으로 TaegIT(AUSTRAC's automated monitoring system, 정보분석 시스템)을 통해서 의심거래를 분석한다. 이를 세금기관, 법 집행기관, 안보 관련 기관 등에 금융정보를 수집, 분석해 제공하는 구조이다.

법 집행기관에서는 AUSTRAC에서 제공한 분석보고서에 대한 피드백을 제공하고, AUSTRAC에서 제공하는 TES(TRAQ Enquiry System, 정보공유시스템) 시스템을 통해 직접 TRAQ 데이터베이스에서 필요정보를 검색한다. 단, 법 집행기관마다 정보 접근 허용과 차단에 관한 정책과 전략을 마련하고 검색한 정부에 대해서는 철저한 추적관리를 시행하고 있다.

2012년 정보공유시스템(TES) 서용자는 3,000명 정도이나 월별 200만 건을 검색하는 등 지속적으로 정보 검색검수가 증가하고 있다.

AUSTRAC의 정보시스템은 자금세탁 및 테러 자금조달에 관한 국가 차원의 디음과 같이 구성된다.

- 통합 데이터베이스(TRAQ)
- 보고시스템
- 인공지능(AI)을 포함하는 다양한 분석시스템
- 정보공유시스템(TES)

100명 정도의 IT 및 통계를 전공한 데이터 사이언스(Data Science) 전문 분석가가 분석 업무를 전담한다. 전체 330명 중 3분의 1이 자체 IT 인력이다. 이들은 개발 플랫폼 관리,

공유시스템 구축, 추적관리, 보안 업무를 철저히 수행한다. 심사분석 시 다양한 통계도구 및 기법을 활용하고 있으며, 정보공유시스템의 경우 철저히 추적이 가능하도록 법 집행기관과 연계 구축한다.

특히 인공지능 활용을 위해, 2013년부터 2016년까지 호주 RMIT대학과 함께 '복합금융거래와 조직범죄 네트워크에 대한 데이터마이닝 태스크포스(TF)' 구성해 인공지능을 활용한 분석기법 개발했다. 인공지능을 전공한 박사급 12명이 여러 거래가 복합된 네트워크 혐의도를 분석하는데 인공지능을 활용하는 방식이다.

룰베이스 기반의 개별거래 위주의 의심거래 혐의도 분석이 아니라, 관련자 간의 거래를 하나의 네트워크 그룹으로 정의하고 거래 네트워크 그룹의 혐의도를 종합 분석한다. 거래 네트워크 정의가 용이한 전신송금, 현금 예금 등 업무에 서포트 벡터 머신(SVM), 랜덤 포래스트(Random Forest) 등 머신러닝 알고리즘을 활용한다.

기존 고객 및 거래 중심의 자금세탁 위험측정 방식에서 다수의 거래자를 포함한 금융네트워크 전체에 대한 분석 모델로 진화한 것이다.

08 인공지능기술을 활용한 한국 FIU의 차세대 자금세탁방지 분석 시스템 대하여 심층 분석 사례를 분석하라.

2001년 출범한 금융위원회 산하 금융정보분석원(FIU)은 2017년 60억을 투입해 '인공지능 기반 차세대 자금세탁방지 분석 시스템'을 구축하였다. 금융정보분석원이 설립이래 인공지능을 활용하는 것이 처음이다.

금융정보분석원 은행 · 증권사 등 금융회사로부터 탈세 · 횡령 · 마약 거래 등 범죄에 관련된 것으로 의심되는 금융거래 명세를 분석해 검찰 · 국세청 · 중앙선거관리위원회 등 법 집행기관에 넘겨주는 역할을 한다.

정부 부처인 금융위원회 산하에 있지만, 독립적으로 운영된다. 법무부 · 국세청 · 관세청 · 경찰청 · 한국은행 · 금융감독원 등 관계기관에서 파견 나온 전문 인력이 근무하고 있다. 금융기관에서 2,000만 원 이상 고액 현금거래를 하는 경우(CTR), 자금세탁 · 탈세 등 범죄가 의심되는 거래를 하는 경우(STR), 이에 대한 정보는 금융정보분석원에 넘어간다.

우리나라는 복잡한 금융상품이나 서비스가 늘고 새로운 자금세탁 유형도 폭발적으로 증가하면서 신속한 대응과 정교한 분석이 필요한 상황이다. 금융기관이 금융정보분석원에 보고한 의심거래(STR)정보 건수는 급증하는 추세이다. 의심거래는 2005년 4만 건에서 2016년 80만 건으로 10년 동안 20배 급증했다.

현재 6,000개 금융회사에서 들어오는 의심거래들은 매년 놀고 있지만, 기존 제한된 인력이 건건이 수기로 분석하다 보니 속도와 정확도가 떨어지는 상황이다. 실제 우리나라 경제 규모는 미국의 10분의 1에 불과하지만, 의심거래 정보는 미국(230만 건)의 3분의 1 정도로 상당히 많은 수준이다.

혐의거래보고를 기준으로 파견인력 중심의 수기 검사에 그치고 있다 보니, 노하우나 지식이 남지 않고 새로운 유형이나 패턴을 찾아내는데 많은 시간이 걸리는 상황이다. 이를 해결하기 위해, 데이터마이닝, 딥러닝 등 인공지능 기술과 다양한 통계기술을 활용해서 정교한 분석과 새로운 자금세탁 유형을 신속하게 찾아낼 수 있도록 차세대 심사분석 시스템 구축한다는 계획이다.

금융정보분석원애 축적된 방대한 데이터베이스를 활용해서, 머신러닝 등의 인공지능 기술을 이용해 새로운 자금세탁 패턴이나 유형을 지속해서 찾아내도록 구축한다. 기존 고객 및 거래 중심의 자금세탁 위험측정 방식을 벗어나 다수의 거래자를 포함한 금융네트워크 전체에 개한 분석 모델을 개발하는 중이다.

금융정보분석원은 AI 기반 차세대 자금세탁방지 분석 시스템 활용 시범사업으로 '환치기' 분야를 선정했다. 기존 수기로 2~3개월 소요되던 작업이 수일로 줄어들면서 자금세탁이나 불법 외환거래에 대한 추적을 강화하는 것이다.

환치기란 어떤 국가의 계좌로 돈을 입금하면 상대국가에 있는 환전상이 이를 통보받고 환율에 따라 금액을 계산해 현지 화폐로 찾는 불법 외환거래 수법입니다. 송금 내용이나 목적이 당국에 알려지지 않아 비자금 조성이나 세금 탈루에 주로 쓰인다.

금융정보분석원 관계자는 "그동안 국내에서 여러 송금인이 외국 단일 계좌로 송금하고, 또 외국에서 입금되는 계좌 중에 비슷한 규모로 국내에 들어오는 의심거래를 하나하나 찾아서 사람이 대조했다"며 "인공지능을 통해 의심되는 여러 복합거래 패턴을 학습시켜 환치기 모델을 만들면 손쉽게 적발할 수 있다"고 말했다. 사람이 일일이 했을 때 길게는 2~3개월이 걸렸지만, 인공지능을 적용하면 2~3일로 단축돼 업무 효율성이 극대화될 것으로 예상했다.

한편 한국거래소도 인공지능을 활용한 '차세대 시장 감시시스템' 구축한 바 있다. 한국거래소의 이 시스템은 인공지능으로 이상 거래나 시장교란 등 불공정거래행위를 작발한다. 이상 거래가 적발되면 불공정거래가 발생하기 이전에 해당 종목 등에 대한 투자를 경고하거나 차단한다. 또 인공지능을 통해 빅데이터를 분석해 이상 거래인지 여부를 판단하는 거래내역 적출 및 분석을 기존 2일에서 약 1시간으로 약 16배 처리시간을 단축했다.

학습활동.13 교수 · 학습 방법

교수 방법

- 빅데이터와 인공지능을 탐재한 핀테크 탄생에 대한 관련 용어, 구성, 방식 이해 정도를 파악한 후 수업을 진행한다.
- 교수자의 주도로 빅데이터와 인공지능을 탐재한 핀테크 탄생 등의 내용을 PPT 자료로 제시한 후 설명한다.
- 가능하면 사전에 개인별 학습 자료를 준비하여 모든 학생이 참여할 수 있는 문제 해결식 수업, 협력 수업이 가능하도록 한다.
- 빅데이터와 인공지능을 탐재한 핀테크 탄생 전 과정을 작업의 순서에 따라 단계적으로 실습이 이루어질 수 있도록 지도한다.
- 교재를 통해 수업을 준비하는데 있어서 필요한 모든 정보나 팁, 힌트 등 도움이 될 만한 내용들을 확인할 수 있다.
- 학생들이 만들게 될 각 모델들은 수업시간에 중점적으로 다뤄질 부분과 어휘, 질문, 답을 포함하고 있으며 또한 탐구할만한 추가적인 아이디어들도 포함하고 있다.

학습 방법

- 빅데이터와 인공지능을 탐재한 핀테크 탄생에 대한 관련 용어를 숙지하고, 빅데이터와 인공지능을 탐재한 핀테크 탄생의 기초 단계에 대해 이해한다.
- 의빅데이터와 인공지능을 탐재한 핀테크 탄생 각 단계별 중점 사항을 체계적으로 학습한다.
- 빅데이터와 인공지능을 탐재한 핀테크 탄생의 수행순서의 전 과정을 실습한다.
- 빅데이터와 인공지능을 탐재한 핀테크 탄생의 내용을 이해한다.
- 빅데이터와 인공지능을 탐재한 핀테크 탄생을 이해하고 숙달이 될 때까지 학습한다.

학습활동.13 평가 및 피드백

평가 준거

- 평가자는 피평가자가 수행 준거 및 평가 내용에 제시되어 있는 내용을 성공적으로 수행할 수 있는 지를 평가해야 한다.

학습내용	평가항목	성취수준		
		상	중	하
빅데이터와 인공지능을 탑재한 핀테크 탄생	빅데이터와 인공지능을 탑재한 핀테크 탄생을 이해할 수 있다.			

평가 방법

• 작업 포트폴리오

학습내용	평가항목	성취수준		
		상	중	하
빅데이터와 인공지능을 탑재한 핀테크 탄생	빅데이터와 인공지능을 탑재한 핀테크 탄생을 이해할 수 있다.			

• 필기시험

학습내용	평가항목	성취수준		
		상	중	하
빅데이터와 인공지능을 탑재한 핀테크 탄생	빅데이터와 인공지능을 탑재한 핀테크 탄생을 이해할 수 있다.			

• 체크리스트를 통한 관찰

학습내용	평가항목	성취수준		
		상	중	하
빅데이터와 인공지능을 탑재한 핀테크 탄생	빅데이터와 인공지능을 탑재한 핀테크 탄생을 이해할 수 있다.			

피드백

1. 작업 포트폴리오
   - 제출한 보고서를 평가한 후 주요 사항에 대하여 표시하여 돌려준다.
2. 필기 시험
   - 평가 결과 성적이 저조한 학생은 보고서 제출 기회를 부여한다.
3. 체크리스트를 통한 관찰
   - 실습 과정에서 평가한 후 개선해야 할 사항 등을 정리하여 돌려둔다.

제1부 글로벌 결제 플랫폼	학습 1	새로운 핀테크의 결재 플랫폼 등장
	학습 2	핀테크의 결재 플랫폼 서비스
	학습 3	핀테크의 글로벌 결재 플랫폼 서비스
제2부 글로벌 결재의 발전	학습 4	스마트 물류의 진화
	학습 5	스마트 계약
	학습 6	인터넷전문은행의 도입
	학습 7	가상화폐
	학습 8	핀테크의 블록체인 활용
제3부 결재 플랫폼의 활용	학습 9	오프라인 결재 플랫폼
	학습 10	온라인 결재 플랫폼
제4부 핀테크의 미래	학습 11	인공지능과 핀테크 서비스
	학습 12	인공지능과 핀테크 시스템 혁신
	학습 13	빅데이터와 인공지능을 탑재한 핀테크 탄생
	학습 14	**차세대 인증으로 생체인식기술을 탑재한 핀테크**

학습 목표

14. 차세대 인증으로 셍체인식기술을 탐재한 핀테크의 구성 및 특징을 이해할 수 있다.

14-1 차세대 생체인증기술의 필요성

IT기기의 발달 및 증가, 다양한 핀테크 사업 확대, 사물인터넷(IoT, Internet of things)의 등장은 사람과 사물이 서로 긴밀하게 연결되어 소통하는 경계없는 네트워크 세상을 만들고, 만물인터넷(IoE, Internet of Everything)이 기반이 되어 우리를 둘러싼 만물이 서로 통신을 통해 교감하는 초연결시대가 다가오고 있다.

인터넷 환경이 PC에서 모바일로 확장되고, 인터넷뱅킹, 간편결재 서비스 사용 증가와 다양한 핀테크의 등장으로 정보보호 및 결재를 위한 인증은 선택이 아닌 필수가 되었다.

현재 우리가 주로 사용하고 있는 전통적인 인증 방식은 ID와 패스워드를 활용하는 방식이다. 지식기반 인증으로 불리는 ID, 패스워드 방식은 사용자와 서버에 ID와 패스워드를 공유하는 방식으로 사용자를 인증한다. 이후에 OTP(One Time Password), 공인인증서와 같은 소유기반 인증이 등장하며 시장을 형성하여 왔다. 지금까지는 본인 인증을 위한 수단의 발전이 보안성의 향상을 가져옴과 동시에 편의성의 감소를 동반하여 상호 trade-off의 관계를 보여 왔다. 특히 최근에는 모바일 환경에서의 인증 환경 노출이 증가함에 따라 보안에 대한 위협을 해결함과 동시에 편의성을 확보할 수 있는 인증 수단의 확보가 중요하다.

국내에서 새로운 인증수단의 도입이 활성화될 수 없었던 것은 정부의 공인인증서 사용 의무 및 사용강제 근거 규정 등의 관련 법규 때문이었다. 취약한 보안을 강화하기 위해 정부는 전자금융거래에서 공인인증서의 사용을 강제했었으나, 2015년 3월 18일 전자금융거래 시 공인인증서 사용의무를 폐지, 2015년 10월 16일 전자금융거래법상 공인인증서 사용 강제 근거 규정이 개정되었다. 관련 규제의 완화 및 보완을 통해 금융회사들은 보안상의 위협에 효율적인 금융 보안 수단을 자율적으로 결정할 수 있게 되었으며, 차세대 인증 방법으로서 생체인식을 채택할 가능성이 높아진 상황이다.

최근 기존 인증기술을 보완한 새로운 인증수단이 점차 등장하고 있다. 특히 다양한 생체인식 기술이 점차 상용화되거나 확대되고 있고, 또한 차세대인증서비스인 FIDO 협회가 활발하게 활동을 시작하고 있다.

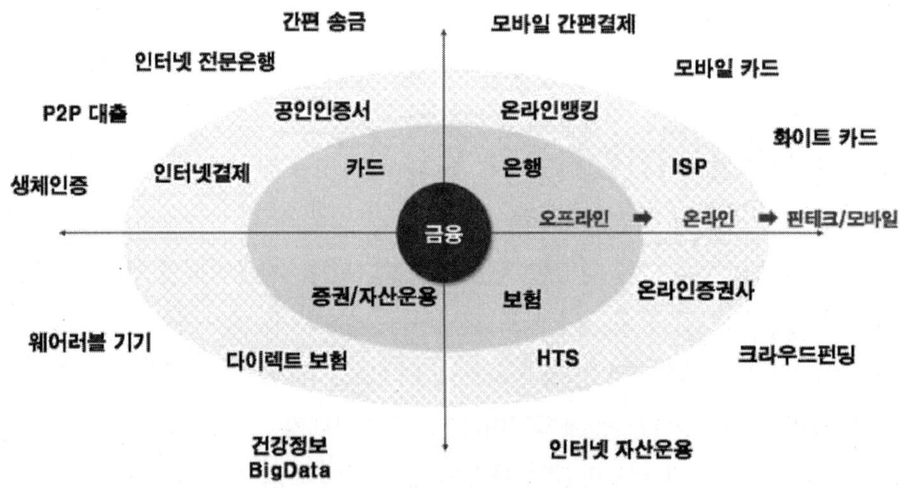

[그림 14-1] 차세대 인증기술의 필요성

자료 : BC카드, 유진투자증권

14-2 핀테크에 적용되는 생체인식 기술

정보기술(IT)과 금융을 결합한 핀테크 시대에 접어들며 생체인식이 안정성이 높은 보안수단으로 부상하였으며 스마트워치 등 웨어러블 디바이스의 증가로 인해 생체 인식 기술에 대한 이목 집중되고 있다.

안정성면에서 비밀번호나 인증서와 달리 도용될 가능성이 적어 보안성이 높으며, 홈 버튼에 손가락만 대면 자동으로 인증이 이루어지는 등 사용이 편리하여 보편적인 인증 수단이 될 것으로 전망이다.

기존의 인증 방식들이 보안성의 향상을 위해서 불편함을 감수해야 했던 것과 비교하여, 생체기반 인증은 보안성과 편리성의 두 가지 측면을 모두 충족하는 차세대 인증 방식으로서 개인 인증 서비스에 빠르게 확대 적용될 것으로 보인다.

생체기반 인증은 지문, 홍채, 얼굴 등 생물학적 특징과 음성, 서명 등과 같은 행위적 특징을 기반으로 사용자를 인증하는 방식이다. 따라서 기존의 인증 방식과 비교하여 ID와 패스워드를 암기하거나 타이핑하는 불편함의 감소와 OTP(One Time Password), 공인인증서 사용을 위한 별도의 인증토큰을 소유하지 않아도 된다는 점에서 편리성이 높고, 사용자의 고유한 신체 정보가 사용되기 때문에 복제가 어렵다는 점에서 높은 보안성의 특징이 있다.

온라인 간편결제에서는 15만여개의 온라인 쇼핑몰 가맹점을 확보한 네이버페이가 시장을 주도할 것으로 보인다. 네이버는 온라인 쇼핑 플랫폼을 목표로 하여 상품 검색과 구매 · 결제가 모두 네이버 안에서 이뤄질 수 있는 시스템을 구축하고 있다. 오프라인 간편결제에서는 삼성페이가 앞서갈 것으로 보인다. 삼성페이는 기존 마그네틱 신용카드 결제기에도 결제가 가능 하도록 하여, 신용카드가 결제 가능한 모든 곳을 가맹점으로 두고 있어 오프라인 고객의 편리성을 증대시켰다.

모바일뱅킹도 지문, 홍채 등 생체정보만으로 본인 인증 후 서비스를 이용할 수 있는 시스템이 도입되고 있다. 신한은행이 'Sunnybank' 모바일 뱅킹 시스템을 출시한 대 이어 KEB하나은행도 모바일 뱅킹 서비스인 '원큐(1Q)뱅크'에 지문인식 방식 서비스를 도입하였다. 또한 카카오와 KT의 인터넷 전문은행(카카오뱅크, 케이뱅크)가 인터넷 전문은행이 출범하며, 온라인 기반으로 모든 거래가 이루어지는 인터넷 전문은행의 특성상 사용자 편리성과 보안성을 위해 생체인증 방식을 도입하고 있다.

핀테크 서비스에 적용될 수 있는 기술에는 빅데이터, 인공지능, 머신러닝, 블록체인 등 다양한 기술이 있겠지만 고객이 가장 직접적으로 체험하고 영향을 받을 기술은 이미 인증, 보안의 체계를 완전히 바꿔 나가고 있는 생체인식 기술이다.

생체인식은 그 어떤 기술보다 빠르게 진화하고 핀테크 서비스에 적용되고 있다. 갤럭시 S8에 탑재되면서 화제를 불러온 홍채인식은 물론 이미 여러 스마트폰에 탑재된 지문인식 기술과 안면인식과 더불어 비대면 거래에 있어 본인을 확인하는 가장 안전하고 빠른 방식이다.

향후 10년간 핀테크 산업 등, 헬스케어, 정부 부문이 생체인식 시장의 주요 산업으로 자리매김하고 지문, 홍채, 음성 인식이 생체인식 방식 중 가장 큰 매출을 올릴 것으로 예측된다.

특히 핀테크 산업에서 생체인식 기술의 확산을 위해서는 관련기술 표준화가 필요하다.

14-3 생체인식 기술의 정의 및 특징

생체인식(Biometrics) 기술은 인간의 신체적 또는 행동학적 특성을 기반으로 인간의 생체적 특징을 자동화된 장치를 거쳐 신원 확인에 이용하는 기술 분야이다.

[그림 14-2] 지문인식 : 생체인식 기술의 예

출처 : 보안시스템의 새로운 물결, 바이오 메트릭스시장이 뜬다, OIS

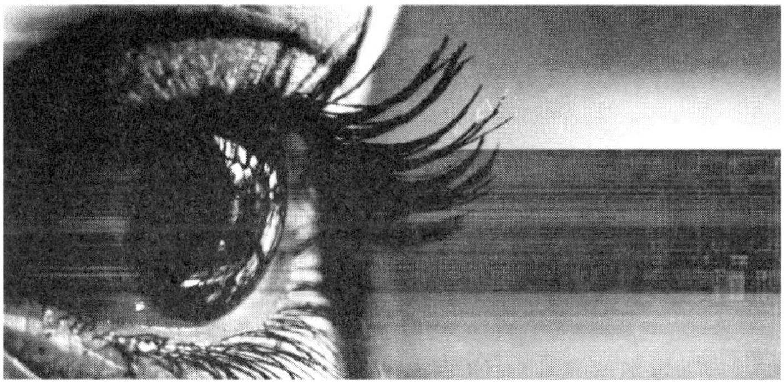

[그림 14-3] 홍체인식 : 생체인식 기술의 예

출처 : http://www.cctvnews.co.kr/news/articleView.html?idxno=39314

생체인식은 많은 응용분야에서 다양하게 사용되고 있고 기본적으로 사용자의 특징을 추출하여 저장하는 등록(Registration/Enrollment), 1 대 1 매칭으로 사용자 본인임을 확인하는 인증(Verification), 데이터베이스에서 1대 N 매칭으로 많은 사람들 중에 사용자를 찾아내는 식별(Identification), 등으로 구분된다. 인증과 식별은 응용 영역에 따라 선택적으로 이용되어지며, 이에 따른 시스템 구성에서 차이가 있다.

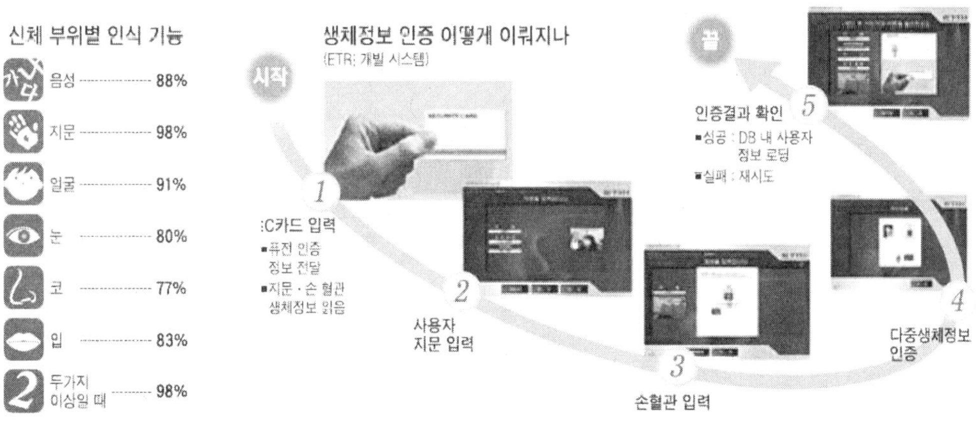

[그림 14-4] 생체정보 인증단계

출처 : http://blog.joins.com/media/folderlistslide.asp?uid=bj1320&folder=2&list_id=4477863

생체인식 기술의 기술적 기초가 되는 정보는 지문, 홍채, 망막, 손 모양, 정맥의 모양, DNA 등이 있으며, 행동적 특징을 기반으로 하는 정보에는 음성이나 서명, 걸음걸이 등이 있다.

생리학적 특징에 기반을 둔 기술은 행동적 특징에 기반을 둔 기술보다 상대적으로 안정적이며 개인 내에서의 변화가 적은 것이 장점이나, 활용장치의 부피가 크고 비싸며 사용자에게 거부감을 줄 수 있다는 단점이 있다.

반대로 행동적 특징에 기반을 둔 기술은 활용장치가 단순하고 저렴하며 사용자에게 자연스러운 느낌을 줄 수 있다는 장점이 있으나, 심리상태에 따라 변화하고 신체적 특징에 영향을 받으며 개인 내의 변화가 크다는 단점이 있다.

예측기관에 따라 다소 차이는 있지만 세계 생체인식 시장은 매년 100% 가까이 급성장 할 것이라는 대체적인 예상이다. 생체인식 중에서도 지문인식은 생체인식 시장을 리드하는 가장 크고 핵심적인 시장으로 자리매김할 것으로 예측하고 있다.

수행 내용

재료 · 자료

• 차세대 인증으로 생체인식기술을 탑재한 핀테크

기기(장비 · 공구)

• 컴퓨터 및 주변기기

안전 · 유의사항

• 컴퓨터와 주변기기의 전원을 관리한다.

수행 순서

01 핀테크의 보안침해 사례를 분석하라.

인터넷 환경이 PC에서 모바일로 확장되고, 인터넷뱅킹, 간편결제서비스 사용 증가와 핀테크의 등장으로 정보보호를 위한 인증은 선택이 아닌 필수가 되었다.

특히 최근 국내 보안 침해 사례를 살펴보면 2016년 1월 기준으로 금융정보 유출이 전체 정보 유출 유형에서 차지하는 비중이 69%를 차지했으며, 모바일기기 정보 유출도 2015년 말 2%에서 2016년 1월 기준으로 6%로 증가했다.

정부는 공인인증 서비스를 의무화하며 인증 절차 강화와 개인 정보 보안을 강화하기도 했지만, 2014년 '천송이 코트' 사태로 불리는 ActiveX 사용 폐지와 공인인증서 의무화 폐지로 공인인증서를 대체할 인증 수단이 시급히 필요한 시점이다.

〈표 14-1〉 보안침해 사례

침해 사례 항목	침해 사례 내용
해킹 및 정보 유출	– 농협 전산망 마비(2011.04) – 중앙일보 내부 서버 파괴(2012.06) – 방송 및 금융사 전산망 파괴(2013.03) – 카드사 및 통신사 개인정보 유출(2014.01~03) : 직간접 피해 4,400~8,000억원 추정 – 한수원 원전 도면 해킹(2014.12)
악성코드 감염	– 농협 전산망 장애(2011.04) – SK컴즈 개인정보 유출(2011.07)
디도스(DDos)	– 정부/금융기고나 포털 등 디도스(2011.03) – 중앙 선관위 홈페이지 디도스(2011.10) – 청와대, 정부기관 등 홈페이지 디도스(2013.06)
모바일 보안 위협	– 무료쿠폰 문자 스미싱(2013.04) – 대검찰청, 금감원, 은행 등 공공/금융기관 사칭 – 2011년 모바일 악성코드 26만여건 접수 및 급증 추세 – 앱스토어 등을 통한 악의적 어플 유포 증가 – 스마트폰 데이터 복구로 개인정보유출 사고 발생 – 스마트폰 공인인증서 유출 6,856건, 전체 대비 89.8%

자료 : 과학기술정보통신부, 유진투자증권

O2 핀테크 시장에서 인증방식별로 구분하여 분석하라.

〈표 14-2〉 인증방식별 구분

인증방식별 구분	인증방식 내용
지식기반 인증 방식	– ID와 패스워드를 활용하는 방식이다. – 사용자와 서버에 ID와 패스워드를 공유하는 방식으로 사용자를 인증한다. – 낮은 인증강도와 취약한 보안성의 단점을 갖고 있다.
소유기반 인증 방식	– OTP(One Time Password), 공인인증서와 같은 인증토큰 소유 방식이다. – 서비스 신청을 위해서 최소 1회 이상의 대면 본인 확인 절차가 필수적이고, 별도의 인증토크는 사용자가 항시 소유하고 있어야 한다는 한계를 지닌다. – PC중심으로 Active-X 설치 방식 – 보안성 높으나, 설치/이용 매우 불편
간편 결재 PIN 방식	– 간편 결제 확대에 따른 4~6자리 PIN 방식 – 사용 편리하나, 비밀번호 노출 등 우려 존재

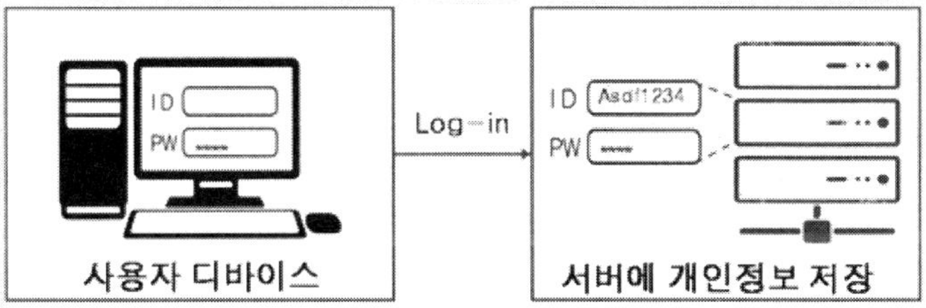

[그림 14-5] 지식기반인증방식

자료 : 산업자료, 유진투자증권

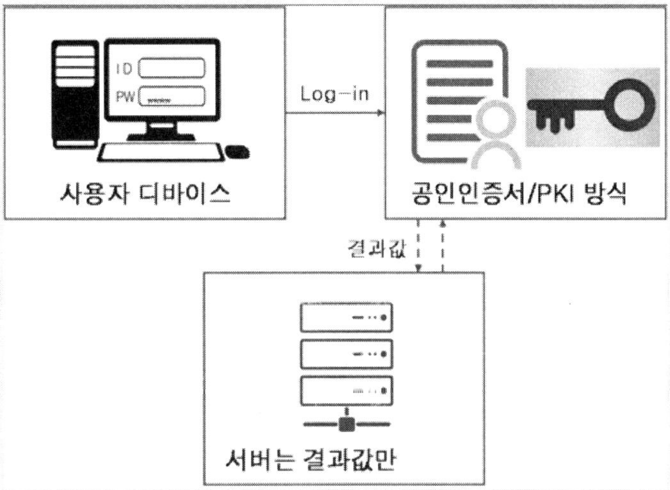

[그림 14-6] 소유기반인증방식

자료 : 산업자료, 유진투자증권

지금까지는 본인 인증을 위한 수단의 발전이 보안성의 향상을 가져옴과 동시에 편의성의 감소를 동반하여 상호 trade-off의 관계를 보여왔다. 특히 최근에는 모바일 환경에서의 인증 환경 노출이 증가함에 따라 보안에 대한 위협을 해결함과 동시에 편의성을 확보할 수 있는 인증 수단의 확보가 중요하다.

03 전자금융거래시 공인인증서 사용관련 법규에 대하여 분석하라.

지금까지 국내에서 새로운 인증수단의 도입이 활성화될 수 없었던 것은 정부의 공인인증서 사용 의무 및 사용강제 근거 규정 등의 관련 법규 때문이었다. 취약한 보안을 강화하기 위해 정부는 전자금융거래에서 공인인증서의 사용을 강제했었으나, 2015년 3월 18일 전자금융거래 시 공인인증서 사용 의무가 폐지됐으며, 2015년 10월 16일 전자금융거래법상 공인인증서 사용 강제 근거 규정이 개정되었다.

〈표 14-3〉 전자금융거래시 공인인증서 사용 의무 폐지(2015.3.18.)

개정 전	제 37조(공인인증서 사용기준) ①모든 전자금융거래에 있어 전자서명법에 의한 공인인증서 또는 이와 동등한 수준의 안정성이 인정되는 인증방법(이하 "공인인증서등"이라 한다)을 사용하여야 한다. 다만, 기술적·제도적으로 공인인증서등의 적용이 곤란한 금융거래로 금융감독원장이 정하는 경우에는 그러하지 아니한다.
개정 후	제 31조(인증방법 사용기준) 금융회사 또는 전자금융업자는 전자금융거래의 종류·성격·위험 수준 등을 고려하여 안전한 인증방법을 사용하여야 한다.

자료 : 금융위원회, 유진투자증권

〈표 14-4〉 전자금융거래시 공인인증서 사용 강제 근거 규정 개정(2015.10.15.)

개정 전	제 21조(안정성 확보의무) ③금융위원회는 전자금융거래의 안전성과 신뢰성을 확보하기 위하여 『전자서명법』 제2조 제8호의 공인인증서의 사용 등 인증방법에 대하여 필요한 기준을 정할 수 있다.
개정 후	제 21조(안정성 확보의무) ③금융위원회는 제2항의 기준을 정할 때 특정 기술 또는 서비스의 사용을 강제하여서는 아니 되며, 보안기술과 인증기술의 공정한 경쟁이 촉진 되도록 노력하여야 한다.

자료 : 금융위원회, 유진투자증권

04 금융 거래시 대면 실명확인 절차와 비대면 실명확인 절차를 비교 분석하라.

지난 2015년 12월 1일 비대면 실명확인 방식이 허용되면서, 기존『금융실명법』·『전자금융거래법』하에서는 대면 확인으로만 가능했던 실명확인 절차를 '복수의 비대면' 방식으로 수행할 수 있도록 허용했다.

〈표 14-5〉 전자금융 실명 확인방식 합리화 법안(2015.5.18.)

개정 전	『금융실명법』, 『전자금융거래법』에 따른 실명확인 방식은 대면확인만을 의미	
개정 후	금융위원회 유권해석	2015.12.1. 『금융실명법』 『전자금융거래법』에 따른 실명확인을 '복수의 비대면 방식'으로 수행할 수 있도록 허용
	금융위원회 보도자료	2015.5.18. 『금융거래시 실명확인 방식 합리화 방안』 2015.12.2. 『임종룡 금융위원장, 국내 제 1호 비대면 실명확인 통장 발급』 (이중확인 : 필수) ① 신분증 사본 제출, ② 영상통화, ③ 접근메체 전달시 확인, ④ 기존계좌 활용, ⑤ 기타 이에 준하는 새로운 방식 중(생체인식) 2가지 의무 적용(다중확인 : 권고) ⑥ 타기관 확인결과 활용(휴대폰인증 등), ⑦ 다수의 개인정보 검증까지 포함하여 이미 선택한 2가지를 제외하고 ①~⑦ 중 추가확인 권고

자료 : 금융위원회, 유진투자증권

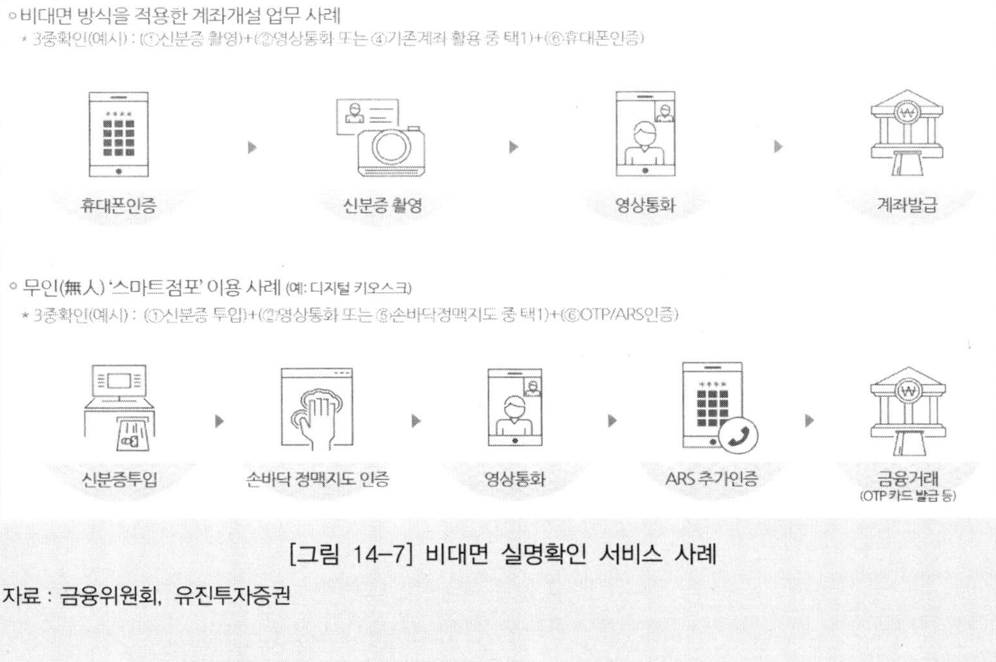

[그림 14-7] 비대면 실명확인 서비스 사례

자료 : 금융위원회, 유진투자증권

관련 규제의 완화 및 보완을 통해 금융회사들은 보안상의 위협에 효율적인 금융 보안 수단을 자율적으로 결정할 수 있게 되었으며, 차세대 인증 방법으로서 생체인식을 채택할 가능성이 높아진 상황이다.

05 생체인식을 사용하는 이유와 생체인식에 따른 특징에 따른 인식을 구분하여 분석하라.

생체기반 인증은 지문, 홍채, 얼굴 등 생물학적 특징과 음성, 서명 등과 같은 행위적 특징을 기반으로 사용자를 인증하는 방식이다. 따라서 기존의 인증 방식과 비교하여 ID와 패스워드를 암기하거나 타이핑하는 불편함의 감소와 OTP, 공인인증서 사용을 위한 별도의 인증토큰을 소유하지 않아도 된다는 점에서 편리성이 높고, 사용자의 고유한 신체 정보가 사용되기 때문에 복제가 어렵다는 점에서 높은 보안성의 특징이 있다.

기존의 인증 방식들이 보안성의 향상을 위해서 불편함을 감수해야 했던 것과 비교하여, 생체기반 인증은 보안성과 편리성의 두 가지 측면을 모두 충족하는 차세대 인증 방식으로서 개인 인증 서비스에 빠르게 확대 적용될 것으로 보인다.

생체 인식은 신체적 특징과 행동적 특징으로 구분할 수 있다.

1. 신체적 특징

신체적인 특징을 이용한 인식은 각 개인의 얼굴 모양(Face)과 얼굴열상(Thermal image)을 이용하는 얼굴인식, 홍채(Iris)를 이용하는 홍채인식, 정맥(Vein)을 이용하는 정맥인식, 지문(Fingerprint)을 이용하는 지문인식과 그 외에 망막(Retina), 손모양(Hand geometry등을 이용한 것이 포함되고 있다.

2. 행동적 특징

행동적인 특징을 이용한 인식은 음성인식, 걸음걸이 인식, 서명인식 등이 있으며, 최근에는 생체인식의 정확도를 높이기 위해 행동특징인 걸음걸이, 서명(Signature), 음성(Voice) 등을 신체적 특징과 복합 활용하고 있다.

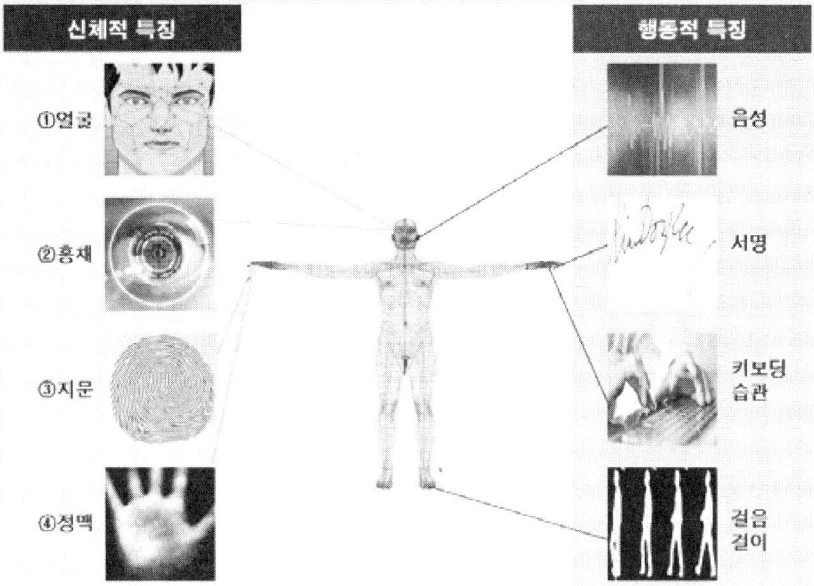

[그림 14-8] 여러 가지 생체 인식 방법

출처 : 산업자료, 유진투자증권

06 생체인식의 종류별 장단점 및 인식정확도를 비교 분석하라.

〈표 14-6〉 생체인식별 장단점 및 인식정확도

	장점	단점	인식 정확도
지문인식	–개발비용 저렴 –기계접촉으로 사용 간편	–손의 상처나 변형에 민감 –접촉면을 본 떠 위조 가능	정확
홍채인식	–위조 거의 불가능 –기계와 직접 접촉하지 않아 거부감 적음	–인식기 비용 고가	매우 정확
정맥인식	–위조 거의 불가능	–정보 추출 어렵고 위험 소지 큼	매우 정확
얼굴인식	–인식이 쉽고 빠름 –개발비용 저렴 –기계와 직접 접촉하지 않아 거부감 적음	–표정, 자세, 조명 등의 외부 환경에 민감	낮음
음성인식	–개발비용 저렴 –마이크만 있으면 돼 적용이 용이	–주변 소음에 민감	낮음

07 생체인식별 기술의 특징 및 구성에 대하여 분석하라.

생체인식별 기술의 요소별로 보편성 ,고유성, 영구성, 획득성, 수용성, 방어성의 우수한 기술별로 분석하여 구분하였다.

〈표 14-7〉 생체인식 기술의 요소별 우수성

생체정보	보편성	고유성	영구성	획득성	수용성	방어성
지문	△	○	○	△	△	○
홍채	○	○	○	△	×	○
망막	○	○	△	×	×	○
정맥	△	△	△	△	△	○
얼굴	○	×	△	○	○	×
음성	△	×	×	△	○	×
걸음걸이	△	×	×	○	○	△
서명	×	×	×	○	○	×
타이핑	×	×	×	△	△	△

자료 : BIOmetrics Solution for Authentication in an e-World, 유진투자증권

생체인식 기술의 각 구분항목별로 오인식율, 인식속도, 인식부분, 적용기술, 주사용처, 특징별로 구분하여 분석하였다.

〈표 14-8〉 생체인식 기술별 비교

구분	지문인식	홍채인식	정맥인식	얼굴인식	장문인식
오인식율	0.001~ 0.0001	0.000000002	0.0001	3.0	0.0001~ 0.00001
인식속도	1초	0.5~1초	2초	1초	2초
인식부분	지문굴곡	홍채무늬	정맥	얼굴형태	손바닥
도용가능성	가능	불가능	불가능	가능	가능
적용기술	광학식, 초음파식	근적외선 촬영, 이진화 패턴분석	근적외선 촬영	열적외선 촬영 골격 분석	패턴분석
주 사용처	모바일, ATM	모바일, 공공보안	ATM, 근태관리	공공보안	출입통제
기타 특징	소형화가 쉬움 40여개 식별특징	266개 고유 패턴	비접촉식 소형화가 어려움	수용성이 좋음 인프라 구축 저렴	저정용량이 작음 처리속도가 늦음

자료 : 연구성과 실용화진흥원, 산업자료, 유진투자증권

1. 홍체인식

홍채인식은 눈의 동공을 둘러싸고 있는 홍채의 형태에 의하여 개인을 식별하는 것으로서, 지문에 의한 식별보다 구분력이 뛰어난 것으로 알려져 있다.

홍채인식 기술은 사람의 눈에서 중앙의 검은 동공과 흰자위 사이에 존재하는 도넛 모양의 홍채를 이용하여 사용자를 인증하는 기술이다. 홍채 인식이 주목받는 이유는 스마트폰 사용자들의 민감한 정보를 안전하게 보호할 수 있기 때문입니다.

〈표 14-9〉 홍채인식 과정

단계	내용
(1단계) 홍채 영상 검출부분	적외선 카메라가 사용자의 눈에서 가장 진한 색감을 가진 동공을 중심으로 색, 명암 등의 변화가 심한 동공과 홍채의 경계를 찾아 홍채를 검출. 또한, 홍채 외부를 둘러싼 공막과의 경계도 마찬가지로 검출하여 홍채 영역을 분리한다.
(2단계) 사용자의 홍채인지를 검증하는 인증부분	동공의 경계부터 공막과의 경계까지를 좌표화 한 후 홍채무늬를 0과 1로 표현되는 숫자로 이진화하며, 이 이진화 된 코드 열을 가지고 기존에 데이터베이스에 등록된 사용자 홍채 코드열과 비교하여 영상촬영 된 홍채의 진위여부를 구분한다.

출처 : 남효진, 실시간 처리를 위한 홍채인식 방법 및 구현

1) 활용분야

신분확인에서부터 위치확인, 공공시설 출입 통제, 요금정산의 수단으로 활용

2) 홍채인식 기술의 장단점

- 장점 : 사람의 홍채는 쌍둥이조차 서로 다른 패턴들을 가지고 있어 통계학적으로 DNA 분석보다 정확하다고 알려져 있다. 홍채는 복제가 거의 불가능하고, 외상 또는 아주 드문 질병을 제외하고는 일생동안 변화하지 않으며, 콘텍트 렌즈나 안경을 착용하더라도 인식이 가능하다. 또한, 홍채는 266개의 고유 패턴이 존재하여 40개 정도의 식별 특징을 갖는 지문 보다 훨씬 복잡하고 정교함으로 안정성과 인식률이 높다.
- 단점 : 인식방법에 따라 거부감이 생길 수 있으며, 시스템을 구축하는 비용이 고가이다.

2. 지문인식

지문인식은 땀샘이 융기하여 일정한 흐름을 형성한 것으로 그 모양이 개인마다 서로 다를 뿐 아니라, 태어날 때의 모습 그대로 평생 변하지 않는 특성이 있다. 이러한 고유 특성

때문에 식별 성능에 대한 신뢰도, 안정도 및 인식속도가 다른 생체인식에 비하여 높은 것으로 평가되고 있으며, 가장 효율적인 개인 인증 방법으로 이용되고 있다.

지문인식기술은 전용센서를 이용하여 지문의 디지털 영상을 획득하여 사용자를 인식하는 기술로 광학식 지문인식, 정전 용량식 지문인식, 초음파식 지문인식으로 구분된다.

〈표 14-10〉 지문인식기술의 종류

구분	광학식 지문인식	비광학식 지문인식	
		정전용량식 지문인식	초음파식 지문인식
방식	가시광선에 반사된 지문영상을 획득하는 방식	전기용량의 차이를 이용하여 지문 영상을 획득하는 방식	초음파 센서에 초음파 검사원리를 사용하여 지문 영상을 획득하는 장치
예제	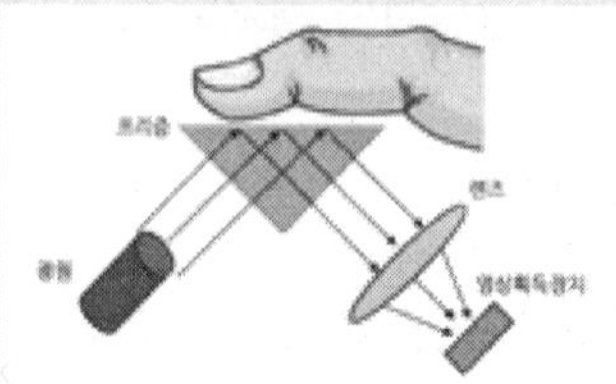		

활용분야는 공항 내 자동출입국심사, 도어락, 보안게이트, 휴대폰 본인 인증, ATM거래, 사회보장 등록(연금지급, 건강보험) 등이다.

〈표 14-11〉 지문인식 기술의 장단점

장 점	단 점
0.5% 이내의 낮은 에러율과 비교적 높은 인식률 및 1초 이내에 이루어지는 빠른 검증속도라는 장점 외에 다른 생체인식기술과 비교하여 사용자의 적은 부담감, 소형화의 장점을 갖고 있다	지문이 손상되거나 없어진 경우에는 적용이 불가능하며, 그 외에 잘리거나 메마른 피부, 붕대를 감았거나 피부가 굳은 손가락은 지문인식기 사용에 어려움이 있다.

3. 얼굴인식 기술

얼굴인식 기술은 인간이 다른 사람을 인지할 때 가장 많이 보는 것이 얼굴이기 때문에 가장 자연스러운 생체인식 기술이라고 할 수 있다.

얼굴인식 방법으로는 얼굴 혈관에서 발생하는 열상을 적외선 카메라로 촬영하는 특징점 기반 방식과 3차원 얼굴 영상을 이용한 영상 기반 방식이 사용되고 있다.

얼굴인식 기술은 인간이 다른 사람을 인지할 때 가장 많이 사용하는 것이 얼굴이기 때문에 가장 자연스러운 생체 인식 기술이라고 할 수 있다. 얼굴인식은 얼굴 전체보다는 코와 입, 눈썹, 턱 등 얼굴 골격이 변하는 각 부위 50여 곳을 분석하여 인식한다.

〈표 14-12〉 얼굴인식 과정

얼굴 영역 추출 과정	얼굴인식 과정
〈영상전체에서 얼굴을 구분하는 과정〉 얼굴혈관에서 나오는 열을 적외선 카메라로 촬영하는 특징점 기반 방식과 3차원 얼굴 영상을 이용한 영상기반 방식을 사용한다.	〈 찾아낸 얼굴이 누구의 얼굴인지 감별하는 과정〉 얼굴의 위치와 여부를 식별한 다음 저장된 데이터베이스와 비교하여 본인의 얼굴인지 여부를 판별한다. –식별 : 입력자는 알려지지 않은 얼굴이며 시스템은 이미 저장되어 있는 얼굴 데이터베이스로부터 입력된 사진과 정합된 사진들을 찾아낸다 –인증 : 시스템은 입력된 얼굴이 저장되어 있는 얼굴 데이터와 매칭하여 입력자의 정체성을 확증하거나 거부한다.

1) 활용분야

얼굴 인식을 통한 고객 맞춤형 정보 제공(마케팅), 거짓말 탐지, 범죄 용의자 탐지(휴대용 단말기를 이용한 범죄 용의자 단속), 보안인증, 엔터테인먼트(닮은 사람 찾기), 인물 사진 관리 지원, 졸음운전 방지 등

2) 얼굴인식 기술의 장단점

- 장점 : 카메라를 이용하는 거부감이 적으며, 사용자가 판독을 위해 자연스럽게 제출한 사진이 남기 때문에 사용자의 사후 추적이 가능함
- 단점 : 조명 및 환경과 영상의 각도에 민감하며, 변장, 세월이 흐르면서 생기는 얼굴 변화, 성형수술, 쌍둥이의 유사한 얼굴 특징 등을 구분하는데 단점이 있음

4. 정맥인식

정맥인식은 손등의 정맥 패턴이 지문처럼 사람마다 다르다는 점에 착안한 것이다. 손등의 정맥 패턴을 이용한 특징 분석을 통하여 인식하는 것이다. DNA인식은 현재 연구가 진행되고 있는 분야로서 실시간 측정 기술이 개발되지 않아 생체인식 분야에 포함하기 어렵지만 위조 및 해독이 원천적으로 불가능하기 때문에 위조·변조 등으로부터 저작권을 보호할 목적으로 사용할 수 있다.

정맥인식 기술은 육안으로는 보이지 않으나 정맥 패턴이 사람마다 다르다는 점에서 착

안한 것으로, 적외선을 사용하여 혈관을 투시한 후 잔영을 이용해 신분을 확인하는 방식이다.

적외선 조명과 필터를 사용하여 피부에 대한 혈관의 밝기 대비를 최대화 하여 혈관을 투시한다.

- 적외선이 근육이나 뼈 조직은 통과하지만, 혈관에서는 적혈구가 적외선을 흡수하여 통과하지 못해 CCD 카메라에 혈관부분이 어둡게 촬영된다는 점을 이용해서 정맥의 분포 정보를 추출한다.
- 데이터베이스에 저장하여 특이점을 인식할 뿐 아니라 전체적인 혈관 모양을 비교하여 신분을 확인한다.

〈표 14-13〉 정맥인식 분류

기술	내 용
손등	한국에서 상품화한 손등 정맥의 패턴을 이용하는 방법이 있으며, 이 방법은 넓은 영역에 걸쳐 분포해 있는 정맥의 분포를 파악하는 방식으로 눈으로 확인할 수 있는 정도로 정맥이 뚜렷하게 보이는 특징이 있다.
손바닥	일본의 Fujisu에서 개발하여 상품화 하고 있는 기술로, 특징으로는 손등과 같이 넓게 분포되어 있는 정맥을 이용하는 것이며 비 접촉식으로 구현되어 있다.
손가락	손가락의 정맥을 이용한 인식방법은 일본의 HITACHI에서 상품화한 것으로 손가락 위에 적외선 LED로 빛을 비추고 아래 면에서 CCD카메라를 이용하여 손가락을 지나는 정맥 영상을 얻는 방법이다.

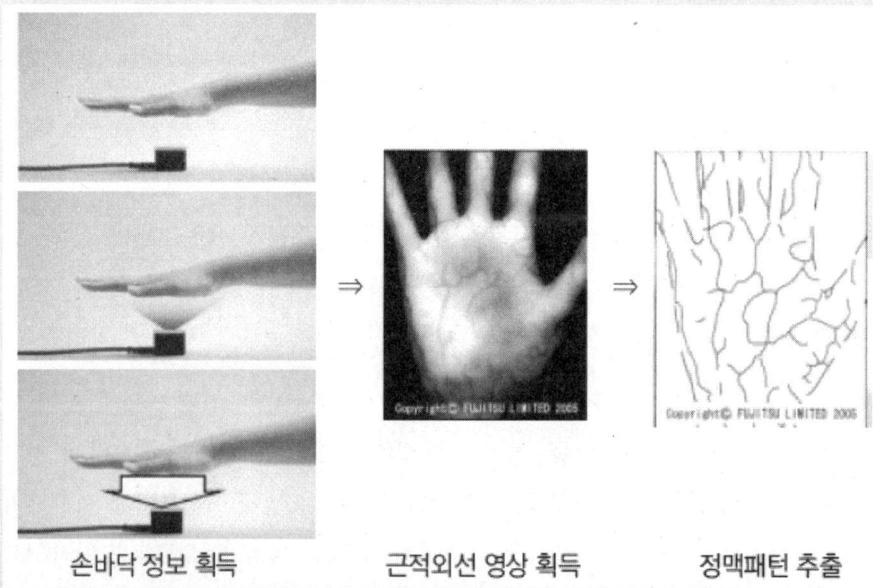

[그림 14-9] 손바닥 정맥인식의 원리

출처 : Fujitsu, 생체인증 기반의 금융 보안시스템(재구성

1) 활용분야

은행ATM기기, PC나 단말기 로그인, 입·퇴실 관리, 근태관리, 결제, 회원관리 외 보안 영역에서 활용된다.

2) 정맥인식 기술의 장단점

- 장점 : 지문 또는 손가락이 없는 사람도 이용 할 수 있으며, 정맥은 인체 내부에 있어 외상이나 노화로 인한 변형의 가능성이 적고 복제가 거의 불가능함
- 단점 : 손등의 피부 배경으로부터 정맥이 분포한 부분을 추출하기가 쉽지 않아 하드웨어 구성이 복잡하고 소형화가 어려워 시스템의 크기도 크고 구축비용이 매우 높음

5. 음성인식

음성인식은 음성으로부터 추출한 독특한 특성을 이용하는 인식기술로 음성 경로, 비강과 구강의 모양 등에 의한 음성학적 특성을 이용, 인식의 대상으로 삼는 화자에 따라 화자 독립과 화자종속 인식 기술로 분류된다.

〈표 14-14〉 음성인식 기술의 분류

기술	내용
화자독립 인식기술	– 불특정 다수 화자의 음성을 인식하기 위한 것 – 화자종속인식과 같은 방식으로 사용자가 시스템의 동작 전에 음성을 등록시켜야 되는 번거로움이 없다.
화자종속 인식 기술	– 특정화자의 음성을 인식하기 위한 시스템. – 일반적으로 시스템의 사용 전에 사용자의 음성을 저장, 등록시키고 실제 인식을 수행할 때는 입력 음성의 패턴과 저장된 음성의 패턴을 비교하는 패턴매칭(Pattern Matching)기법이 사용됨. – 휴대폰에 탑재되어 사용되는 음성인식다이얼링(Voice Dialing)시스템이 대표적임

1) 활용분야

휴대폰 음성인식, 네비게이션, 보안 및 금융분야, 발음교정 등의 교육분야, TV 프로그램 검색, 콜센터 음성처리, 중증 장애우들을 위한 환경 제어

2) 음성인식 기술의 장단점

- 장점 : 음성인식은 인간에게 친숙한 정보 전달 방법이기 때문에 별도의 학습이나 훈련 없이도 기기를 손쉽게 사용할 수 있으며, 손과 발이 자유롭지 못한 상황에서도 정보를

입력할 수 있음

• 단점 : 사용자에 따른 인식률 차이, 주변잡음, 인식대상 어휘 제한 등에서 한계를 보임

6. 다중생체인식 기술

다중생체인식 기술은 지문인식과 얼굴인식, 홍채인식과 얼굴인식 등과 같이 각각의 독립적인 생체인식 기술을 융합해서 사용하는 것이다.

7. 지능형 생체인식 기술

지능형 생체인식 기술은 생체인식 기술에 지능을 도입한 것이다. 지능을 도입하는 장점은 상황의 변화에 유연성과 적응성을 가지는 것이다. 이러한 유연성은 성능의 개선과 신뢰성의 향상을 가져올 수 있다.

08 차세대 인증시스템인 FIDO이 무엇인지 분석하라.

현재 바이오 정보를 이용하여 이용자 인증하는 방식은 서버저장방식과 FIDO방식으로 나눈다. 서버저장방식은 디지털 키오스크, 홍체인식 ATM이 이 방식을 사용하며 개인의 바이오정보가 금융회사 서버에 저장되어 있고 바이오인식 단말에서 추출한 바이오 정보를 전송해 서버에서 비교한다.

FIDO방식은 우리, 삼성페이, NH스마트금융센터가 이 방식을 사용하며 개인의 바이오 정보가 바이오인식 단말에 저장되어 있어 추출한 바이오 정보를 단말에서 비교 후 전자서명 값이 전송되기 때문에 바이오 정보가 서버에 전송되지 않는다.

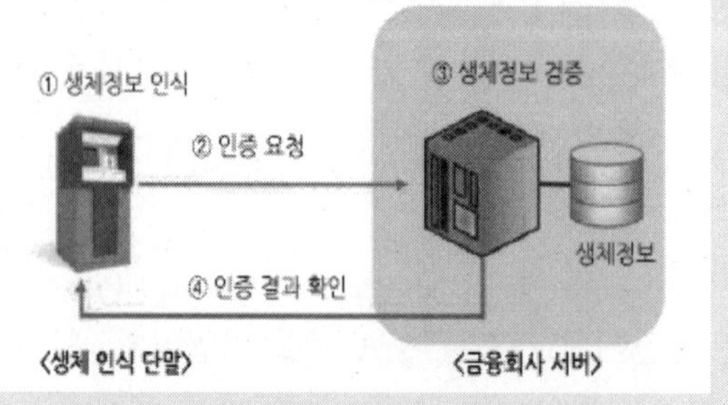

[그림 14-10] 서버저장방식 인증흐름도

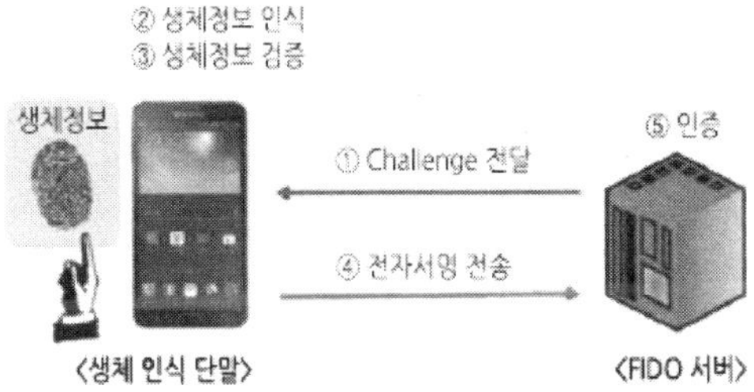

[그림 14-11] FIDO방식 인증흐름도

FIDO(Fast Identity Online)는 FIDO Alliance가 만든 온라인 환경에서의 생체인증 방식의 기술 표준이다. 생체인증은 보안성과 편리성을 동시에 갖는 장점이 있으나, 인증과정에 있어서 서버에 개인 정보를 저장하는 서버형 운영방식을 사용할 경우 서버에 대한 해킹 문제와 관리자 부주의로 인한 정보유출의 문제점이 있다.

이에 대한 대안으로 FIDO는 사용자의 디바이스에서 제공하는 보안 기능을 사용하고, 사용자가 암호 또는 인증서를 생성하고 타이핑하는 과정에서 발생하는 문제를 제거하기 위한 기술로 자리매김 했다.

[그림 14-12] 인증기술의 흐름과 FIDO출현

자료 : FIDO Alliance, 유진투자증권

FIDO는 아이디와 패스워드를 입력하는 대신 생체정보를 사용하고, 생체정보를 사용자 단말기에 보존하여 해킹의 위험을 원천 차단한다. 인증 과정은 단말기 내에서 이루어져 그 결과를 공개키 암호방식으로 서버에 전달하고 로그인 하는 방식을 사용한다.

09 차세대 인증시스템인 FIDO의 인증과정에 대하여 분석하라.

FIDO의 인증과정은 다음과 같다.

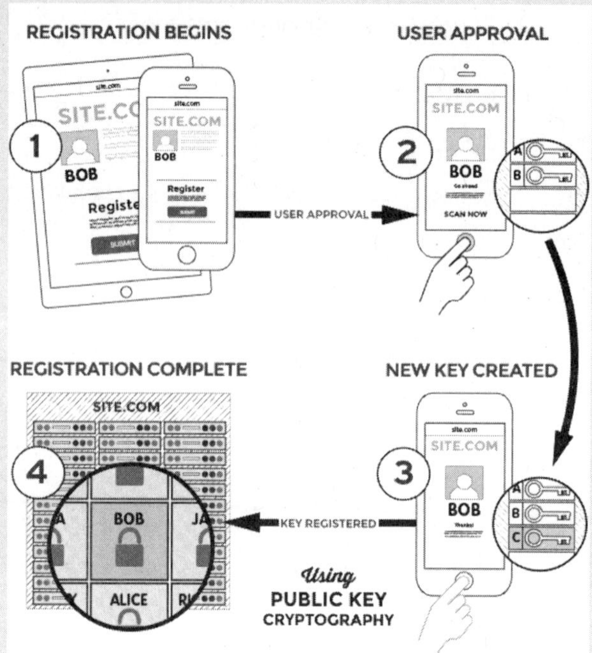

[그림 14-13] FIDO의 인증과정

자료 : FIDO Alliance, 유진투자증권

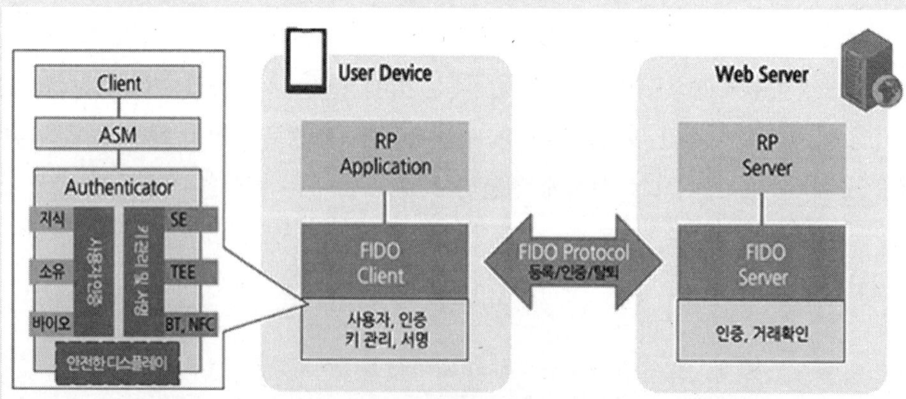

[그림 14-14] FIDO 유니버셜 인증 프레임워크(UAF) 아키텍처

출처 : TTA

FIDO프로토콜 사용자만 FIDO를 활용하기 편리한 건 아니다. 인증 방식을 고민하는 기업도 쉽게 FIDO 기술을 적용할 수 있다. FIDO는 크게 클라이언트와 서버, 그리고 두 개체 간에 주고 받는 프로토콜(UAF)로 이뤄져 있다.

FIDO 클라이언트는 FIDO인증토큰과 인증토큰 API라는 인증토큰 추상화 단계에서 연동하는 역할을 한다. 즉, API만 준용하면 어떤 종류의 인증토큰이라도 FIDO 클라이언트에서 사용할 수 있다. 또한 FIDO 클라이언트는 FIDO 서버와 프로토콜을 송·수신하며 등록, 인증, 조회 서비스를 제공한다.

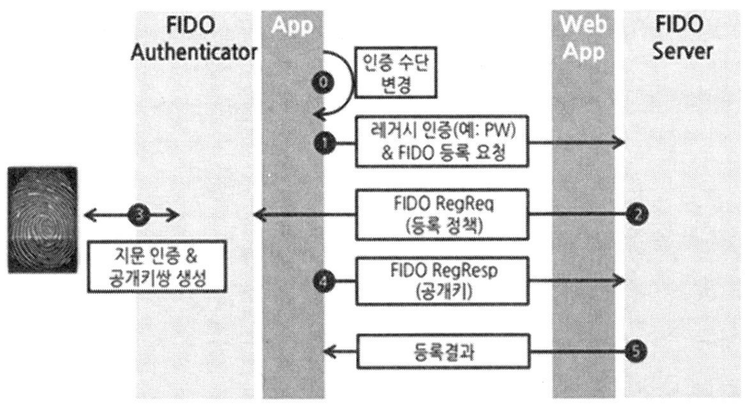

[그림 14-15] FIDO 등록 프로토콜

출처 : TTA

FIDO 프로토콜에서 등록은 사용자의 인증토큰과 공개키(Publickey)를 등록하는 과정이다. FIDO 클라이언트가 FIDO 서버에 로그인을 시도하면, 서버는 로그인에 사용할 인증토큰 목록을 클라이언트에 보낸다.

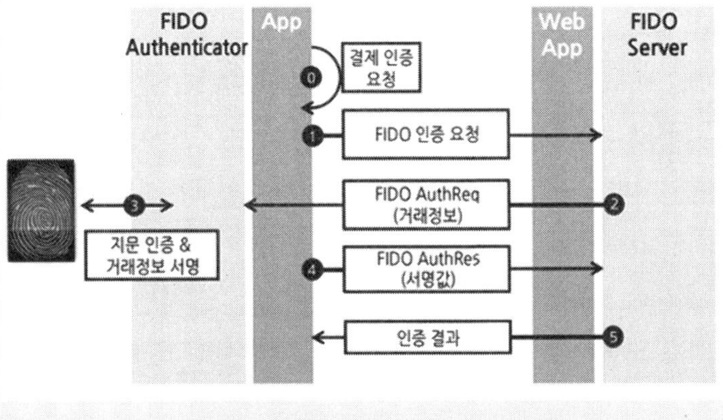

[그림 14-16] FIDO 인증 프로토콜

출처 : TTA

제4부 핀테크의 이해

사용자는 화면으로 인증토큰 목록에서 원하는 인증토큰을 선택하고 본인 인증을 수행한다. 클라이언트는 이렇게 만들어진 키 쌍(Keypair)에서 공개키를 서명하여 FIDO 서버에 보낸다.

FIDO 서버는 클라이언트와 UAF 프로토콜을 주고받아 서비스를 제공한다. 서버는 사용자가 선택한 인증토큰과 공개키를 등록해 나중에 인증 또는 전자서명 검증에 사용한다.

인증 프로토콜 흐름은 등록보다 더욱 간단하다. FIDO 서버는 클라이언트에 인증에 필요한 값인 난수와 사용 가능한 인증토큰을 보내 인증을 요청한다.

클라이언트에서는 기기에서 등록된 인증토큰으로 사용자를 인증하고, 서버에 등록된 공개키에 대한 쌍인 비밀키(Privatekey)를 복호화(Decoding)해 서버에서 보내온 요청 메시지에 대한 응답으로 전자서명을 생성해 서버로 보낸다.

서버는 클라이언트가 보내온 전자서명을 등록된 공개키로 검증해 사용자를 인증한다. 즉, FIDO 프로토콜은 사용자 기기와 서버 간에 3가지 메시지를 전달한다.

등록 메시지를 통해 사용자 기기에 있는 인증토큰을 조회·검증·등록하고, 인증 메시지로 사용자를 인증한다. 마지막으로 안전거래 확인 메시지를 통해, 특정거래에 대해 서버가 클라이언트에게 전자서명으로 거래내용을 확인하는 기능을 수행한다.

10 차세대 인증시스템인 FIDO의 두가지 인증방식에 대하여 분석하라.

FIDO는 인증방식을 UAF(Universal Authentication Framework)와 U2F(Universal 2nd Factor) 두 가지 방식으로 구분한다.

첫 번째는 UAF(UniversalAuthenticationFramework) 프로토콜로, 사용자 기기에서 제공하는 인증방법을 온라인 서비스와 연동해 인증하는 기술이다. 대표적으로 지문인식 기능을 통해 결제 서비스를 제공하는 '삼성페이'를 떠올리면 된다.

두 번째는 U2F(Universal 2ndFactor) 프로토콜로, 기존 아이디와 비밀번호 기반 온라인 서비스에서 추가로 인증을 받고자 할 때, 사용자 로그인 시에 추가할 수 있는 프로토콜이다. 구글의 USB 보안키를 활용한 방식이 대표적인 예로 꼽힌다.

〈표 14-15〉 UAF와 U2F의 비교

인증방식	내 용
UAF	– 사용자의 단말기에서 제공하는 인증방법을 온라인 서비스와 연동하여 인증하는 기술로 패스워드 없이(passwordless) 생체정보만으로 인증을 완료하는 방식이다. – 스마트폰과 같은 모바일 환경에 적합한데, 그 이유는 모바일 기기에는 지문 인식 모듈, 홍채 인식 카메라, 마이크 등이 탑재돼 생체 정보를 인식하기 위한 기반이 마련되어 있기 때문이다.
U2F	– 기존 패스워드를 사용하는 지식기반 인증에서 USB, NFC 보안키, 생체인증 등의 두 번째 인증요소를 추가 하는 방식이다. – 기존 PC 기반 온라인 서비스에 적합하다. PC 기반 온라인의 경우 ID/패스워드 기반의 개인 인증 시스템이 주로 사용되어 생체인증 방식으로의 갑작스런 전환은 사용자의 편의성을 저해할 우려가 있으며, 생체인증 시스템 구축을 위한 전환비용 등의 문제 역시 존재한다. 따라서 기존 ID, 패스워드 방식의 인증 플랫폼에 USB나 NFC 보안키를 통해 추가적인 인증을 하는 방식으로 보안을 크게 강화할 수 있다.

[그림 14-17] UAF(Universal Authentication Framework)인증방식

자료 : FIDO Alliance, 유진투자증권

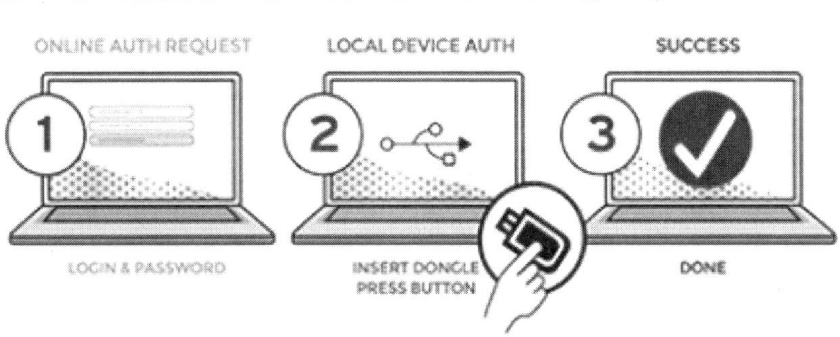

[그림 14-18] U2F(Universal 2nd Factor) 인증방식

자료 : FIDO Alliance, 유진투자증권

특히 UAF와 U2F로 나눈 규격이 FIDO 2.0에서 통합되어 노트북/PC등 웹 환경에서도 패스워드 대신 생체정보를 사용한 편리한 인증과 결제가 가능해 질 것으로 전망된다.

현재 추진 중인 FIDO 2.0은 기존의 FIDO 1.0이 모바일 중심에 머물렀던 한계를 벗어나 웹(Web)에서도 확대되고 생체인증 요구에 대응함과 동시에 플랫폼 주도권 확보를 위한 전략으로 평가된다.

11 차세대 인증시스템인 FIDO의 alliance에 대하여 분석하라.

FIDO Alliance에는 그림처럼 29개의 이사회(Board Member)와 260여개의 회원사가 참여하고 있다.

[그림 14-19] FIDO Alliance 참여기업

FIDO Alliance에 참여한 대표적인 기업으로는 삼성전자, LG전자, BC카드 등이 있으며, 표11처럼 대부분 UAF 관련 인증을 획득한 상황에서, U2F 인증으로 확장하는 추세이다. UAF와 U2F 인증을 모두 가지고 있는 기업은 삼성전자와 한컴시큐어가 있다.

〈표 14-16〉 국내업체의 FIDO Alliance인증내역

구분	기업명	UAF			U2F	
		client	server	Authenticator	Authenticator	server
보안솔루션	펜타시큐리티		○			
	크루셜텍	○	○	○		
	드림시큐리티	○	○	○		
	라온시큐어	○	○	○		
	한컴시큐어	○	○	○		○
	이니텍	○	○	○		
	SK플래닛	○	○	○		
	삼성SDS	○	○	○		
인증	한국정보인증	○	○			
	KOSCOM	○	○	○		
	코나아이				○	○
텔레콤	KT	○	○	○		
	LG유플러스	○	○	○		
	SK텔레콤	○	○	○		
IT	삼성전자	○		○	○	
	LG 전자	○		○		

자료 : FIDO Alliance, 유진투자증권

12 차세대 인증시스템인 FIDO의 국내 적용 사례에 대하여 분석하라.

FIDO 기술 표준 도입 이후 국내외의 금융기관을 중심으로 FIDO의 도입이 앞 다퉈 이뤄지고 있다. 국내에서는 KEB하나은행이 공인인증서 없이 계좌이체까지 가능한 '지문인증 서비스'를 지난 2월 시작했고, 하나SK카드도 모비페이 서비스를 시작하여, 지문인증 결제 시스템을 도입했다.

〈표 14-17〉 국내 FIDD 적용사례

구분	적용사례
금융권	– 하나은행 : 원큐뱅킹에 적용(2016.2) – 기업은행 : 삼성 SDS와 FIDO 사업 협력 중 – 우리은행 : 도입 검토 중, 공인인증서 비밀번호에 생체인증 접목형태를 우선시 – 부산은행 : 도입 사업 발주되어, 업체 선정 중(3월 말 오픈 계획) – 경남/대구/전북/광주은행 : 도입 검토 중 – 국민은행 : 은행, 카드, 지주 TF 구성. 그룹 통합안 구상 중, 업체 선정 중 – 농협 : 도입 검토 및 업체 선정 중 – 인터넷전문은행(K뱅크) : KT TF를 통해 FIDO 검토 중 – 인터넷전문은행(카카오뱅크) : SK와 LG CNS 경쟁구도의 제안 진행 중
통신사	– SKT : FIDO서버 구축 완료, SKT 사용자 대상 서비스 지원 및 인증 플랫폼 개발 사업 – KT : FIDO 구축 사업 진행 중 – LG : FIDO 구축 사업 진행예정
제조사	– 삼성, LG전자 : 화자, 얼굴 인식 탑재 스마트폰 개발 중
카드사	– BC카드 : 모바일 결제 시 화자인증을 도입하여 결제를 진행 – 현대카드 : 현대 앱카드에 FIDO를 접목, 구축 진행 중
결제 / 인증	– SKP : FIDO서버를 보유하고 있으며, 시럽페이와 11번가 등 자체 서비스에 적용 예정 – Payco : 간편결제에 FIDO적용 검토 중 – 카카오페이 : 간편결제에 FIDO 적용 검토 중 – 네이버페이 : FIDO서버를 보유하고 있으며, 지문기반으로 오픈 – 한국정보인증 : 음성 및 얼굴인식 업체와 클라우드 플랫폼 구축 예정 – 드림시큐리티 : USIM스마트 인증에 지문, 화자인증 탑재하여 패스워드를 대체

자료 : 신한금융, 유진투자증권

13 차세대 인증시스템인 FIDO의 해외 적용사례에 대하여 분석하라.

미국, 일본, 캐나다 등에서도 US Bank, 왕립은행, Paypal 등이 송금, 이체 등의 서비스에 생체인식 기술을 활용하고 있다.

[그림 14-20] 미국 US Bank 화자인증기술

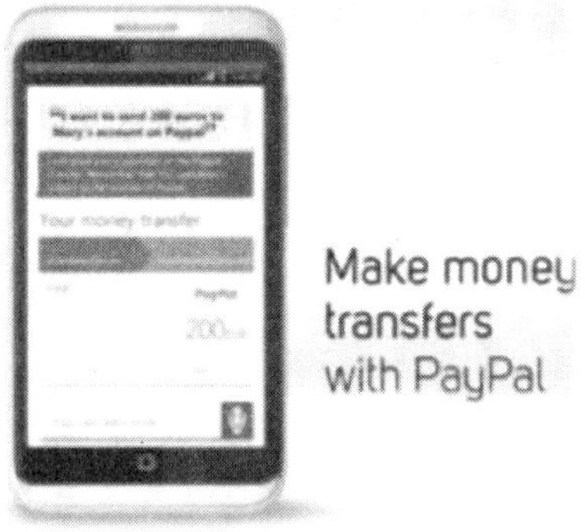

[그림 14-21] 미국 페이팔의 화자인증기술

미국의 US Bank는 특정 문자열을 읽어 로그인할 수 있는 음성인식 기술을 통해 사용자 인증을 시행하고, 인증이 된 경우에 계좌조회, 거래조회, 지급 결제 실행 등의 서비스를 이용할 수 있도록 하고 있다. 현재 US Bank가 활용중인 음성인식 기능의 로그인 성공률이 95~99% 수준으로 매우 높아, 사용자의 불편함 없이 서비스가 지속 확대 될 것으로 예상된다.

Paypal도 목소리 인식을 통해 송금(Peer to Peer) 서비스를 제공하고 있고, 부정확한 송금을 방지하기 위해 메시지를 문자, 소리로 확인 할 수 있는 안전장치도 동시에 제공되고 있다.

일본, 캐나다 등에서도 홍채인식, 심장박동 인식 등의 생체 인식을 통한 본인인증 서비스가 확대되고 있는 만큼 FIDO 기술의 도입 확대는 국경, 산업의 구분 없이 확산될 것이다.

[그림 14-22] 일본 NTT docomo홍채인식기술

자료 : 산업자료, 유진투자증권

[그림 14-23] 캐나다 왕립은행의 심장박동인식 기술

자료 : 산업자료, 유진투자증권

14 차세대 인증시스템인 FIDO의1.0과 2.0을 비교하여 분석하라.

2014년 12월 FIDO Alliance는 FIDO 1.0을 국제 표준으로 발표했다. FIDO 1.0은 모바일(안드로이드, iOS) 응용 중심의 FIDO 기술로, 스마트폰 등에 유리한 UAF(Universal Authentication Framework)와 기존 온라인 서비스 패스워드 플랫폼에 2요소 인증을 더한 U2F(Universal 2nd Factor)로 나뉘어 있다.

패스워드를 대체하는 생체인증 적용을 위해 개발된 국제표준 규격이 발표되고 2015년

5월 첫 인증제품이 출시된 이후 FIDO 규격의 제품이 급격히 증가하고 있다.

다양한 제품에서 FIDO 표준 수요의 증가에 따라 FIDO Alliance는 2015년 11월 WWW 기술 표준화단체인 W3C(World Wide Web Consortium)에 FIDO 2.0의 Web API(Application Programming Interface) 규격을 제안했다는 발표를 통해, FIDO 1.0보다 진화된 FIDO 2.0 규격의 출시될 것임을 알렸다.

FIDO 2.0은 기존의 FIDO 1.0이 모바일 중심에 머물렀던 한계를 벗어나 웹(Web)에서도 확대되고 생체인증 요구에 대응함과 동시에 플랫폼 주도권 확보를 위한 전략으로 평가된다. 특히 UAF와 U2F로 나눈 규격이 FIDO 2.0에서 통합되어 노트북/PC 등 웹 환경에서도 패스워드 대신 생체정보를 사용한 편리한 인증과 결제가 가능해 질 것으로 전망된다.

〈표 14-18〉 FIDI 1.0과 2.0비교

	FIDO 1.0	FIDO 2.0
사용환경	– 모바일 중심	– 모바일 포함, PC/웹브라우저로 확장
인증방식	– 생체인식(UAF) 및 USB뱅글 등(U2F)	– 생체인식이 주가 되며, 스마트폰 자체를 인증장치로 확대
배포주체	– 클라이언트 배포주체 독립적이고 모호함 – 개별적인 어플리케이션 중심	– OS/웹브라우저에 기본 제공 – 통합된 플랫폼 중심(마이크로소프트, 구글 등)

자료 : 한국전자통신연구원(ETRI), 유진투자증권

FIDO 2.0으로의 진화에서 가장 큰 변화는 노트북, PC 등 웹 환경에서도 패스워드를 대신하여 생체정보를 사용할 수 있다는 점이다.

현재 구글과 마이크로소프트 주도로 웹 표준화 작업을 진행 중에 있으며, 2017년 상반기까지 표준화 작업이 완료될 것으로 예상된다.

웹 표준화 작업이 완료될 경우 FIDO기술은 다양한 기기, OS, 브라우저를 지원하여 차세대 인증 플랫폼으로 활용될 것으로 기대된다.

특히 웹에서의 생체인증 활용이 단순히 FIDO를 활용할 수 있는 기기가 단순히 확대되는 것이 아니라, 스마트폰을 키로 사용하는 등의 생체인증 응용범위가 확대되는 것을 의미한다.

따라서 FIDO 2.0 표준 확립 이후 노트북, 스마트폰 등 단말기에 기본적으로 바이오 인증장치의 보급확대가 예상되며, 기존의 스마트폰 생체인증을 통해 간편결제 등의 제한적인 기능을 수행했던 것과 비교하여 IoT, O2O, 뱅킹 등 지금보다 생체인증을 응용한 보다 많은 서비스가 도입될 것이다.

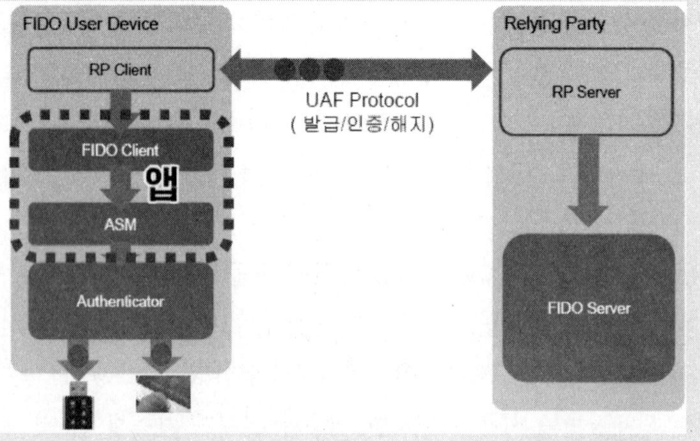

[그림 14-24] FIDO 1.0 개념도 : 모바일 앱 중심

자료 : 한국전자통신연구원(ETRI), 유진투자증권

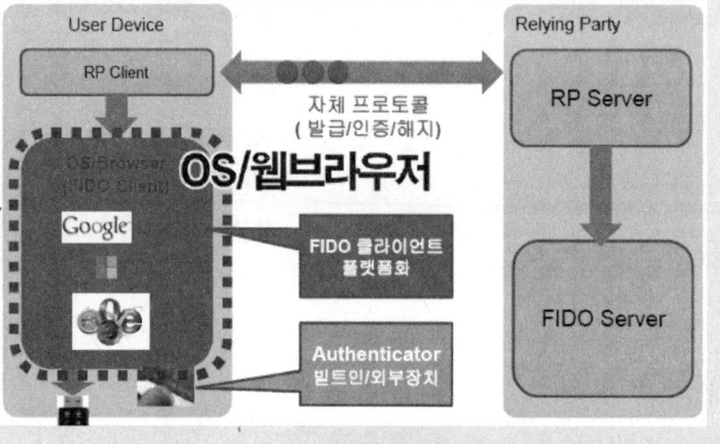

[그림 14-25] FIDO 2.0 개념도 : 웹 브라우저로 확대

자료 : 한국전자통신연구원(ETRI), 유진투자증권

현재 국내외 FIDO 기술의 도입은 주로 금융권을 중심으로 이뤄지고 있지만, FIDO 기반 플랫폼 개발과 FIDO 서버구축을 통해 각종 산업 내 다양한 서비스로 산업 전반에 걸친 FIDO 기술 도입은 지속될 것이다.

15 생체인식 기술의 적용분야를 분석하라.

IoT 기반의 핀테크, 헬스케어, 위치기반서비스 등의 서비스가 확대되면서 해킹이나 개인정보유출의 위험에 대응하기 위한 안전한 보안기술로 부상하고 있으며, 금융, 컴퓨터·정보시스템 보안, 통신기기 및 서비스 관리, 출입관리, 의료복지 및 공공 분야 등 광범위한 분야에 적용이 예상된다.

〈표 14-19〉 생체인식 기술의 적용분야

적용분야	적용항목
금융	ATM · KIOSK, 모바일 뱅킹, 증권거래, 전자상거래, 지불 및 결제수단 등
보안	정보보안(시스템 및 데이터 접근 · 인증제어), 생체로그인(PC용), 휴대폰/노트북/자동차 등 기기 사용자 인증 등
출입관리	공항(출입국 심사, 불법 입국자 확인 등), 기업(출입통제, 근태관리 등)
의료복지	환자 신분확인, 기록 관리, 원격진료, 무인전자처방전 등
공공	범죄자 식별(지문대조, 성문분석 등), 전자주민증(신분증), 선거관리(본인확인) 등
검역	안면인식을 통한 신종플루 감염사 식별
엔터테인먼트	얼굴인식을 통한 인물 사진 분류 및 관리, 닮은 사람 찾기

16 핀테크에서 생체인식을 통하여 본인인증 하는 헤외 사례를 분석하라.

생체인증 기술은 9.11테러 이후 미국 주도하에 국제표준화기구(ISO/IEC/JTC1)가 창립되면서 전세계적으로 다양한 연구개발과 표준화가 진행되었다. 주로 출입국심사, 출입통제, 행정 등의 분야에서 활용되며 광범위하게 확대되어 활용이 증가해왔다, 인터넷뱅킹의 보편화와 IT기기의 발달에 따라 모바일뱅킹 · 쇼핑 비중이 증가하면서 향후 생체인증기술은 모바일 분야를 중심으로 이뤄질 전망이다.

일본에서는 정맥인증이 가능한 ATM에서 생체인증이 가장 많이 사용되고 있으며, 2020년 도쿄올림픽목표 방일 관광객 4,000만 명의 편의 증진을 위해 지문인식시스템 서비스를 정부주도로 진행하고 있다.

미국에서는 은행을 비롯하여 애플, 구글, 마이크로소프트 등 거대 IT기업들의 결제시장 진출에 따라 자사 제품에 생체인식 기술을 적용하는데 박차를 가하고 있다.

글로벌 생체인식 Morpho, NEC, Gemalto, 3M Cogent 등이 세계 시장을 선도하고 있으며, 2015년 기준으로 이들 4개사의 시장점유율이 45.5%에 달하고 있다.

〈표 14-20〉 각국의 핀테크에 생체인증기술 사용사례

국가	생체인증 수단	인증수단
일본	– 도쿄 미쓰비시, 미쓰이 등 : ATM 생체인증 채택비율은 80% 육박(점포수 기준) – 오가키 교리츠 등 일부은행 : 무매체 거래 위해 정맥 정보를 서버에 저장 · 관리	손바닥/손가락 정맥
미국	– US Bank : 모바일뱅킹 서비스에 음성인식 활용 – USAA : 모바일 앱을 통해 음성 및 얼굴인식 활용 – Bank of America : Apple과 제휴하여 스마트폰 지문인식 센서 활용	음성, 얼굴, 지문
영국	– Barclays : 인터넷뱅킹 서비스에 손가락정맥으로 본인확인 시범운영	손가락 정맥
프랑스	– 은행간 카드협회 : ATM 및 소매결제에 지문인식 활용 예정	지문
호주	– St Gerge Bank : 모바일뱅킹 서비스에 지문인식 활용	지문
브라질	– Banco do Brazil, CAIXA Bank, Bradesco S.A 은행 : 생체정보 IC카드에 저장 ATM에 사용	지문, 정맥
터키	– Denzi Bank : 모바일 앱 활용 ATM, 모바일 송금, POS 단말기 결제 등	음성
르완다	– MobiCash & KCB Bank : 결제단말기에 지문인식 스캐너 장착, 오프라인 결제 가능	지문
인도	– State Bank of India : ATM거래에 적용중	지문

자료 : 한국인터넷진흥원, 유진투자증권

1. 애플

2015년 9월 출시한 아이폰6S · 6S플러스는 새로운 방식의 터치 지문인식 기술 '포스터치(Force Touch)를 적용하였다. 2012년 지문인식 솔루션 업체 어센텍을 3억 5,600만 달러에 인수하여 2013년 9월 복잡한 인증절차 없이 손가락 하나로 본인확인 가능한 지문인식 센서(Touch ID)를 탑재한 아이폰5S를 출시하였다. 이어, 아이폰6에서는 지문인식센서인 터칭이디와 NFC를 활용한 모바일 결제시스템인 애플페이를 공개하였다.

애플페이는 애플의 새로운 간편결재 서비스로 단말기의 홈버튼을 손가락으로 누른채 결제 단말기에 가져가면 미리 등록해둔 카드로 결제가 되는 서비스이다.

풀패널 지문인식센서 개발을 준비하고 있으며 리모콘에 지문인식기를 달아 원격으로 디바이스를 제어하는 기술 특허를 출원하는 등 생체인식을 활용해 생태계 확장에 주력하고 있다.

2. 구글

2015년 출시한 차기 운영체제(OS) '안드로이드M 6.0(마시멜로)'과 안드로이드 페이에 지문인식 기능을 정식 추가하며 처음으로 안드로이드OS에 생체인식 기술을 지원하였다. 새로운 운영체제(안드로이드 M)에서 지문인식을 기본으로 지원하며, 구글 플레이에서 앱 다운로드 또는 결제 시, 그리고 안드로이드 페이에서 결제 시 PIN번호나 비밀번호 입력대신지문을 입력하면 결제를 승인한다. 안드로이드 기기의 잠금 해제 기능은 숫자와 패턴을 푸는 두 가지 방식으로 제공해 왔으나 마시멜로를 시작으로 차기 넥서스폰 등 향후 선보일 기기의 화면 잠금·지불인증을 위해 생체인식 기술 활용을 확대할 것이다.

3. 마이크로소프트

음성인식 '코타나', 지문·안면인식으로 로그인하는 '윈도헬로(Windows Hello)' 등 생체정보를 활용한 서비스를 지난 7.29일 발표한 '윈도10'에 적용하였다. 음성인식 기술 '코타나'는 음성을 받아들일 뿐만 아니라 이를 해석해 검색하고 개인의 성향에 맞는 정보까지 제공이 가능한다. 한국어 인식은 아직 개발이 진행 중이며 빠른 시일 내 완료해 서비스를 완료할 것이다. 마이크로소프트는 OS인 윈도10에서 얼굴인식·홍채인식·지문인식 등 생체인식 기능을 이용한 로그인 솔루션 윈도 헬로를 탑재하고 있다. '윈도헬로'는 디바이스에 포함된 적외선 센서와 레이저 스캐너를 통해 안면굴곡까지 인식하기 때문에 높은 보안성이 강점이다.

4. 뷰소닉

미국 영상 디스플레이 업체로 홍채인식 기술을 적용한 스마트폰을 중국시장을 타겟으로 내놓을 예정이며, 전면에 내장된 홍채 스캐너를 통해 인식되며 잠금 해제 뿐만 아니라 특정 파일접근도 홍채를 통해 설정할 수 있다.

5. L1

미국의 방위산업체인 L1은 미국의 아이덴틱스(지문인식업체), 영국의 이리디안(홍채 인식업체), 프랑스의 비사지(얼굴인식업체)를 M&A하였으며, 최근 L1이 프랑스 사프란에 흡수되는 등 기술과 자본을 통합하여 전략적으로 시장지배력을 키우고 있다.

6. 압틱스 테크놀로지

2013년 홍채, 얼굴, 지 문, 음성 등의 생체 정보를 활용한 스마트폰 인증 솔루션인 AOptix Stratus를 개발하였다.

7. HRS

영국의 대표적인 홍채 인식 전문 업체로 얼굴, 정맥, 지문, 행동 인식 등 다양한 분야의 생체정보를 포괄하며 출입자를 관리하는 서비스를 제공하고 있다.

8. NEC

1982년부터 지문인식시스템을 실용화하였으며, 2011년 지문과 손가락 정맥 인식을 동시에 할 수 있는 비접촉 손가락 스캐너(HS100-10)를 개발, 2012년에 판매를 시작하였다. 이 기기는 중요 정보를 취급하는 컴퓨터의 사용자를 인증하는 기기이다.

9. 어드밴스 미디어

주파수 성분 및 시간 변화 분석을 통해 음성을 판별한다. 사용자의 음성 파형을 잘라 수치화해 그 특징을 확인하고, 그것이 어느 음소에 가까운지 계산을 통해 결과를 도출하는 원리를 이용하였다. 일본어에서 많이 쓰이는 문장의 어순이나 특정 문장 사이에 자주 쓰이는 단어를 DB화하여 정확도를 높이고 있으며, 특정인의 악센트나 말하는 속도, 주변의 노이즈와 같은 환경도 상정, 표준화된 데이터로 만드는 기능도 탑재하였다.

10. 알리바바

중국 최대 전자상거래 업체 알리바바는 지난 번에 마윈 회장이 직접 나서서 얼굴 자체를 비밀번호처럼 활용하는 결제시스템 '스마일 투 페이'를 선보였으며, 지문인식보다 한 걸음 더나아간 기술로, 알리바바는 자사 간편결재 서비스 '알리페이'에 결합하였다.

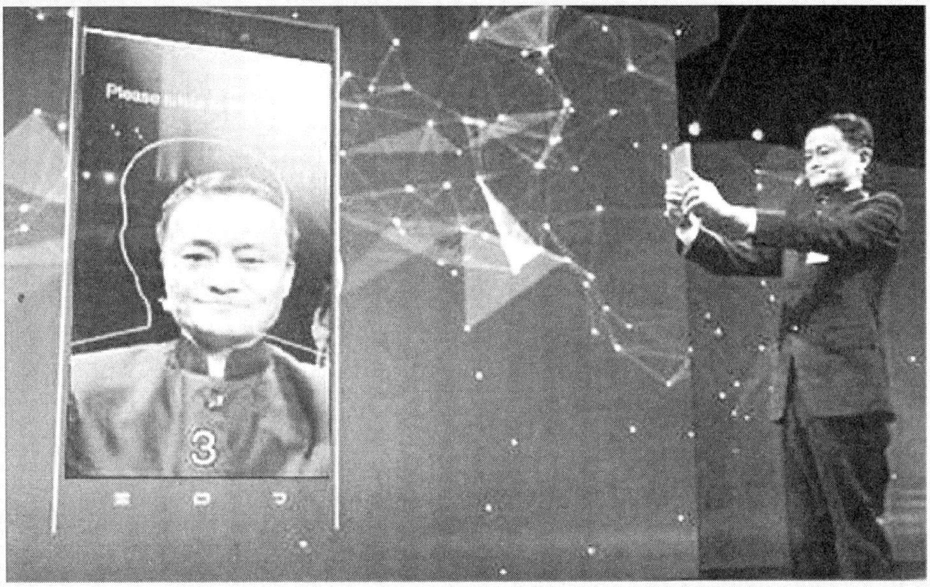

[그림 14-26] 알리바바의 얼굴인식 결제시스템

출처 : 한국경제신문, 2015

11. 영국의 바클레이즈

영국의 바클레이즈는 손가락 정맥 인식을 사용하였다. 정맥으로 본인확인, 흐르는 피에만 반응, 복제가 거의 불가능한 특징을 가지고 있다.

12. 덴마크의 단스크 은행

덴마크의 단스크은행은 행동패턴 인식을 사용하였다. 스웨덴 스타트업 Behaviosec의 기술로 도입하여 스마트폰 상에서 개인의 typing 패턴을 통해 거래 인증하는 방식을 사용하고 있다.

13. 캐나다의 왕립은행

캐나다 왕립은행은 심장박동 인식을 사용하였다. Master card, 스타트업 Bionym와 함께 도입하여 웨어러블 팔찌로 심장박동을 인식해 카드 결제 인증하는 방식이다.

14. 기타

(비보) 2015년 중국 제조업체 비보는 망막인식 기능이 추가된 '비보 X5 프로'를 출시하였다.

(ZTE) 아이베리파이(EyeVerify)사의 아이프린트ID라는 홍채인식 스캐너가 적용되어 홍채 인식보안기능을 갖춘 그랜드 S3모델을 출시하였다.

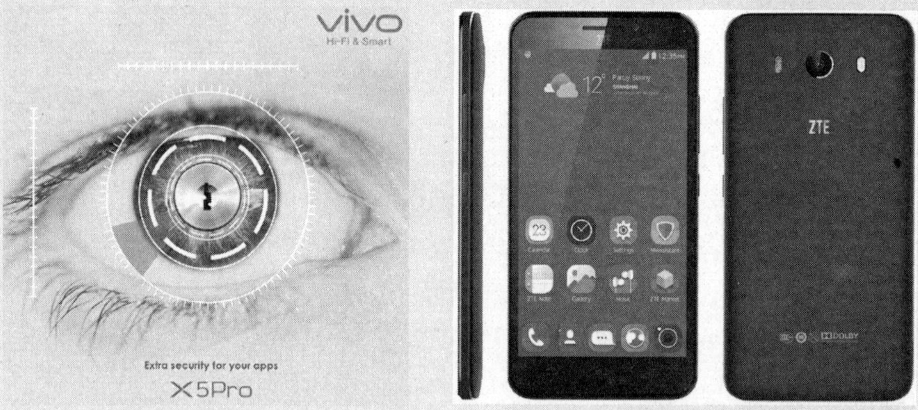

[그림 14-27] 중국 비보의 비보 X5프로와 ZTE의 그랜드S3

출처 : 전자신문, 2015

17 생체인식 인증기술을 국내 간편결재 서비스 플랫폼에 사용하는 사례를 분석하라.

생체인식 인증 기술이 공인인증서 폐지에 대한 효과적인 대안으로 주목 받으면서, 지문센서가 탑재된 스마트폰을 기반으로 생체인증 간편결재 서비스가 등장하고 있다.

온라인 간편결제에서는 15만여개의 온라인 쇼핑몰 가맹점을 확보한 네이버페이가 시장을 주도할 것으로 보인다.

네이버는 온라인 쇼핑 플랫폼을 목표로 하여 상품 검색과 구매 · 결제가 모두 네이버 안에서 이뤄질 수 있는 시스템을 구축하고 있다. 오프라인 간편결제에서는 삼성페이가 앞서 갈 것으로 보인다.

삼성페이는 기존 마그네틱 신용카드 결제기에도 결제가 가능 하도록 하여, 신용카드가 결제 가능한 모든 곳을 가맹점으로 두고 있어 오프라인 고객의 편리성을 증대시켰다.

〈표 14-21〉 국내 간편결재 서비스 플랫폼 현황

	회사명	서비스명	주요특징	인증방식
디바이스	삼성전자	삼성페이	기존의 신용카드와 동일 방식	생체인식, PIN번호
인터넷	다음카카오	카카오페이	국내최초 출시, O2O 서비스 중심	지문인식, PIN번호
	네이버	네이버페이	15만여개의 가맹점 보유	지문인식, PIN번호
	NHN엔터	페이코	한국사이버결제의 온/오프라인 가맹점	PIN번호
통신사	LG유플러스	페이나우	10만여개 가맹점 보유	PIN번호, 패턴
PG	KG이니시스	케이페이	10만여개 가맹점 보유	PIN번호

자료 : 산업자료, 유진투자증권

18 핀테크에서 생체인식을 통하여 본인인증 하는 국내사례를 분석하라.

1. SK 플래닛

모바일 간편 결제 서비스인 '시럽 페이(Syrup Pay)'와 온라인 쇼핑몰 '11번가'를 운영하고 있는 에스케이(SK)플래닛은 17일 지문 · 홍채 · 목소리 · 안면 등을 이용한 생체 인증 솔루션을 개발해 생체 인식 기술 국제 표준 인증 단체인 '에프아이디오(FIDO, Fast IDentity Online)'의 테스트를 통과해 인증을 획득했다. 이런 기술은 출시 4개월만에 누적 거래액 600억원 이상을 돌파한 '시럽 페이'에 접목한다.

에스케이플래닛은 "시럽 페이, 11번가 등 서비스에 지문 인증 기술을 접목하고 본인 인증이 필요한 자사와 타사의 사물인터넷, O2O 서비스 영역에도 제휴를 통해 확대 적용할 것"이다.

2. 삼성전자

삼성전자가 국내에 출시하는 '삼성 페이'에도 지문 인식 기능이 탑재한다. '삼성 페이'가 사용가능한 최신 단말기에 지문 인식을 통한 열림 기능을 추가한다. 삼성전자는 '삼성 페이'를 통한 결제 단계에서도 사용자 지문을 통한 인증 과정을 활용할 수 있다.
'편리함'과 '개인정보 보호'라는 두 장점을 모두 갖춘다.

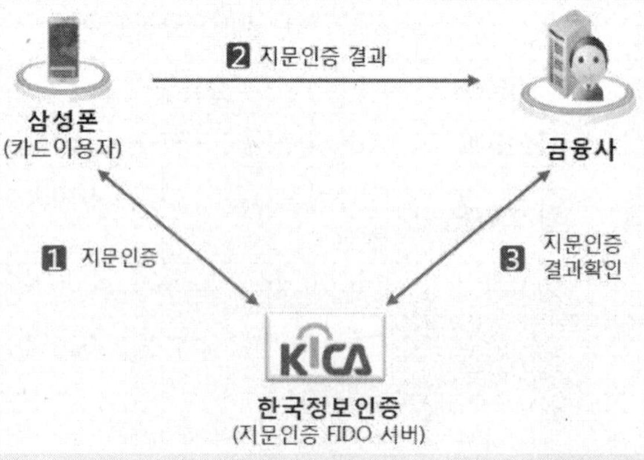

[그림 14-28] 삼성페이 지문인식 흐름도

3. 이리언스

홍채 연구 전문 기업인 이리언스는 기업은행과 '비대면 바이오 인증 기술을 활용한 전자금융 보안 강화 및 고객의 편의성 증대를 위한 사업' 협약을 체결했다.

아이비케이는 홍채 인식을 은행업무나 자동화기기(ATM)의 본인 인증을 위해 이리언스의 홍채 인식 기술을 도입하였다. 이리언스은 현재 금융권 외에도 대형 유통사와 홍채만으로 결제하는 핀테크 시스템을 추진 중이다.

4. KEB하나은행, 지문인증으로 계좌이체

이번 서비스는 생체인증 국제 표준(FIDO · Fast Identity Online)에 기반을 둔 지문인증 시스템에 KEB하나은행이 독자적으로 암호화한 본인인증 수단을 추가해 강력한 보안성을 특징으로 한다.

스마트폰에 지문을 갖다 대고 등록하면 기존 공인인증서보다 안전하고 편리하게 본인인증을 받을 수 있다. 다만 지문을 휴대전화에 직접 접촉해야 서비스 이용이 가능해 당분간 아이폰 S6, 노트 4이상에서만 이용할 수 있다. 하나은행은 향후 지문을 휴대전화에 직접 접촉하지 않고도 인증을 받을 수 있는 비접촉 방식 지문인증(사진촬영 방식)으로 서비스를 업그레이드할 계획이다. 또, KEB하나은행은 국내 최초로 실물 없이 휴대폰 보안영역에서 작동하는 T-OTP(Trust zone-One Time Password) 서비스도 출시했다. T-OTP는 스마트폰 내에 존재하는 보안영역에서 일회용 비밀번호를 만들어 낼 수 있는 하드웨어 기반 최상급 보안서비스다. T-OTP 서비스의 출시로 스마트폰 뱅킹을 이용하기 위해 OTP 실물을 휴대하고 다녀야 하는 불편함을 해소할 수 있을 전망이다.

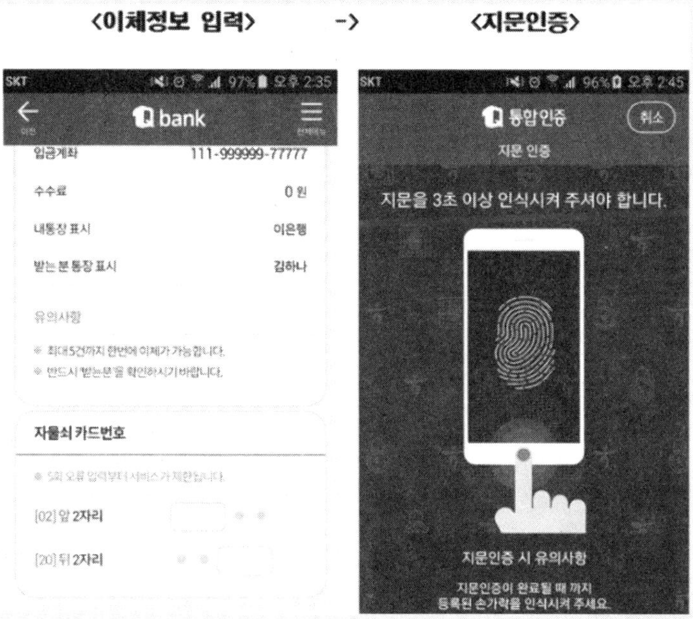

[그림 14-29] 하나은행의 모바일 뱅크에 지문인식 원큐(1Q)뱅크

자료 : 하나은행, 유진투자증권

5. 기업은행과 우리은행, 보안성 뛰어난 '홍채인식'

기업은행은 핀테크 스타트업 이리언스와 제휴를 맺고 지난해 11월 홍채 인식 시스템을 금융권에서 최초로 도입했다. 고객이 먼저 자신의 홍채정보를 은행에 등록하면, 이후로는 카드나 통장 없이도 ATM기기를 통해 금융거래를 할 수 있다. ATM기기에 설치된 카메라에 눈을 맞추면 고객의 홍채를 인식해 주인을 파악하고, 이후 비밀번호를 입력하면 보통의 ATM기기와 같은 업무를 볼 수 있다.

우리은행은 5개 전략점포(본점 영업부 · 명동금융센터 · 강남교보타워금융센터 · 연세금융센터 · 상암동지점)에 이 기기를 설치해 운영 중이다. 고객들은 해당 영업점을 방문해 홍채 정보와 이용 계좌를 등록하면 홍채인증 ATM을 이용할 수 있다.

홍채는 지금까지 나온 생체인식 수단 중 가장 보안성이 뛰어나다. 현재는 고객의 만족성 추이를 보고 향후 확대를 검토하는 단계로, 아직까지 홍채인식은 일종의 보조수단이다.

6. 신한은행, 손바닥 한번만 펴면 본인인증

신한은행은 손바닥의 정맥만으로 본인 여부를 확인하는 시스템을 도입했다. 모바일 전용 서비스인 '써니뱅크(Sunnybank)'에서 실명확인증 사본을 제출토록 한 뒤 영상통화와 휴대전화 본인명의 인증 방식을 사용한다.

자동화기기에서 창구업무를 처리하는 점포인 디지털 키오스크에서는 추가로 정맥 인증 방식을 적용한다. 기기의 손바닥 표시가 된 위치에 손바닥을 펴서 4~5㎝ 정도까지 가까이 대면 정맥 인증이 완료된다. 최초 인증 후에는 영상통화 없이 손바닥 정맥인증만으로 일부 업무를 제외한 대부분의 은행업무를 볼 수 있다.

[그림 14-30] 디지털 키오스크에서 정맥인증을 시연하는 장면

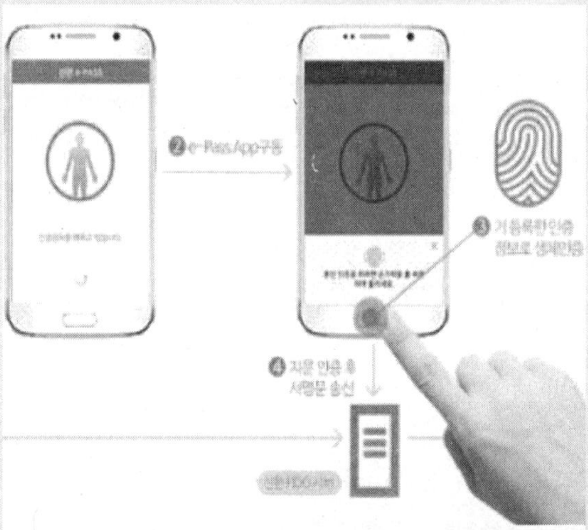

[그림 14-31] 신한은행의 서비뱅크

자료 : 라온시큐어, 신한은행, 유진투자증권

디지털 키오스크는 단순 입출금과 자금이체만 가능했던 기존 자동화기기(ATM)에서 벗어나 창구업무의 90%를 처리할 수 있다. 비영업 시간대에도 은행창구에서 처리해야 했던 업무를 보는 게 가능해졌다.

〈표 14-22〉 은행별 생체인식 기술 도입 현황

은행명	내용
KEB하나은행	공인인증서 보안카드 없이 홍채인식으로 계좌조회 · 이체 · 상품 가입
우리은행	홍채 인식 ATM 출시, 모바일 거래에도 확대 적용 검토
BNK금융그룹	하반기 스마트 ATM 도입 목표, 손가락 정맥인증 금융업무 가능
신한은행	생체인증 방식 활용한 무인 셀프 점포, 약 100가지 금융업무 가능한 미니은행

자료 : 산업자료, 유진투자증권

19 국내/외의 정보보안시장의 전망에 대하여 분석하라.

1. 글로벌 정보보안시장 전망

글로벌 정보보안 시장은 연평균 8.3%로 꾸준한 성장을 보일 것으로 전망된다. 글로벌 정보보안 시장에서 미국(2013년 기준 M/S 42%)은 가장 큰 비중을 차지하고 있으며, 미국과 남미시장을 포함한 북남미시장이 세계시장의 41.1%를 차지하고 있다. 다만 최근 중국의 인터넷 사용 증가와 알리페이 등 모바일 결제 서비스 증가로 정보보안에 대한 수요가 늘면서 연평균 17.4%(2012-2017)로 성장할 것으로 예상된다.

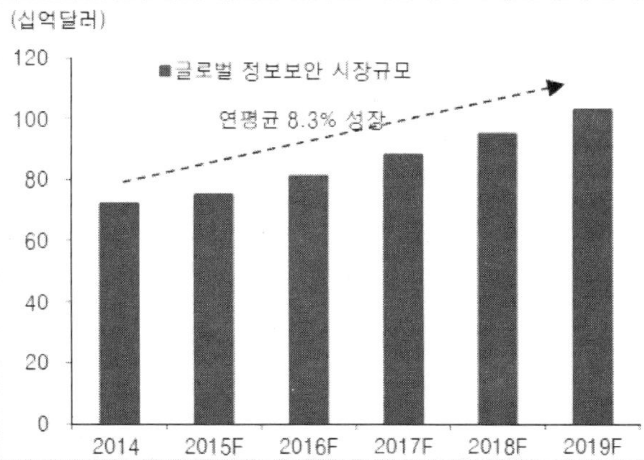

[그림 14-32] 글로벌 정보보안시장의 규모

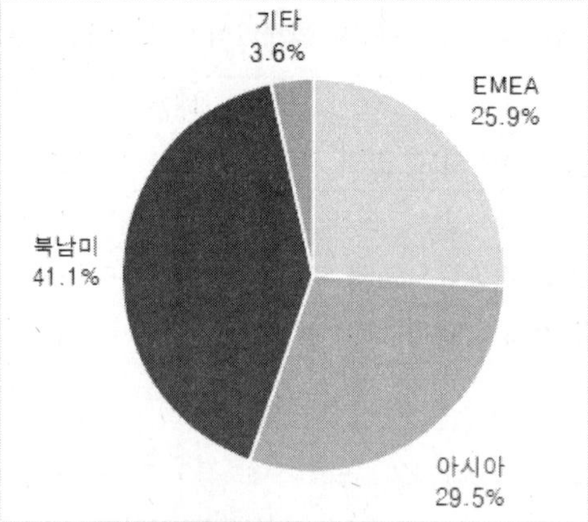

[그림 14-33] 글로벌 정보보안시장의 국가별 비중

2. 국내 정보보안시장의 전망

국내 정보보안산업은 간편결제서비스, 인터넷전문은행 등 핀테크의 확대 등으로 연평균 14.2%의 성장이 전망된다. 정보보안 시장은 보안제품과 서비스로 나뉘는데, 정보보안제품 시장은 서비스 시장 대비 4배 정도의 시장으로 절대 규모는 크지만, 서비스 시장이 제품 시장 대비 높은 성장세를 보일 것으로 전망된다.

〈표 14-23〉 국내 정보보안시장의 전망

산업별	내 용
공공 부문	– 정보보안을 K-ICT 전략사업으로 편성하여 2016년까지 8.2조원(2015년 기준 7.6조원) 시장 규모 형성 – 공공기관 BMT(Bench Mark Test) 의무화, 정보보호산업진흥법 따른 제값주기 노력 – 엑티브X 폐지, 비표준기술 탈피위한 Non-ActiveX 솔루션, 웹표준기술 수요 급증 – 10대 보안 기술 선정(KISA), 글로벌 보안기술 이니셔티브 추진으로 정보보안 분야 연구개발 비중 확대
금융 부문	– 핀테크 확산, 인터넷 전문은행 출범, 비대면 본인인증, 인증서/OTP 의무화 폐지 : FIDO 생체인증 급성장 – 선진국형 사후규제(자율규제)로 변화/보안성 심의, 인증방법 평가위원회 폐지 – 금융권 차세대 프로젝트 수행 주기의 도래로 정보보안 솔루션 수요 증가 – 국내외 은행 가상 화폐 '비트코인'을 통해 알려진 '블록체인' 시스템 개발에 박차
기업 부문	– 2016년 낮은 경제 성장 예측에 따라 전반적인 수요 감소 예측 – 개정된 법규(주민등록번호 저장시 암호화 의무)에 따른 컴플라이언스 준수를 위한 DB암호화 수요 증가 – 모바일오피스, BYOD(Bring Your Own Device)등 엔터프라이즈 모빌리티 환경 확대 : 모바일 보안 수요 증가 – 기업 내 정보보안 대응력 강화를 위한 내부감사 및 모의해킹에 대한 수요 증가 예상

정보보안제품의 수요처 업종별 매출(2015년 기준)을 보면 공공부문에 가장 많은 40.3%를 기록했으며, 제조 24.1%, 금융 18.2%, 서비스 17.4%를 기록했다.

20 생체인식기술의 핀테크 산업구조에 대하여 분석하라.

생체인식 산업은 통신 시스템 업체들이 전방산업인 무인발급기, 현금인출기, 모바일 인증, AFIS 및 전자여권 솔루션에 서비스를 제공하기 위해 후방산업인 바이오인식, 센서, 스마트카드 임베디드, 홈네트워크, 텔레메틱스 등 유무선정보통신망 산업 등의 업체와 연결되어 산업의 Supply Chain을 형성 중이다.

〈표 14-24〉 생체인식기술의 산업구조

후방산업	생체 인식	전방산업
바이오인식 센서, 스마트카드, 임베디드, 홈네트워크, 텔레메틱스 등 유무선 정보통신망 산업	지문인식, 홍채인식, 정맥인식, 얼굴인식, 음성인식	무인발급기, 현금인출기, 모바일 인증 ARS 및 전지여권 솔루션

출처 : 중소기업로드맵, 2014

바이오 인식 엔진을 기반으로 지문, 홍채, 얼굴, 정맥, 음성, 걸음걸이, 서명 등의 바이오 정보를 이용한 통합 솔루션 개발 업체의 약진이 두드러지는 추세이다.

세계 시장을 선도하는 기업은 Morpho, NEC, Gemalto, 3M Cogent 등이며, 이들 4개사의 시장 점유율은 45.5%에 달하고 있으며, 세계시장을 선도하는 상위 5개 기업의 점유율은 Morpho(29.5%), NEC(6.5%), Gemalto(5.5%), 3M Cogent(4%)순 이다.

- Morpho는 Sapharan 그룹의 하이테크 기업으로, 2011년 7월에는 연매출액이 4.5억 달러의 생체인식시스템 전문기업인 미국의 L-1 Identity Solution 을 10.9억 달러에 인수하여, 세계 생체인식시스템 시장의 대표적인 기업이 되었다..
- 신원식별, E-다큐먼트, 탐지부문 사업을 진행하고 있으며, 최근 DNA를 이용한 신원식별 솔루션을 개발했으며, 생체정보 관리 소프트웨어인 MorphoCivis와 손가락 정맥과 지문을 동시에 식별하는 복합기능을 탑재한 MorphoSmart, 생체정보를 저장한 Biometric VISA 등의 생체인식 제품을 판매하고 있다.
- 주요 4개사를 제외한 54.5%에는 대표적인 기업으로 Lockheed Martin, Honeywell

Security, Viisage Technology Inc., Crossmatch, Motorola, Nuance등이 포함되어 있다.

〈표 14-25〉 생체인식기술 공급망 분석

공급망 단계	바이오 인식 부품	바이오 인식 서비스	응용기기
주요내용	바이오인식장치에 활용되는 각종 부품소재	바이오 데이터 취득 모듈, 바이오인식 엔진	유비쿼터스, 기기/장치보안,금융, 의료/복지, 출입국 관리, 법조/경찰, 공공, 정보보안
주요제품/기술	바이오정보 입력을 위한 인터페이스로서 크게. 광학식, 반도체식 등의 지문입력센서와 얼굴·홍채 등의 입력장비인 카메라로 나뉘어 사용자로부터 해당 바이오인식 정보를 입력받는 HW장비기술	지문, 홍채, 얼굴, 정맥, 음성, 걸음걸이, 서명 바이오 정보를 이용한 인식 기술	지능형 자동차 (도난방지 및 운전자 인식), 바이오인식 스마트폰 개인인증을 위한 ATM/ KIOSK, 모바일뱅킹, 범죄자 지문관리, 범죄수사 및 검거,여권, 전자주민증, 의료보험카드, 온라인 선거관리 등
해외기업	Tongji Smartech Recognition Technology	iriScan, sensar, NEC, OMRON, Human Recognition System, e-True, Vision, Animo, Hitachi, NNetrics, Hujitsu, 싸이버사인	SAFRAN Morpho, Hanvon, ZK Software
국내기업	휴노테크놀로지	니트젠, 슈프리마, 테스텍, 자이릭스, 아이리텍, 퍼스텍, 테크스피어, 시큐어로직	슈프리마, 삼성SDS, LGCNS

출처 : 중소기업로드맵, 2014

21 생체인식 시장 전망에 대하여 분석하라.

국내 생체인식 시장은 연평균 19.2% 성장할 것으로 전망된다. 그 중 홍채인식의 경우 작년에 15억매출로 전체시장 비중의 0.9%를 차지했으나, 2018년 330억 매출이 전망되어 연평균 94.7%로 가장 높은 성장세를 보일 것으로 전망된다. 지문인식의 경우 작년 1590억 매출로 전체 생체인식 시장의 67.4%의 비중에서, 2018년 1,660억 규모로 시장 내 비중은 39.9%로 전체 생체인식 시장에서 차지하는 비중은 낮아질 것으로 전망되며, 얼굴인식의 경우 작년 900억 매출로 생체인식 시장의 42.5%에서 2018년 1,940억 규모로 시장비중이 46.9%로 지문인식을 넘어설 것으로 전망된다.

국내 정보 보안산업은 간편결재 서비스, 인터넷전문은행 등 핀테크의 확대 등으로 연평균 14.2%의 성장이 전망된다. 정보보안 시장은 보안제품과 서비스로 나뉘는데, 정보보안 제품 시장은 서비스 시장 대비 4배 정도의 시장으로 절대 규모는 크지만, 서비스 시장이 제품 시장 대비 높은 성장세를 보일 것으로 전망된다.

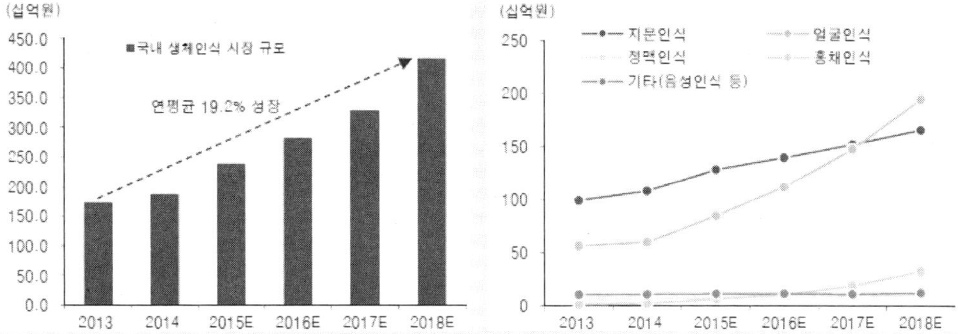

[그림 14-34] 국내 생체인식 시장 전망

자료 : 한국지식정보보안사업협회, 유진투자증권

글로벌 모바일 생체인증 시장은 2015년 26억 달러에서 2020년 333억 달러로 연평균 66.5% 성장할 것으로 전망된다.

특히 스마트폰 지문인식 탑재율이 2012년 0.5%에서, 2020년 47.5%로 확대되고, 홍채인식도 탑재율도 2015년 스마트폰 판매량 대비 1%도 안되는 수준이었으나, 2020년 10.6%로 빠른 성장세를 보일 것으로 예상되어, 생체인식과 지문인식 탑재 스마트폰 증가가 모바일 생체인식 시장 확대에 기여할 것으로 전망된다.

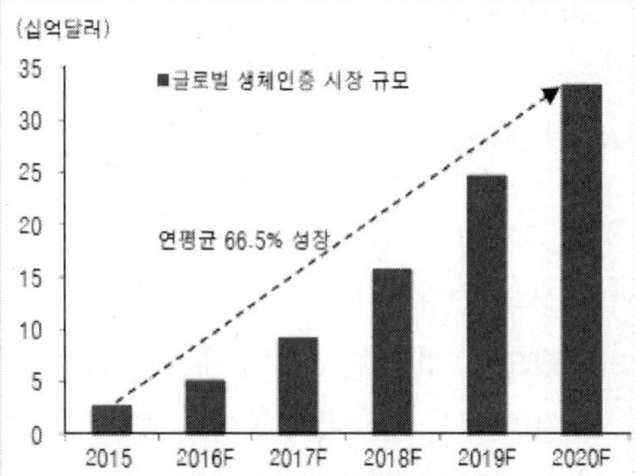

[그림 14-35] 글로벌 모자일 생체인식 시장규모

자료 : AMI, Strategy Analytics 유진투자증권

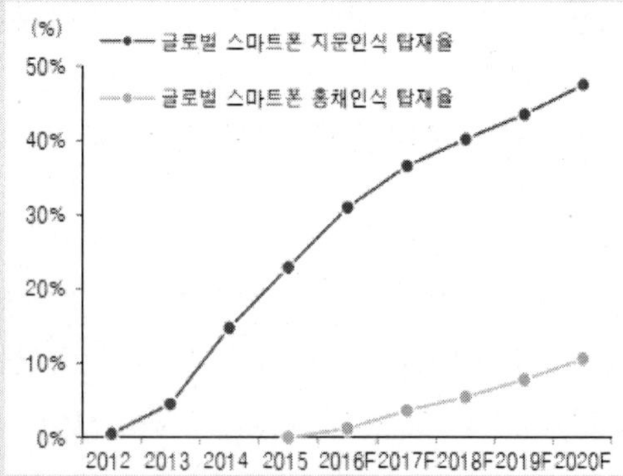

[그림 14-36] 글로벌 스마트폰 지문, 생체인식 탑재율

자료 : AMI, Strategy Analytics 유진투자증권

학습활동.14 교수 · 학습 방법

교수 방법

- 차세대 인증으로 생체인식 기술을 탑재한 핀테크에 대한 관련 용어, 구성, 방식 이해 정도를 파악한 후 수업을 진행한다.
- 교수자의 주도로 차세대 인증으로 생체인식 기술을 탑재한 핀테크 등의 내용을 PPT 자료로 제시한 후 설명한다.
- 가능하면 사전에 개인별 학습 자료를 준비하여 모든 학생이 참여할 수 있는 문제 해결식 수업, 협력 수업이 가능하도록 한다.
- 차세대 인증으로 생체인식 기술을 탑재한 핀테크 전 과정을 작업의 순서에 따라 단계적으로 실습이 이루어질 수 있도록 지도한다.
- 교재를 통해 수업을 준비하는데 있어서 필요한 모든 정보나 팁, 힌트 등 도움이 될 만한 내용들을 확인할 수 있다.
- 학생들이 만들게 될 각 모델들은 수업시간에 중점적으로 다뤄질 부분과 어휘, 질문, 답을 포함하고 있으며 또한 탐구할만한 추가적인 아이디어들도 포함하고 있다.

학습 방법

- 차세대 인증으로 생체인식 기술을 탑재한 핀테크에 대한 관련 용어를 숙지하고, 차세대 인증으로 생체인식 기술을 탑재한 핀테크의 기초 단계에 대해 이해한다.
- 차세대 인증으로 생체인식 기술을 탑재한 핀테크의 각 단계별 중점 사항을 체계적으로 학습한다.
- 차세대 인증으로 생체인식 기술을 탑재한 핀테크의 수행순서의 전 과정을 실습한다.
- 차세대 인증으로 생체인식 기술을 탑재한 핀테크의 내용을 이해한다.
- 차세대 인증으로 생체인식 기술을 탑재한 핀테크을 이해하고 숙달이 될 때까지 학습한다.

학습활동.14 평가 및 피드백

평가 준거

- 평가자는 피평가자가 수행 준거 및 평가 내용에 제시되어 있는 내용을 성공적으로 수행할 수 있는 지를 평가해야 한다.

학습내용	평가항목	성취수준		
		상	중	하
차세대 인증으로 생체인증기술을 탑재한 핀테크	차세대 인증으로 생체인증기술을 탑재한 핀테크을 이해할 수 있다.			

평가 방법

• 작업 포트폴리오

학습내용	평가항목	성취수준		
		상	중	하
차세대 인증으로 생체인증기술을 탑재한 핀테크	차세대 인증으로 생체인증기술을 탑재한 핀테크을 이해할 수 있다.			

• 필기시험

학습내용	평가항목	성취수준		
		상	중	하
차세대 인증으로 생체인증기술을 탑재한 핀테크	차세대 인증으로 생체인증기술을 탑재한 핀테크을 이해할 수 있다.			

• 체크리스트를 통한 관찰

학습내용	평가항목	성취수준		
		상	중	하
차세대 인증으로 생체인증기술을 탑재한 핀테크	차세대 인증으로 생체인증기술을 탑재한 핀테크을 이해할 수 있다.			

피드백

1. 작업 포트폴리오
   - 제출한 보고서를 평가한 후 주요 사항에 대하여 표시하여 돌려준다.
2. 필기 시험
   - 평가 결과 성적이 저조한 학생은 보고서 제출 기회를 부여한다.
3. 체크리스트를 통한 관찰
   - 실습 과정에서 평가한 후 개선해야 할 사항 등을 정리하여 돌려둔다.

참고자료

1. 다음백과 "생체인식"
2. http://www.hani.co.kr/arti/economy/economy_general/ 한게레 "핀테크 셍체인식 기술을 입다.
3. 2014 국내 정보보호산업 실태조사, KISA 2013년
4. 차세대 인증기술로서 각광받는 생체인식(Biometrics) 기술 개발 동향, 정보통신기술진흥센터 해외ICT R&D정책동향, 2014
5. ICT중점기술 표준화전략맵, 한국정보통신기술협회, 2011년
6. 중소기업 기술로드맵, 중소기업청, 2014년
7. 문화기술(CT)심층리포트, 한국콘텐츠진흥원, 2011년
8. 모바일 바이오인식 신융합기술 및 표준화동향, 한국인터넷진흥원, 2013년
9. 2015 Global Outlook of the Biometrics Industry, Frost & Suvllian, 2015년
10. 생체인식시스템 스마트시대의 새로운 기회, KIST, 2014년
11. 생체인식 기술, ICT의 핵심요소로 부상, KT경제경영연구소, 2014년
12. 생체신호 기반 차세대 바이오인식 정망, 한국인터넷진흥원, 2015년
13. http://crisco.tistory.com/177, DB포탈사이트 DBguide.net, 2014년
14. http://www.cctvnews.co.kr/news/articleView.html?idxno=39314, CCTVnews, 2015년
15. https : //prezi.com/pysgr1yx2yl2/copy-of/, 뉴스1코리아, 2014년
16. http://spri.kr/post/7902, 소프트웨어정책연구소, 2015년
17. http://spri.kr/post/6030, 소프트웨어정책연구소, 2015년
18. 진화하는 생체인식기술, 특허청, 2014
19. 생체인식으로 발전한 핀테크산업, 인타임 작성자 경제다반사
20. 정윤수, "IoT 기반의 모바일 헬스케어 서비스를 위한 데이터 저장 및 보호 모델," 한국디지털 정책학회 디지털 융복합연구, 제15권제3호, 2017
21. http://www.etnews.com/20170717000346
22. http://www.etnews.com/20170724000210
23. 박종선, 한병화, "차세대 인증 FIDO와 생체인식," 유진증권, 2016. 10. 25
24. 유미영외,"5G연동형 생체인증기반의 스마트 디바이스동향분석,"한국인터넷정보회지 Vol.18, No.1, 2016.6
26. 연구성과실용화재단, "생체인식 기술 및 시장동향," S&T Market Report, Vol.39, 2016.02
27. Business Insider, "Ericsson : Biometric Smartphones Will Go Mainstream Next Year", 2013.12.11.

저자약력

남 상 엽

- 공학박사
- 삼성종합기술원 정보시스템연구소 근무
- 모토로라반도체통신 기술연구소 근무
- 국제대학교 교수(1998 ~ 현재)
- Head Of Cube System Lab(현재)

강 민 구

- 공학박사(연세대학교 전자공학과)(1994)
- 삼성전자연구원(1985 ~ 1987)
- 국무총리실 산하 방송통신융합추진위원회 전문위원(2006 ~ 2007)
- 방송통신위원회 전파연구소 정보통신기술규격 심의위원(2007 ~ 현재)
- 한신대학교 교수(2000 ~ 현재)

민 경 식

- 경제학박사(일본 메이지대학교)
- 성균관대학교 경제학부 박사후 연구원
- 한국정보보호진흥원 근무(2003~2009)
- 한국인터넷진흥원 연구위원/블록체인확산팀장(2009~현재)

이 규 대

- 공학박사(고려대학교 전자공학과)
- 미국 조지아텍 연구교수(2001)
- 한국국방기술학회 회장(2015~현재)
- 공주대학교 교수(현재)

안 병 구

- 공학박사(New Jersey Institute of Technology(NJIT))
- 포항산업과학연구원(RIST) 선임연구원 근무
- 홍익대학교 컴퓨터정보통신공학과 교수(현재)

인터넷 뱅킹과 결재 플랫폼

2018년 1월 10일 1판 1쇄 발행

저 자 남상엽 · 강민구 · 민경식
이규대 · 안병구

발행인 남 승 우

발행처 도서출판 상尙 학學 당堂

서울시 동작구 사당로9가길 6(사당동)

TEL : 02) 595-1692~4

FAX : 02) 595-1394

E-mail : namdoo6@unitel.co.kr

신고 : 2-155호 (1968. 11. 29)

정가 27,000원

ISBN 978-89-6587-164-4 93000

〈디자인〉 편집 엄해숙 / 표지 토틀컴